国法与社会惯行

启真馆 出品

社会经济史译丛

［韩］吴金成 著

国法与社会惯行

明清时代社会经济史研究

崔荣根 译 薛戈 校

ZHEJIANG UNIVERSITY PRESS
浙江大学出版社

总　序

　　就中国社会经济史的研究而言，中文与外文（主要为英文）学术圈各自相对独立，尽管现在信息交流与人员往来已经较为频繁，两个学术圈有所交叉，但主体部分仍是明显分离的。相互之间对彼此的学术动态可能有所了解，但知之不详，如蜻蜓点水，缺乏实质性的深度交流，中外学者在这方面都颇有感触。而西方世界的社会经济史研究，相对于中国社会经济史研究，在中国学术界的影响更为有限。关于海外中国研究、外国人视野下的中国历史、制度经济学等，由于相关译丛的努力，越来越多地被引入中国学术界。由于欧美、日本及其他地区的经济史、社会史等研究日趋成熟，其前沿性成果更需要我们及时获知，以把握当前社会经济史的学术动态和未来可能的发展方向。与此同时，越来越多的西方学者对研究中国产生了兴趣，一则因为中国经济的崛起，一则因为如果不了解占人类五分之一人口的国度的历史，就不可能真正了解人类发展，他们希望与中国学术界有更多的交流。

就有关中国的史料与数据而言，中国学者对英文的原始史料涉猎有所局限，遑论荷兰文、西班牙文、葡萄牙文、法文等，这些语种中有关华人与中国的记载，是在中文正史与野史中几乎看不到的世界。而这些史料，在中西方的比较研究，中国与外部世界的关系等领域，都具有不可替代的作用。有待开发的史料还有域外汉文文献资料，包括朝鲜半岛、越南、日本等地的汉文古籍，以及东南亚、美国等地华人的文献与文物。仅从这个角度而言，引介和翻译海外学者的研究成果也日益显得重要。就学科而言，由于专门化人才培养与学术研究的日益深入，各学科形成自身的特定概念、范畴、话语体系、研究工具与方法、思维方式及研究领域，对此但凡缺乏深入而全面的把握，相关研究就很难进入该学科体系，而其成果也难以获得该学科研究人员的认可。而专业人才培养、评审与机构设置等制度更强化了这种趋势。专门研究是如此精深，以致许多学者无暇顾及其他学科与研究领域，见树木而不见森林，学术视野因此受到局限，甚至出现学科歧视与偏见，人类对知识的整体感与宏观认识的需求亦得不到满足。

同时，不同学科的一些特定话语和方法，其实许多是可以相通的，学术壁垒并非如想象中的是不可逾越的鸿沟。一旦打通障碍，架起沟通的桥梁，游走于不同学科之间，其收获有时是令人惊喜的，原创性的成果也常在跨学科的交叉中产生。如从历史源头与资料中原创出经济学理论，或以经济学方法与工具研究历史问题获得新思维，诺贝尔经济学奖得主希克斯、弗里德曼、哈耶克、库兹涅茨及为人熟知的诺斯、福格尔等，都取得了令人瞩目的成果。

因此，"社会经济史译丛"的宗旨与取向为：第一，在学科上并不画地为牢局限于经济史和社会史，也将选择与之相关的思想史、文化史，或以历史为取向的经济学与社会学研究成果，更欢迎跨学科的探索性成果。第二，在研究地域和领域的选择上，将不局限于译者、读者、编者和市场自然倾斜的中国社会经济史，本丛书将力推西方社会经济史的前沿成果。第三，译丛除一般性论述的著作外，也接受史料编著，还精选纯理论与方法的成果。在成果形式方面，既选择英文著作，也接受作者编辑的论文集，甚至从作者自己的英文论著中翻译或加工创作的中文成果。在著作语种的选择上，除英文作品外，还特别扶持其他语言论著的中译工作。

我们希望本译丛成为跨越和沟通不同语种成果、不同文化、不同地域、不同学科与中外学术圈的桥梁。

龙登高

2009 年 5 月于清华园

中文版序言

1991 年 1 月，韩国东洋史学会第十届冬季研讨会在北京举行。29 日上午，我于该会议上发表了《明清时代绅士层研究的诸问题》（《中国史研究的成果与展望》，北京社会科学院，1991）一文，幸得中国社会科学院已故教授刘重日先生任该文评议人。为表敬意，大会开始前，我曾面见刘先生致以问候。一见面，先生便紧握着我的手，以一纸卷轴相赠，并激励我说："吴教授的论文读罢略有所感。如此卷所示，愿吴教授日后学问再得精进，期待您将来的发展与活跃。"开卷而视，为先生手书墨宝一幅，文曰"虎啸龙吟"，另附有小注称："谨以'虎啸龙吟'四字赠吴先生。愿吴先生的文章、著作像龙虎吟啸，传遍遐迩，声震天际。重日释义，一九九一年一月。"之后，我将先生所赠墨宝敬加装裱，恭悬于家中。每每视线相及，感念先生惠言，治学之热情再涌于心。当时之旧文经大幅修改、补充，已分为两篇，收于本书第二篇之第一、二章。

韩国与中国同属汉字文化圈，受中国多方面之影响已久。朝鲜

書贈 吳金成先生

康寧龍吟

辛未辛春

重日

时代的士大夫拥有着仅次于同一时期，即明清时代绅士的汉学知识。但韩国人终究是外国人。中国人由于生长在本国的历史传统当中，可自然而然地理解中国史中诸多的历史现象。但此对韩国人而言多为陌生的研究对象，为有所理解，需要付出相当的努力。但即便如此也难免有所误解。

至今，每当我完成论文参加学术会议时，总会想：不知中国学者如何看待这篇文章？进而习惯性地生出几分怯意。无论何时，在中国学者面前总觉得有"班门弄斧"之嫌。2007年拙著出版后，这样的想法一直萦绕在脑中。

出乎意料的是，2008年9月，本书被授以"第53回大韩民国学术院赏"。我受此鼓舞，决心将拙著向中国学界乃至世界学界稍作展示，以向同学诸贤求教。此举原意有二，一来希望能借此收获学友们的若干批评与建议，二来希望韩国明清史学界现有水准得到外界评价，从而以之为跳板再行进步。

拙著之内容为我自大学本科阶段起即着意探索的，同"明清时代社会经济史"相关的若干问题。它是我治学所得的一部分成果。当然，不足尚多，难称完美。所以，自拙著在韩国出版以来，一直在进行必要的修改与增补，并尽可能地反映出若干新发现的史料。日后如有机会，将再行修订。

拙著中文版得以付梓，实有赖各界学友相助。中文翻译工作托付北京工业大学外国语学院崔荣根教授完成，耗时两年半，劳顿漫漫；清华大学李伯重教授在阅读拙著之中文版缩略文后，倾力推荐；浙江大学出版社北京启真馆文化传播有限责任公司总经理王志毅先生、编辑王军先生等不顾本书情况之复杂，欣然予以出版。在此，我谨向诸位致以真挚的感谢。

我自大学时代开始为学，今已年逾喜寿，心中常感念四位恩师。大学一年级时，我尚为历史学领域的一个学徒，幸得遇金容燮教授。金教授本人虽专攻韩国史研究，但给予了我在当时韩国无人问津的中国史研究领域从事研究的勇气。从大学时代开始到获得博士学位期间，我校已故教授闵斗基先生对我常有教导，向我介绍了"知识人—士大夫—绅士"认识的发展，历史研究的基本方法，即宏观方法与微观方法的统一等内容。已故教授田中正俊先生教给了我社会经济史真正精致的研究方法。在与同学诸贤共同学习的过程中，已故教授山根幸夫先生教给了我"同学相长"的乐趣。虽时日已迟，我愿将拙著献予四位恩师。

最后，内子不顾条件之艰难，此生乐于与枯燥乏味的敝人为伴，虽或显忸怩，在此仍希望向她深表谢忱。

吴金成
2019 年 8 月识于上道洞一隅

原书序言

　　我着眼明清时代社会经济史研究已有三十余年，以之获得博士学位亦已有二十年。眼下虽理应略有所学，但深感知而无尽，不敢妄自尊大。在承蒙垂教的恩师、前辈及共同学习的同学面前常感惭愧。

　　现向各位呈献的诸篇文章正映射出我治学期间彷徨无措的模样。诸文未能如同诗或随笔一般流畅悦目，深感抱歉。虽无比艰涩，但希望即便我指鹿为马，各位读者依然能正确地理解我想表达的意图，并稍作整理。

　　治学期间，我随心所欲地游逛了很多地方。第一次赴日本时，我看到了那么多的资料、研究人力及活跃的学术活动，一时目瞪口呆。赴哈佛与普林斯顿时，面对每周要举行两三次的研讨会，像对研究着了魔一样，也不禁发怵。赴中国时，在为数众多的研究中国史的学者面前，我真切体会到了老人们描述过的情况："在使用人海战术的中国军面前一动也不能动。"

以敝人之能力，那时实不足以教授首尔大学东洋史学科的莘莘学子。因深感基本知识学养的不足，别人用一小时学习的内容我会用三小时乃至四小时来学习。即便如此，我在写论文时常感时间不足，无法对文章进行充分润色。虽然往往对自己论文的完成程度有一定不满，但迫于时限不得不进行发表。其间，我与无数聪明的学生一起学习，不仅收获良多，也真正感悟到"教学相长"的含义。

或许在别人看来，我一路走来实属不易。尤其内子时时从旁观察我的生活，在她眼中体会尤深。但亲人对我的爱意，使我一直享受着幸福的生活。虽然之前从未有人行经此路，我不得不在无人同行的道路上独自彷徨。但也正因此，我才听到了只有我能听到的鸟鸣，闻到了只有我能闻到的花香，尝到了只有我能品尝的果实，胜景之多，不胜枚举。因此，我的治学生活常常是感恩的生活。

本书之问世得益于各界学友的支持。自明清史学会之同学会1983年10月创立以来，我在与广大学友共同讨论的过程中获益匪浅。知识产业社金京熙社长在困难的条件下欣然答应出版。朴孝银先生对晦涩难懂的原文施以妙笔，整理润色。曹永宪、李志英、朴敏洙、姜元默诸君为了本书的顺利出版，自开始整理时即将本书视作自己的作品一般细心校正。此外，还有很多参与相关工作的在读研究生，在此一并表示感谢。

眼下，我着实希望可以充分放松休息一下。但想到获得的关爱、帮助与人情委实太多，我亦无法心安理得地休息。于是，打算直到闭眼都要努力稍作报答。对已赴天国的诸位，我在赴天国后亦必面致谢忱。

虽或显忸怩，我要向内子致以谢意。最初，她是敝人的完美女友；婚后，在天父的祝福下，她成了"八方美人"，照顾家中内外，任劳任怨。不知从何时开始，她已经成了我沉稳可靠的守护者。

另外，虽然微不足道，我愿将本书献予天主。主造我，为我代赎，视我为子。主赐我整理此书所需的智慧，在遥远的一天引渡我去他的国。在主呼唤的那一天，我愿意怀着感恩的心，以赤身投向我主。

吴金成

2006 年 10 月 1 日（65 岁生日）于冠岳山一隅

目　录

第二篇　国家权力和绅士

第一章　明代的国家权力与绅士

第三篇　都市和无赖

图表目录

表

图

导 论

一

历史之轮，滚滚向前驶进。古今中外，莫不如此。只要没有大事件爆发，眼前的现象似乎每日都在类似地反复。但是，如果回首足够长的历史，便会发现明显的变迁。然而，在这种变化之中，政府的法律、制度乃至理念几乎不曾在现实社会中得到如实反映。理念与现实，国法与社会惯行永远相互背离。这是因为人是历史的主体，财富有限，而人之欲望却永无止境。

本书拟从"国法与社会惯行"的角度，阐释"明清时代社会经济史"中的几种现象。即，在社会变化这一大背景下，分析"明清时代的国法，即政府的法律、制度、政策的理念在现实社会中得到怎样程度的贯彻"。似乎在同国法和社会惯行无任何关系的社会经济史领域，理念和现实大多呈平行走向。了解其中原因和意义便是本书的目的所在。本书的整体思路是通过对作为政治和社会支配阶层的"绅士"以及存在于其周边并同其建立各种关系的胥吏、衙役、商人、牙行、无赖等的生存状况的描述，来分析缓慢发生变化的情形。本书同另一本同时出版的书——《矛与盾的共存——明清时期江西社会研究》各篇章的主题相互对应。本书是对中国全境的一般论图书，所以本书各篇章的内容通过《矛与盾的共存》一书中的江西案例得以具体的确认。

明清时代在如下两点具有重要意义。首先，它是连接前近代和近现代的具有桥梁作用的时期。所以，对现代社会的了解程度，取决于对明清社会的了解程度。其次，明清时代是由汉族统治转变为满族统治的王朝更替时代。中国历来以"地大物博"而著称于世，拥有广袤土地与庞大人口。历经明清 540 余年，中国的领土几近倍增，为现代中国的版图奠定了基础，人口亦增加四五倍。清代不但开拓了领土，而且人口亦增加了一多半。也就是说，中国迎来了历史上最繁荣的时期。所以了解"政治、社会、经济、文化等诸多历史现象同王朝更替的关联"，也是理解现代社会的关键。

二

第一篇是"社会的动摇和重构"，将社会看作一个活动的"有机体"的面貌而进行了分析。社会是由人构成的，所以社会随同人们的活动不断变化至今。

第一章是"明末清初的社会变化"，在通盘考虑了明清整个时期的基础上，对明清王朝的更替之于社会经济造成的实际影响及其意义进行了分析。20 世纪 50—80 年代，中国和日本的史学界认为明末清初（16—18 世纪）是社会变化的划时代时期。政治上，明末清初是明清王朝更替的时期；社会上，明朝因为史无前例的人口迁移和由此引起的民变蜂起而灭亡；经济上，一方面同政治和社会变化并行，另一方面又发生了同社会混乱不匹配的相反现象，即在全国范围内农业、手工业、商业广泛发展，受其影响中小城市和定期集市大量形成；文化上，又受欧洲新思想的影响，促进了实事求是的经世思想的发展，甚至对朝鲜实学思想的产生造成了影响；国际关系上，围绕着朝鲜在中国、朝鲜和日本之间分别发生了两次战乱。因此，三国之间的力学关系发生变化，伴随着中国的王朝更替和朝鲜、日本的社会大变化。

本章仅分析了该时期发生的诸多社会变化现象中的如下三个方面：一、通过乡村秩序的重构过程，考察了社会结构的变化；二、通过人口流动，分析了中国人口分布重构的过程，以及由此引起的积极因素和消极因素的影响；三、考察了依靠农业生产力发展而出现的商品生产和手工业的发展中，最为典型的江南纺织业。但是，以上三个方面开始出现的时期均为明中叶时期。

第二章是"农业的发展与明清社会"，主要从"生产力变化"的角度重新整理了宋代至清末的 900 余年间形成的农业发展，并且分析了其在该时期出现的社会变化。

中国的社会经济史研究离不开农业。在中国史中，农业便是"经济"本身。明清 540 余年间，中国人口实际增长了四五倍，为如此激增的人口供给粮食是中国经济最大的挑战。今天的中国仍在供养约占世界人口五分之一的人口，农业所占比重依旧很大。

自铁制农具的使用得以扩散的战国时代，中国的农业开始飞速发展。此后至唐代为止，华北平原是全国的经济中心。唐代末年至宋代，通常称作"农业革命"时期。该时期中国的经济中心移至长江下游地区。明清时代，随着长江中、上游地区开发的加速，农业中心呈现出多元化局面，耕地面积增加了近三倍。而且，随着集约农业的深化和新作物的传入、普及，生产量大大增加，各地普及符合本地特色的商品化作物，还进行了地域分工。能够供养激增四五倍人口的背景原因亦在其中。

明代农业发展的最大特征，便是长江中游湖广地区的开发。"湖广熟，天下足"的俗谚即是其例证。"附论1 湖广熟，天下足"分析了明代湖广地区得到开发的过程、开发主体以及开发所具有的意义等。该部分是概括了拙著《中国近世社会经济史研究——明代绅士阶层的形成和社会经济作用》（首尔，一潮阁，1986；日译本：《明代社會經濟史研究——紳士層の形成とその社會經濟の役割》，东京，汲古书院，1990）中的第二篇——《绅士阶层的社会经济作用——关于长江中游农村的社会变化》的内容。因为，要想了解前面所述的"农业的发展与明清社会"，就需要这一部分，所以并没有另加脚注。

三

第二篇是"国家权力和绅士"，分析了明清时代作为支配阶层的绅士们在政治和社会上的生存状况。在近代之前的中国历史上，国家的机能是绝对的。而其之所以成为可能，是因为其中始终存在起到润滑油作用的阶层。他们便是社会的支配阶层。继殷周时代的世族，战国时代的士，汉代的豪族，魏晋南北朝、隋唐时代的"门阀"贵族，宋元时代的士大夫之后，绅士成为明清时代支配社会的阶层。

第一章是"明代的国家权力与绅士"，分析了明代绅士登上历史舞台的政治过程和社会过程，以及日后他们同国家权力的力学关系和生存状况。绅士包括具有当官经历者（包括进士）以及尚未进入官僚阶层的学位持有者（士人：举人、贡生、监生、生员等），是对通过科举制、捐纳制、学校制等出现的政治和社会支配阶层的总称。明代出现绅士的背景大体有如下三点：一、科举制和学校制的结合；二、绅和士升级为特权阶层；三、绅和士之间产生了"同类意识"。

明清时代，国家行政的基层单位是县，知县同一两名下属官僚一同统治所辖之县。被称作"小皇帝"的知县掌管着县内的所有事务。但是，每个县只有4至5名辅助人员受到朝廷的认可，其他均为胥吏和衙役。明中叶时，县里人口尚为10余万人；但是，清代末年时已经超过了30万人。全国性的人口流动更加活跃，社会亦更加复杂。因为官员回避制度，知县不晓任职之地的语言，也不谙当地风土。因为当其任职期满后，当地绅士们的舆论对其业绩的评价作用颇大，所以知县必须获得当地一些人的协助才能圆满履行行政职责，顺利完成任期。为了实现这一目的，他们只好去寻求绅士的协助。但是，一方面，绅士首先也是寻求"私利"的存在。因为他们利用受法律保障的特权谋求逃税等私利，所以他们的逃税部分便被转嫁到毫无权势的庶民头上。然而，另一方面，绅士又继承宋代士大夫的理念，是具有"先天下之忧而忧，后天下之乐而乐"之使命意识的存在。绅士出于"先忧后乐"的公意识，广泛参与如下的地区社会公益活动：一、绅士为国家权力统治乡村起到辅佐作用；二、反过来，针对国家权力代表乡村舆论；三、当上下级官僚机构之间产生不同意见，国家权力同乡村之间产生利害冲突，或者地域之间发生矛盾时，还会发挥两者间的调停者的作用。

第二章是"王朝的交替和绅士的向背"，分析了作为明代社会支配阶层的绅士们：① 在明清更替的动乱时期是如何生活的，是如何应对进入该地区的清军的；② 当清朝实现征服，并稳定国家体制之后，同清朝国家权力的力学关系如何；③ 在清末朝廷极度衰落的时期是怎样行动的。

明清更替时期的中国社会是处于无政府状态的空洞社会。就如"漫山遍野，无处非贼"，或"遍海漫山，在在皆贼"等描述一般，当时的社会是到处横行着明朝战败的散兵游勇、流寇和匪盗的世界。他们分分合合恣意进行掠夺和杀戮。整个社会陷入了掠夺者的无序状态。在这种非常状态下，绅士们首先组织了以宗族或村落为单位的自卫军，以保护生命和财产安全，然而这是极度不安的日子。进入各省的清军亦极度缺乏士兵和军粮，因为大多数士兵是在当地招募的乌合之卒，所以同以掠夺为业的土匪并无区别。而清军和流寇、土匪之间的战况又随时反转，所以这种无法分辨彼此的混乱局面一直持续着。

为此，清军亦为了确立巩固的地域秩序，早日实现天下一统的局面，急需确保羽翼势力，其方法唯有笼络绅士。清朝不惜宽限剃发，颁布顺治帝《即位诏》和各省《恩诏》，认可既得权力和社会经济地位以笼络绅士的原因即在于此。对于绅士而言，亦是"不敢请固所愿"。绅士们甚至剃发易服，而接受满族王朝，并积极协助清王朝的统一事业。

此后，绅士们欲行使同明代毫无差异的特权，这自然引起了同清朝权力的矛盾。从顺治亲政至康熙初年，清朝试图通过对江南地区的"通海案""哭庙案""江南奏销案"和对东南沿海地区的"迁界令"等，控制绅士和反清势力。诸如此类的诸多政策照搬了自明初洪武以来的绅士政策。此后，从康熙后半期至乾隆年间，绅士在清朝的怀柔和镇压双重政策下得到了很好的控制，几乎完全维持了明代承担公益事业的生存状态，为社会的长期稳定做出了极大贡献。

但是，自18世纪末，清朝国力开始倾斜。尤其是嘉庆年间的白莲教乱（1796—1805），宛如元末或明末清初动荡时期的情况发展。元末，士大夫和地主们抛弃了歧视自己的元朝，加入了承诺尊重自身地位的朱元璋集团，助其推翻元朝，建立明朝。在明末清初的动荡时期，面对不承认自身地位和特权的李自成和张献忠等起义势力，绅士阶层选择了承诺保障自身地位和特权的清朝。白莲教乱时期，尽管清朝的战斗力几乎完全丧失，但是绅士们依旧协助承认自身的特权和地位的清朝，从叛乱势力中拯救了王朝。在19世纪中叶的太平天国运动（1850—1864）期间，绅士们以同样的理由协助清朝再次延长了王朝的寿命。直至19世纪末，绅士们协助清朝，将自身和清朝的命运视为一体。但是，自改革和革命运动高涨的20世纪初开始，大多数的绅士乃至绅商就如元末的士大夫和地主，或17世纪中叶的绅士一样，抛弃清朝加入了革命运动的行列。

就如元末的士大夫和地主，或明末清初动荡时期的绅士一样，清末的绅士和绅商最终亦舍弃了无法保障其地位的国家权力。所以，在前近代的中国社会，国家权力是如何将社会的支配阶层拉入自身统治体制之内，换言之，"支配阶层的向背"是关系国家安危和社会稳定的关键。

第三章是"国法和社会惯行——以明代的'官绅优免则例'为中心"，分析了在国法和社会惯行平行前进的现象中最为典型的案例——明代"绅士的优免（免除规定之外的徭役）"。绅士中的"绅"，即曾任官职者，自古便属特权阶层，自然从朝廷享受免除徭役的特权。至明朝，洪武十年（1377）下诏，"自今，百司见任官员之家，有田土者，输租税外，悉免其徭役，著为令"。两年后又下诏，"自今，内外官员致仕还乡者，复其家，终身无所与。……著为令"。然而，至洪武十三年又下"诏京官复其家"的六字短诏，将优免特权仅限于"现任京官"。该诏却不像洪武十年和洪武十二年之令那样，有所谓"著为令"的凭据。但是，该诏日后被收入正德《大明会典》和万历《大明会典》，成为明朝最早针对官员享受特权做出规定的"国法"。

但是，明朝的中央官员自不必言，各地的地方官员和绅士之间发生了严重的混乱。明朝国法是据洪武十三年令规定"现任京官全户优免"。但是，首先，在地方却依旧根据洪武十年令和洪武十二年令，不但对"见任内外官"，而且对"内外致仕官"亦默认其优免权；其次，甚至就连中央官员亦对优免规定缺乏严格认识。之所以产生这种混乱，是因为洪武十年令和洪武十二年令为"著为令"，但洪武十三年令非但没有"著为令"的凭据，而且至130余年之后的《大明会典》（正德六年，1511）刊行之前，尚无正式法典。而且对优免官员的"全免"，其范围非常模糊。从而，官员自然尽可能地试图向对己有利的方向无限扩大优免权。而从地方官员来看，因为如果没有绅士的协助，就无法实现对地方的统治，所以作为权宜之计承认所有绅士的优免。于是，绅士借机恣行优免和寄庄，非特权地主则向这些绅士进行诡寄，从而导致了严重的社会不稳定和农民的流散，使得里甲制度松弛。认识到该现象的严重性是在15世纪下半叶。明朝政府已无法继续放纵绅士的优免、寄庄和非特权地主的诡寄现象。为此，自明中叶开始，尽管朝廷时常下令限制优免，但是面对地方官僚和胥吏的默许状态却无可奈何。

正德六年，《大明会典》刊行之后，绅士的优免日渐严重。令人不解的是尽管优免和诡寄的弊病日渐严重，然而朝廷对绅士的优免限制却渐趋宽松。更奇怪的是受诡寄的主体非但有官员，而且还有生员、监生、举人等未入仕的士人，他们亦凭借国家给予的优免特权享受着非特权地主的诡寄。从而，自16世纪末以来，绅士的优免和非特权地主的诡寄导致的弊病达到了极点。绅士的这种优免，就连清代康熙帝、雍正帝和乾隆帝强力的绅士控制政策亦未能阻止。

古今中外，任何国家都试图按规定收取税金，却终不能实现。

明清两代亦无数次地下令缴纳租税和徭役，却均未能最终整治绅士的抗粮和优免。有史以来，有权势者偷逃税，而弱势的黎民辛苦地纳税成了一种社会惯行。国家法令和社会惯行之间自古存在很多这种乖离。

四

第三篇是"都市和无赖"，分析了在明清时代产生和发展的无数城镇中，最为典型的江南城镇的案例，分析了城镇居民中无赖的生存状况，以对应第一篇"社会的动摇和重构"及第二篇"国家权力和绅士"。

第一章是"江南的城市社会"，宏观分析了自明中叶以来江南地区产生和发展的无数中小城镇的社会、经济、文化结构及其历史意义。江南地区自宋代以来素有"苏湖熟，天下足"的俗谚，自成为中国的经济中心地以来一直延续到今天。

自明朝中叶里甲制度开始解体以来，全国的农民开始流散，出现了大规模的人口大移动。至于农村没落农民，一部分沦落为权势家族的佃户或奴仆，大部分则背井离乡。他们的流动方向大体可分为：① 农村地区→禁山区；② 先进经济地区（人口过密＝狭乡）→落后地区（＝宽乡）；③ 农村地区→城市和手工业地区等类型。江南地区之所以形成众多的中小城市，是因为形态③的人口移动。

江南自明中叶以来，便开始进行收益高过稻作生产的棉花和桑蚕等经济作物的生产，在此基础上发展了棉布、丝绸等纺织业，随之引来了大量外来人口，形成了众多中小城镇。素有"苏湖熟，天下足"的江南地区从而开始成为"缺粮"地区。

江南的城镇是外来人口的大熔炉。官吏、绅士、胥吏、衙役、作坊主、工匠、雇佣劳动者、客商、坐贾、牙行、船夫、脚夫、农民、妓女、贫民、无赖、乞丐等均融于一体生活。然而，江南的城镇社会亦同农村社会一样，支配阶层依旧是绅士，其中生员所占比重最多，他们将江南引向了文化中心。

与此同时，江南的城镇社会又是牙行和无赖的世界。牙行一方面通过助长商品经济的发展而从中获利，另一方面又破坏商品经济正常发展的存在。无赖是从明中叶以来，伴随以江南地区为代表的全国工商业的发展和城市的兴起而出现的，形成了城镇社会中明显的一个阶层，是控制"黑社会"的社会的恶势力。这些牙行、无赖和地方官衙的胥吏、衙役根据当时的情形而反复进行聚合离散。

江南的城镇社会可以说是由绅士和无赖支配的社会。国法委任绅士以部分统治权并监督其结果，而无赖则毫无疑问是国法控制的对象。但是，社会现实（＝惯行）却截然不同。绅士公然超脱律法而控制白昼世界，而无赖则避开官吏和绅士的目光而控制日落世界。而且无赖还勾结绅士乃至地方官和胥吏，在他们的默认下控制着"黑社会"。

第二章是"黑社会的主人——无赖"，具体分析了上述无赖的生存状况。上述三个人口流动方向中的形态③，即流入城市和手工业地区的部分人口成了后来的无赖。城市因为商品的流动而需要大量的劳动力，而且还因为绅士、大户及客商的自卫等多种需求，所以为无赖提供了方便藏身的空间。

无赖是"平素不遵守为人最根本的本分之人，是尽管并无财产，却不从事正常的生产劳作，而靠组织大小不等的团体组织以非法行为和欺诈寄生于社会的人"。无赖少则三五成群，多则十百群聚，在市场、码头等地从事欺骗、讹诈、赌博、抢劫和贩卖人口等活动，凡有利益之处，便无处不在。表面上，无赖是在独立活动，但实质上无赖为了维持自身势力，还勾结官僚、绅士、大户或胥吏、衙役。

尽管他们得不到国家律法的保护，人数却大大超过了绅士和牙行的数量。

无赖自然是国家权力控制的对象。认识到这种社会地位的无赖之间，意识上具有"同质性"和"同类意识"。他们通过摆香、歃血、文身、祭祀天地等盟誓的宗教仪式进行结盟，拥立头目，上下之间有严格的秩序。平日他们共同习武，外出时亦进行集体行动。所以，无赖是在明清时代俨然存在的一个"社会阶层"。换言之，在明清时代的中国社会，隔着农村的"小农民"或"城镇居民"，社会这一端是支配阶层绅士集团，另一端是所谓的"无赖"集团。

中国领土广袤，人口众多，但官僚却为数甚少。作为国家行政之基层单位的县除去知县之外仅有四五名辅佐人员，其他均为胥吏和衙役。所以行政所不及之处，便委任绅士支配。但是，绅士的支配仅限于白天时间。尽管国法控制无赖，而社会惯行却如此乖离了国法。

第三章是"矿税使和无赖"，整理了明末万历帝以"开发金银矿山和征收商税"为名，派往地方的宦官（＝矿税使）笼络当地无赖横征暴敛的内容。宦官本为伺候皇帝的奴仆，但早在战国时代，就已出现盗取国家权力的案例。东汉和唐代是"宦官专横"排名第一和排名第二的朝代，明代是位列第三的宦官专横的朝代。其中明万历年间（1573—1619）宦官的弊病最为严重，从"明之亡，不亡于崇祯，而亡于万历"的俗语中，便可见一斑。

因为矿税使依仗皇帝之命，滥用权力，恣意压榨，所以在全国各地相继发生了反"矿税使"的民变。反矿税使民变不论先进地区、工商业发展地区、水陆交通要地，还是对外贸易港口与否，但凡有矿税使派遣的城镇均有发生。因为城镇有各行各业的人们杂居，所以居民之间、土著和外来者之间、宗族之间随时发生对抗和冲突。

尽管如此，反抗矿税使民变的兴起却不分阶层、不分土著或外来者，所有城镇居民团结一致有组织地参与反抗运动。能够使他们如此团结一致的力量是：① 阳明学的抬头；② 庶民文学和戏剧的发展；③ 西学的传入；④ 利用城隍庙、玄妙观等寺庙的活动增加；⑤ 定期市的划时代性增加推动了市场共同体的壮大；等等。因此庶民的意识日渐提高，城市居民的社会意识日益接近。

在反矿税使民变进行过程中，城镇社会诸多形态的人口构成中，绅士和无赖的存在和作用尤为引人注目。绅士或鼓动反矿税使民变，或直接参与，或上疏抗议，或直接或间接地帮助运动，或对反矿税使民变表示同情的案例非常多。而无赖则直接带动了反矿税使民变。

五

本书所包括的论文，都是以前在韩国和外国历史学杂志或论文集刊登过的。有的文章是几乎全新改修的论文，有的是因为笔者的能力有限，不得不做些微的改修、补整。而且，这次翻译成汉语过程中，亦尽力改修、补整了。

本书各篇各章的内容中，时而与论文有重复的部分。那是因为在那个地方如果没有那些说明，就无法了解有关内容，这是不得不借用的"苦肉计"。所以，在避免繁杂的最低限度内，为了对该章做必要的说明，重复记述了。本书中表记的年月日都是阴历。

本书为减轻分量，所有引用史料以及论著，都在末尾详细整理了，在脚注只标记"张居正，2012"式。如果要看具体的论著名，请在本书末尾参考文献中查"张居正"的论著。本书所包括的论文的原来主题和出处，在下面整理。

第一篇　社会的动摇和重构

第一章："明末、清初的社会变化"，《讲座中国史Ⅳ——帝国秩序的完成》，知识产业社，1989

第二章："中国近世的农业和社会变化"，《东洋史学研究》41，1992

附论："明代扬子江中流三省地域的社会变化和绅士"，《大丘史学》30，1986

第二篇　国家权力和绅士

第一章："明、清时代的国家权力和绅士"，《讲座中国史Ⅳ——帝国秩序的完成》，知识产业社，1989（《明、清时代绅士层研究的诸问题》，《中国史研究的成果与展望》，北京社会科学院，1991；《再论明清时代的绅士层研究》，《民国以来国史研究的回顾与展望研讨会论文集》，台北，1992），明代部分

第二章："明、清时代的国家权力和绅士"（上记第一章）中清代部分；《明、清王朝交替和绅士》，《中国学报》43，2001（《明、清王朝之交替与绅士——绅士研究半个世纪之回顾》，《中国的历史世界》，第一回中国史学国际会议研究报告集，东京都立大学出版会，东京，2002）

第三章："国法与社会惯行——以明代绅士'优免则例'为中心"，高明士编，《东亚传统家礼、教育与国法（二），家内秩序与国法》，台湾大学出版中心，2005（《国法和社会惯行——以明代的"官绅优免则例"为中心》，《明清史研究》24，2005）

第三篇　都市和无赖

第一章："明、清时代的江南社会——都市的发达为中心"，

《中国的江南社会和韩中交涉》，集文堂，首尔，1997（《明清时期的江南社会——以城市的发展为中心》，沈善洪主编，《中国江南社会与中韩文化交流》，杭州出版社，1977）

第二章："明清时代的无赖：研究的现况和课题"，《东洋史学研究》50，1995（《明末清初江南的都市发达和无赖》，陈怀仁编，《明史论文集》[第六届明史国际学术讨论会]，黄山书社，1997）

第三章："宦官和无赖——万历年间的反'矿税使'民变的再照明"，《东亚历史中的中国和韩国》，西海文集，2005

第一篇

社会的动摇和重构

第一章　明末清初的社会变化

绪言

在全球史学界，有将宋代至清代中叶（10世纪中叶—19世纪中叶）的近900年间基本视为同质社会的倾向。而支持这种倾向的原因是，以儒家知识分子，特别是以地主阶级士大夫为社会支配的社会结构，自宋代形成以来，在没有发生质变的情况下，一直延续至清朝。

然而，上述倾向虽然被广泛认可，但也有观点主张把明末清初时期（16—18世纪）作为同一个"历史分期"来看待，这种观点在20世纪60年代开始出现[1]，后来逐渐成为一个共识。而存在于这种观点背后的认识，主要可以看到如下几点：①对明末清初广泛扩张的商品生产的历史性质加以积极评价，以此来批判、驳斥"中国社

――――――――――
〔1〕　请参考吴金成，1990。

会发展停滞论"，并阐明中国历史发展中也存在着世界历史发展的规律。②中华人民共和国成立之后被土改消除的地主阶级土地所有制，是形成于明末清初时期的。换言之，从一条鞭法延续为地丁银制的赋役制度改革，最终舍弃了自唐末以来确立的两税法体系，这反映了地主阶级土地所有制的划时代性的质变，发生这种变化的起点是明末清初。此后，这一新的地主阶级土地所有制又最终消失在中华人民共和国成立后的土地改革之中。③实施于明初的里甲制具有征赋税和徭役、乡村共同体及维持乡村秩序的功能，然而里甲制自明代中叶逐渐解体，至明末清初形成了新的乡村秩序，而从明代中叶开始替代一部分里甲制功能的便是"绅士（＝士绅）阶层"。也就是说，土地制度、赋役制度和社会结构的变化同商品生产的扩张等诸多方面变化同时发生，而此时刚好处于明清王朝的更替时期，从而出现了"明末清初分期"论。

本章在参考这些方面的基础上，拟着重分析和整理如下问题：第一，以乡村秩序的重构为中心的社会结构的变化；第二，在人口流动和人口分布的重构过程中出现的经济结构的变化；第三，在商品生产的扩张过程中，重点分析江南地区织造业的内容及其社会和历史性质等。与此同时，本章还将重新审视该时期社会变化所包含的历史性意义。

一 乡村秩序的解体与重构

1. 里甲制秩序的解体

明朝自洪武十四年（1381）实施了里甲制，里甲制是统治乡村社会的基本组织制度。所谓里甲制，就是使原有的村落共同体秩序维持原状，同时把能够自给自足的 110 户编为 1 里，并根据人丁和财产的多寡来区分户等的制度[1]。在这 110 户中，把上等 10 户（富户）设为里长户，其余 100 户设为甲首户，10 户为 1 甲。每年派出里长 1 人和从各甲派出的甲首 10 人，在其所属的里内部履行征收赋役[2]、维持治安、裁决、教化、制作赋役黄册等统治乡村的几乎所有职责。里长、甲首的这种义务（称里甲正役）每十年履行一次。除里长之外，各里还另设里老人，使之代言各里的舆论，主导维持秩序、劝农、相互扶助等。在华南的部分地区还设了粮长（少者统领一两个里，多者统领十余个里）和塘长（水利方面的负责人）等职责。里长、里老人、粮长、塘长等人通常是拥有大量土地的地主，是中国自古以来维持乡村社会传统秩序的统治者。然而自明朝国家权力为了统治乡村社会而为其重新委任诸多职务以来，他们统治乡村社会的实质性地位须重新确认。

基于这种里甲制秩序的明初社会尚且还比较稳定。但是自 15 世纪中叶，里甲制秩序逐渐变质和解体[3]。最能代表这种变化的表层现象，便是中国各地出现的农村阶层分化、人口骤减、人口流动以及叛乱等等。

在里甲制秩序下，公开的支配阶层是里长、里老人和粮长

---

〔1〕 所以"1 里"是由能够自给自足的 110 户和不定数的贫穷户（称此为畸零户）编成。请参考韦庆远，1961；鹤见尚弘，1964；山根幸夫，1966；栗林宣夫，1971；小山正明，1971。

〔2〕 为了征收的顺利，每年还要附带加强预防里民的逃脱、劝农、水利设施的管理、灾后重建等再生产措施。请参考鹤见尚弘，1971；小山正明，1971。

〔3〕 请参考赖家度，1956；李洵，1980；张海瀛，1981；谷口规矩雄，1965；西村元照，1971；森正夫，1988，第 3、4 章；酒井忠夫，1962；清水泰次，1935；横田整三，1938；吴金成，1986。

等[1]。但是明朝对其委任的里甲正役[2]，是每十年轮流一次的制度，因而并无特定的户垄断征收赋役权的事情发生。并且财产的诸子均等继承、各种灾害（水灾、旱灾、蝗灾等）、疾病、战乱等这些同制度无关的原因，亦是导致乡村社会阶层分化的因素。另外，明朝始终未能割舍的赋役原额主义[3]、原籍发还主义原则，也为里甲体制的解体起到了推波助澜的作用。并且明朝的财政规模毫无间断地持续扩大[4]，国家财政和官僚对银子的需求持续增长。因此，明初较轻的赋役负担逐渐加重并转变为以银折纳[5]。对于农民而言，不用说赋役的增加，仅是以银折纳本身就成为增加负担的因素。农民的生活便日渐艰辛。

自明初开始，乡村以官僚体系为载体出现了 25000 人左右的官员（在任、卸任、休职），以科举制和学校制为载体出现了 7 万余人学位所有者（指士人，即举人、监生、生员），两者共计，有近 10 万人的特权阶层存在。形式上，他们被纳入了里甲制的体系，但实际上他们基本上均为地主，且享有优免特权[6]。只是，明初时期，这些特权阶层人数不过占人口总数的 0.15% 左右[7]，且社会亦较为稳定，所以里长、里老人等管理下的乡村的再生产功能，能够获得

---

[1] 明初，江南的官田地区不得不改革税粮征收体制，也是因为官员横暴，将负担转嫁给小农民。请参考森正夫，1988，第二、三章。

[2] 对里甲制下的里甲正役和杂役，及其后的变化，请参考梁方仲，1936，1957；山根幸夫，1966；粟林宣夫，1971；小山正明，1969，1971；鹤见尚弘，1971；川胜守，1980；滨岛敦俊，1982。

[3] 将洪武二十四年（1391）赋役黄册的登记数额作为原额进行维持。因而当户口减少时，该部分将由他人负担，从而加速了里甲制的没落。请参考栾成显，2007；韦庆远，1961。

[4] 黄仁宇（阿风等译），2001。

[5] 梁方仲，1936；清水泰次，1950；山根幸夫，1966；小山正明，1971。

[6] 吴金成，1986，第一章；本书第二篇第三章"国法和社会惯行——以明代的'官绅优免则例'为中心"。

[7] Ho Ping-ti，1959，p.277；Perkins，Dwight H.，1969，p.216.

一定程度的维系。但是至 15 世纪中叶，特权阶层的人数达到 35 万人左右，至明末清初则增至 55 万人左右（占总人口的 0.37%）。他们通过重新开垦或买入农土的方法，逐渐兼并土地，同时又利用从国家获得的优免特权和社会影响力，来逃避赋役。而在徭役的增加和以银折纳的推进过程中，与户等相比，摊派基准开始更加重视田土或税粮，而且由于里甲正役的一部分也成为优免对象[1]，因此绅士和非特权里甲户之间的税赋差距日渐扩大。有影响力的绅士和大商人居住于城市，他们作为不在乡村的地主而逃脱赋役。因而里长、里老人等乡村的非特权地主和小农，除了承担原本属于自己的负担之外，还要一并担负绅士或不居住在乡村的地主的优免或逃脱的部分赋役。这与里甲制秩序下，根据户等摊派徭役的徭役体制大为矛盾。

自明代中叶起，中央和地方政府的控制力开始削弱，加上胥吏的腐败，政府不但不能完全掌握土地和户口的变化，而且想要掌握情况的努力也显得不够。非特权地主和大商人为了逃避过重的苛捐杂税，运用捐纳或宗族结合等各种手段，试图变身为学位阶层之上的绅士，而无法进入该阶层者，则或通过将土地投献、诡寄于绅士或王府[2]，或通过贿赂官吏，更改赋役黄册等方式逃避赋役。如此逃避的赋役部分则被全部转嫁于弱小的农民头上。同时，伴随着明中叶出现的农业生产力的发展、商品生产的展开、庶民意识的高涨以及佃户的自立进程加快[3]，屡屡发生佃户抗租运动和奴变等民众运动，进一步限制了非特权地主的收租活动。

缘于这种官僚和胥吏的腐败、苛捐杂税、土地丈量的失实、赋

---

〔1〕山根幸夫，1966，pp.12、121；川胜守，1980，第 7 章；和田正广，1978；滨岛敦俊，1982，第四、五章。
〔2〕滨岛敦俊，1982，pp.240-241；本书第二编第三章。
〔3〕小山正明，1957，1958。应注意该论文将明末清初视为古代末中世纪初。

役的繁重和不均、大商人和高利贷资本的搜刮和其他原因，自明代中叶开始，出现了甲首户（＝自耕农）（不用说里长、粮长户）也没落的现象[1]。这种现象意味着农村的阶层分化，又是里甲制秩序开始解体的例证。自此依靠户口构成原则来成立的里甲制秩序，维系乡村秩序和征收赋役，便日显艰难。至16世纪中叶的嘉靖年间（1522—1566），这种现象已经成为无法再搁置的国家重大悬案。

2. 乡村秩序的重构

针对自明代中叶开始逐渐加重的里甲制秩序的解体现象，明朝国家权力采取了以下三种对策。首先，缓和"原籍发还主义"，根据需要还采用了"附籍主义"[2]。明初，为了维护好由110户构成的里甲制，规定远距离旅行者必须获得路引（旅行许可证），而对于外来的流民和客民，则采取遣返至原籍地的原则。因此，即便流民移居某地并且达到能够自给自足的自立程度，当地官衙亦不能将其编入赋役黄册而对其征赋役。原籍地则因本人不在乡里而无法征赋役。如以下文集里写道：

> 宁都属乡六，上三乡皆土著，故永无变动。下三乡佃耕者，悉属闽人。大都建宁、宁化之人十七八。上杭、连城居其二三，皆近在百余里。……土著田主（因税役繁重），所收仅得佃户五分之一，佃户省去二重，一切不与，而所收四倍于田主。故闽

---

〔1〕 森正夫，1988，第四、五章；吴金成，1986，第二篇。从短期的眼光来看，似乎因为少数绅士、大地主、大商人兼并了广大土地，从而导致大部分中小农民的没落。然而从长远的眼光来看，社会并未两极分化为大地主和佃户，而是反复着没落和再上升，而农户的副业对中小农民的再上升可能起到了很大作用。

〔2〕《大明会典》卷19，户部6，逃户、流民；谷口规矩雄，1965，pp.204-206；清水泰次，1935，pp.74-81。

佃尝赤贫赁耕，往往驯致富饶，或挈家返本贯。[1]

可见移居者在两地都逃脱了赋役，从而国家不得不将其逃脱的部分，转嫁于留居于原籍地的其他里甲户，因此出现了留守里甲户亦没落和流散的"多米诺骨牌"现象。

明朝永乐年间（1403—1424）尚努力维持着原籍主义，但宣德五年（1430）则允许在移居地得到 50 亩以上土地的移居者寄籍[2]。然而正统帝的《即位诏》（1435）又强力表示"流民复业令"[3]，试图重新坚守"原籍主义"。但一年后又允许不愿原籍复业者附籍[4]。流民和逃民问题如同不可抗力一样，始终困扰着明朝。此后，许多地方出现了更多的流民，为了解决流民问题，明朝一方面逐渐放松"原籍主义"，另一方面准许在部分需要的地区实行"客民附籍"（编入现居住地户籍）。结果，客民大量流入的地区，随着客民的附籍，增设县和里的现象增多[5]。相反户籍减少的地区，或通过撤里以减免留守里甲户的赋役负担[6]，或通过允许过去始终禁止的分家，来缓和里甲户减少的现象[7]。但明朝的这种政策并非是完全放弃了"原籍发还主义"，而是在尽量遣返原籍地的基础上，采取的"根据情况准许附籍"的对策，作为权宜性的对症疗法而已。所以直至明末，有大量人口流入的湖广地区，都仅在各地的地方官员上奏时，才让客民附籍。因而在官府掌握附籍情况之前，流入该地并发展独

---

〔1〕 魏礼，《与李邑侯书》，《魏季子文集》卷 8。
〔2〕 《大明会典》卷 19，户部 6，户口 1，逃户。
〔3〕 明《英宗实录》卷 1，宣德十年正月壬午条（p.16）。
〔4〕 明《英宗实录》卷 24，正统元年十一月庚戌条（p.483）。
〔5〕 吴金成，1986，第二篇。
〔6〕 森正夫，1988，第三章；吴金成，1986，p.191、244。
〔7〕 鹤见尚弘，1971，p.84。

立下来的客民，依然逃避着赋役[1]。

其次，是从十段法向一条鞭法演变的赋役制度的改革[2]。这种改革把征收赋役的基准由此前的户等转变成重视田土和税粮，一并征收夏税和秋粮，并以银折纳，逐步限制对绅士的优免。16世纪下半叶推行的一条鞭法简化了赋役的征收，在一定程度上杜绝了绅士等势豪家的逃税和官府的过度剥削，无论是对明朝政府还是对纳税者而言，都是较为方便的赋役制度。但是银和铜钱的比率问题、纳税期临近秋收的问题、里甲正役中尚存的行政管理部分、绅士和势豪家滥用优免等问题尚待解决。施行一条鞭法的结果，大大弱化了"基于户数原则的里甲制"的存在意义。

再次，通过乡约和保甲制，力图维持乡村社会的治安、教化和相互扶助等。乡约以朱熹重新整理的北宋吕大钧的吕氏乡约为起源，以明中叶王守仁（号阳明，1472—1529）任南赣巡抚时，1518年在江西南部地区实施为契机[3]。即正德年间（1506—1521）平定了该地区诸多叛乱[4]的王阳明以宗族组织为背景，为了谋求乡村的教化、民众之间的劝善惩恶、相互扶助、审判、维持秩序，为了阻止不在乡村居住的地主、客商（远距离贸易商人）、高利贷者的横征暴敛而鼓励推行的。此后，嘉靖至万历年间（1522—1619）在中国各地实施的乡约均以其作为典范。另外，保甲制作为北宋王安石新法的内容之一，最早始于1070年，而明代则以王阳明在江西南部城市

---

〔1〕 吴金成，1986，pp.244-245。

〔2〕 山根幸夫，1961；小山正明，1967、1968、1971。

〔3〕 铃木健一，1966；三木聪，1979；小畑龙雄，1952；松本善海，1975；酒井忠夫，1962，pp.582-597；栗林宣夫，1971，第四章；宋正洙，1985；吴金成，2007A，第1篇"矛盾的社会"，第二章"阳明学的摇篮，江西社会"。其实早在此前的正统二年（1437），就曾针对逃户和流民，采取了与里甲制并行且类似保甲制的维持治安的措施，正统十二年，御史柳华亦以叶宗留之乱为契机，在福建试行了保甲制的前身——总甲制。

〔4〕 赵俪生，1954；吴金成，2007A，第一编第二章。

地区实施的"十家牌法"[1]为始点。同样在镇压了江西南部的叛乱之后，王阳明在该地区实施乡约的同时，将10户编为1甲，以连带责任的方式防范盗寇，维持乡村秩序。日后发展为各村设保长1人，谋求村落自卫的保甲制度。

这种保甲制度将不能自给自足的佃农亦作为编入对象[2]，并将维持乡村秩序的功能（警察功能）作为主要目的，这些是有别于里甲制度的。此后，保甲制随着明朝的鼓励和支持，连同乡约一道作为治安和教化制度迅速在全国普及。后来，将乡约和保甲合二为一加以推行的案例开始增多，明末吕坤（1536—1618）的"乡甲约"便是这样合二为一而成的[3]。与乡约、保甲制度一起，还运行社仓、义仓、义田等广泛的救济机构和社学等教育机构，以努力谋求维持乡村社会秩序[4]。

由于明朝做出的上述努力，一些地区的乡村社会得到了一定程度的重构，社会秩序亦得以安定。然而这种乡约、保甲制，一是没能像里甲制那样在全国范围内得以实施；二是它们同维系国家生存的基石——赋役制度亦无直接关联；三是由于原则上把不能自给自足的佃户和奴婢户亦纳入编入对象，因此在两者运营方面存在局限性；四是里甲制和里老人制虽已名存实亡，但其一定程度上仍然存在，因此尚存彼此冲突的方面。所以企图凭借施行乡约、保甲制，实现明初那样的社会稳定俨然是一种奢望。而推动这些措施的主体是地方官，或者是采纳了地方官和乡村民众舆论的绅士阶层[5]。换

---

[1] 闻钧天，1935；酒井忠夫，1962；前田司，1981。

[2] 在里甲制，称他们为畸零户，不包括里甲。

[3] Handlin, Joanna F., 1983, pp.186-212；粟林宣夫，1971，第四章；谷口规矩雄，1983。

[4] 酒井忠夫，1960，pp.42-54。

[5] Ho Ping-ti, 1962, pp.168-221；吴金成，1986，p.162；粟林宣夫，1971，第四章；井上徹，1986A、1986B；本书第二篇第一章。

言之，绅士替代了从明朝中叶开始逐渐走向解体的里甲制秩序中的里长、里老人的一部功能，扮演了维持乡村秩序，辅佐国家统治的重要角色。

清朝入关之初，为了维持乡村秩序，照搬了明末的方法：在部分地区施行总甲制，而在全国范围内则为了统治乡村、征赋役，实施了名存实亡的里甲制。不过自施行一条鞭法之后，里甲制几乎完全丧失了功能，在维持乡村秩序方面无法产生实效。康熙四十七年（1708），全国实施了十户为一牌，十牌为一甲，十甲为一保的保甲制[1]。该制度以连带责任，来谋求户口的辅助管理、治安的维持和赋役的征收等。但是在维持治安方面依然收效甚微，其效果基本上受地方官意志的左右，而根据地域和时期的不同，它的内容也有不同。因此为了维持地方秩序，清代不得不同明代一样，依赖绅士的协助。换言之，不管清朝实施怎样的绅士政策，各地自清初伊始，清朝权力和汉人绅士之间便形成了与明代相似的合作关系，重复着绅士担负统治社会之职的现象[2]。

尽管在明末清初极度动荡期间有很多绅士没落，但亦有不少绅士反乘社会政治权力空缺极度混乱之机，兼并土地，进一步加强其社会控制力。结果，清代社会的绅士阶层反而比明代更加壮大，他们滞纳赋役、包揽（赋役征收请负）[3]、与胥吏相勾结、专横腐败，重现了和明代毫无差异的支配形态[4]。因此自清初开始，不但导致了国家财政的窘困，而且还加深了构筑国家权力基础的小农阶层的进一步没落。这种情况，在长江三角洲地区尤为严重。

---

[1] 闻钧天，1935，第六章；宋正洙，1983A、1983B；谷口规矩雄，1975；前田司，1976。
[2] 酒井忠夫，1960，pp.42-43、52-54、69-73；吴金成，1986；本书第二篇第二章。
[3] 西村元照，1976；山本英史，1977。
[4] 瞿同祖（范忠信、晏锋译），2003，1962，第十章"士绅与地方行政"；本书第二篇第二章。

为了抑制绅士对国家统治的这种离心作用，同时使小农阶层安心于农土，清朝采取了如下两种措施。一是，在顺治亲政时期（1651—1661）和康熙（1662—1722）初年，通过"科场案""苏州哭庙案""江南奏销案""庄氏史案"等一系列控制江南绅士的政策，企图一面镇压，一面拉拢绅士[1]。

二是，实施均田均役法[2]。自明中叶江南诸多地区的农村社会发生变化，庶民意识高涨，在这一过程中自万历年间社会出现了各种不稳定因素（民变、抗租、奴变、叛乱等）。于是东林、复社系绅士开始产生了"能否维持绅士特权地位"的危机意识，均田均役法便始于他们的这种公意识引起的改革运动[3]。然而由于同保守大乡绅的利害关系，在尚未完结的情况下，便被清朝颠覆。自顺治年间（1644—1661），该法在江南地区的地方官和部分绅士的主导下，重新试行。至康熙初年，以江浙地区为中心，该法得以实施。受其影响，其他地区亦出现了其理念进一步得以增强的改革。该法的内容大致具有三个特征，即限制优免、照田派役、自封投匮。换言之，①所有土地以县为单位，以当前居住者的名义合算，县内各里被优免的田土数额除外（限制优免）[4]。②将其余田土按里数均分，从而使得各里土地面积均等，再将其划成十等份，使各甲的土地面积也均等。如此将里甲正役中作为最后以实役残留的"行政管理"部分，按里甲的土地比例加以分配（照田派役）。③被如此课征的徭役必须以银折纳，其缴纳额由缴纳者直接到县衙门缴纳（自封投匮）。通过均田均役法的实施，所有的赋役完全实现以银折纳。从此，里甲制

〔1〕 本书第二篇第二章。

〔2〕 川胜守，1980，第八至十一章；滨岛敦俊，1982。

〔3〕 沟口雄三，1978，pp.188-189；滨岛敦俊，1982，pp.456-457。

〔4〕 如此一来其优免数额将被固定，从而此后即便是官僚或绅士的数额增加，对绅士的优免总额亦不得增加。对清代绅士优免，请参照崔晶妍、李范鹤，1987，pp.194-195。

不再以户数为单位，而是以均等田土额为基准来重组乡村，所以不再需要为了掌握课征徭役的基准——户口而去进行户口调查（每十年一次）。

然而均田均役法亦未持续多久。因为土地所有者经常发生变更，按照一定的基准面积维持土地非常不易，因此督促和征收赋役变得困难，于是以根据财产状况缴纳赋役的改革租税征收制度是地丁银制[1]，并且按其方向重构乡村秩序的，便是"顺庄编里法"[2]。

在明末的一条鞭法阶段，将此前的所有的赋和徭役，合而为一，并以银折纳。但是自康熙五十二年（1713）起，政府将作为课税对象的人丁加以固定，对其后增加的人丁不再课收丁银，只设定为所谓的"盛世滋生丁"，以此将徭役总额固定下来。雍正年间，又将这种固定的徭役数额计入土地税加以课征，从而徭役完全被消灭，租税仅剩土地税一种，这便是地丁银制。如此一来，土地税之源泉——田租（佃租）的确保成为关系到地主乃至清朝存亡的重要问题。因而在"赋出于租"的背景下，清朝国家权力和民国时期的军阀，介入地主和佃户之间的纷争，或者地主要求国家介入佃户抗租运动，便是缘于此。另一方面，顺庄编里法自康熙年间在部分地区施行以来，至乾隆年间（1736—1795）在华中地区普及。其主要内容是将村落作为替代110户的里甲制进行征租和行政的基本组织单位。

因此，作为一国统治之基础的征税单位发生了变化。即由明初以来按户为单位，转变为以自然村落为基础的新体制。明初户数原则的里甲制转变为清初以村落为中心的顺庄编里法，是为了应对明末清初中国农村社会发生的变化。也就是说，由于社会结构的变化，

---

[1] 山根幸夫，1961；小山正明，1971。
[2] 川胜守，1980，第十一章。

清朝国家权力表面上限制绅士的特权，而实际上却不得不容忍和利用绅士在乡村所拥有的实质性支配力。这是典型的国法和社会惯行相乖离的现象。

二　人口的移动及其影响

1.人口移动的状况

明初中国社会，因为洪武年间（1368—1398）的徙民、开垦等积极的社会经济政策，农业生产力得以恢复[1]，而且因为在全国统一实施的里甲制，社会也在一定程度上得以安定。但自15世纪起，中国社会又重新开始动荡起来。结果，农村的阶层分化逐渐加重，里甲制日渐解体，明中叶开始，出现了全国性的大规模人口流动，至明末时期中国人口形成了新的分布格局。

人口流动在省内和省际同时发生[2]。从地域特征来看，还可以分为：①农村地区→禁山区；②先进经济地区（通常为人口密度过大的狭乡）→落后地区（宽乡）；③农村地区→城市和手工业地区等三种类型[3]。输出人口的地区均有人口必须背井离乡、人口流出的内部因素（pushing factor），而人口流入的地区亦有引起人口流入的因素（pulling factor）。

例如，明代外来人口最为集中的湖广（湖北和湖南）一带[4]，

---

〔1〕吴晗，1955；吴金成，1986，第二篇。

〔2〕请参照谭其骧，1932；赖家度，1952、1956；樊树志，1980；傅衣凌，1980；梁方仲，1935、1980；王崇武，1936；李洵，1980；全汉昇，1961；张海瀛，1981；曹树基，第5、6卷，1997；秦佩珩，1984；谷口规矩雄，1965；檀上宽，1978；大泽显浩，1985；清水泰次，1935；横田整三，1938；吴金成，1986，第二篇；Perdue, Peter C.，1986、1987等。

〔3〕吴金成，1986，第二篇。

〔4〕谭其骧，1932；曹树基，第5卷，1997；吴金成，1986，第二篇，第二、三章。

自明初便是被称为"地广人稀"的地区，这种现象至明末亦无改观。换言之，无论是平地、山地，还是禁山区，到处都是可供开垦的沃土。尤其是属于低湿地域的云梦泽地区[1]，一旦构筑垸堤等水利设施，便有广阔土地可供开垦为肥沃的农田。还有自明初便积极推进的劝农和开垦政策、原籍主义、湖田无税[2]等因素，亦是湖广招引外来流民的良好条件。相反，向湖广流入人口的陕西、河南、江西等周边地区[3]，非但从地理上邻近湖广，而且还有像绅士或势豪家的土地兼并、赋役过重和不均、社会不安定（陕西更有边境的不安定）、人口过密等人口流出的因素。湖广地区吸引人口流入的因素和周边诸省的人口流出因素共同作用的结果是：明代，尤其在宣德至正德年间（15世纪至16世纪初）有大量人口向湖广流聚[4]。

明中叶至末期，持续的人口流动情形不同于以往的"由北向南"的流向[5]，而是非常复杂多样[6]。如果归纳其中的特征，大概如下：此期间人口最为大规模集中的地区，是由陕西南部、四川东北部、河南西南部、湖北西北部构成的四省交界地区；其次是江西南部、福建北部、广东东北部、湖南东南部等地构成的四省交界地域。如果以省为单位来考察，湖广地区是人口最为集中流入的地区，其次为四川、北直隶（河北）、山东、河南地区，中国西南部的贵州、云南地区亦有大量人口流入。相反，据中国地方志记载的人口

---

〔1〕 从汉水下游地区至洞庭湖周边的广阔领域。

〔2〕 明代湖广地区，为了鼓励开垦农土和修筑水利设施，在垸堤修筑期和完成修筑之后进行耕种的"湖田"，最初几年亦不课税。

〔3〕 横田整三，1938；吴金成，1986，第二篇第一章。

〔4〕 吴金成，1993。

〔5〕 吴松弟，1997。

〔6〕 曹树基，1997、2000—2001。

统计[1]，除去上述地区和其他部分地区之外，明代中国的大部分地区的户口要么是减少，要么就是没有出现增加。据记载，其中山西、陕西、江西地区的人口流出最多，浙江、广东、福建地区的人口也逐渐减少。江苏地区在明代前半期人口呈下降之势，后半期出现增长，但从整个明代来看，人口呈现增加之势[2]。

关于明代人口流动方向，省际较大规模流动有由山西向北直隶、山东、河南、湖广北部、四川地区，由陕西向湖广北部，由河南向湖广北部，由江西向湖广、贵州，由福建、广东向江西南部的流动。省内流动有由陕西北部向南部的汉中，由河南北部向南部，由湖广北部（湖北）向西北部交界地区，由湖广北部（湖北）向南部（湖南），由江西北部向南部，由江苏东南海岸和平原地区向西南山区，由浙江东部海岸地区向山区的流动。此外，还有相当数量的福建、广东居民移居东南亚。

如上所述，自明中叶中国所有地区都开始了大规模的人口流动，其结果是至明末时期中国人口暂时出现新的分布。然而，明末清初的动荡时期至清中叶又再次发生了大规模人口流动[3]。该时期人口流动最为集中的地区是四川省[4]。因为明末张献忠之乱，四川地区人口骤减[5]。1491 年的推算人口为 328 万人，此后，人口有可能大幅增加的四川地区至清初顺治十八年（1661），人口骤减至 96 万左

〔1〕 关于在明清时期编撰的中国地方志中人口统计的性质请参照 Ho，Ping-ti，1959。但是其统计是地方官掌握人口能力的表现，所以其统计上的户口增减，如实反映了该地域的社会状况。

〔2〕 对于该部分需要更加具体和细致的研究。因为就如本书第三篇第一章所论及的那样，随着明清时期江南大城市的发展，形成了无数中小城市，由此可以推算外来人口流入之多。然而当时尚不能完全掌握农村人口的中国，对于完全掌握大量流入城市的流动人口（流民、短期滞留者、打工者、奴婢、妓女、乞丐等）是几乎不可能的事情。请参照本书第三篇第一章。

〔3〕 曹树基，1997，第 6 卷。

〔4〕 鲁子健，1984，1987；全汉昇，1961；赵文林、谢淑君，1988，pp.376—467；山田贤，1986；Ho，Ping-ti，1959，p.283；本书，第一篇第一章；李俊甲，1998；Entenmann，Robert，1980。

〔5〕 孙达人，1981；王纲，1981；胡昭曦，1980；李俊甲，1998。

右[1]。因此，清初伴随朝廷积极的移民政策，以湖广为中心的陕西、江西、安徽、广东人口大规模流向四川，拉开了"湖广填四川"的序幕。结果清朝刚刚入关时，在清朝总人口中所占比例仅为1%左右的四川人口，经历百余年，至乾隆二十六年（1761）达到了278万人（占总人口的1.4%），1850年激增至4416万人（占总人口的10.27%）[2]。

从人口增长率来看，台湾算是清代最具有特点的人口流入地区之一。向台湾流动的主要为福建、广东等东南沿海地区的人口。从统计来看，17世纪末仅为20万—25万人口的台湾，至1887年增至320余万人[3]。然而清代最让人瞩目的人口流动是向东北地区的流动。自18世纪初，山东、河北省的人口大举向东北流动，随之东北亦逐渐得以开发。考察有清一代，在中国发展最快的地区便是东北，其中盛京（今沈阳）地区尤为耀眼[4]。今天形成的中国八大经济区域[5]的框架，便是明清时期人口重新分布的结果。

2. 人口移动的影响

（1）农业生产力的提升

如前所述，明中叶至清中叶的300—400年间，共发生过两次大规模的人口流动和重构。而结果最重要的影响之一，便是农业生产力

---

[1] 赵文林、谢淑君，1988，pp.374，452。但是据李俊甲，1998，当时清朝仅控制川北地区，所以统计数据也仅限于川北地区。

[2] 全汉昇，1961；赵文林、谢淑君，1988，pp.472-473。

[3] 全汉昇，1961；曹树基，1997，第6卷第八章。

[4] 全汉昇，1961；赵文林、谢淑君，1988，pp.442-475；李志英，2005；Lee, Robert H.G.，1970；Lee, James and Eng, Robert Y.，1984。

[5] 施坚雅（Skinner, G.William，叶光庭等译），2000。

的大幅提升[1]。这对应于前文所考的人口流动的三种类型中的第一种和第二种情况。属于该情况的案例中，研究得较好的地区是以明代江西南部地区为中心的四省交界地区[2]、以明清时期湖广西北部为中心的四省交界地区[3]、湖广云梦泽地区[4]以及清代四川地区[5]。

流向经济落后的宽乡地域或政治控制较弱的禁山区的人口中，有在故乡没落之后，迁入流入地区以佃农或奴仆的地位定居的情况。也有不少商人、各种工匠或在故乡尚未完全没落的里甲户携带相当的财力流入的情况。他们在流入之初，向当地绅士或大地主租借农田或房屋生活，之后凭借自身的能力或技能从事各种职业。有些人同土著竞争，或逐渐开垦农土，或在江边或湖边的湿地构筑垸堤等水利设施而逐渐拥有农田。这些活动为提升该地区的农业生产力做出了极大贡献。有时有些新入者又会提供建造堤坝的技术，传播新种子，修路架桥，展开赈济事业等。

在移居地区的客民有第一代就实现经济增长的，但大部分人要经过几代的努力，也有经历数代后依旧贫困的情况。另外，在生活相对稳定的人中，有的鼓励子孙学习儒学，有的通过捐纳谋求仕途，甚至还有谋得胥吏之位者。可见客民在不断流动而壮大的过程中，能打破农业、商业、工业、儒业的限制，尽其所能，调动所有手段。也就

---

〔1〕 农业生产力的提高，应考虑人口的增减、农业技术的发达、耕地的增减、水利设施的增减等。本章仅考虑了其中的人口和耕地的关系。有关上述四因素的评述，请参照吴金成，1986，第二篇"绅士的社会经济作用"。

〔2〕 段从光，1955；傅衣凌，1947、1959；刘敏，1983；张桂林，1986；曹树基，1997，第 6 卷；北村敬直，1957、1958；森正夫，1978；田尻利，1973；吴金成，1986，第二篇第一章。

〔3〕 赖家度，1956；曹树基，1997，第 6 卷；谷口规矩雄，1965；大泽显浩，1985；铃木中正，1952、1974；山田贤，1986、1987；吴金成，1986，第二篇第二章。

〔4〕 谭其骧，1932；张国雄，1995；全汉昇，1969；森田明，1960；安野省三，1962；吴金成，1986，第二篇第二、三章；吴金成，1993；Perdue，Peter C.，1982、1987；Rawski，Evelyn S.，1972。

〔5〕 鲁子健，1984；全汉昇，1969；山田贤，1986、1987；李俊甲，1998；Entenmann，Robert，1980。

是说，在移居地居住的过程中，客民跨越社会阶层间的流动非常大。

从外地而来的客民在移居地显现的作用，大体可分为两个方面。一为积极的一面，如表 1-1-1[1] 所示，通过开垦耕地提高农业生产力。具体分析如下。

第一，明代的 200 余年是中国的经济中心发生分化的时期[2]。如果按各省来考察明代农土的增加情况，四川省实际增长率最高，为 279%；其次为河南，达 243%；湖广为 239%。与同在长江流域输出粮食最多的湖广相比，四川的实际增长率超过了湖广。然而从今天的省级单位来看，明代湖广中湖北省的实际增长率为 310%，超过了四川。不但如此，如果考察实际增加的农土面积，四川增加了301480 顷；与此相比，湖广则增加了 591280 顷。其中，湖北实际增加 420260 顷，湖南实际增加 171000 顷。湖广的面积为 398000平方千米（湖北为 187500 平方千米，湖南为 210500 平方千米），四川则为 569000 平方千米，可见明代湖广地区的田地增加速度令人吃惊，湖北更是如此[3]。

明代长江中游地区迅速开垦的结果是：中国经济中心被分化。宋至明初时期，长江下游的苏浙地区是经济和文化中心。但是，明中叶至明末，江南作为经济中心的地位被日渐分化。江南地区作为商业和手工业的中心继续得以发展，然而自宋代以来"苏湖熟，天下足"的天下粮仓的地位则为湖广所替代。明中叶形成的"湖广熟，天下足"的俗谚，便是湖广成为新粮仓的例证[4]。

---

〔1〕 Wang, Yeh-chien, 1973A, pp.24-25；吴金成，1986，p.90。

〔2〕 本篇第二章。

〔3〕 吴金成，1986，第二篇第二、三章；吴金成，1993。关于人口增加和农业发展的关系，请参照 Ho, Ping-ti, 1959, pp.137-168；Perkins, Dwight H., 1969, Chs.2-4；Jones, Susan M.and Kuhn, Philip A., 1978, pp.103-113。

〔4〕 本篇附论 1。

表 1-1-1　明清时代登记田地统计

省份	A	B		C		D		
	C.1400（顷）	C.1600（顷）	B/A（%）	1661（顷）	C/B（%）	1753（顷）	D/C（%）	D/B（%）
河北	269710	674390	250	459770	68	657190	143	97
山东	542930	1127340	208	741340	66	993060	134	88
河南	277050	949490	343	383400	40	788320	201	83
山西	390810	457240	117	407870	89	545480	134	119
陕西	260660①	503580①	193	373290①	74	508930①	136	101
江苏	560260	719840	128	953450②	82	704300	114②	98
浙江	472340	478650	101	452220	94	461530	102	96
福建	135170	136540	101	103460	76	136140	132	100
广东	237340	334170	141	250840	75	334110	133	100
安徽	249910	437310	175			380330		87
江西	402350	477860	119	444300	93	485650	109	102
湖北	135480	555740	410			587380		106
湖南	111760	282780	253			343170		121
湖广	247240	838520	339	793350	95	930550	117	111
广西	107850	103170	96	53940	52	89400	166	87
四川	107870	409350	379	11880③	3	459150	3865	112
云南		68440		52120	76	89900	172	131
贵州		19850		10740	54	25690	239	129
合计	4261490	7735740	182	5491970	71	7589730	138	98

① 包括了甘肃省的一部田土额。
② 包括了安徽省的一部田土额。
③ 据李俊甲，2002，第一篇"清前期四川社会的恢复"，这数值只包括川北地域的。

第二，在明末清初极度动荡的时期，中国农土以惊人的速度被荒废。相比于 1600 年（明末）左右的田土面积，1661 年（清初）全国的土地比例（C/B）锐减至 71%。从各省来看，减少一半左右的地区是：河南 40%，广西 52%，贵州 54%。特别是以人口骤减而著称的四川省，在此期间，接连发生了许多少数民族起义，因此它的人口减少比其他地区更加严重。

第三，由于以上背景，清初又发生了人口涌向四川的现象，结果四川的农土迅速得以复垦。据乾隆十九年（1754）的统计推算，早在此前四川省人口便已恢复至明末的水平。雍正年间（1723—1735），四川的粮食已经以湖北的汉口为中转地，向长江下游地区供给[1]。换言之，湖广地区作为中国第一粮仓出现——迄今它仍占据中国粮食流通格局的相当比重——是明中叶至清中叶 300—400 年间持续的社会变化和人口再分布的结果。

明代开发湖广、清代开发四川的结果，形成了江南的织物手工业品、盐与湖广、四川的粮食进行贸易的中长途商品交易格局[2]。以安徽徽州为根据地的徽商的成长，湖北汉口和湖南湘潭的大都市化发展，便是这种经济中心分化的结果之一。至鸦片战争以前，清中期中国内地的商业交易额约为 3.9 亿两，其中：第一位是粮食，约占 42%（全国粮食总产量商品化率为 10.5%）；第二位是棉布，约占 24%（商品化率为总产量的 52.8%）；第三位是盐，约占 15%[3]。

第四，如 1753 年（清中叶）农土面积对 1600 年（明末）农土面积的比例（D/B）所示，直至清中叶对农土的复垦和开垦水准尚不及明末，该点亦值得关注[4]。另从 1908 年的农土统计来看，清

---

〔1〕 全汉昇，1969；林顿，1987；鲁子健，1987；重田德，1956；安部健夫，1957；李俊甲，2002，第一篇；本篇第二章。

〔2〕 全汉昇，1969；藤井宏，1953—1954；寺田隆信，1972、1982；安部健夫，1957；Wong，R.Bin，1983。

〔3〕 许涤新、吴承明，1985，pp.16—18。

〔4〕 如本篇第二章表 1-2-3 所示，现代学者推算的 1753 年的农土为 900 万顷左右，1913 年的农土为 1360 万顷左右。

末以来，除去开发东北和新疆地区的部分，仅为 7517180 顷[1]，仍然不及明末水准。但是明末 1600 年中国人口约为 1.2 亿—2 亿（ⓐ），18 世纪中叶的 1750 年人口约为 2 亿—2.5 亿（ⓑ），19 世纪中叶约为 4.2 亿（ⓒ）[2]。从而ⓐ→ⓑ期间人口增长 25%—67%，而农土却反而减少；ⓐ→ⓒ期间人口实际增长 110%—250%，但农土却并未超出ⓐ水准多少。如果将上述登记农土换算为符合当时社会经济条件的调整土地的话[3]，大约为ⓐ 670 万顷→ⓑ 900 万顷→ⓒ 1210 万顷，也就是农土在ⓐ→ⓑ期间增加 34%，ⓐ→ⓒ期间增加 80.6%，但该数字却远不及人口增长。从人均耕地面积来看，从ⓐ的 3.4—5.6 亩骤降至ⓒ的 2.9 亩。如果从另外的角度计算，ⓐ→ⓒ期间，要多抚养最少 110% 最大 250% 的人口。相对农土面积，清代的人口增长明显更加迅速，而农业发展程度则足以抚养如此迅速增长的人口。这是基于：①耕地面积的增加；②单产量的增加；③红薯、玉米、马铃薯等新作物的普及；④集约农法的施行；等等。上述是实现农业生产增产的原因[4]。

另一方面，客民的作用中也存在否定的一面。明清时代大量接纳外来人口的地区，不能说全无社会矛盾。例如，大量接纳人口的湖广地区，早自明初便存在绅士、王府、势豪家的土地兼并，过重的赋役负担等自己既有的社会矛盾。所以其他人口输入地区应该同样存在类似的社会矛盾。就是在处于这样一种状况下的地区，客民从外部大量涌入，并在同土著的竞争中逐渐壮大。外来客民的涌入，又等于是进一步深化了移居地区原本存在的社会矛盾。因为土著由

---

[1] Wang，Yeh-chien，1973，p.24。
[2] Perkins，Dwight H.，1969，p.216。
[3] 本篇第二章表 1-2-3。
[4] 张存武，1988；全汉昇，1966；Ho，Ping-ti，1955；本篇第二章。

于过重的赋役和高利贷的盘剥而处于没落的危机之中，而客民或通过开垦新的土地，或通过发挥自己的技能，不仅能敦实各自的生活，还能逃脱赋役。因此在土著和客民之间的竞争中，甚至出现了土著反而没落流散的"人口对流现象"（convection）。而且有些地区，则因客民的大量流入引起了社会秩序的混乱，所以从明中叶至清中叶叛乱不断发生。其中湖广西北部的四省交界地区和江西南部的四省交界地区尤甚[1]。

（2）中小城市的发展

下面考察人口流动现象中的第三种类型，即由农村向城市和手工业地区的流动。由于明中叶至清朝的人口流动和商品生产的发展（对此将在后文详述），中国各地出现了大城市（北京、南京等原有的33个城市）和无数中小城市。其中该现象最为显著的地区是苏浙。苏浙地区自宋代便是中国的经济、文化中心，明初（1368—1398）朱元璋鼓励种植桑、麻、木棉，并随着以其生产物抵扣部分租税的规定制定以来，该地区的经济结构开始发生变化[2]。

由宋代至清代，该地区始终以重赋而著称[3]。加上自明中叶以来，绅士和势豪家大量兼并土地，导致小农经营极其微弱，从而除了农业生产之外，小农为了生存不得不采取其他贴补家计的手段。农民从此前男耕女织的农家经营方式脱离出来，男人亦将纺织手工业作为副业而参与进来。该地区的苏州、湖州、杭州等大城市的丝织业很早便很发达，并传承了优秀的技术。因而周边农村的小农亦逐渐掌握了这些先进的丝织技术。而以松江府为中心的沿海地区的

---

〔1〕谷川道雄、森正夫，1982、1983。
〔2〕有关苏、浙地区以织物业为中心的经济结构，没有别注，请参照许涤新、吴承明，1985；西屿定生，1966，第3部；寺田隆信，1971；田中正俊，1982、1984；吴金成，1990。
〔3〕伍丹戈，1982；森正夫，1988。

土质适合于棉花种植，这种以棉花为原料的棉织业引进了发达的丝织业技术之后，就能够生产出高级棉布。从小农立场来看，与生产粮食相比，通过种植桑或棉花来生产绸缎或棉布，收入要高过一筹，因此在原本种植粮食的土地上转种了桑或棉花。随着该地区丝织业和棉织业的逐渐繁荣，从外地涌入了大量寻找活计者[1]。由于越靠近明末，这些原本以鱼米之乡著称的地区就越转变为从外地输入粮食的地区了[2]。

苏浙地区农村纺织业的发展和大量外来人口的流入催生了大城市，随之还伴生了无数中小城市[3]。例如，苏州府吴江县盛泽镇在明初不过是仅有50—60户的一个村落，但15世纪中叶商人和手工业者开始增加，16世纪中叶增至百余户，17世纪上半叶增至千余户，至清朝康熙年间（1662—1722）则增至万余户（包括四个乡），终于在乾隆五年（1740）升格为镇。同样位于苏州府的震泽镇，在14世纪中叶的元代也是只有数十户的村落，但至15世纪中叶增至300—400户，16世纪中叶则增至千余户。清雍正四年（1726），该地从吴江县独立为震泽县，下辖的震泽镇居民有两三千户。据最近的研究，在明清时代江南地区发达的城市中，市的规模普遍为100—300户，达500—1000户者并不多，1000—2000户者极少。镇多指千户以上的中型城市，大多数达2000—3000户，其中，以明末清初为基准，达到万户以上的超大型镇有苏州府的盛泽镇等6个、松江府2个、湖州府2个、嘉兴府3个、杭州府1个，还有位于嘉兴和湖州府之间的乌青镇等，共计15个。居民达数千至万户的中型镇亦有

〔1〕 本书第三篇第一章。
〔2〕 当时满足江南粮食需求的地区是湖广和江西地区。
〔3〕 本书第三篇第一章。

10 个[1]。

除了发展程度上的差异，新兴城市的发展，在其他地区也很相似。例如，位于长江中游的江西省的城市也因人口流动而得以发展。其中，饶州府浮梁县的景德镇，广信府铅山县的河口镇，临江府清江县的樟树镇，南昌府新建县的吴城镇等比较有名。

饶州府浮梁县的景德镇[2]，早自宋代起便作为中国一流的瓷器生产地而声名远扬，明清时代其名声依旧。至16世纪中叶，为了瓷器贸易而聚集的省内外商贾、客民和临时滞留者多达万余人，而至万历（1573—1619）末年，更是多达每日数万人。据载，明末景德镇人口已达50余万人，其中土著仅占10%—20%，其余均为来自周边各府和徽州府的人。

广信府铅山县的河口镇[3]，是具有全国性销路的造纸业以及向中国西北地区和欧洲出售茶叶的茶叶加工中心。在16世纪初还只是山区的一个小市集，然而16世纪中叶开始迅速发展，至万历年间人口已增至2万人左右，至清乾隆、嘉庆年间估计多达10万余人。

临江府清江县的樟树镇[4]，位于赣江中游东岸，赣江和袁江的合流之处，是商业和交通中心，也是全国性的药材市场。早在15世纪上半叶便成为被户部指定的全国33个商税课征城市之一。至万历年间居民达数万户，开始尽享江西三大镇之一的繁荣。

南昌府新建县的吴城镇[5]，位于江西北部，鄱阳湖的西岸，从

---

〔1〕 樊树志，2005，pp.166-184。
〔2〕 萧放，1987；梁森泰，1991；刘石吉，1989；佐久间重男，1964；吴金成，2007A，第三篇第一章"千年瓷都，景德镇"。
〔3〕 吴金成，2007A，第三篇第二章"幸运的山区都市，河口镇"。
〔4〕 罗辉，1999A、1999B；刘石吉，1989；许檀，1998；吴金成，2007A，第一篇第三章，"'广东体制'的光和影子"。
〔5〕 萧放，1987；刘石吉，1989；梁洪生，1995A、1995B、1999；许檀，1998；吴金成，2007A，第一篇第三章"'广东体制'的光和影子"。

西北向东南流经江西的修河和赣江的下游合流的三角之地。赣江沿岸的各种农副产品、越过大庾岭而来的外国进口商品及岭南商品均沿赣江而下，在吴城镇改装大船。沿修河而下的商品同样在此改装大船而出。故而吴城镇以水陆交通要地和各种商品的集散地而繁荣一时，在“广东贸易体制”时期（1757—1842）其人口达4万余人。

另外，湖广地区也受明代人口移动的影响，所辖的荆州府江陵和沙市，汉阳府汉川县的刘家隔，汉阳县的汉口镇，升天府的皂角市等都有所发展，广东省佛山镇的发展也闻名天下。

三　商品生产的发展及其影响

1. 商品生产的发展

第二次世界大战后，世界明清史学界的又一关注点，是明末清初商品生产的发展及其性质界定的问题。当时，日本学界反思了此前把“先进的日本”和“落后的中国”相比较的思想，试图将中国正在展开的政治变革（中华人民共和国的成立）的历史性质置于中国史的发展潮流中加以理解，并开始关注此问题。而中国学者则是为了批判和克服“中国社会停滞论”，证明中国历史中亦存在世界史的发展规律，展现中华人民共和国成立的历史必然性，同时，还因为受到自20世纪50年代开始兴起的“资本主义萌芽”论的影响，而对该问题的研究进行了积极的推进。

纯粹从学术角度较早接近该问题的学者，是日本的西屿定生[1]。他把16、17世纪在中国江南农村促进棉纺织业萌芽的因素，

〔1〕西屿定生，1944、1966，第3部“商品生産の展開とその構造——中國初期棉業史の研究”。该部分收录了四篇论文，均对发表于1947—1949年的论文稍微做了改动。

总结为：①明清国家权力对农民的搜刮；②大土地所有制下的零细农业经营；③商人资本的剥削；等等。他将明末清初农村手工业的结构性特性大致归结为如下：ⓐ 16 世纪和 17 世纪作为一个划时代的时期，零细农为了贴补家计积极参与了商品（棉布）生产；ⓑ他们的这种副业性的棉布生产，因高地租和商人资本的搜刮，无法得以持续，从而亦无法实现阶级（阶层）的提高；ⓒ城市的专业机户的经营，也是以政府收购棉布为前提的，而非独立性经营。

他所指出的上述内容，具有重要意义。此前处于里甲制下的江南农村居民，仅仅被视为活动于自给自足的农家经营领域的存在体，但是西屿定生对其做了崭新的阐释，认为他们是依靠农村手工业的商品生产者。他通过分析，承认中国历史发展中的"封建制"自发性解体，却并不认为其能成为主体性向"资本制"发展的契机。

针对西屿定生的以上见解，此后，日本有许多学者对棉织业、丝织业乃至商业、盐业、茶业、窑业、矿业等诸多领域展开了研究，其研究结果验证了丝织业、盐业、矿业、茶业领域可能存在商人控制的前贷制生产，或工厂制的手工业[1]。这意味着明末清初的商品生产已经达到了相当的发展水准。中国史学界也从 1954 年开始，通过对"资本主义萌芽"的讨论，开展了同日本几乎相同的研究。迄今为止共积累了 560 余篇研究论文、30 余部论文集以及专著[2]。

然而中日两国的这种研究，并不意味着解决了关于对明末清初商品生产性质的理解问题。仅靠揭示明末清初之后，在诸多手工业领域可能存在商人资本的前贷制控制生产形态或工厂制手工业等，是没有太大意义的。日后的研究应该阐明，这些案例是在中国社会

---

〔1〕 寺田隆信，1971，p.276。
〔2〕 吴金成，1990。

怎样的历史发展背景之中发生的,存在于怎样的结构(社会、市场)之中,具有怎样的历史性意义,等等。

(1)棉纺织业的发展

朱元璋向百姓推行种植桑、麻、棉之后,棉布被普及为庶民的衣料,在全国范围内发展为在满足自家消费需要后的农家副业。尤其在以重赋著称的江南地区,15 世纪开始棉布生产作为零细农民贴补家计的农家副业得到积极开展。其中,松江府的城乡逐渐向中国棉织业的中心地发展[1]。该地区的土地和气候适合种植棉花,松江府农土的二分之一到三分之二也被转用于棉花种植,而且因为便利的水陆交通,还可以大量购入华北地区的棉花,原料获取非常便利。另外,由于接近拥有先进丝织技术的苏州、湖州、杭州地区,因此较易导入生产技术[2]。

江南农民参与棉织业的重要背景是在农家经营的危机状况下,商品生产(生产物的市场销售)成了农民的生产目的。然而农民因为资金不足,所以,先将生产的棉花(称其为子花)售给商人,在下一阶段加工时,再从商人手中重新购入原料,一种社会性分工也即出现了。换言之,棉花的种植、轧核、纺纱、织布等各环节得到了分工,零细农民或手工业者仅负责其中的一个环节。此外,还有商人资本介入各环节之间来剥削利润[3]。因此对于这些零细农民或手工业者来说,想要累计利润而实现经济性的成长则非常困难[4]。

然而自明中叶起,介入江南农村棉纺织业的商人,大多为零细

---

〔1〕 全汉昇,1958;严中平,1963;赵冈等,1977;西屿定生,1966,第 3 部。

〔2〕 宫崎市定,1954、1966,第 3 部;刘石吉,1987,pp.11-16。

〔3〕 严中平,1963,第二章;许涤新、吴承明,1985,pp.391-398;田中正俊,1982、1984。

〔4〕 但是这种由农家副业形成的商品生产,逐渐对小农经营的稳定和独立做出了贡献。明末清初在该地区集中出现的民变、抗租等便是其结果所致。

商人，他们通过各自的中介各环节来进行分工。也即，某一个大商人的资本不能通盘掌握每一个环节。作为大资本家的客商反而在生产之外，通过流通机构来谋求利润[1]。明末清初，这种状况得到进一步发展，大商人开始深深地介入到棉布生产的各个流程。结果，大商人或将原料前贷给农民或手工业者，或者雇用织染业者或踹布业者[2]，或给农民以棉布，使其生产署袜来获得附加利润。因此，一种原料前贷的生产形态出现了。苏州府仅以布商闻名者便达数十家，他们大多为徽州商人[3]。

（2）丝织业的发展

江南地区的丝织业很早便是中国史学界"资本主义萌芽"问题的最典型案例。丝织业是从中国古代发展起来的手工业，有明一代，在南京、苏州、杭州、湖州等大城市率先得以发展。明代从很早开始便将生丝纳入租税和纳贡体系。也就是说，在北京和南京设内染局（又称内织造局，是宫廷直属官办工厂，由宦官监督），在苏州、杭州等全国 24 个重要城市设置外织造局（工部直属官办工厂）。针对这些内、外织染局的劳动力，明朝采取了按匠役制来动员匠户，并由官方来监督的所谓官营生产体制[4]。

但是这种官营工厂体制具有严重的官吏剥削劳动、工钱不稳定、中间克扣等现象。因此，自 15 世纪中叶起，经常发生匠户逃跑和怠工等事件，而且被动员来的匠户的技术水准亦显著下降，从而匠役制下的织染局官营工厂体制面临崩溃的边缘[5]。这种现象在瓷器工

---

〔1〕　藤井宏，1953；田中正俊，1982、1984。

〔2〕　据说,18 世纪初的苏州有这种踹布业所 450 余家，在 340 余名包头（把头）之下，每业所平均有踹匠数十人，共计 2 万余人。

〔3〕　田中正俊，1982、1984；藤井宏，1953、1954。

〔4〕　彭泽益，1963；中山八郎，1942；佐伯有一，1956A、1956B。

〔5〕　这些逃离匠户成了私人经营形态的城市丝织业形成的前提条件。

厂等其他官营工厂也同样存在[1]。明朝为了克服这些官营工厂体制的危机，开始许可匠户的个人经营，允许匠户以银折纳匠役，这便是班匠银制（1485）。因为该制度的实施，官营工厂的生产逐渐被废除。此后，朝廷所需的丝织物，或通过国库之银购买，或依赖于纳贡。匠户则因为该制度的实施，取得了个人经营的合法性和稳定性，此后作为独立的手工业者推动了商品生产的发展。最重要的是，匠户的先进技术得以解放，因此被他们传授了技术的农村丝织业得到了迅速的发展[2]。

正统元年（1436），以银两支付俸禄之后，官僚们成了丝绸的消费者。而且明中叶起，随着以农业为首的各种产业生产力的增强，平民之间亦开始流行穿用丝织品的风习。基于这种广阔的销路，南京、苏州、杭州、湖州、嘉兴等明初存在官营织造工厂的大城市，因为班匠银制的实施而个人得以自由经营的民间机户，以官用或官僚为对象，非但生产了高级丝织品，还为平民和海外市场（东南亚、欧洲、日本等）生产了大量的普及品[3]。自明中叶起，生活在大城市周边的人口大量汇聚于大城市，而促其向巨大城市发展的过程中，便存在着上述的背景。

江南城市中，丝织业最为繁荣之地是苏州。明末，在苏州拥有二三台至数十台织机的机户多达万余户。而且其下又有身怀各种专门技能者从机户中获取日薪。那些未能将特定的机户作为雇主的技工，须每天拂晓，根据不同技能数十人聚在一起，缎工聚于花桥、纱工聚于广化寺桥、车工聚于濂溪坊来等候机户的雇用。江南曾经存在过这种以天为用工计算单位的雇佣劳动市场。而一旦机户的作

---

[1] 佐久间重男，1962、1964、1968。
[2] 佐伯有一，1956B。
[3] 寺田隆信，1971，p.296。

业减少，这些按日结算的技工的生活便即刻受到威胁。另外，因为他们还通过被称作行头的外包中介人的牵线来派往机户，这些佣工同时又隶属于行头且保障极其不稳定[1]。对于明末清初存在于江南的这种契约关系和雇佣劳动的性质，迄今在世界学界尚未达成共识。因此试图将该历史性质视为"资本主义萌芽"的一方[2]，和对此持否定态度的一方[3]，一直处于对立的状况。总之，这种形态的劳动市场在江南的主要城市中，自16世纪后半期开始一直持续到19世纪中叶。

受上述城市丝织业发展的影响，15世纪中叶开始，城市附近农村地区的丝织业也得以发展，结果形成了诸多中小城市。比如，15世纪中叶的苏州府，居住于县城的机户开始雇用居住于府城的技工经营丝织业。至15世纪下半叶，县民们也逐渐学到这种技能。结果，如前文所述，16世纪之后的盛泽镇和震泽镇的情况是，不但镇本身得到了发展，而且镇周围方圆40—50里（1里等于500米）范围内的居民们，也拥有了通过丝织业贴补家计的农家副业。

随着周边农村兴起了诸多以纺织业为背景的中小城市，苏州以此为基础不断发展，成了全国性的纺织业中心。因为在纺织技术方面，城市和农村之间依然存在显著的差异，所以苏州除了生产高级品之外，还担负了城市和农村所需产品的加工、制造和集散等功能。也就是说，苏州聚合了周边零散分布的中小手工业城市，吸纳了脱离农业的人口，成长为具有全国性规模的商业和手工业中心之功能

---

〔1〕 称该经营模式为包工制或把头制。宫崎市定，1975；佐伯有一，1961、1968；田中正俊，1982，pp.241-250。

〔2〕 尚钺，1956；洪焕椿，1981；横山英，1972。

〔3〕 吴大琨，1960；彭泽益，1963。

的大城市[1]。

江南农民参与到丝织业的原因同前文所考察的棉织业相同，是作为副业来贴补家计。农民通常以高利息贷款，从蚕种行购买种纸（蚕种）来养蚕。桑叶亦由商人供给的情况较多。因而，每当缲丝作业一结束，需要资金在短期内快速流转的农民们就要将生丝拿到市场去出售。而此后在农闲期为了纺织绸缎，就又不得不从生丝商人处重新购回生丝。明末清初的丝织业，也分工为桑树种植、养蚕、缲丝、捻丝（制丝）、丝织等环节，而各环节之间会有商人资本介入其中来榨取利润[2]。农村丝织业的生产结构也同棉织业一样，形成了社会性分工。

明中叶的商人资本只是介入上述各环节之间，而对于生产于每个环节的商品，商人亦通过在生产现场之外的流通体系中的差价榨取利润[3]。然而至明末清初，始现部分丝行将原料提供给农民或纺织工人的前贷生产案例[4]。自17世纪末18世纪初的清康熙年间起，在南京、苏州等大城市和浙江新兴中小城市，被称为账房（又标记为帐房）的大商人开始正式参与前贷生产[5]。

2. 民变、抗租、奴变

（1）民变

如上所考，15世纪和16世纪以来，尤其以明末清初的苏州为代表的大城市周围聚集着无数中小城市。而且这些大城市不但是纺

---

〔1〕苏州府城西部的吴县是商业中心，东部的长洲县是手工业中心。雍正二年（1724）从长洲县中分离出了元和县。

〔2〕佐伯有一、田中正俊，1955；寺田隆信，1957。

〔3〕田中正俊，1957；田中正俊，1982，pp.233—241。

〔4〕田中正俊，1982，pp.239—241。

〔5〕李之勤，1981；横山英，1972；田中正俊，1984。

织业中心，还是繁荣的商业和文化中心。从当时明朝的实际情况看，张居正（1525—1582）死后，朝廷宦官专权日甚，不但政治秩序日渐松散，还因万历三大征[1]，使国家财政陷入极度穷困。加之，1596年和1597年连续两年宫廷发生火灾，烧毁了重要宫殿，而用来修建的巨资花费了930余万两。随着朝廷和宫中财政的凋敝，以解决财政之名出现的，便是派遣矿税使[2]。因此全国各地的工商业开始萎缩，商贾往来减少，国家税收反倒随之骤减。因为宦官的跋扈，明末，江苏省（时为南直隶）包括曾暴动过6次以上的苏州在内的9个城市，以及北京、北直隶（河北省）、陕西、山西、辽东、浙江、山东、福建、江西、湖广、广东、云南省等全国重要城市或手工业地区，共发生50多次的民变（民众或市民暴动）[3]。

万历二十九年（1601），苏州因税监（为征收商税而外派的宦官）孙隆的专横，发生了"织佣之变"[4]。5月上旬，赴任苏州的孙隆让心腹征税吏及其带领的20余名地痞无赖，在苏州府6个城门和3个水关分别设立税关，并在其他交通要冲也强制征收商税，还对城内机户根据其织机数量课以重税。从而导致商贾往来断绝，物价暴涨。苏州市内商业瘫痪，机户闭业者不断，大量纺织手工业者顿时丧失生计，引起人心惶惶。

为此，1601年6月6日，织佣聚集起来火烧孙隆的心腹乡绅丁元复之宅，并要求废除商税，孙隆惊慌逃跑。长洲知县逮捕无赖，

---

〔1〕 万历二十年，镇压宁夏蒙古武将哱拜叛乱支出200余万两，1592—1598年援助朝鲜的壬辰倭乱支出700余万两，1593—1600年镇压播州（贵州省遵义县）土司杨应龙之乱支出200万—300万两。

〔2〕 本书第三篇第三章。

〔3〕 巫仁恕，1996；傅衣凌，1957、1959；刘炎，1955；刘志琴，1982A、1982B；田中正俊，1961A、1984；寺田隆信，1971，pp.283-286；夫马进，1983；本书第三篇第三章。

〔4〕 丁易，1950；夫马进，1983；森正夫，1981；田中正俊，1961A；佐伯有一，1968；本书第三篇第三章。

并带往群众聚集的玄妙观，群众愤而击杀之。知府朱燮元慰抚织佣（6月8日），暴动平息。6月9日，约定废除税关之弊害。此时，群众中自称佣工的葛成，自行承担所有责任向官府自首而获重刑，此后幸而获释。苏州民众为之义举所动，赞他为葛贤、葛将军等。

通过该事件，有必要关注如下几点：第一，万人以上的群众始终井然有序地按纪律行动，具有很强的组织性；第二，明确了攻击目标，使无辜之人免受其害；第三，获得了苏州普通市民的大力支持；第四，巡抚曹时聘等大多数官僚和绅士亦直接或间接地给予支持，或对其表示同情；第五，把玄妙观这种群众大量聚集之处选为准备行动之地。因为明中叶以来的社会变化，至明末时江南城乡的读书人和庶民，均达到了几近相同的社会认识。

明末清初，发生于苏州的民变中，另一值得关注的事件是 1626 年的所谓"开读之变"[1]。针对当时以极端的恐怖政治骄横跋扈的宦官魏忠贤为中心的宦官派恶政，人们以东林派为中心展开了激烈的批判和反抗运动[2]。"开读之变"，是为逮捕东林派退休官僚周顺昌（苏州人）而前往苏州的官吏在苏州察院行开读仪式之际，万余民众对逮捕周顺昌的不当行为进行抗议的事件（1626 年 3 月 18 日）。此时，民众中有 500 余生员[3]为同巡抚毛一鹭（宦官派）谈判而列于队首。其中亦有应社同人杨廷枢、王节、文震亨等生员[4]。随即会场陷入大混乱，开读仪式被中断。官府约定"不行开读仪式，不押

---

〔1〕 林丽月，1986；丁易，1950；夫马进，1983；小野和子，1958、1961、1962；岸本美绪，1996；田中正俊，1961；Atwell，WilliamS.，1975。

〔2〕 东林派广泛聚集了全中国的绅士，当时因为江南商品经济的展开，还获得了许多庶民阶层的响应。谢国桢，1968。

〔3〕 他们成为日后复社运动的骨干。小野和子，1961。

〔4〕 但是生员对官吏和绅士阶层的这种反抗，并非是为了否定国家或乡绅，而是因为个人间的理解对立所造成的。参照本书第二篇第一章。

送周顺昌至北京"，事态方稳定下来。然而当民众散去之后，官府暗自将周顺昌押往北京，并逮捕了主谋者。颜佩韦（商人之子）等五人被处决。生员王节等被剥夺生员资格，并遭禁锢。

对这类事件，其他地区的被逮捕者的状况也非常相似。回顾历史，在近代以前的中国社会，绅士和平民的地位划分泾渭分明。尽管如此，绅士阶层或直接参与，或同情苏州民众的行动，苏州民众则为和自己并无直接关系或交情的绅士的被捕，展开了殊死的反抗运动[1]，在这一点上苏州民变具有重要的历史意义。

如上所考，明末发生于苏州的民变暗示着，民众和绅士之间存在着对当时社会的共通的认识。所以发生于明末的中国无数民变，并不能仅仅被视为偶然发生的事件，或历代王朝末期每每发生的民众起义的类型；而是伴随商品生产发展的历史步伐形成的，基于市民共通意识之上的"解决社会矛盾的运动"。

（2）抗租

同民变一道，抗租（针对地主的佃户的抗租斗争）和奴变（奴婢为了身份解放而发动的叛乱）也是明末清初发生的很有特点的民众运动。民变是随着商品生产的展开而形成的，以城市手工业工人为中心的市民反抗运动。与此相比，在中国的诸多地区的农村则是以底层零细农民（小自耕农、佃户、奴婢）为中心的反抗运动。

可以说，抗租运动[2]实际上是与搜刮地租的历史并存的。而且在中国历史上，它随着地主和佃户关系的发展，缓慢地发生了变化。在这种意义上而言，北宋后半叶至南宋末期是中国史上首次出现抗

---

〔1〕 当事人周顺昌亦对民众这样的行动匪夷所思。
〔2〕 参照傅衣凌，1959；森正夫，1971、1973、1974、1978、1983A 和 1983A，pp.395-401 的目录；田中正俊，1961B；崔晶妍，1986。

租的时期[1]。至明代，可以算具有重要历史意义的抗租运动是"邓茂七之乱"（1448—1449）[2]。但是明末清初往后，在中国所有地区，尤其是在江南地区经常发生的抗租运动，从其内容上来看，具有以往所不具备的特征。比如，该时期伴随商品生产的发展而形成的抗租运动，是以自行转变为商品生产者的农民为主轴，以在家计经营的危机中，逐渐独立的佃户为中心的群体运动。在这一点上可以寻找到抗租运动的特征。因而，从宏观上评价中国抗租运动的历史性质时，16世纪中叶至19世纪20年代是性质基本相似的时期。而鸦片战争之后的抗租运动则超越了仅仅是抗租的这一层面，基本成为大规模民众运动的基础[3]。

从明末清初的15世纪中叶至19世纪初发生的抗租运动中，通常可发现如下特征：①不是偶发的、受歉收影响而自然发生的、因饥饿引起的抗租，而是经常性的抗租；②是以在一定程度上的佃户独立经营为前提的、有组织的抗租；③不是个别性的抗租，而是群体性的抗租，或是该地区大部分佃户参与的抗租；④不是简单的骚扰事件，而是以正式武力冲突为前提的抗租运动。抗租运动之所以能够具有这种特征，是因为：ⓐ佃户拥有除了土地之外的生产手段（耕牛、种子）和生活手段（家屋），自家的农业经营完全独立于地主；ⓑ地主是只将土地租给佃户并脱离生产的寄生性存在；ⓒ地租通常是定额地租，有时亦存在有利于佃户的定率地租；ⓓ佃户具有同地主的所有权无关的、可以进行买卖的耕作权（永佃权）；ⓔ地主与佃户之间的生产关系只是单纯的贷借关系，而不是人身隶属关

---

〔1〕　森正夫，1983A，pp.231-232。
〔2〕　在中国史上，这是佃户在鲜明的要求和目标下，首次独立掌握主导权，展开农民运动直到最后的抗租运动。在这一点上它具有历史意义。谷口规矩雄，1971；田中正俊，1961B。
〔3〕　森正夫，1971；森正夫，1983A，pp.232-237。

系。以此为特征的地主和佃户的关系自明末清初开始逐渐定型[1]。在这种背景下出现的抗租运动要求的是：废除副租（定额地租之外的附带的盘剥）或附带的力役；校正并统一计量佃租的度量衡器具；要求降租或反对增租；根据灾害变更地租征收额；废除耕种保证金；要求永耕权等。

上述内容是在明末清初的诸多社会变化中，经常发生的抗租运动的特征。但是对于抗租运动需要考察的问题尚有许多。首先是地主、自耕农同佃户之间的有关问题。中小地主不说，包括绅士在内的大地主亦因为抗租，非但地租征收受到了限制，还因王朝权力的搜刮和商品经济的发展导致的商人资本剥削、物价飞涨等，重新面临没落的危机。18 世纪以来，在中国各地频繁发生的抗粮（土地所有者拒绝向国家缴纳土地税）运动[2]，就是在这种背景下展开的。其次是有关地方社会和抗租之间的问题。尤其对于抗租与地方社会的支配阶层绅士间的关系问题，或与社会秩序相关的问题也有必要进行进一步思考。再次是国家权力和佃户之间的相关问题。从朝廷方面来看，佃户也是良民。但是自 18 世纪上半叶开始，尤其是随着抗租现象的经常发生，清朝开始重新倾听地主的"赋出于租（地租）"的主张。最后，对于试图抗租的佃户是如何认识国家权力的问题亦有必要进行新的考察。

（3）奴变

奴变是指绅士、大地主、大商人家中役使的奴仆群体袭击主人之家，夺取并毁掉其卖身契，要求解放奴仆身份的运动[3]。奴变自明朝崩溃的崇祯十七年（1644）前后发生，到清康熙元年（1662）

---

[1]　森正夫，1983A，pp.217-222；田中正俊，1961A，pp.74-78。
[2]　寺田隆信，1971，p.312；横山英，1955。
[3]　森正夫，1983B 及在 pp.206-209 的文献目录。

主要发生于以华中、华南为中心的地区，部分地区则零散地发生，一直延续至康熙二十年。

明代的奴仆主要从事以下工作：①负责家庭内的杂役；②农业和手工业生产；③担任主人的随从；④代行国家徭役；⑤管理和经营主人家庭的资产，即管理主人的商业或经营高利贷业务或管理佃农及其耕种的土地等[1]。其中尤为让人关注的是从事第⑤项工作的奴仆。主人信任其奴仆所具备的文书制作、经理、白银鉴定等才能，委以奴仆重任，使其独自进行判断和经营。在这一点上，从事第⑤项工作的奴仆和从事①—④项的奴仆大不相同。承担此事的奴仆为"纪纲之仆"或"豪奴"。纪纲之仆在获得主人的委任而管理主人家事的过程中，对佃农、自耕农甚至士人阶层做的专横之事很多[2]。明末清初以来，作为统治社会的手段之一，绅士利用纪纲之仆的情况也很普遍[3]。纪纲之仆根据主人的委任，在经营商业或高利贷业务的过程中，有转移资产，并积蓄私有财产而成为富人者。

这种奴仆人数，愈近明末则愈多，其背景就是自明中叶开始的诸多社会变化。如前文所述，在里甲制秩序日渐解体，甲首户、里长户，甚至粮长户走向没落的状况下，他们只能在下列四条路中来选择其一方能生存下去：ⓐ成为官衙的胥吏或衙役；ⓑ背井离乡，在一些地区做副业，或从事工商业；ⓒ破产之后，为了偿还债务，或变卖土地沦为佃户，或卖身为奴；ⓓ破产之前，将土地寄于绅士，变更所有人的名字（诡寄），自己也成为绅士的奴仆。越是临近明末，ⓒ和ⓓ的情况就越甚。有影响力的绅士或大地主甚至拥有三四千奴仆。

奴仆中从事①—④项事务者，人身隶属主人的程度较高。像第

---

〔1〕 西村かずよ，1978、1979。

〔2〕 宫崎市定，1978，pp.340-344。

〔3〕 重田德，1971。

⑤项的纪纲之仆，则随着其人数和活动范围的扩大，主人对他们的人身控制力迅速减弱。所以，纪纲之仆中有人倚仗主人朝廷高官的权势，横征债务或地租，导致债务或地租当事人乃至地区社会的不安，甚至还引发大规模民变[1]。另外，绅士或势豪家还将纪纲之仆送入地方官衙做胥吏或衙役，为自身敛财创造有利条件。非但如此，明末清初还有地方无赖常常成为胥吏或衙役。而且无赖还在城乡地区的市场里组织"黑社会"来实施暴力，这些组织被雇用于官绅或势豪家，或担任保安，或垄断商品运输、丧葬活动、市场管理等，逐渐形成了一个鲜明的社会阶层[2]。而胥吏、衙役、无赖和纪纲之仆之间的交流较多，通过交流逐渐发展了同类意识[3]。

如上所述，16世纪以来，随着绅士、势豪家拥有奴仆人数的增多，奴仆也存在着深度隶属于主人的底层奴仆、逐渐走向经济独立的纪纲之仆以及仅为名义上的奴仆等诸多形态。但是无论是哪一种情形，普通良民均藐视奴仆，忌讳同其通婚。民众对纪纲之仆（豪奴）的鄙视，成了奴仆反抗歧视的导火线。只要卖身契（奴婢文书）握在主人的手中，奴仆便无法避免这种被歧视状况。不管在经济上是否独立于主人，奴仆恣行反抗，试图通过暴力夺取卖身契的原因便在于此。

集中于明末清初的奴变的共同点大致可以归纳为如下几点。①奴仆的要求大部分是解放奴仆的身份，即成为良民身份。奴仆不择手段地通过捆绑、殴打、凌辱、杀害主人的方法试图夺取卖身契，并且有时要求地方官员认可奴仆身份的废除。在此过程中，绅士阶层成为最大的仇视对象。②奴变是在县或在县以上的地区内展开的

---

[1] 佐伯有一，1957。
[2] 上田信，1981；安野省三，1985；本书第三篇第二章。
[3] 西村かずよ，1983；酒井忠夫，1960，第二章。

运动，是参与人数从百人偶尔会达到万余人的大规模群体运动，并显示出它是在强有力的领导者组织下的有组织的行动。③这些奴变领导者提出的主张中的共同之处是，"明朝已亡，奴婢身份亦应解放"。奴变并未达到否定王朝统治本身的境地，但参与奴变者认为是明朝国家权力纵容了主奴之间的身份秩序。

明末清初奴变集中发生的不可忽视的因素之一，是利用了王朝更替时期国家统治出现的缺位。此外，当时发生的诸多社会变化也是其显著的背景因素。所以，尽管明末清初发生民变、抗租、奴变的地区，参与者的身份和目标并不相同，但是可以说，这种群体运动均为当时出现的所谓"商品生产的发展"这个社会变化的产物。

小结

明末清初时期（16—18世纪），在面积广阔、拥有众多人口的中国，发生了包括王朝更替在内的广泛的社会变化。本文对当时复杂多样的诸多社会变化，分析了如下三个方面。

第一，通过乡村秩序的重构过程，考察了社会结构的变化。明初，为了维持乡村秩序而实施的里甲制，是在保存两税法体系和原有的共同体体制基础上，按户编成的。然而自明中叶起，因为诸多社会矛盾的出现，里甲制逐渐解体。明清两朝的国家权力经过反复努力，试图维持和稳定乡村秩序。经过许多弯路最终定型下来的，便是地丁银制和顺庄编里法，即以地区性结合较强的村落为基础，按土地征收租税的制度。这种乡村秩序的改建，是因为利用了绅士的社会支配力才得以实现。

第二，考察了人口流动的事实及其影响。从明中叶里甲制开始解体至清中叶，共发生了两次大规模的人口流动，因而中国的人口被重新分布。一次为明中叶至明末时期，另一次为清初至清中叶时期。人口流动在此后亦缓慢进行，而其流动方向，不论是向省内，还是向省外，都是由①农村地区→禁山区、②先进经济地区→落后地区、③农村地区→城市和手工业地区三种方向流动。①和②方向的流动结果使中国的农业经济结构发生了变化。在第一次人口流动时期，以往作为中国经济、文化中心的江南地区的经济结构被分化。江南向商业和手工业中心继续发展，而因为人口流动得以重新开发的湖广地区占据了农业中心的地位。在第二次人口流动时期，四川地区得到集中开发，继而湖广成为又一个粮仓。湖广地区尤其是湖南[1]、四川地区成为粮食输出地区，江南地区则成为工商业中心，这种以长江流域为中心的经济结构的形成，是在明末清初的前后300余年间形成的。

第三，依托明代农业生产力的发展，明末清初的江南，在纺织业之外各领域的商品生产得到发展，本文考察了其中的纺织业。受城市纺织业发展的影响，江南农村的小农也为了贴补处于危机中的农家家计，参与到纺织业中来。结果，农村的纺织业得到大幅发展，随之有诸多外来人口为了谋生而向江南的城乡聚集。这是人口流动方向中的第三种形态。结果，江南地区伴随着大城市的继续繁荣，出现了大量的中小城市。小农和手工业者，虽然在大商人和高利贷的压榨之下，但亦逐渐提高了其独立生存发展能力。因为这种变化，在江南社会不论身份高低，大都形成了对政治和社会的共同认识，其标志性现象便是民变。

庶民的社会意识之所以能够如此提高至和绅士相似的程度，是因为有如下两种现象作为背景。第一，庶民作为社会变化的主力，为了提高社会经济地位，做出了不懈努力，他们的地位实际上也得

---

〔1〕 森田明，1960；全汉昇，1969，pp.226-230；田炯权，2009；Perdue，Peter C.，1987。

到了相当的提高。其标志性现象除了民变之外，还有抗租和奴变。明末清初出现的民变、抗租、奴变，是该时期发生的社会变化的产物，同时也是庶民社会地位上升的标志性现象。第二，这种庶民地位的上升既影响了思想界的变化，同时也受到了思想界的影响。从阳明学的展开、阳明学左派的四民平等意识，到东林、复社运动的江南绅士的政治和社会运动、经世实用学的发展、"工商皆本"论、受天主教传入影响的平等意识以及清中期考证学的开拓等均为其例证[1]。

---

[1] 侯外庐，1956；沟口雄三，1971、1978；山井涌，1981；Liu, Kwang-ching, 1989。

第二章　农业的发展与明清社会

绪言

在中国历史上，农业就是"中国经济"。明清 540 余年间，中国人口增长了四五倍，所以为这些人口供应粮食是中国经济首要的问题。今天，中国依靠耕种全球 7% 的耕地，来养活世界近五分之一的人口，农业在所有产业中所占比重依旧很大[1]。

中国横跨南方亚热带至北方寒带的这一广阔气候带（北纬 18°—54°）。从农业生产的条件来看，以位于北纬 34° 左右的秦岭、淮河一线为界[2]，可分为北部的北中国（华北地区）和南部的华中、华南地区。大部分北中国为黄土地区，雨水不多（年降水量为 400—800mm），故以旱地农业（Dry-field Farming）为主。华中、华南地区雨水多（年降水量为 800—1500mm），故以水稻农业为主。再综

---

〔1〕 Perkins, 1969, p.5。

〔2〕 年降雨量为800mm左右，冬季平均气温为1℃上下的地带，还是宋金对峙时期的国境线。

合经济的特点来看，中国本土又分为八大区域[1]，这些区域在中国历史的发展过程中逐一获得开发。

中国的农业是从春秋中叶使用铁制农具开始得到飞跃性发展的，魏晋南北朝时期已经形成了华北旱地农业。但是直至唐初，中国的经济中心依旧在华北平原。唐末至宋代通常被称为"农业革命"期[2]。这是因为该时期农业技术的革新和江南稻田面积的扩大，农业生产力获得了划时代的增强。随之，中国经济中心便移向江南（长江下游三角洲）地区。

明清时代，江南地区的开发呈现多样化，随着对长江中上游地区的开发，农业中心出现多元化，与此同时，耕地面积增长近四倍。而且随着集约型农业的深化和新作物的传入及普及，生产量大幅上升。各地商品作物的普及和城市、工商业的发展使市场功能得以增强。

关于上述中国农业发展史，迄今已经积累了大量研究。但是在考察角度上，尤其是对于明清 540 余年的农业发展史的性质，西方和亚洲学者之间存在较大的视角差异。西方学者认为，"明清时代的农业技术，基本上不存在类似宋代'农业革命'那样的划时代性的发展，具体如下：①由于人口对土地的压力，造成了技术停滞；②因此，它不过是没有'质变'的'量变'型的增长而已；③将这种中国农业引导向近代农业的，是西方近代科学革命的历史性贡

---

〔1〕 Skinner, 2000。他首次提出，地理区域上中国可划分为北中国、西北中国、长江下游流域、长江中游流域、长江上游流域、东南海岸、岭南、云贵地区等。目前大部分的中国史学家亦赞同该观点。

〔2〕 Elvin, 1973, pp.113-130.

献。"[1] 对此，中国和日本学者则主张"明清时代亦出现了高度集约化的农业等相当质和量的发展，而且社会结构亦发生了变化"[2]。

总之，争论的焦点集中于明清时代农业的历史性质，即"明清时代农业技术取得了怎样的进步和改良"，以及"以此能够将 18 世纪以来人口的爆炸性增长解释至何种程度"。本文将从生产力变化的角度，重新整理宋代至清末（960—1900，以下简称"近世"）的农业发展过程，以重新阐明该时期出现的社会变化，进而明确它同整体历史发展具有怎样的关联。

一 华北旱地农业的形成

中国的农业发端于新石器时期，它是社会发展中可以称为"粮食生产的革命"的划时代性事件。该时期已经出现了粟、黍、稻、菽、麦等谷物和蔬菜的种植，家畜的饲养，还有早期养蚕和丝织的雏形。但是农具尚只有石器和木器。殷周尽管属于青铜器时期，但作为生活用具和农具的青铜器并不多见。而且农业亦限于耕种以黄河中下游地区为中心的山麓、水源充足的地带（涌水地带），或者无

---

〔1〕 Perkins, 1969 ; Elvin, 1973, pp. 285-316 ; Elvin, 1982。尤其伊懋可（Elvin）认为，尽管明清时期的中国人口骤增，但无论是耕地面积，还是单产量的提高均达到了极限。换言之，中国以 14 世纪为转折期，此后技术基本处于停滞状态。伊懋可将其停滞原因归结为人口的增长和市场的密集（人口对土地的压力）。即如果耕地的增加不及人口增长，那么为了补充土地不足的部分，不得不从事副业或季节性劳动。土地亦专用于粮食生产，从而使工业原料生产下降。在劳动力充足，而原料不足的状况下，试图寻求节省劳动力的技术和发明的努力便会减弱。而且一旦市场网络密集，农民便可随时将家庭手工业的产品拿到市场去出售，所以就不必建立工厂，而商人亦唯独关心运用市场，而不再关心生产性经营或生产性的改进。所以如果没有现代科学革命，仅仅依托劳动力、资本投入和组织的改进，是无法进一步提高生产创造的。这便是他的"高度均衡陷阱"（The High-Level Equilibrium Trap）论。并且伊懋可认为缓解和打破这种"高度均衡陷阱"的，便是近代西方历史的贡献。

〔2〕 吴承明等，1985，p.31，用"新停滞论"来批判"高度均衡陷阱"论。.

泛滥危险的江边土地，是所谓的粗放型农业。但是，当时按农时耕种的天文历法[1]的发明，开创了这一时期农业发展的新局面。

春秋中期（公元前6世纪—前5世纪），中国进入了铁器时期，此后中国社会经历了许多变化。首先，在农业技术方面，从春秋末期至战国时期，随着农具由原来的石器或木器逐渐被替换为铁制农具，农耕实现了深耕和牛耕、治水和灌溉，农业生产力取得了飞跃性的提升[2]。当时的华北地区居住着大部分人口，随着铁制农器具的普及，该地区克服了黄河流域春旱多风的气候和黄土地带特殊的土壤条件[3]，得以向广阔的黄土平原扩张农耕，拉开了华北旱地农业的序幕。除了出现五谷的概念和对粮食的关注之外，还为了获得油料、糖料和染料种植了作物，养蚕和丝织技术亦得到飞快的发展。部分地区出现了替代休耕制的轮作，并且因为对施肥的注重，还使用了粪便。另外，该时期的人们完成了二十四节气的历法，且如《吕氏春秋》的《任地篇》记载，他们还开始关注农学。

其次，春秋末期开始修筑了水利设施。楚国修筑了陂塘的噌矢芍陂（位于今安徽省寿春镇），秦国修筑的水利灌溉设施有都江堰（位于四川省灌县，今称四川省都江堰市）和郑国渠（位于陕西省关中平原北部），还开始利用地下水[4]。社会出现了不受共同体土地所有管制的新耕地，五口一户的农家可以进行100亩（1亩约等于666.7平方米）标准的小农耕作，从而形成了以家庭为单位的齐民层。

---

〔1〕梁家勉，1989，pp.3-43。

〔2〕崔德卿，1991。

〔3〕年降雨量不过400—800mm，而且大部分集中于特定的时期。此外，黄土地区下雨之后，水分即刻渗入地下，而降水停止之后，水分又被立刻蒸发，由于此时土质中的盐通过毛细管作用上升至地表，所以如果放置不管，那么土壤便会盐碱化（斥卤之地）。因而为了防止盐碱化，维持土中水分，雨过之后在短时间内破坏毛细管为必须条件。因为使用了铁制农具，所以能够深耕和牛耕，于是这些问题便得到了极大改观。

〔4〕梁家勉，1989；天野元之助，1959。

根据自然环境、劳动力的差异、铁制农具，尤其是是否有耕牛等，出现了土地所有、经营规模和农业生产力的不均衡，从而氏族共同体逐渐走向解体，身份秩序也逐渐得以重构。如上所述，战国时代出现的农业的飞跃性发展给社会变化带来了巨大影响，将这些诸多变化成功集结为国家控制力的秦国，建立了基于齐民阶层的新型国家形态，不久便统一了天下[1]。

　　汉代，在华北平原开始尝试区田法、代田法等集约农业和园圃农业，在淮水流域开始修筑陂，这成为东汉以来华中地区形成"豪族社会"的经济基础。江南始凿运河，山地支谷修造了稻田。尽管汉朝的江南稻田面积有所增加，但尚处于使用直播、休耕法，被称为"火耕水耨"[2]的粗放农业状态，所以单产量要低于华北[3]。

　　中国的农业生产力再次取得显著发展的时期，是魏晋南北朝时期[4]。其中，首先应关注的是，三国时代的魏国发明了在犁尾部安装翻转板的耕犁和平整被翻耕土地的耙。犁的作业形式尚以二牛二人作业居多，此前因得不到灌溉而被搁置的地区，也能够独立耕作，至此，华北旱地农业全部开发完成。贾思勰的《齐民要术》很好地反映了华北农业的这种全貌。只是这种新农业大多适用于军官、门阀贵族、豪族经营的大规模农场，这是该时期农业技术与经营的局限。但是正是华北出现的这种农业的飞跃性发展，才成为日后隋、唐能够立足华北，统一天下的经济背景。关于该时期的农业应关注的另外一点是：进入南北朝时期，江南地区在山地支谷和台地开发

---

〔1〕 李成珪，1984、1991。
〔2〕 该方法可能是"春季火烧野草并播种之后，夏季灌水淹死杂草而仅让水稻生长的方法"。但是学者之间对该方法尚无统一的意见。因为史料上除了"火耕水耨"的术语之外，无任何说明。渡部忠世等，1984E。
〔3〕 西嶋定生，1966A、1981。
〔4〕 天野元之助，1957、1962、1963；梁家勉，1989，pp.244-315。

稻田，广泛尝试稻作。这是因为从东汉末至五胡十六国时代，华北人口大举南迁参与了江南的开发。尽管江南的稻作尚使用"火耕水耨"的方法，但是其农业生产力几乎达到了与华北无异的程度。隋朝以倾国之力开凿大运河，将江南粮食输往北中国便是其例证。

唐代也是中国农业发展史上的重要时期。于宋代完成的"农业革命"实际始于唐末[1]。如果首先考察农具方面，犁自唐末便被改良为反转长床犁。该犁的特点是不但小型轻便化，而且还具有可调节犁地深度的功能，一头牛便可牵引，极其适合小农经营[2]。另据刊行于唐末的《耒耜经》，可以了解犁地结束之后平整土地的用具亦非常发达，即完成了通过稍微改良了功能的耙，将犁翻的土块弄碎并平整稻田的稻作方法[3]。另外，唐代，稻的品种开始出现多样化，至唐末，早稻和晚稻的区别变得非常明显[4]。自唐中期起，两淮、浙东、江西等长江以南的诸多地区开始开拓水利田，至 8 世纪和 9 世纪，这些稻田逐渐开始普及插秧法[5]。而且在唐代，一些地区的休闲农法已向连作法转变，8 世纪的一些地区开始了稻麦双熟耕作，故单产量获得飞跃性的提升[6]。结果，江南稻作转而开始出现有助于华北的粮食状况。唐代稻作生产已经增强至提供 200 万石上供米（进贡米）的程度。如后文所述，自 9 世纪初起，江南的户口开始超越华北，

---

〔1〕 李伯重，1990；天野元之助，1962。

〔2〕 对此唐末苏州人陆龟蒙的《耒耜经》做了详实的描述。这种犁的形态几乎无变化地使用至最近。天野元之助，1962，第三篇"农具"。

〔3〕 天野元之助，1962，第三篇"农具"。

〔4〕 加藤繁，1947；天野元之助，1950、1952。

〔5〕 参照大泽正昭，1983。插秧（又称田植）法的原型始现于《齐民要术》，但对其评论的视角差异却不小。米田贤次郎称，东汉时期先进地区已有实施（米田贤次郎，1989，第 2 部第一章"水稻作について"，pp.293-405）；天野元之助称始于唐代（天野元之助，1950、1952）；西屿定生认为始于唐中期（西屿定生，1951）；西山武一称，宋朝时传入江南（西山武一，1969）。

〔6〕 唐代水稻农业扩大的背景因素中，环境适应性比白米品种更强的赤米品种的普及占据很大的比重。

正是在该背景下才成为可能。这便是宋代的"农业革命"之始。安史之乱（755—763）之后，由于节度使和藩镇割据控制了黄河中下游流域的平原地带，唐室势力被显著削弱，但唐朝通过实施两税法，仍然能维系此后150年时间的原因，便是其依然控制着江淮地区[1]。

然而直至唐末，江南的农业开发还是以利用支谷扇状地或上部三角洲地带为主。而且，水利事业意识主要是为了漕运和交通，而不是农业，开发主导权亦为地方政府所垄断[2]。唐末的华北地区出现了进一步发展的石磨，实现了面粉生产，于是开始广泛种植小麦来替代粟。而且华北旱地逐渐扩散了粟→麦→豆类轮作的两年三熟形式[3]。

二 江南的稻田开发与经济中心的南移

1. 宋代的"农业革命"

唐末至宋代，尤其是进入宋代以来，中国的农业生产力得到了划时代的发展。中国农业史把宋代视为"农业革命"期正是因为这一因素[4]。宋代的农业特征大体可归纳为三个方面：第一，农业技术的划时代性进步；第二，占城稻的引进和普及；第三，华中、华南、

---

〔1〕 袁英光、李晓路，1985；李伯重，1990。

〔2〕 斯波义信，1988，pp.41-42。

〔3〕 大泽正昭、足立启二，1987，pp.64-65；Myers, RamonH., 1970。粟、麦的种植技术在《齐民要术》阶段基本已经完成。

〔4〕 斯波义信，1997。但是李伯重（2002, pp.97-156）、大泽正昭（1996, pp.235-252）则称，"宋代江南的农业革命其实不过是虚像，宋代并无农业革命"。笔者亦认为，"严格的、绝对意义的农业革命"尚有商榷的余地。但是"比起唐朝，宋代江南的农业生产取得了飞跃性发展"的情况俨然是事实，对此李伯重和大泽正昭亦不否定。对于宋朝农业发展的其他诸多指标：①就如后文所述，并不应只看到宋朝获得提高的绝对数字和内容；②还应一并考虑与唐朝相比，令人印象深刻的养活过一亿人口的农业生产量的发展；进而，③应该在宋朝的《清明上河图》所展示的广泛的"商业革命"上和④在政治、经济、社会、文化、对外关系等方面体现的整体变化中，换言之应在"唐宋划时代时代的整体内容"内加以评价。最近，方健（2006）亦对李伯重和大泽正昭的观点逐条做了批判。

尤其是江南三角洲地区的水稻农业得到划时代性的发展，这些地区成了经济中心，并确定了以稻作为中心的农业。

在宋代农业技术方面出现的划时代的进步中，出现于稻作上的农法和农具领域的进步最为重要。早自唐末，稻田的犁便被改良为可调整深度的反转长床犁，完成了以耙平整被犁翻之土块的稻田耕作方法。至宋代，这种犁被普遍使用，而且由于被大幅改善为一人一头牛耕作，因此同时适用于大农法和小农法。耙也被铁制化，且被改良为功能更好的耖、耙。元代还发明了除草器。在农法方面，由休闲农法转向连作法的地区和实施插秧法[1]的地区也进一步增多。而且在插秧时，还使用秧马提高作业效率[2]。

在灌溉和汲水用具方面，早在唐末就已全部使用的拔车、踏车、牛转翻车等龙骨车系统和筒车、桔槔在宋代得到了进一步的普及[3]。直至宋代，在江南三角洲地区的湿洼地开发圩田，这时此前所有发明和改良的农机具时被使用，其功能才得以发挥。然而就如后文所述，五代之后，尤其是进入宋代以来，此前被江南地区搁置的湖沼地域和江河沿岸的湿洼地，因修造了圩和围，水利田飞速增长。由于在这些地方有效使用了这些农具，因此农业生产力取得了划时代的提升。尤其是圩田、围田、湖田作为前所未闻的划时代性的水利田，其历史意义更大。

宋代为了减少耕作过程中出现的风险，增加生产量，努力开发

---

〔1〕 插秧早自唐朝中叶始于江南地区（大泽正昭，1983）。插秧的益处在于：①管理苗圃的集约性；②施肥、中耕、除草等对农田培肥管理的简易性；③通过调整苗株间间隔，促进移苗的分蘖作用（1棵→4—5棵）；④由于利用本田时间的短缩，提高了轮作的可能性；等等。关于初耕、整地、中耕、除草、施肥等一系列的作业，陈敷在《农书》中做了系统性的阐述。尤其是中耕的概念首现于此，这意味着进入宋朝之后，才真正发展了集约农业。

〔2〕 天野元之助，1962，第二篇第一章“水稻作技术の展开”。

〔3〕 天野元之助，1962，pp.201-278；梁家勉，1989。

和引进了各种符合土壤、气候以及独特经济状况的稻种或新品种。其中具有重大历史意义的便是占城稻的引进和普及[1]。即 1012 年（大中祥符五年），宋真宗下令从福建调入三万斛占城稻，种植于江南、淮南、两浙等三路高仰田[2]。占城稻不仅耐旱能力强、早熟，且在盐碱地和贫瘠土地上的适应能力也很强[3]，它能在淫雨、旱魃、台风等灾害时期种植，得到一定程度的收获，因而在当时旱魃不断的上述三地的高仰田地区受到了极大欢迎。据说进入南宋，12 世纪初江西稻田的 70%，12 世纪末江南东西路地区稻田的 80%—90% 为占城稻所占据。而且将占城稻和原有稻种杂交改良之后，宋代出现了成熟期分别为 60 日、80 日、100 日、120 日的诸多种类的稻种，而且早、中、晚稻的区别明显，在中稻和晚稻中还开发了优良品种。迄今为止，两宋时代存有记录的稻种多达 220 余种。江南地区的高仰田利用这些品种，实现了稻麦一年双熟[4]，福建、广东等岭南地区还实现了水稻的连作，东南部山区则实现了豆和麦的一年两熟[5]。

为了应对因为耕作集约化导致的地力下降，各地区通过使用豆饼、灰、堆肥、人畜的排泄物（粪尿）、石灰，或通过利用泥的客土

---

〔1〕 参照加藤繁，1947、1952D；天野元之助，1962，pp.105-138，211-220；渡部忠世等，1984D；Ho，Ping-ti（何炳棣），1956；等等。尤其何炳棣称，"中国因引进占城稻，农业革命比西欧提前了数世纪"。

〔2〕 《宋史》卷173，食货志（上），农田条。《宋会要辑稿》，食货，农田，称引进占城稻的时间为 1012 年 5 月。宋代一斛相当于 66.4 升。

〔3〕 尽管占城稻有这些优点，但存在单产量比原有品种低，且不易长期储存，口味差等缺点，故此主要作为庶民之食，国家亦主要以中稻或晚稻征收赋税。对于山地的支谷或三角洲之东的微高台地等开拓前沿湿地带，也被认为是必要的水稻品种。渡部忠世，1984D。

〔4〕 关于稻麦轮作体系的发端时期，从东汉时代论到南宋时代论有诸多观点。但是从唐宋时期逐渐扩展，而至宋朝占城稻的引进而得以普及的观点可能更为妥当。大泽正昭、足立启二，1987，pp.64-66。

〔5〕 加藤繁，1947、1952D；周藤吉之，1962B、1962C；天野元之助，1962，pp.105-138，211-256。

法来改善施肥法[1]。结果，根据农法的利用和集约化程度，单产量亦得到了极大提高。

但是如此发达的农机具和农法也不是在中国所有地区同时得以使用。进入宋代之后，依然墨守休闲农法的地区也不少，广西地区便依旧存有直播法。江南两浙路在使用犁和耙之后，还进行了三次除草作业，然而也有些地区或减少作业次数，或干脆省略了工序。整体而言，在宋代的稻作技术上，两浙路居前，其次为江南东西路，继而为湖广、福建、广东、四川地区。而这些发达的农业技术，即便是在两浙地区，也通常仅在官庄或官僚、寺院、豪民等土地上得以应用[2]。

一般而言，农业技术的发展应同时考虑农学性适应和工学性适应两个方面[3]。农学性适应是指，"当在某种给定的自然环境中，原有的水稻品种种植不合适时，通过选择和改良品种来适应自然环境的方法"；工学性适应是指，"相对于品种，或发明、改良农具，或通过兴修水利和土木，改变和改善自然环境的方面来种植具有收获性的水稻品种的方法"[4]。至12世纪中期的宋代，完成了诸如占城稻的引进、水稻品种的改良等农学性适应，同时也完成了修筑圩田、围田，改良和发明农具等相当高水准的工学性适应[5]。

至宋代，9世纪创造的木板印刷术，为农书的普及和农业技术

―――――――――

[1] 陈敷，《农书》，粪田之宜，善其根苗。

[2] 周藤吉之，1962B；李伯重，1990，p.106。

[3] 石井米雄，1975。

[4] 一般在开拓过程中，通常先尝试农学性适应，而后方是工学性适应，然而这也因地形条件而差异显著。例如在像用水管理较为容易的扇状地这样的地区修造陂、塘所展现的那样，自有史之初便有了工学性适应，但是在三角洲这样的地区，直至近代农学性适应仍占优势。石井米雄，1975。

[5] 渡部忠世，1984C，pp.57-62。

的传播发挥了巨大作用。宋元时代出现的重要农书[1]，有陈敷的《农书》[2]、《农桑辑要》（1273年，元朝司农司编撰的官撰农书）和王祯的《农书》（1313年，受江西儒学提举司之请刊行的农书）等。最后，宋代的农业如此发达同南宋政权的劝农政策密不可分。南宋政权为了在同金的对峙中生存下来，积极展开了劝农政策。楼俦的《耕织图诗》等得以流行便缘于此[3]。

2. 江南三角洲地区的水稻农业的发展

江南地区自古被称为"泽国"，依靠到唐代为止的技术水准，耕作还非常不稳定。故此，从汉到唐中期，低湿地带被搁置起来，主要在南京台地、天目山支谷、三角洲内部的小丘陵、三角洲东部沿海地区的微高地开垦了稻田，并修筑陂、塘、沟渠等以便灌溉。农法亦使用了被称作"火耕水耨"的粗放方法。三国时期，华北的先进农业技术被引进。如前所述，至唐末时期，发明和改良了稻作所必需的犁、铧子、耙等农具，并且使用了水车，使得水稻种植面积进一步扩大。但是直至唐代，江南的水利事业并不是以农田水利为主，而是以漕运为主。农田水利始兴，是宋代之后的事情。自宋代开始，在此前被搁置的太湖周边的低湿地上修造了圩田和围田，水利田获得飞跃性增长，农业生产力也得到了划时代的提升[4]。

圩田和围田是在湖沼或低湿地上修筑堤坝，以防外水入侵，同

---

〔1〕 王毓瑚，1957；天野元之助，1962、1975。
〔2〕 全3卷，上卷由农业14篇，中卷由畜牛3篇，下卷由养蚕5篇构成。是介绍北宋末南宋初12世纪两浙路北部地区发达农法的农书。
〔3〕 樊树志，2005，p.384。
〔4〕 渡部忠世，1984C。

时在其外侧修建小水渠和闸门进行灌溉和排水的稻田[1]。这种方法早在五代十国的南唐（937—975）时期便已出现，吴越国（893—987）也在太湖地区的低湿地带进行了积极的开发，但直至宋初这些地区依旧处于"地广人稀"的状态。起初，圩田和围田均是由个人或地方官小规模修建。然而到了北宋时期，江东的低湿地带已经开发了相当面积的圩田和围田。为了保护这些小圩，北宋中期的仁宗庆历四年（1044）下发《兴水利诏》，同时国家也积极参与了大圩的开发。浙西地区则于南宋时代集中开发了私圩。至此，各地重修或新修了大量圩田、河渠、堤堰和陂塘。整体而言，江东多官圩，浙西则多私圩和私围。北宋时代，浙江、江苏、安徽、江西地区实施的治水和水利工事共计154件，南宋时代达304件，这些地区的水利田共计约11.5万顷（约654000公顷）。圩有官圩和私圩，官圩规模较大，因而有千余顷者；私圩大致规模较小，方圆通常为9—15里，尽管面积也有达30余顷者，但大多为10顷上下。还有，说到圩内的土地利用率的话，如果去除后文将说明的万春圩这个特例，圩内土地利用率大体为10%[2]。

宋代修筑的圩和水利工事中，最为典型的是永丰圩、万春圩、鉴湖等[3]。首先，永丰圩（在江苏省建康府溧水县）是宋代修筑的代表性官圩，该圩方圆94里，其外侧为保护圩岸另修了堤坝，处于内侧的84个私圩大致为9—15里，田为10—30余顷，田的总面积为千余顷。

与永丰圩同为代表性官圩的万春圩位于安徽省芜湖县，原为五

---

[1] 有关圩田和围田的异同尚无定论。圩田多分布于江南东路和淮南路，围田则多分布于浙西路。

[2] 这意味着圩内部尚有未能开垦为农耕地的广阔低湿地和水面。该部分自明中期被积极开发为耕地，这便是后文将叙述的"分圩"。

[3] 渡部忠世，1984C；斯波义信，1988。

代土豪秦氏修造的私圩。仁宗年间（1022—1063），宋朝花费官粟 3 万斛和钱 4 万，人工 14000 人，用时 40 天将其增筑为官圩。起初，方圆 84 里的内部被围棋盘状地划成 1270 个各 1 顷左右的四方区划（从而约为 1270 顷）。年租金为 3.6 万斛稻（约 3416 千升），此外，菰、紫芒、桑、麻等收益亦达 50 余万钱。

鉴湖（横跨浙江绍兴府会稽县和山阴县的大湖）的开发情况是，宋初耕作湖田者为 17 户，至 11 世纪中叶的庆历年间（1041—1048）其面积扩大至 4 顷，熙宁年间（1068—1077）扩大至 80 余户700 余顷，从 12 世纪初的政和年间（1111—1117）至南宋时期又增至 2300 余顷（13024 公顷），但其大部分为豪强所强占。此外，南宋还广泛推行了水利建设。尤其是在 1175 年，江东地区修筑了陂塘22400 处，淮东地区修筑了 1700 处，而在浙西地区修筑了 2100 处。但是这些水利工事所产生的利益基本被豪门私占。为此，国家经常颁布禁令或限田法[1]。

据当时统计，南宋景定年间（1260—1264），江东路建康府上元县的圩田占全部农土的 28%，溧水县共 2961 顷农田中，圩田占 2911 顷；宣州共 1.4 万余顷农田中，圩田占 7580 顷；太平州有80%—90% 为圩田[2]。如此变化的结果是，江南的山地和低湿地带的人口比例发生了逆转，低地始设新县，稻作行于低地，桑树植于山地和支谷，出现了耕地的重新配置[3]。

南宋时期（1127—1279）这样进一步开发公、私圩田的结果是：排水渠的保障成为新的问题[4]。为此政府常常命令疏浚原有水

---

〔1〕 斯波义信，1988，pp.88-89。
〔2〕 河上光一，1966，p.54；渡部忠世，1984C。
〔3〕 渡部忠世，1984C；斯波义信，1988。
〔4〕 从当时的社会和技术条件来看，这意味着水利开发已经达到了饱和点。

渠，或禁止修造新的圩田和围田，然而圩田的开发却从未因此而间断过。南宋政府反而因为同北方的金、元对峙，为了确保必要的财政而更加依赖于江南的经济力量[1]。元朝同样为了保障国家财政和粮食，不得不在很大程度上依赖江南地区的经济实力和粮食生产。为此在苏州设置都水庸田使，通过定期反复疏浚干河，试图维护好该地区的稻田生长[2]。14世纪中叶发生动乱之后，元朝不到20年便灭亡的原因之一，是动乱之初便被叛军夺取了大运河及其周边地区和苏浙地区[3]。在元末动乱时期，盘踞于该地区的张士诚也试图开展大规模的干河疏浚工程[4]。

宋代，江南地区普及了小麦耕作。麦子的主产地本是华北地区，今天也还是华北人的主食，但是唐代开始也逐渐在江南地区普及。北宋中期以后，在江南的稻田地区可种植小麦，实现了稻麦的一年双熟[5]。

据推算，中国的人口[6]，在东汉时代的2世纪中叶（公元156年）已接近6200万人，唐代是5000余万人。北宋鼎盛时期的1086年已过1亿，1103年左右则达到了1.23亿左右。按户口统计，9世纪初，江南的户口始超华北[7]。宋初，华北与华南的人口比例为1：1.6。如进一步具体考察，742—1078年间，河北道的户数由141万户降

---

〔1〕 斯波义信，1988。

〔2〕 植松正，1968、1974。

〔3〕 参照吴金成，1997。这些事实可同唐中后期的国运相比较。安史之乱之后，节度使和藩镇掌握中原且势力巨大，即便如此唐朝依旧延续了150余年，这同样缘于唐朝控制了江南。

〔4〕 滨岛敦俊，1990。

〔5〕 江南得以普及麦作的原因有：①随着华北人口向江南的移动（罗香林，1933），华北的面食方法传入了江南；②伴随江南城市的发展，粮食消费激增；③宋朝有计划的普及（宋太宗之后）；④民田的佃租是以来米缴纳，可以考虑佃户试图钻空子种植小麦据为己有的意图（周藤吉之，1962B）。

〔6〕 加藤繁，1952B、1952C；Durand, John D., 1960；Ho, Ping-ti, 1970；Hartwell, Robert M., 1982。

〔7〕 黄盛璋，1980；林立平，1983。

至 112 万户，减少了 20% 以上。但同期的江浙地区则由 105 万户增至 221 万户，增加了 1.1 倍；福建地区则从 9 万户增至 104 万户，增加了 10.5 倍。另外，从全国来看，同期户数增长近 2 倍，而长江中下游和东南沿海地区则增长了近 4 倍。因此至 11 世纪末的 1080 年（元丰三年），华北对华南的户数比例变为 32：68（大约 459 万：994 万），人口比例变为 28：72（大约 936 万：2368 万）[1]。

　　唐末之后，尤其是进入宋代以来，华中、华南的人口如此骤增，除了人口自然增长的因素之外，华北地方人口向江南的流动也不得不考虑。华北人口向江南的流动早自魏晋南北朝时期便已发生，但历史性的大流动有三次，即安史之乱时期、唐末五代动荡时期、北宋末至南宋初，其中北宋末至南宋初的流动规模最大。当时除了流亡农民之外，还有官吏、军队、贵族和中上层民众追随南宋政权的成立大举南下，他们的家族非常之多[2]。当时移居江南的北方人大致推算为 500 万左右[3]。移居江南的北方人大多被江南的地方官或各地的官户、权势户、寺观吸收为劳动力。

　　从另外的意义来看，稻作的显著发展和生产量的显著增加，才是宋代地主佃户制普及的经济基础[4]。江南三角洲地区的一多半是山地，东部是低湿地，是过去搁置或部分以粗放农业尝试开发的地区。然而从唐末至北宋时代有大规模人口的流入，使南宋因为人口压力

　　〔1〕 梁方仲，1980，pp.86-95，141-149；李伯重，2003B；加藤繁，1952B、1952C；陈正祥，1981，第一篇"中国文化中心的迁移"，"唐代人口分布"，"北宋人口分布"地图；Durand，1960；Hartwell，1982。只是被推算的宋代年均人口增加率为 0.2%—0.4% 左右，不及明代 0.4%—0.5% 和清代 0.7%—0.8% 的水准。
　　〔2〕 罗香林，1933；吴松弟，1997，pp.412-413；田强，1998；青山定雄，1936。另外吴松弟称，北宋末南宋初，向两浙路移动的北方移民约为 50 万户，其占北方总户数的 22.4%，两宋更替的动乱时期约减少 45 万户，所以与其说北方移民助长了两浙路的人口增加，倒不如说只是帮助其恢复了人口。但是人口增加的数字属实，而且他们的经济力量亦优越于土著小民。
　　〔3〕 樊树志，2005，p.384。
　　〔4〕 周藤吉之，1962D、1969。

的增大，仅靠开发处女地已无法应付激增的人口，因而要通过开发低地、改良技术、商业、贸易、城市化等吸收过剩人口[1]。

之所以能够养活前所未有骤增的人口，主要是因为伴随江南开发稻田而来的大米生产的飞跃性增长。直至唐末，农业生产的中心大体还处于华北平原[2]，历代王朝的政治和经济中心也基本没有脱离这一地区。但是进入宋代之后，华中、华南地区，特别是长江下游三角洲地区的稻田开发广泛地推广了水稻农业，进而实现了稻麦一年双熟或稻谷的一年双熟，使得农业生产力取得了划时代的增长。11世纪，全中国的耕地面积约为424万顷，其中大致相当于华中、华南的东南九路的农田占64%[3]。因而江南稻田生产的稻谷不仅仅能够供给江南人的粮食，还增长到能够供给其他地区的程度。即唐中期之后，每年由江淮地区向北方输送的漕米为100万—200万石[4]，而从北宋的1007年到南宋时期，宋朝规定每年输送600万石。具体而言，要求江南东西路每年有220万石，两浙路有155万石大米通过大运河向华北运输[5]。

所以，被评价为"经济革命"乃至"农业革命"的宋代农业得以发展的基础，是农业生产力和生产量的划时代发展，而长江下游三角洲地区的稻田开发是其核心基础。结果，中国的经济中心由此

---

〔1〕 斯波义信，1988。斯波义信称，长江下游核心地区的生产力是由南宋至明初逐渐形成的。

〔2〕 李伯重（1990）的论点是，唐代江南的农业发展水准已经对中原农业实现了质的超越。周殿杰（1982）和曹尔琴（1982）称，唐末中国的经济中心，已由黄河流域南移至长江下游地区。但是更为妥当的观点应是，因为动乱，唐朝财政对江淮地区的依存度比从前更高（王育民，1987，pp.348-392）。

〔3〕 与其说宋代的圩田和围田是为了提高单产量的集约化，不如说是为了农业的稳定化乃至安全农业迈出的第一步。圩田和围田的集约化出现于明中期之后（后文论述）。

〔4〕 斯波义信，1988，p.69。

〔5〕 斯波义信，1988，pp.58，157，239；青山定雄，1963，pp.351-404。

前的华北平原移向江南地区[1]。南宋出现"苏湖熟，天下足"[2]俗谚的背景便在于此。

江南地区修筑和维护水利设施具有以下重要意义：①通过保护耕地和灌溉效果，直接关系到少则一二亩，多则数十顷稻田的稻米生产；②修筑圩、围或堤坝等水利设施本身就有保障和增加水利田肥沃度的效果；③从预防水灾或提供稳定的农业活动的意义上来看，直接关联到小至一个村落，大到几个县的广大地区的居民生活。要修筑如此重要的水利设施，就必须同时满足大量的人力、巨额资金以及与其相匹配的土木技术等因素。而直至宋代，才能够满足这些必要条件，使得江南的稻田开发成为可能，最终也使"农业革命"成为可能。

综上所述，宋代农业技术、农机具的划时代发展和占城稻的引进共同成就了水稻品种的多样化和轮作的普及，江南三角洲地区的各种灌水、排水设施的扩充和稻田开发促成了生产量的划时代提升。随着耕地扩大、安全耕作、单产量提高等的实现，宋代形成的"农业革命"成为宋代社会发展的重要经济基础。即农业的发展提高了百姓的生活水平，进而推动了工商业发展和人口增长。伴随人口南迁，各种技术和知识一同得到传播，因而推动了落后地区的开垦。还因为人口的增加形成了爆炸性的需求，从而扩大了远距离客商、中小城市及定期集市等的市场功能[3]。而且同此前相比，教育进一步得到普及，所以在宋代辈出的进士中，近乎一半出自在前代没有任

---

[1] 张家驹，1957；冈崎文夫、池田静夫，1940；斯波义信，1988。

[2] 范成大，《吴郡志》卷50，杂志。陆游，《渭南文集》有"苏常熟，天下足"的俗谚。

[3] 因为煤的使用，饮食多样化以及冶铁技术的提高等，除了有关农业的事项之外，宋代还出现了各种技术（绢织、漆器、陶瓷器、造纸、造船和航海等）的进步和传播。所以，常常将宋代一并视为实现了农业革命、商业革命、交通革命和都市革命的时期的原因，便在于此。Elvin，1973。

何出仕经历的新家族，而且伴随着时间的推移，包括江西地区在内的长江中下游地区和东南地区出身者的比例显著提高，庶民文化也有了很大发展。这些与农业革命有紧密的联系[1]。

所以从整个中国社会来看，被称作"经济革命"时期的宋代是在各个领域都实现了飞跃性发展的时期。当然，并不是中国的所有地区都得到了同样的发展。例如，西北地区反倒进入了倒退期，而长江下游地区则进入了上升期。可以说，两宋一方面是农业经济的发展向所有地区波及的时期，另一方面又是地区性差距日渐突出的时期。

三 长江中上游流域的开发和经济中心的多元化

1. 江南三角洲地区的多种开发

宋元时代，占据很高社会经济地位的江南三角洲地区，至明代依旧没有变化。明朝从开国之初，便在该地区集中指定了重赋的官田，同时积极介入对这一地区干河的定期疏浚工作[2]。

在江南三角洲的圩田地带，为了维持农业生产，适当的灌水、排水作业和修筑圩岸、疏浚排水渠是必须解决的问题。此时的劳力分配问题是按照原有的一种水利惯行（惯例）传承的。但是自明中叶的 15 世纪末开始，就如后文所述的那样，随着这一地区土地所有结构和社会阶级结构的变化，逐渐形成了一种新的惯行。

首先来考察灌水、排水的情况[3]。灌水时农民分别各自使用龙骨

---

〔1〕 周藤吉之，1950；斯波义信，1988，pp.19—20、81；Kracke，1947、1953、1957、1977；Chaffee，1985。

〔2〕 苏州府全部农土中的 63%，松江府全部农土中近 85% 为官田。森正夫，1988，第一章，"十四世纪後半における明代江南官田の形成"；滨岛敦俊，1982A，第一部第一章，"明代前半の水利惯行"。

〔3〕 滨岛敦俊，1982A、1990。

车，但是为了汛期集中排水，他们就以圩为单位，将龙骨车聚于一处，全体居民共同进行了排水作业（这种利用龙骨车共同作业的做法被称为"大棚车"）。至明初为止，这种"大棚车"的惯行做法通过里长（乡居地主）领导下的里甲制秩序得以进行。但是从中期开始，随着该地区逐渐走向商业化和城市化[1]，居乡地主逐渐没落，大地主和拥有特权身份的绅士大都移居城市（城居化），逐渐脱离了农业经营[2]。随着土地所有结构和社会结构的这种变化，大棚车惯行被重构为以小农为中心的新结构[3]。这种惯行做法从明中叶一直延续至利用电力的灌水、排水形式普及之前的 20 世纪 50—60 年代。

在修筑圩岸和疏浚排水渠时，干河是在国家的责令下进行处理的，而田间的小水渠，宋代之后则根据"田头制"（以面向堤坝之农土的长短为基准，分担修筑费的水利惯行）惯行自治性地进行解决。但是 15 世纪末至 16 世纪前半期，随着土地所有结构乃至社会结构的变化，先开发地区率先实施"照田派役制"（根据农土的面积分派堤坝修筑费的水利惯行），逐渐向周边地区扩散。国家为了确保赋役，积极介入于维持水利惯行，除了照田派役之外，还限制对绅士的优免，强制推行"业食佃力"（地主提供稻米，佃农提供修筑堤坝所需劳动力的水利规则）原则[4]。

明代，江南三角洲地区依靠改良水稻品种、大量施肥以及稳定耕地[5]，并通过农学性、工学性改善和集约化扩大了一年两熟的普及[6]。而且反复的水路疏浚作业既抬高了圩岸和田面，又兼有施肥的

〔1〕 刘石吉，1987；樊树志，2005；陈学文，1993、2000；本书第三篇第一章。
〔2〕 本书第三篇第一章；本篇第一章；滨岛敦俊，1990。
〔3〕 如后文所述，这些方面亦会被理解为庶民意识和庶民地位的提高。滨岛敦俊，1990。.
〔4〕 滨岛敦俊，1982A、1990。
〔5〕 因为对干河或田间小水渠等水路的反复疏浚作业，田面被抬高，所以冬季可用作旱田。
〔6〕 李伯重，1984、1985A、1985B、1986。

效果，还可以种桑。所以，江南低地的开发不但实现了稻作，还使得植桑养蚕成为可能。自明中叶，这一地区发展为植桑、养蚕、制丝、绢织等商品作物和农村手工业的中心。而位于三角洲低地以东的沿海微高地区则自明初变为棉花种植区[1]，自明中叶之后发展为棉花种植和棉织业的中心。换言之，位于江南三角洲地区低地的小农从事养蚕和制丝业，位于微高地的小农则从事棉织业。他们通过为该地区大城市和中小城市繁荣的纺织业（丝织业、棉织业）供给原料和中间产品，得以贴补家计[2]。

明清时期农业的特征之一是，宋元时代以自家消费为目的进行的衣料生产，自明中叶转变为以市场销售为目的的商品作物乃至商品生产。这种变化显现的最具代表性的地区是江南三角洲地区。该地区自宋代以来便是经济和文化中心。但是随着明初以来的人口骤增，自明中叶商业和纺织业得以发展，并出现了许多中小城市。人口的如此骤增引起了稻米不足，于是需要从其他地区输入稻米，然而因为种植棉和桑的收益要高于稻米生产，所以农民依然争先恐后地将耕地转为种棉植桑之地[3]。

结果，在江南的部分地区出现了稻棉之间的竞争。位于三角洲低地之东的沿海微高地，自明初便转变为棉花种植地，明中叶开始逐渐发展为种植棉花和棉织业的中心。棉花传播至江南是在 13 世纪末，尤其是松江府地区的气候和土质较为适合，因此至明末松江府

[1] 朱元璋在建国之前便令治下农民，耕种 5—10 亩者种植半亩桑、麻、棉花，耕种 10 亩以上者种植 1 亩，该政策在建国后亦得以持续。并下令每年对麻每亩征税 8 两，棉花征税 4 两，桑则于 4 年后课征。明《太祖实录》卷 17，乙巳年（1365）六月乙卯条；同书卷 31，洪武元年（1368）四月辛丑朔条。朱元璋的这种政策是为了稳定农民，鼓励农村衣料生产自给自足。日后，这为促进一些地区种植商品作物起到了巨大影响。

[2] 西屿定生，1966，第 3 部"商品生产の展開とその構造——中國初期棉業史の研究"；田中正俊，1973A、1982、1984。

[3] 渡部忠世，1984F；吴金成，1990。

所有土地的一半至三分之二成了棉花种植地，嘉定县土地的 88% 种植了棉花[1]。

江南部分地区还产生了稻桑之间的竞争。该地区早在 12 世纪便有稻田转换为蚕田，而自明末起这种现象呈加速发展状态。从劳动量和肥料等的总资本投入量来看，养蚕业远多于稻作，但其收益少则为稻米生产的两三倍至四五倍，多则达十倍，因而小农们争先恐后地将养蚕业作为农家副业。结果，南京、苏州、湖州、杭州、嘉兴等地成为植桑和养蚕业、丝织业的中心。江南三角洲地区低地的小农，加入了养蚕和制丝业，微高地的小农加入了棉织业，以补充家计中的不足部分[2]。于是稻、棉、桑定型为三角洲地区的三大重要作物。从其种植区域来看，东部沿海和长江沿岸为稻棉区，太湖以南为桑米区，太湖以北为稻作区[3]。

另外，广东省珠江三角洲地区形成了独特的集约化。即 18 世纪以后，将稻田改为养鱼场，在其堤上种植果树和桑树，将养鱼场的淤泥挖到堤上作为桑的肥料，用产出的桑叶养蚕，再将蚕的排泄物作为鱼的饵料，从而形成了一个食物链。如此一来，据说其收益多达稻作的十倍[4]。

经宋元明三代，在江南低地飞快开发期间，外部人口不断流入。明初的 15 世纪上半叶，该地区的粮食生产在一定程度上还能够维持

---

〔1〕 徐光启，《农政全书》卷35，木棉。尤其是松江府地区于明中期以来成为棉织业中心的原因有：①由长江、大运河、小水路等连接的水路交通发达，除了本地棉花外，还能从华北地区贩入大量棉花；②附近有丝织技术高度发达的地域，从而可将这些技术应用于棉布的生产。严中平，1955；刘翠溶，1978；川胜守，1992，第一至三章；吴金成，1990。
〔2〕 刘翠溶，1978；李伯重，1985B；川胜守，1992，第一至三章。石锦（1990A）并不认为长江下游的庶民是为了维持家计将棉织业作为农家副业而参与商品作物或手工业的，而是将其看作是农业和手工业的兼业。
〔3〕 李伯重，1985A。
〔4〕 谢天祯，1985。

供需平衡，但是，自明中叶，这一地区形成了无数的市镇[1]，反随着可开发地区的逐渐减少，最终进入了"地狭人多"的饱和状态，随之粮食亦发生短缺现象。换言之，农学性适应和工学性适应均达到了极点。于是徽州商人等外来客商将该地生产的手工业产品输向全国，同时将长江中游地区的湖广之米贩入该地[2]。这刚好同明中叶之后湖广地区获得开发（后文详述），农业中心发生分化的现象相呼应。

在明代，江南低地区域发生的这种农业经济结构变化过程中，产生的现象便是"分圩"[3]。直至宋元时代，圩尚较宽，其内侧中心尚存有低湿地和水面，耕作主要在接近水路或圩岸的地区进行[4]。但是自明中叶，在乡村地主没落，大地主和绅士迁入城镇居住的过程中，仅靠国家介入而组织的小农自身的共同体是很难完成大圩之内的排水和圩岸的修筑工程的。于是便出现了分圩，即在大圩之内重新疏浚小水渠，修筑堤坝，将其分割为几个小圩，以提高排水功能。这种分圩在 15 世纪前半期率先始于先开发地区，至 16 世纪上半叶连三角洲地区最低洼的湿地也全部完成开发。但是分圩并非完全缘于农业技术性需求而展开的。分圩的另一目的是：随着外来人口流入而出现的人口骤增，尽管对粮食增产的要求非常迫切，但是适合开发圩田的土地已不复存在，所以只能以提高土地利用率为目标，将圩内残存的低湿地和水面之下的土地进一步开发为耕地。因而分圩适应了技术性条件和社会性需求的现象，分圩的结束意味着对江南三角洲低地的开发完成[5]。

---

〔1〕 刘石吉，1987；樊树志，2005；陈学文，1993、2000；本书第三篇第一章。

〔2〕 藤井宏，1953A、1953B、1953C、1954；傅衣凌，1956A；范金民，1989。

〔3〕 滨岛敦俊，1982A、1990；渡部忠世等，1984B。

〔4〕 应考虑到宋代圩内的土地利用率仅为 10% 上下的情况。

〔5〕 通过推进分圩，尽管能够扩大水利田，谋求生产安全，但同时也会因排水渠的狭窄而导致水灾。

2. 长江中游流域的开发

在中国的农业发展史上，宋代的特征是通过工学性的改善，开发江南三角洲地区的稻田；明代的特点是对长江中游流域，尤其是对湖广（湖南、湖北）地区耕地进行开发[1]。正因为湖广地区开发如此大量的耕地，提高了粮食生产，所以当明中叶长江三角洲地区开始出现严重的粮食短缺现象时，湖广地区为其供给了粮食，在一定程度上维持了粮食供需的平衡。

明代，湖广地区能够开发耕地是因为外部人口的流入。自明初在全国实施的里甲制是共享赋役征收功能、共同体功能、秩序维持功能的制度，起初运营得比较顺利。然而在一定程度上稳定了一段时期的中国社会，至15世纪又重新开始动荡起来。其原因有政治的、社会的和经济的，错综复杂[2]。结果，全国性的阶层分化日渐加剧。从15世纪中叶开始，里甲制逐渐解体，最终出现了全国性的大规模人口流动。明代的人口流动明初便出现，但集中发展于15世纪前半期至16世纪前半期的百余年间。当时的人口流动方向可分为如下三种类型：①农村地区→禁山区；②先进经济地区→落后地区；③农村地区→城市和手工业地区。其中第①种和第②种类型对应于湖广地区[3]。在明代，人口的这种流动过程中，根据各自地区的社会经济条件，有输出人口的地区和吸纳人口的地区，湖广和江南三角洲一道成为人口吸纳地区。因而明中叶以来，湖广地区的农业能够取得划时代的发展，它是外来客民和土著共同竞争性地开发耕地的结果。

在湖广地区，明初以来外来人口集中流入，其中云梦泽地区

---

〔1〕张国雄，1995；梅莉、张国雄，1995；吴金成，1986，第二篇第二、三章；本篇"附论1 湖广熟，天下足"。

〔2〕本篇第一章。

〔3〕吴金成，1986，第二篇第二、三章；吴金成，1993。因为这种人口流动，使得中国的人口被重新分布，随之社会经济结构亦被重构。

（洞庭湖周边地区及长江和汉水相交的江汉地区）、荆襄地区（湖广同河南、陕西、四川的四省交界地区）及湘江中游流域的耕地与人口增加成比例地获得了开发。这些地区亦从明初便有其自身的社会矛盾，但是因为吸引人口的因素更强，所以从明初便有外部人口开始流入。而集中流入是在里甲制秩序开始松弛的 15 世纪上半期至 16 世纪上半期的 100 年间。考察这些外来客民的出生地，云梦泽地区和湘江中游流域多江西人，荆襄地区则多陕西人和江西人[1]。

流入湖广地区的外来客民中，在故乡没落后以佣工或奴仆的地位流入湖广农村的情况很多。但是商人、各种工匠或在故乡尚未没落的里甲户携带相当的财力移居的情况也不少见。他们在流入湖广之初，靠租借农土和房屋生活。此后，他们凭借自身的能力同土著一边展开竞争，一边开发农土。具体而言，云梦泽地区和湘江中游地区首先开发了山野的荒地，继而随着在江湖边的低湿地逐渐修筑垸堤，农土日渐扩大。荆襄地区则开垦了山野和丘陵。起初，客民从事农业或商业，待到经济独立之后，有鼓励子孙儒业者，亦有实现商业成长之后买入土地而农、商兼业者。但是通常而言，他们在农业、商业、工业、儒业之间，几近无差别地动用能够动用的所有手段，同土著展开竞争寻找活路。客民在该过程中，为湖广传播了先进的文化、技术和新的种子。

尤其是位于湖广中心的云梦泽地区，在明初"地广人稀"，相对江苏或江西等经济发达地区，经济开发落后许多。但明初随着外来人口的集中流入，从 1391 年（洪武二十四年）至确定万历丈量结果的 1600 年，誊录田地从 152169 顷增至 454561 顷，增长了近 2 倍。

---

〔1〕 赖家度，1956；谷口规矩雄，1965；吴金成，1986，第二篇第一至三章；曹树基，1997A；吴金成，1993。

增加的这 30 余万顷，是湖广地区实际增长最多的数字，占湖广新增农土总量的 51%，超过同期四川总增加面积的数字。荆襄地区在明初为"禁山区"，人口稀少，几乎处于未开发的原始森林状态，但是在 15 世纪出现的人口集中流入和他们的努力开垦之后，至明末，这一地区变化为拥有相当人口和经济力量的地区。总之，在有明一代，耕地从 10332 顷增至 114555 顷，增长了 10 倍以上，而从整个湖广地区来看，1400 年、1600 年、1661 年和 1753 年的誊录田地分别为 247240 顷（100%）、838520 顷（339%）、793350 顷（321%）和 930550 顷（376%）[1]。

如上所述，15 世纪中叶以后，湖广地区的耕地能够得以划时代的增长，受益于向湖广所有地区流入的外部人口和他们同土著展开的竞争性开垦活动，尤其是对云梦泽六府地区进行大力的开发。这些都是积极开发湖广地区百余年来出现的结果，而湖广地区能够向明中叶开始出现"缺粮"现象且日渐严重的江南三角洲地区供给粮食的背景便在于此[2]。

地处长江中游流域的湖广地区被快速开垦的结果是，中国的经济中心被分化。如上所述，直至唐代中国经济中心都还在华北平原，而自宋代往后则南移至江南三角洲地区。江南三角洲地区是工商业和农业一同发展的，中国唯一的实质性经济中心。然而自明中叶以后，江南作为经济中心的地位开始产生变化。随着人口的骤增和无数中小城市的形成，江南三角洲地区无法实现粮食的自给自足，而不得不从外部输入稻米。于是江南便丧失了南宋以来被称为"苏湖熟，天下足"的粮仓地位。而刚好在该时期，位于长江中游流域的湖广地区飞快

---

〔1〕 Wang，1973，p.25；吴金成，1986，第二篇第二、三章。

〔2〕 但是，关于当时湖广米谷流出社会的经济结构，请参考重田德，1956；吴金成，1986，第二篇第二、三章；吴金成，1993。

地开垦了耕地，并将生产的粮食输往江南。从此江南将粮仓地位让给了新开发的湖广地区，只是依然将该地继续发展为商业和手工业（尤其是纺织业）的中心。这种现象便是 15 世纪中叶产生"湖广熟，天下足"俗谚的理由。这种现象是客民流入的积极一面，故可称为顺功能。

但是就替代宋代俗谚"苏湖熟，天下足"的明代俗谚"湖广熟，天下足"的形成时期，中国学界的大部分学者至今认为是弘治初年[1]。而对于该问题，日本的加藤繁于 1947 年首次提出了"明末"的主张[2]，此后日本的藤井宏亦持相同观点[3]。但是 1965 年日本的岩见宏根据收录有嘉靖七年（1528）序文的夏孟春《余冬序录》的内容，曾主张"从湖广向江南地区的稻米输出发展为受人瞩目的现象来看，最晚也应始于正德年间（1506—1521）的判断，应该不会错"[4]。1976 年，日本的安野省三也同意该观点[5]。

而在 20 世纪八九十年代，中国学界根据弘治年间（1488—1505），新蔡人曹凤赴任湖广右布政使时，在介绍故乡[6]情形的文章中插入夏孟春《余冬序录》的文章这一史实，曾推测"湖广熟，天下足"的俗谚最晚于弘治（1488—1505）初年出现于民间，该主张正在逐渐成为中国学界的定论[7]。

---

〔1〕 龚胜生，1995；梅莉，1990；梅莉，1991；张家炎，1992；张建民，1987A、1987B；蒋建平，1982；张国雄，1989、1994；张国雄、梅莉，1989；樊树志，1990；陈学文，1993；蒋建平，1992。

〔2〕 加藤繁，1947。

〔3〕 藤井宏，1953A、1953B、1953C。

〔4〕 夏孟春，《余冬序录》卷59，职官，其中写道："……湖蕃辖府十四，县一百四，其地视诸省为最巨，其郡县赋额，视江南、西诸省所入差不及，而'湖广熟，天下足'之谣，天下信之，盖地有余利也。"岩见宏，1965。

〔5〕 安野省三，1976。

〔6〕 夏孟春为湖南郴州人，弘治六年（1493）进士及第，自正德初年任河南参政，历任云南巡抚等职之后，于嘉靖六年（1527）卸任。

〔7〕 龚胜生（1996, pp.252-255）和方志远（2001, pp.206-211）还不可思议地将夏孟春的"湖广熟，天下足之谣，天下信之"的传言认为是一种预言乃至希望。

而笔者于 1977 年提出了"尽管无法避免史料的贫乏，但是湖广的稻米经商人之手向省外流出的事实可追溯至 15 世纪中叶"的意见，并且通过分析 15 世纪中叶之后云梦泽地区的垸堤发展过程中其技术和实际可能性之后，曾做出"云梦泽地区的稻作地带上升为中国粮仓地位，是在 15 世纪中叶逐渐形成的"的结论[1]。但是就在其后的 1980 年，日本的寺田隆信可能在没看到笔者 1979 被译成日文的论文的情况下，根据李延昰《南吴旧话录》卷 22 梅贞起条的内容，介绍了"湖广熟，天下足"的俗谚于天顺年间（1457—1464）便已存在，进而主张可以认为"15 世纪中叶的湖广地区已成为天下粮仓"[2]。该文章在 1985 年亦被翻译介绍于《徽商研究论文集》[3]。因而寺田介绍的史料对笔者依据旁支史料和技术水平小心翼翼地做出的结论，起到了"画龙点睛"的作用。但是直至 2005 年，复旦大学的樊树志教授才参照笔者 1977 年论文的日译本（1979）和 1980 年寺田的论文，接受了"15 世纪中叶"这个笔者提出的已经非常明确的主张[4]。

　　实际上，成化年间（1465—1487）徽州的米商就进入了湖广，天顺年间浙商将江南的丝织品载入湖广出售之后，在回程时则载稻米

---

　　[1]　吴金成，1977（这些内容翻译成日语，以《明末洞庭湖周邊の垸堤の發達とその歷史的意義》的名称登载到《史朋》10 集，1979，又经修改后登载到吴金成，1986，第二篇第二、三章，这本书又再次翻译成日语，以《明代社會經濟史研究——紳士層の形成とその社會經濟の役割》的名称，在东京汲古书院刊行。并且，通过吴金成 [1993] 的文章，再次确认了该问题）。

　　[2]　寺田隆信，1980。

　　[3]　江淮论坛编辑部，1985，pp.270-271。尽管如此，张建民（1987）、梅莉、张国雄（1995，pp.136-137）、张国雄（1995，pp.188-199）、张海英（2002，p.119），也在未看到上述的《徽商研究论文集》的情况下，坚持弘治说。龚胜生（1996，pp.252-255）、方志远（2001，pp.206-211），也在未看到《徽商研究论文集》的情况下，如上所述，认为"湖广熟，天下足"是一种预言，乃至希望。

　　[4]　考察樊树志论点，可能是参照过笔者于 1986 年刊行的韩语本的日译本（1990）。樊树志，2005，pp.384-386。

而归[1]。而且还有记录称，在此前的正统年间（1436—1449），湖南衡州府和湖北黄州府有稻米售出[2]。周忱（1381—1453）任江南巡抚（1430—1451）的正统年间，当苏州和松江一带逢灾年之时，便用官帑金入湖广购入粮食，同时劝勉商人购回湖广之米[3]。

明代流入湖广地区的客民除有积极一面之外，也有消极之面，即反功能。进入 15 世纪之后，同中国的其他地区一样，湖广的社会矛盾亦逐渐呈现。就在此时外部人口开始集中流入，随着外部人口的这种大举流入，引起了诸多社会问题。土著因为过重的赋役和高利贷处于没落的边缘，与此相反客民则或开垦荒地，或在江湖边的低湿地修筑垸堤，扩大拥有的稻田，并脱免于赋役。因此土著和客民间、客民和客民间产生了矛盾，导致社会的不稳定。当然，流入该地区的客民在定居过程中，分化为诸多社会阶层。而在土著和客民之间展开竞争过程中，还出现了土著反而没落而向外地流散的"人口对流（convection）现象"[4]。因而移居湖广的客民，加速深化了湖广地区的社会矛盾。15 世纪下半叶，发生于荆襄地区的两次"荆襄之乱"正是客民的这种反功能带来的结果[5]。

在开发湖广地区的过程中，绅士也发挥了重要作用。绅士追求个人私利的行为很多，正是作为追求这种私利的一环，他们积极参与了湖广的水利开发。而且自 15 世纪上半叶之后，在里甲制秩序日渐松弛的社会里，他们响应国家权力和地区社会的共同要求，发挥

---

〔1〕 藤井宏，1953A、1953B。

〔2〕 万历《衡州府志》卷 11，人物志，衡阳县，义行，周诚；康熙《湖广通志》卷 37，孝义，黄州府，明，陈遵德；黎淳，《元洲拙逸传》，《湖南文微》卷 37，传（上）。

〔3〕 张萱，《西园闻见录》卷 41，救荒，往行。

〔4〕 这种现象并非仅是该地的现象。吴金成，1986，第二篇第一章；吴金成，1991A、1996、1998B。

〔5〕 赖家度，1956；谷口规矩雄，1965。

了如下作用：①为地区社会产生的矛盾进行审判和调停、防御土贼等政治作用；②修路架桥、修筑堤坝、设立义田和义仓、组织救恤等经济作用；③主管乡约、建立义学和书院、编撰书籍、代辩乡村舆论等文化作用[1]。

作为外来客民流入的影响之一，还可列举出中小城市的发展。比如，荆州府江陵县出现了江陵和沙市，汉阳府汉川县出现了刘家隔，汉阳县出现了汉口镇，承天府出现了早角市等中小城市[2]。这是人口流动的第③种类型，即相当于由农村地区向城市和手工业地区的流动。自15世纪以来形成的全国性的第③种类型的人口流动，除了明初便著称于世的33个大城市之外，全国形成了无数个中小城市。其中出现这种现象最显著的地区是江南三角洲地区[3]。

3. 长江上游流域的开发

宋代开发了江南三角洲地区，明代开发了长江中游的湖广地区，继而清代又开发了长江上游的四川地区[4]。如同明代开发湖广地区一样，清代开发四川地区也是外来人口流入的结果。

---

〔1〕 吴金成，1986，第二篇"绅士层的社会经济的役割"；本书第二篇第一章，pp.200-202。

〔2〕 方志远，2001，pp.506-522。

〔3〕 本书第三篇第一章。

〔4〕 早自宋代，四川地区作为稻作地区的重要性便为世人所知（Ch'uan, 1956），且在明朝增加了近三倍的耕地（请参照本篇第一章）。所以正确地讲，认为四川地区因明末清初的动乱而被一时荒废，清代得以复垦，而且在其基础之上获得了进一步开发的观点更为妥当（清朝对四川的土地和人口的统计谬误，将在后文详述）。另外，通过有清一代，东南沿海其他地区的人口移入台湾，因而台湾逐渐得到了开发（陈孔立，1990）；而自18世纪起，中国西南部的云南和贵州得到了开发（郭松义，1984；李中清，1984）；自18世纪末人口向东北的大量移动（郭松义，1984；路遇，1987）；自19世纪末20世纪初，大量人口流向内蒙古、新疆地区以进行开发（Elvin，1982）。关于明清时期其他的总体性人口移动和经济开发状况，请参照曹树基，1997A、2000—2001；Ho Ping-ti，1959，第七至八章。

四川地区早自万历年间便出现了动荡的迹象[1]。因为如摇黄贼（又称土暴者）那样的土贼集团和来自北方陕西客民的横行，杨应龙之乱，奢崇明之乱，发生于成都的"开读之变"（崇祯十三年，1640年）和民变（崇祯十四年），所谓五蠹（衙蠹、府蠹、豪蠹、宦蠹、学蠹）的横征暴敛，加之饥饿、传染病和虎患等，社会变得非常混乱。每当发生这种骚乱时，饱受沉重赋役之苦的农民便合流于叛乱势力，加上无赖的煽风点火，情形进一步恶化。在这种情况下，四川社会还发生了所谓的"屠蜀"，最先是由张献忠军队实施的。随后而来的是清军的滥杀，南明军的杀戮，因灾荒、饥馑和疾病引起的死亡，陕西人和四川本地人之间的矛盾等错综复杂地重叠在一起，将社会推入了混乱的深渊。

于是四川人流散四方，人口骤减，耕地荒废。此后，清朝在入关之初，撤并四川 40 余个州县，减轻了居民的负担，并且从川北地区基本恢复秩序的 1653 年（顺治十年）开始，通过认可垦荒者的土地所有，减免赋役，在四川展开了积极的移民、开垦政策。受清朝的这种政策刺激，大体在康熙年间（1662—1722），四川周边诸省的人口，趁人口骤减而出现的社会空缺，大举流入了四川。其中，从湖广（明代人口集中流入的地区，即湖北、湖南）而来的移居人口最多，从而产生了"湖广填四川"的俗谚，而湖广之中，湖北人更多。此外，来自江西、福建、广东、广西、陕西的人也很多。于是，从半个世纪以后的 18 世纪初开始，四川地区出现了土著不过十之

---

[1] 胡昭曦，1980；社会科学研究丛刊编辑部，1981；顾诚，1984；鲁子健，1984；王纲，1987；郭松义，1988；王笛，1989A、1989B；孙晓芬，1997；山根幸夫，1983B；李俊甲，2002，第一篇"清前期四川社会的恢复"。

一二，外来的客籍人反而达到了十之八九的夸张说法[1]。因而清朝雍正七年（1729）通过丈量，确认了四川从动乱的衰败之中完全恢复之后，在一段时期内还出现了试图限制客民流入的努力。但是自乾隆年间（1736—1795）起，中国其他地区的人口压力上升，再也不能阻止人口流入四川了[2]。从此，调解四川的土著和客民之间的纷争成为首要之举。入关之初，清朝撤并的40余个州县中，有14个州县在康熙末年重新被分立便是其中的一环。

就这样，流入四川的外来人口，此后持续开发四川地区，因此在18世纪能有大量的四川稻米输往苏浙地区。明中叶，在苏浙地区向工商业地区发展的过程中，随着人口急剧增加引起了粮食短缺，而恰在此时被飞快开垦的长江中游的湖广地区为其供给了稻米，维持了粮食供求的均衡。但进入清代，不但苏浙地区的人口进一步增加，湖广地区的人口也大幅增长，到了不得不输出人口的地步，于是粮食供给便无法满足需求[3]。就在这个时期，流民开垦了四川地区，尤其是川西平原的沃土，修筑完善了水利设施，从而得以将稻米输出[4]，才勉强维持了整体的粮食供求平衡。18世纪初，在以上的背景下运出的四川稻米，同湖广的稻米一起经湖北汉口中转，供给到长江下游地区。换言之，宋元时代的唯一经济中心苏浙地区至明中叶将粮仓地位让给了湖广地区，至清代除了湖南省之外，四川又成为粮仓之一，从而经济中心出现了多元化。据推测，18世纪之

---

〔1〕 对于清朝四川土著人和客民的统计，大致利用了地方志中出现的"氏族志"。但是考察氏族内部的户口数，土著人很多，客民则十分稀少。李俊甲，2002，第一篇第二章"清前期四川社会的恢复"。

〔2〕 李俊甲，2002，pp.163-164。

〔3〕 清代，在湖广地区中，湖南地区作为粮仓尤为受到瞩目。全汉昇，1969；蒋建平，1992，pp.49-66，140-147；田炯权，2009。

〔4〕 清初，四川成为粮仓，除了上述的耕地开发之外，人口密度低也是原因之一。蒋建平，1992，pp.66-67。

后，通过长江水路输往江南的稻米，除了清朝的税粮之外，纯粹的民间交易量达每年 900 万—1400 万石，其中四川的稻米占 100 万—200 万石[1]。

如上所述，明代，苏浙地区发展了商业、手工业和城市，湖广则开发了耕地；清代，四川得到开发的结果是，18 世纪下半叶逐渐形成了以长江为中心的商品交易结构。换言之，形成了江南地区的盐及手工业制品和湖广的稻米、棉花，以及四川的稻米和木材等的中长距离商品交易形态。如前文提及的那样，据推测，鸦片战争之前中国内地的商品交易总额约为 3.9 亿两，其中：第一位是稻米，约占 42%；第二位是棉布，约占 24%；第三位是盐，约占 15%[2]。这种中长距离交易中，一部分通过国家的行政组织实施，但大部分则由徽商或晋商等客商承担[3]。

而清初以来流入四川的，来自湖广等长江中下游和陕西等地区的客民，流入四川后首先开垦了比较容易开垦的川西地区，特别是集中于成都平原，接踵而来的移民逐次向川东地域，进而向川南和川北地区扩散。但是清中期，随着四川经济中心的东移，外来人口又聚向了川东地区。所以，清中期以后，重庆等川东地区人口骤增的原因便在于此。

起初，外来客民或开垦屯田，或以佃户、佣工、奴仆等身份流入四川，但随着清朝积极的招引人口政策规定，无论在何地均可开垦无主之地。客民凭借故乡的经验，修筑水利设施，普及了玉米（玉蜀黍）、番薯（甘薯）、甘蔗等新作物和新品种。四川的盐业也靠

---

[1] 全汉昇，1969；许涤新、吴承明，1985，pp.273-275；林顿，1987；鲁子健，1987；重田德，1956；安部健夫，1957；Chuan，1975，p.65；本书第三篇第一章。

[2] 许涤新、吴承明，1985，pp.273-275。

[3] 张海鹏、张海瀛，1993；藤井宏，1953A、1953B、1953C、1954；寺田隆信，1972；川胜守，1992。

他们的力量得到了发展。随着农村经济的恢复和发展，成都、重庆等城市也很是繁荣[1]。

随着清初之后外来客民的持续流入，至19世纪20年代，客民已占四川人口的85%左右。他们各自原封未动地保持着原居住地的语言、文化和习俗，形成了各不相同的异质社会。他们还掌握了各地区的专业市场组织。进而为了他们内部间的协作，还建了会馆和寺庙等，供奉在原住地就供奉的神灵和先贤，并定期举行集会。例如，重庆的江西会馆每年聚会200次，其他地区的会馆也会聚会70—80次。至清末，这些会馆参与各自地区的租税征收、保甲、消防、团练、重要的债务清理、济贫、积谷、赈济、养老院等诸多社会事业，行使其影响力。然而，这些外来客民之间经常发生纷争，这直接影响地区社会秩序的维持。为此，各地区分别立各省出身的"客长"，让他们在相当于总会的"客长公议"上调停各种纷争。尤其像巴县，通过"八省客长公议"调整市场主导权纷争、度量衡或银质量纷争、牙行之间的纷争等，协助维系商业流通秩序和治安[2]。

四川社会就在这样的变化过程中形成了无数自耕农，但随即出现了人口压力加重、土地集中等在其他地区能够看到的社会分化现象。因而自18世纪下半叶起，部分四川人开始向陕西南部或云贵等地流动，至19世纪上半叶，人口压力几近极限，四川之米流向外省者寥寥无几，农村人口或流入城市，或向陕西、云南、贵州等地大举流动[3]。

但是清代四川地区增加的人口和耕地实际达到何种程度无法确

---

〔1〕 郭松义，1984、1988；鲁子健，1984；王笛，1989A；山田贤，1986。

〔2〕 王笛，1989A；李俊甲，2002，pp.271-319；何智亚，2006。这种通过会馆或"客长"维持治安和商业流通秩序的现象，在江南亦曾有之。范金民，1998，pp.259-260。

〔3〕 郭松义，1984、1988；王笛，1989A。

定。清代四川的人口统计几乎没有可信度，这是大家的共识。而且清代地方官的报告中也称，四川的隐田占"全体之半"，且"全国最多"。为了便于理解，对清代四川的人口和田地做的统计整理可以参看表1-2-1[1]。至明中叶的1491年，四川人口已经达到328万左右[2]。但是据清朝入关之初的1661年报告，不过为16000丁，根据该数值，有学者认为有50余万，有学者认为96万左右[3]。但是此后外来人口开始流入。自18世纪20年代中后期开始人口增加速度加快，其中最为集中流入的时期为18世纪后半期开始至19世纪时期。四川的誊录田地从明初（1400）至明末（1600）之间由107870顷（100%）增长至409350顷（379%）[4]。然而，清代的情况却不那么简单。入关之初，清军仅掌控川北地区，所以其统计不足信，然而至入关40余年后的1685年（康熙二十四年），亦不过17261顷的统计，似乎存在问题。从誊录田地的数值来看，直至雍正年间（1723—1735）才勉强达到明末水准，此后也并没有发生太大的变化。然而考察雍正七年至宣统二年（1910）的调整数值，耕地增加率为224%，即实际增加率为124%。可以推测正是增加的这部分生产量中的一部分输往了江南。

---

〔1〕 以王笛（1989B，表32）为基础，并参考孙毓棠、张寄谦（1979）、Wang（1973，pp.24-25）等，笔者进行了重构。在以下的叙述中，没有特别注明的，都参考了此表，另外，对于推算的清代四川人口，赵文林、谢淑君（1988，pp.430-431）则有稍许不同。

〔2〕 赵文林、谢淑君，1988，p.374。

〔3〕 王笛，1989A，p.96上看到是50万，赵文林、谢淑君，1988，p.430上看到是96万，其他谈到清代西川人口研究的有：全汉昇，1961；赵文林、谢淑君，1988，p.430；鲁子健，1987；郭松义，1984、1988；Ho，1959，Ch.7；Entenman，1980。

〔4〕 本篇第一章。

表1-2-1　清代四川的人口与田土变化

年度	人口		田地（公顷）		调整人当平均调整耕地（亩）
	誊录人口	调整人口	誊录田地	调整田地	
1661（顺治十八年）	16096 丁ⓐ	50 万名	11884ⓐ		
1685（康熙二十四年）	11509 丁	98.5	17261		
1722（康熙六十一年）	579390 户	289.6	205442		
1728（雍正六年）	505413 户	335.7	459028	459030	13.69
1753（乾隆十八年）	1368496 丁	483.3	459574	459570	9.51
1783（乾隆四十八年）	8142487 丁	941.8	461913	461910	4.90
1812（嘉庆十七年）	2079.9 万名	2070.9	469793	778380	3.76
1850（道光三十年）	4357.5	2755.8	463819ⓑ		
1873（同治十二年）	5834.4	3316.9	463835	949240	2.86
1893（光绪十九年）	8378.0	3992.3	470625ⓒ	968220	2.43
1910（宣统二年）		4414.0		1028080	2.33

　　ⓐ据李俊甲，2002，p.44，这些数字全部是川北的保宁府、顺庆府地区，而且还仅仅是秩序得以稳定的县城及其周边地区的数字。

　　ⓑ是 1851 年（咸丰元年）的统计

　　ⓒ 1893 至清末的清代最后的统计。

　　但是同 124% 的实际土地增长率相比，该时期的实际人口增长率则达到 1215%，因而人均土地面积急剧下降。如果比较誊录人口和誊录土地，人均土地将进一步减少，至 19 世纪后半叶降至人均 1 亩以下的境地。从清代四川的农业水准来看，据说人均 4 亩左右是能够维持最低生活的水准[1]，从而可知，19 世纪上半期四川的人口压力已经达到非常严重的状况。这种现象可以说明清末四川社会的背景。换言之，随着四川人口的持续激增，人均耕地面积则在迅速减少，从而四川稻米向外省的输出亦逐渐减少，直至微不足道[2]。然而即便在这种状况下，四川的稻米直至清末，仍在部分性地输往江南。这种社会结构具有重要意义。例如，直至 19 世纪中叶，重

---

〔1〕 王笛，1989B，p.82。
〔2〕 王笛，1989B，p.84；参照鲁子健，1987。

庆府的涪州农民以番薯为半年的粮食，把米和豆输往湖北的宜昌或沙市等地[1]。此处应注意的是ⓐ地主和大商人的逐私利，ⓑ后文将予以说明的玉米、番薯、马铃薯等救荒食物的栽种产生影响的原因正在于此。

四　农业技术的多样化

1. 新作物的传入及其意义

在明清时代的农业发展史上，不能忽视的是明末清初玉米、番薯、甘蔗、马铃薯、烟草、花生等，从新大陆或其他地区传来的新作物的普及[2]。这些新作物的普及也同人口流动有密切的关系。

玉米凭借其耐旱性等能生长在很难耕作其他杂谷的、海拔1000—2000米左右的高山地带和沙土等干燥地域，适应性和生产性较高。然而在明末清初并未获得太多的关注，直至中南部地区人口压力加剧的18世纪中叶（乾隆时期中叶）至19世纪上半叶（嘉庆、道光年间），随着人口流动得以在中国普及。大量生产玉米之地有陕西、四川、湖北、湖南、云南、贵州等六省地区。此外，还有从明中叶以来，由于人口集中而不断引起社会混乱的汉水上游四省交界地区（陕西、湖北、河南、四川交接处）以及山区也因由移民的努力栽培，使得玉米种植得以极大普及。自雍正、乾隆年间有了"改土归流"措施之后，各省山区少数民族地区的玉米种植也随着汉人的移居得以普及。玉米在原本无法进行农耕的高山地带的播种，为粮食增产做出了无法忽视的贡献，然而由于对山地的无序开垦导致

〔1〕 蒋建平，1992，pp.66-73，146；李俊甲，2002，p.211。
〔2〕 郭松义，1986；全汉昇，1966；陈树平，1980；曹树基，1990B；何炳棣，1985B；Ho，1955、1959，Ch.7、8。

了生态系统的破坏和泥石流等很多威胁的出现[1]。所以浙江早在嘉庆初期便禁止流民垦山种植，其他地区也常有禁止。只是玉米的普及却并未因此而中止。据第二次世界大战前的统计，在河北、陕西、山西所有耕地中，玉米种植面积所占的比例是：河北 13%、陕西 9%、山西 6%[2]。在全国耕地面积中所占比例为：1904—1909 年 11%、1914—1919 年 14%、1924—1929 年 16%、1929—1933 年增至 17%。而 1973 年，中国生产 3000 万吨，占世界玉米产量约 10%，成为仅次于美国的玉米生产国。今天，玉米继稻、小麦之后成为中国第三大作物[3]。

而番薯在丘陵地区、干燥地区或沙地等贫瘠的旱地亦适应性奇强，且具有无性繁殖的长处，不但单产量高，而且还很廉价。据《闽小纪》载：

> 万历中闽人得之外国，瘠土沙砾之地，皆可以种。……其初入闽时，值闽饥，得是而人足一岁。其种也，不与五谷争地，凡瘠卤沙冈，皆可以长。……泉人鬻之，斤不直一钱，二斤而可饱矣。于是耄耋童孺，行道鬻乞之人，皆可以食，……下至鸡犬皆食之。[4]

以上记载很好地说明了番薯所具有的作为辅助粮食和救荒食物的重要性。因此番薯自明末传入便得到重视，国家积极劝导种植番薯。从而自 18 世纪中叶起，除了甘肃省和西北边境之外，中国所有

---

[1] 郑哲雄，2002。
[2] 天野元之助，1953，p.50。
[3] 何炳棣，1985。
[4] 周亮工（1612—1672），《闽小记》卷 3，番薯。

地区都有传入。尤其在长江以南，有些地区番薯成为庶民五六个月的粮食，几乎达到了同稻谷并列被重视的程度。番薯还因是酿造材料和家畜饲料等受到瞩目。结果，1931—1937 年，中国年均生产番薯 1850 万吨，成为世界最大的生产国。而且据 1973 年的统计，中国以生产 1 亿 1100 万吨（世界总产量的 83%）番薯，仍然是世界最大的番薯生产国[1]。番薯已成为今天中国最重要的辅助性粮食。

在作物的特性上，玉米种植于山地，番薯种植于丘陵地区，所以既不抢占种植五谷之地，它们彼此之间也不存在激烈的竞争。由于这样的长处，在原本被闲置的地方耕作玉米和番薯，达到了提高土地利用率的直接增产效果，进而在原本耕作高粱、黍、黄米等的土地上耕作替代作物，又形成了二次增产的效果。尤其因旱魃，正规作物无法收获时，作为替代物播种的番薯，可减少因灾害造成的收获波动，从而具有较大的三次增产效果[2]。

马铃薯亦可种植于因土壤贫瘠、气温较低而很难耕种其他杂谷的高寒山地。然而由于其独特的味道，直至 18 世纪仍被忽视的马铃薯，从 19 世纪中叶开始作为庶民的粮食被广为种植。据 1973 年统计，中国以生产 3600 万吨马铃薯（占世界总产量的 11.4%）的产量，继苏联成为世界第二大生产国[3]。

如上所述，由于番薯、玉米、马铃薯等新作物的引进和普及，提高了山地、丘陵或沙地等此前基本被闲置的土地利用率，大大提升了粮食生产量。结果，17 世纪初（明末期）在中国的所有粮食中占比为 70% 的大米随着新作物的传入和全国性的普及，至 20 世纪

---

〔1〕 何炳棣，1985。

〔2〕 Perkins, 1969, Ch.3；全汉昇，1966；何炳棣，1985。

〔3〕 何炳棣，1985。

30 年代在所有粮食中的所占比降至 36%[1]。经过清代康熙、雍正、乾隆年间社会的持续稳定而造成的 18 世纪之后人口暴增的现象，是同粮食生产的这种经济性条件相呼应的。

在新作物中，也有同粮食生产进行竞争的商品作物。其中，甘蔗在明代种植于福建、广东，清代种植于四川、江西、浙江、广西、台湾，而且还出口国外。但是由于其妨碍了粮食生产，因此福建早在明末便出现了禁止种植甘蔗的提案[2]。还有烟草[3]，于明末传入福建和广东，在难以耕作谷物的山地首先种植。随着其被认为是收益高的商品作物，农民便开始在低地带的农耕地种植，同粮食生产展开了竞争，使得有几个地区还转为缺粮地区。据记载，19 世纪，福建的有些地区有 60%—70% 的耕地种植了烟草。此后，烟草向江苏、浙江、安徽、江西、湖南、湖北、山东等地传播，今天在其他地区也有生产。此外，在南方各地茶叶、苎、蓝（染料）等也成为重要的商品作物，其中茶叶直至近代之后仍是对外贸易的重要出口产品，这是众所周知的。比较这些商品作物和大米的收益[4]，"大米低于甘蔗、蚕桑，而烟草最高"[5]。

以上新商品作物的普及，为扩大中国的农业区域，为积累经济财富发挥了巨大作用。可是直至 18 世纪，不但地区间的偏差很大，而且由于只有总耕地面积的 10% 属于商品作物种植地区，因而直至

----

[1] Liu, 1991；Ho, 1959。何炳棣（1985）称，在中国的粮食生产史上，曾有过两次长期性革命，第一次是宋代，通过向江淮以南引进并普及占城稻，实现了稻米生产的增长；第二次是从 16 世纪开始，通过向中西部山地引进并传播新作物实现的。

[2] Liu, 1991.

[3] 元廷植，《烟草》；吴金成，《明清社会经济史》，首尔，移山，2007。

[4] 傅衣凌（1982B）在论及有关"资本主义萌芽"问题时，提出了萌芽"首先在山区发展，然后向平原发展，首先在商品作物领域发展，之后向稻作领域发展"的构图。

[5] 刘翠溶，1978；薛国中，1990。烟草比稻米作物需要高出六倍的劳动力和肥料。然而近代之前的中国农民，尚没有考虑投入（input）产出（output）比的经济性。黄志繁，2003；吴金成，2007A，第一篇第三章。

近代之前，商品作物给经济结构的变化带来的只能是有限的影响[1]。

2. 集约农业的深化

对于明清时代的农业，西方学者以没有农业机具的变化为由，主张"明清农业没有质变，只有量的增长"。对此，中日学者则提出了相反的意见。

其中之一便是稻作技术的发达和集约农业的深化[2]。宋代农业的农学性适应大多以稻作品种作为对象，明清时代在继承以前的传统农学的同时，从《齐民要术》的"顺天时，量地利"的原理出发，以"人力胜天"的气概来发展应对自然的农学。此前，中国便传有按清明、小满、芒种等各节气进行犁耕、播种、移秧、施肥、除草、收获等各阶段作业的具体方法，而这些方法也是进入明代后才定型的[3]。为了农业的集约化，还尝试了"亲田法"[4]。而且由于对病虫害防治认识的提高，清代出现了杀虫剂。明清时代还出现了"惜粪如惜金"的农谚，提高了对肥料的认识[5]，肥料的发展和施肥法的改善也不断地得到了发展。即除去此前已知晓的有机肥料之外，诸多的无机肥和堆肥制造法得以发展，使得有机肥和无机肥大为多样化。所以明清时代肥料的使用量大幅增加。

---

〔1〕 许涤新、吴承明等，1985。

〔2〕 关于本内容，没特别注明的话，参照了中国农业遗产研究室，1984；梁家勉，1989；薛国中，1990；Rawski，1972 等，特别是，李伯重（1990、1984、1985A、1985B、1986、2004）强调了从16世纪开始增加资本投入比重的集约化。

〔3〕 Liu，1991.

〔4〕 该农法是继承了汉代区种法精神的集约农法。假设有100亩土地，那么第一年如以先前的方法耕种80亩，对剩余20亩则从犁耕至收获的所有过程投入数倍于一般农法的资本。如果遇上丰收，那么这20亩可比一般农法获得数倍的收获，遇上灾害时，80亩有可能颗粒无收，但这20亩可能有所收获，故而能够免于饥馑。次年，在其他20亩土地上如此耕作，如此五年轮番耕作的方法。

〔5〕 认识到：①肥料是产量增长最重要的要素；②使用肥料可肥沃土壤；③根据土质不同应使用不同的肥料；④基肥起改良土壤的作用，追肥起滋苗作用；⑤施肥必须同深耕相结合才有效等。

换言之，可以说明清时代出现的稻作的集约化，是由单位面积劳动量的增加和肥料投入量的增加实现的。例如，在生产稻米所需劳动量和肥料量的总投入量中，肥料投入量的比重在明清之间由27%增至50%[1]。而且有些地区为了维持地力，还栽培了豆或葡萄，由于黍比麦类消耗的地力更大，所以避免了连作[2]。

明清时代，各地推进了稻的品种改良，其方向是追求更早、更短期内能够大量生产的品种。明末清初各地方志出现的稻品种，有粳米739种、糯米384种，成熟期亦有50日、60日、80日、100日、120日等。因而当时将这些早、中、晚稻同其他作物加以多种结合和调整，谋求一年两熟或两年三熟，而且清代的福建、广东和台湾就已实现了一年两熟或三熟[3]。尤其在江南出现了米棉之间和米桑之间的竞争，展开了米棉轮作和组合了棉、麦、豆类的轮作。由于一年双熟乃至三熟的盛行，出现了像"春花"（称麦、豆或油菜等轮作作物的花）这样的词语。江南的春花之所以如此地普遍化，是因为这些轮作物不是佃租的对象，佃户们就加以推行，结果出现了"麦租"（对一年双熟小麦的佃租）[4]。明清时代，稻的连作乃至一年双熟地区大幅增加，一年双熟稻在浙江、安徽、福建、湖北、湖南、广西等省均有报告，稻的一年双熟的北方界线北进至安徽省的淮南地域。而18世纪，稻作的北方界线北推至河南和陕西南部及京津附近[5]。

就如从《便民图纂》《天工开物》《农政全书》《本草纲目》《神器谱》《沈氏农书》《补农书》等著作所能见到的那样，明清时代农

〔1〕 李伯重，1984。
〔2〕 Elvin，1982.
〔3〕 闵宗殿，2005，p.61。而且如今在江南三角洲地区的低地实现了稻一年双熟，麦一年一熟，共一年三熟。参照渡部忠世，1984F。
〔4〕 天野元之助，1962，pp.342–343；薛国中，1990；川胜守，1992，第一至三章。
〔5〕 中国农业遗产研究室，1984，pp.165–169；梁家勉，1989；Perkins，1969，Ch.3。

业生产性得到如此提升的原因，除了农学之外，还可从植物学、军事学、产业技术、地理学等中出现的明末清初经世致用学的发展中寻找。中国史上出现的农书共有 714 部，至明代出版的有 231 部，清代出版的有 483 部。而清代刊行了全部的 67.6%[1]，由此可以推测这一时期对农业的关注极高。尤其在明清时代的农书中有以下事实比较突出：①关于作物栽培学的专门书增加；②出现了大量关注各地区的地形、土质、气候等不同之处而编写的符合各地特性的农书；③出现了关于农场经营管理的专书；④救荒农书增加[2]；⑤出现了除蝗专书；⑥吸收了西方的植物学等。其中，对农业经营的关注度的提高，是同明中叶之后银经济乃至商品经济的发展[3]、庶民地位的上升[4]、城市的发达[5]、绅士和大地主的城居化[6]等社会变化现象相呼应的。

如上所述，明清时代的集约农法比宋代进一步发展，所以如表 1-2-2[7] 所示，华中、华南地区的稻作单产量大幅增长。从整体而言，可以说这一时期实践的农业技术进步的重点，在于增加单位面积的生产量，而不是增加单位时间内的生产力[8]。从该意义层面上来

〔1〕 闵宗殿，2005，p.63。参考《中国农业百科全书》农业历史卷（北京，农业出版社，1995，pp.474-486）提出了这种统计。而张芳、王思明则指出《中国农业古籍目录》介绍了中国历史中共有 1747 种农业古籍，其中有 1252 种刊于清代，占比 71.7%（闵宗殿，2005，p.63 转引）。

〔2〕 中国自古自然灾害多，有"十年八九灾"的农谚。自明朝由于各地推行水利开发，因此还发生了一些自引水灾的情况。滨岛敦俊，1982A；参照吴金成，1986。因而明清时期，非但在国家层面，在社会层面亦对救荒和备荒极为关注。参照森正夫，1968、1969A、1969B 等。

〔3〕 许涤新、吴承明等，1985；川胜守，1992；本篇第一章。

〔4〕 傅衣凌，1957；田中正俊，1961B；酒井忠夫，1960A；细野浩二，1967；小林一美，1973；仁井田升，1946；片冈芝子，1964；藤井宏，1972。

〔5〕 刘石吉，1987；陈学文，1989；樊树志，2005。

〔6〕 北村敬直，1978；安野省三，1961；滨岛敦俊，1982A、1989A。

〔7〕 Liu，1991.太湖周边的数值中，对于清代生产量低下的分析，参照 Liu，1991。

〔8〕 Elvin，1982，p.16.

看，14世纪至20世纪中叶的粮食生产总体增长量中，一半是靠耕地面积增加，其余一半是靠单产量增加的分析结果是有其说服力的[1]。

表 1-2-2　中国近世的单位面积当米产量

单位：市斤 / 市亩

地域	宋代	明代	清代
太湖周边	450	667	550
安徽	300		270—405
江西		356	391—405
湖北	200	225	335
湖南	200	225	445—675
福建	360		270—540
广东		410—538	532—540
四川	156		243—550
平均	269（100%）	353（131%）	405（150%）

表 1-2-3　中国的人口和田土统计（1400—1957）

年份	人口（万名）	登录田地（万顷）/人当耕地（亩）	调整田地（万顷）/人当耕地（亩）	预想生产量/（Kg/亩）
1400	6500—8000	426/5.3—6.5	370/4.6—5.7	69.5
1600	12000—20000	774/3.9—6.4	670/3.3—5.6	
1650	10000—15000	549[a)]/3.7—5.5	600/4—6	
1750	20000—25000	762[b)]/3—3.8	900/3.6—4.5	
1850	42000		1210/2.9	121.5
1913	43000	848[c)]/2	1360/3.1	
1957	64700		1678/2.6	138

a）1661 年统计；b）1753 年统计；c）1908 年统计。

又如表 1-2-3[2] 的"调整田地"面积所示，与明清时代的人口增长五六倍相比，耕地面积仅增加近四倍[3]。据最近研究，16 世纪至

---

〔1〕 Perkins, 1969, Ch.2.

〔2〕 请参考 Wang, 1973, p.7 的表 1.1 和 pp.24—25 的表 2.1。

〔3〕 只是该时期的人口增长不是渐进的，而是从 18 世纪开始骤增。然而该时期的年均增长率亦不过 1% 左右。Perkins, 1969，附录〈A〉；Liu & Hwang, 1979。

18 世纪之间中国的农业生产技术比欧洲发达，中国与欧洲的谷物收获比例（种子播种量：生产量）为 7∶1[1]。所以如果综合考虑明清时代实现的ⓐ耕地面积的增加量，ⓑ单产量的增加量，ⓒ伴随番薯、玉米、马铃薯等新作物的普及而新增产的部分，可以说，明清时代的生产力和生产量的增加毫不逊色于被称作"农业革命"时期的宋代[2]。18 世纪中叶以来，随着人口对土地的压力陡增，就如表 1-2-3 所示，1650—1850 年间虽然人均耕地面积从 4 到 6 亩骤降至 2.9 亩[3]，但仍旧能够养活不断激增的人口，这全凭以上谈到的农业发展。

如此来看，可以认为，明清时代实现的农业经济的发展毫不逊色于宋代，而这就是该时期社会变化的重要经济基础。另外农业经济的发展对庶民的生活提高、庶民的地位上升以及庶民意识的随之提升[4]影响颇大。

小结：明清时期农业的历史性质

中国的农业始于新石器时期，但是在粮食生产方面具有重大意义的是，春秋中叶开始使用铁制农具。因为铁制农具的使用，深耕和牛耕、治水和灌溉成为可能，从而农业生产力得到飞跃性的发展。

---

〔1〕 薛国中（1990）、Elvin（1982）评价，19 世纪末中国的单产量比前近代世界任何地区都要高得惊人，从经济形态或轮换耕作方面来看，14 世纪中叶之后的水准应高于欧洲第一次农业革命。

〔2〕 同唐朝相比，宋朝的成就可谓是"革命"性的。然而在生产力和生产量的实际增长层面上，则不及明清时期的成就。宋朝人口的最高值为 1.2 亿有余，但至明清时代的鼎盛期——19 世纪中叶，人口已过 4 亿。

〔3〕 还有，其他的统计中ⓐ有 1662—1887 年期间由 7.92 亩降低到 2.70 亩的统计（薛国中，1990；Liu, Ts'ui-jung, 1991, p.235）；ⓑ 1784（乾隆四十九年）下降到 2.65 亩的主张（郭松义，1984，p.104）；ⓒ 1851（咸丰元年）下降至 1.78 亩的主张（王笛，1989B，p.81）。

〔4〕 Ho，1962；Rawski，1979.

随之，人口增加，小农经营亦成为可能，随着氏族共同体逐渐解体，身份秩序被重构，形成了齐民层。秦国便是基于齐民层，成为统一中国的最初帝国。

此后，每个时代的持续发展各具特征。汉代尝试了代田法和区田法等，使华北旱地农业朝着集约化发展。魏晋南北朝时期则发明了能够反转的、装于犁上面的铧子，还发明了耙，为当时农业带来了一个阶段性飞跃发展的契机，并且实现了华北旱地农业的快速发展。江南的山地或支谷的稻田得以开发，稻作生产亦得到扩大。然而由汉至唐初，中国的经济中心依旧是黄河中下游的华北平原。从4世纪开始，随着华北人口向长江流域和岭南地区的流动，该地区的水稻农业开始发展。

唐末至宋代，中国的农业实现了划时代的发展，这段时期一般被称为"农业革命"。该时期实现了农业技术革新和水利田面积的扩大，使得中国的农业生产力获得了大幅提高，这对当时中国的社会变化产生了巨大影响。其中最为引人瞩目的两点是：江南三角洲地区通过开发稻田，扩大了耕地，上升为经济中心地域；中国的农业被确定为以稻作为中心的农业。江南地区拥有丰富的水资源和低湿地，但是此前由于技术水准低，它们几乎处于被闲置的状态。然而唐末至宋代，随着被称作圩田和围田的水利田的开发，江南的农业生产基于耕地的扩大和土地利用技术的划时代的进步，取得了长足的发展。结果，南宋时产生了"苏湖熟，天下足"和"上有天堂，下有苏杭"的俗谚，中国的经济中心移至江南地区。宋代实现的上述农业发展，提高了庶民的生活水准，进而随着人口的增加，诱导人口向南方地区扩散。此外，还推动了工业、商业和庶民文化的发展等。所以可以认为农业的发展为宋代社会变化提供了重要的经济基础。

总的来说，明清时代，①因为集约农业（精耕细作）的深化和农学的发展，单产量得以大幅增加[1]。②随着长江中上游地区，即湖广、四川地区耕地开发的推进，在农业中心出现多元化的同时，耕地面积增加了近四倍。③因为新作物的传入和普及，各地山区得以开发，为粮食增产做出了巨大贡献。④江南三角洲地区因为分圩和商品作物的普及，推进了土地的多种开发，从而发展了诸多手工业和中小城市。⑤东南沿海其他地区和中国内地也随着商品作物的普及和适合各地特性的手工业的发展，出现了许多中小城市。⑥苏南地区凭借粮—畜—鱼—果—菜的综合经营，浙北地区凭借粮—畜—鱼—桑—蚕的综合经营，达到了高于一般农业三倍的收入的成绩，尤其是珠江三角洲依靠桑—鱼、果—鱼、蔗—鱼的综合经营等，创出了高于稻作十倍的收益[2]。结果，⑦到了19世纪末，中国经济的地区间分工和与之相呼应的流通结构几近完成[3]。⑧随着作为地区社会支配者的绅士和大地主移居城市（城居化）而游离于农耕，庶民意识提升至可自行制定水利规定的程度。

对于明清时代实现的上述农学性、工学性适应进步和社会结构的变化，乍一看或许不及"同唐初比较的宋代成就"那样印象深刻。但是明清500余年间，农业生产力的进步毫不逊色于宋代。18世纪以来，能够养活爆炸性增长人口的事实便是其例证。至少在人口养活能力上，明清时代的成就要远比宋代令人印象深刻。宋代人口峰值在12世纪初达到1亿2300万左右，同唐代5000万相比实际多养

---

[1] 据闵宗殿，2005，p.62。清代双季稻的亩产量可提高25%—50%，江南稻麦双熟的亩产量可提高20%—30%。另据吴慧，1985，p.194，宋→元→明→清（前期）历代粮食亩产量（市斤/市亩）按309（100%）→338（109.3%）→346（112%）→367（118.7%）之势增加。闵宗殿，2005，p.62。

[2] 闵宗殿，2005，p.63。

[3] Elvin（1982）、川胜守（1992）等关注到国家的行政网（省、府、州、县、镇、市）和商人的组织网（会馆、公所、客商、牙行）等发展至足以维持这种经济结构之均衡的程度。

活了近 150% 的人口。这足以称其为"农业革命",因为在此前并无
这种变化。然而,明初 6500 万—8000 万左右的人口经历 450 余年
之后,至 19 世纪中叶达到了 4 亿 2000 万,从而比明初实际多养活
了 400%—500% 左右的人口。即便以清初作为基准,在 200 余年间
多养活了 180%—320% 的人口,由此足见其农业生产的发展。只是
明清时代的农业发展经历长达 5 个半世纪的时间徐徐进行,似乎没
有凸显出成就,但是对比宋代的生产力和生产量,在这两方面都具
有明显的进步。所以,即便不是像宋代一般被称为"农业革命",也
可以认为明清时期社会变化的最重要的经济基础仍旧是农业生产力
的发展。

中国近世(960—1900),不断进行农学性、工学性适应努力
的结果是,农业经济大为发展。农业的发展逐渐提高了百姓的生活
水准,进而导致了人口的持续增长。这样的人口增加催生了诸多结
果:一方面创造了广泛的需求,从而增大了市场功能;另一方面促
发了广泛的人口流动,伴随着人口在全国范围内得以重新分布,各
种技术和知识向四处传播,推动了落后地区的开垦。另外,庶民的
地位提升、教育的普及、庶民意识和平等意识的高涨、庶民文化的
发展等,也是受农业经济发展的影响。

中国近世 900 余年间不断实现的广泛的农业经济发展,刚好成
为该时期社会变化的重要的经济基础。社会变化是极具综合性因素
的产物,而包括农业技术在内的科学技术是影响历史发展的诸多要
素之一。但是前近代中国的农业,实际就是"中国经济"本身,如
果考虑到这一点,就可以说中国近世的农业发展史,便是中国近世
史本身。而且今日中国农业结构的大纲亦在该时期逐渐形成。西方
近代技术被引进之后,中国单产量并没有因此而显著增加。19 世纪
70 年代和 80 年代的中国农村,从外观上看大部分地区依旧使用着

宋代以来的农业机具，但是却养活着超过宋代近 12 倍的人口。所以对于中国近世农业的历史性质，应该从包括农业技术方面在内的政治、社会、经济、文化等所有结构中进行综合性的评价才行。

附论 1 湖广熟，天下足

绪言

明清时期，中国粮食生产的中心地域是长江中游的江西和湖广（现在湖南省和湖北省）地区。这一地区也是施坚雅所称的中国农业八大区之一[1]。宋代，人们一并开发了长江下游（江南）和江西地区。在中国农业史上，明代的特征是开发了原本开发程度很低的湖广地区的耕地，从而发展了该地的农业生产力，使其成为中国的粮仓地区。湖广地区之所以能如此快速地开发好耕地，是因为自 15 世纪之后，云梦泽地区（湖南洞庭湖周边的三府地区和湖北江汉平原的三府地区）大规模地进行了水利开发。还有，当时的水利开发是依靠大举流入该地的外来客民和土著争先恐后的参与而完成的。

本"附论 1"将处于长江中游的江西、湖北、湖南三省地区作

---

[1] 施坚雅，2000，pp.245-246。

为分析对象，基于如下两个原因：第一，为了研究对象地区的多样化和逻辑的一般化；第二，长江中游地区在地理、历史和社会经济上的重要性。自明中叶以来，该地区便以中国的粮仓而著称，然而对该地区的研究程度却不及其名声显赫。

而本"附论1"还有以下的分析目的：①拟从统计上确认明代（1368—1644）长江中游三省地区的农业生产力发展的大体趋势；②水田农业是形成这种发展趋势的因素之一，所以本文将通过考察与水田农业密不可分的水利开发，拟追踪农业生产力发展的具体过程；③结合人口的移动，分析在农业生产力的发展过程中出现的社会变化的实际情况；④拟在水利问题的范围内，分析在农业生产力的发展过程中出现的绅士层的社会经济作用及其所拥有的历史意义。因为在水利开发问题中所体现的绅士的存在形态和作用，很有可能在其他部门亦以类似的状况出现。

在考虑农业生产力的发展时，尤其重视水利问题是因为它有如下几个优点：ⓐ水利在长江中游地区的水田农业中占据的重要性（生产力的发展和波及效果等）；ⓑ国家权力和乡村社会对水利的关注度等水利问题所包含的社会经济性质；ⓒ由于地方志和个人文集中存在许多记载，所以比较容易了解其进展状况；ⓓ通过考察开发水利过程中所出现的诸多现象，可整体性地考察农村的政治、经济、社会的诸多力学关系。

一　农业生产力的发展

明朝建国之后，在全国范围内积极推行了劝农和开垦政策，结果至洪武（1368—1398）末年，各地农业生产力取得了极大发展。

如表1-附1-1[1]所示，1400年左右，地处长江流域的江苏、浙江、江西、湖广、四川的耕地化率（在总面积中，誊录面积所占比重）[2]为31.8%∶26.9%∶14.2%∶3.6%∶1.1%。如果把江苏视为100，那么五省之间的耕地化率之比是100∶85∶45∶11∶3。如果将范围缩小至长江中游三省，并将江西的耕地化率视为100，那么江西、湖北、湖南的耕地化率之比是100∶30∶22（整个湖广是25）。14世纪20年代，在长江流域，江苏和浙江地区的农业生产力居首，江西位列中游，而从15世纪中叶开始被称为"湖广熟，天下足"的湖广地区，此时在耕地化率方面仅为江苏的1/10左右，而即便和同处长江中游的江西相比，也不过占其1/4左右，是开发较为落后的地区。

表1-附1-1　明代扬子江流域的田地统计

省名	总面积（平方千米）	耕地化率（%）耕地面积（顷）	1400年人口密度（名）人口（千口）	人当平均田地（亩）	1600年田地面积（顷）	耕地化率（%）	1400年对比率（%）
江苏	102200	31.8 560260	74.1 7571	7.4	719840	40.9	128.5%
浙江	101800	26.9 472340	103 10488	4.5	478650	27.2	101.3
江西	164800	14.2 402350	54.5 8983	4.5	477860	16.8	118.8
湖北	187500	4.2 135480			555740	17.2	410.2
湖南	210500	3.1 111760			282780	7.8	253.0
湖广	398000	3.6 247240	11.8 4703	5.3	838520	12.2	339.2
四川	569000	1.1 107870	2.6 1467	7.4	409350	4.2	379.5

---

[1] 参照吴金成，1986，p.90，表2-1-1。
[2] 开垦田地的可能性应考虑山地、丘陵、平地、湿地、江湖边等地形的比例，然而这却被忽视。

然而根据表 1- 附 1-1，至 17 世纪，江西的农地增长率仅为
18.8%，然而湖北则达 310.2%，湖南是 153.0%，整个湖广地区为
239.2%。再看实际增长的田地面积，江西仅新增 75000 余顷，而湖
北则新增 420000 余顷，湖南新增 171000 余顷，整个湖广地区新增
591000 顷左右，达江西的 6.9 倍。在湖广地区内部，无论是耕地增
长率，还是实际新增面积，湖北均在湖南的两倍之上。至明末，湖
北的耕地化率达 17.2%，超过了江西的 16.8%，湖南是 7.8%，于是
整个湖广地区耕地化率达到了 12.2%。自明中叶开始，长江下游地
区出现了粮食不足的现象，而通过上述这种对农土增加的统计，也
可确认当时被称作"湖广熟，天下足"的湖广地区农业生产力的发
展确实具有强大的趋势[1]。

　　然而据史料记载，明末苏浙地区所需粮食购入[2]之地大体为江
右荆楚，即江西和湖广地区。由此可知，向苏浙输出粮食之地除了
湖广，还有江西地区。而且长江中游三省地区的田地面积共计 56 万
平方千米。所以，为了具体了解这一广阔地区在伴随明代农业的逐
渐发展和粮食输出时所发生的社会变化状况，本文有必要在分别分
析这三省地区之后，再将其整合为一个整体来加以考察。

---

　　〔1〕 以上是在所有因素中，仅考虑了田地增加因素。只有考虑了人口因素，才能真正理解米
谷流出的意义。对此，请参照本文第三节。
　　〔2〕 自明中期以来，苏浙地区变化成为商业和手工纺织业地区，人口骤增，而生产粮食的
农土被转用为种植木棉和桑树的地区，而此类地区还有所增加。然而不顾江南粮食生产量的缓
慢增长，华北和福建等地对江南地区的粮食需求，即原本的粮食流通格局却并未出现调整。因
此，就如表 1-附 1-1 所示，在能够衡量粮食生产力和开垦率方面，虽江南依然高于江西和湖广，
然而江南地区一方面需要抚养其地本身的人口，另一方面还要满足来自华北和福建地区的需求，
因而从其他地区输入粮食进行转口贸易的需求增加。参照藤井宏，1953—1954。

表1-附1-2　明代江西登录田地面积的变化

府名	洪武二十四年（1391）			万历丈量结果	
	田地面积（顷）	人口（口）	1人当平均面积（亩）	田地面积（顷）	洪武对比率（%）
九江府	8233	74759	11.0	12486	151.6
南康府	15511	196549	7.9	18.343	118.2
南昌府	50265	1138182	4.4	71218	141.7
饶州府	60657	821077	7.4	70578	116.3
瑞州府	36263	428602	8.5	37732	104.0
临江府	33547	546111	6.1	34038	101.4
抚州府	45918	1201797	3.8	49850	108.5
广信府	41609	506908	8.2	48111	115.6
北部小计	292003	4913985	5.9	342356	117.2
袁州府	16551	381745	4.3	23436	141.6
吉安府	48534	1717933	2.8	55050	113.4
建昌府	13685	513166	2.7	17516	124.3
南安府	5866	74858	7.8	8797	149.9
赣州府	19518	366165	5.3	33527	171.8
南部小计	104154	3053817	3.4	137826	132.3
总计	366157	7967802	5.0	489182	121.2

　　在长江中游三省中，明初的耕地化率最高的是江西省。宋元以来，江西省的粮仓地带是鄱阳湖周边的八府地区，而山地较多的南部五府地区则一般是落后地区（吉安府除外）。从面积上来看，北部八府和南部五府相差无几，但就如表1-附1-2[1]所示，在明初江西，北部和南部的田地面积比例为74∶26。然而如果根据万历丈

[1]　参照吴金成，1986，p.92，表2-1-2。

量结果，来计算明代的田地增长率，那么北部增长 17.2%，南部则增长 32.2%，达到北部的近 2 倍[1]。尤其在明初时，位居耕地化率末位的南部的赣州府增长了 71.8%，是江西增加最多的地区，至明末它成为江西屈指可数的米谷输出地区。江西的农土之所以增加得如此迅猛，是因为其北部地区在开垦山野的基础上，还在江、湖边的低湿地修筑圩和堤等来保障农土，南部则是开垦山野的结果。

此外，在北部鄱阳湖周边的八府地区，明代也出现了地区间的发展差距。明初，在八府中耕地化率[2]居前的瑞州、临江、抚州、饶州、广信、南康府地区的农土在有明一代几乎没有增长，或增长缓慢，而明初时位居后位的九江府和南昌府的增长率则分别为51.6% 和 41.7%。尤其是增长率位居第二位的南昌府实际增加的农土面积居江西之首。

表 1－附 1－3　明代南昌府的登录田地

州县名	洪武十四年（1381）人口（口）	洪武二十四年（1391）			万历丈量结果	
		田地面积（顷）	人口（口）	1人当平均面积（亩）	田地面积（顷）	洪武对率（%）
南昌县	201212	11721	338782	3.5	14375	122.6
新建县	114.591	5610	134325	4.2	11689[a]	208.3[a]
丰城县	157405	10579	249079	4.2	14455	136.6
进贤县	99383	3259	156145	5.3	9488[b]	114.2[b]
东部四县小计	652591	36169	878331	4.1	49957	138.1
奉新县	91304	4041	118315	3.4	5045[c]	124.8[c]
靖安县	22294	1898	27268	7.0	2671	140.7
武宁县		3921	33.515	11.7	5782	147.4
宁州	49762	4236	80753	5.2	7763	183.2

〔1〕 然而北部和南部实际新增的农土面积分别为 50353 顷和 33672 顷，北部多于南部近17000 顷。

〔2〕 如果把瑞州府的耕地率视为 100，那么北部各府的比例为临江府 93、抚州府 77、饶州府56、广信府 46、南康府 42、南昌府 35、九江府 18，南部各府的比例是吉安府 33、袁州府 28、建昌府 28、南安府 12、赣州府 10。

州县名	洪武十四年（1381）人口（口）	洪武二十四年（1391）			万历丈量结果	
		田地面积（顷）	人口（口）	1人当平均面积（亩）	田地面积（顷）	洪武对率（%）
西部四州县小计	163360	14096	259851	5.4	21261	150.8
府总计	815951	50265	1138182	4.4	71268	141.7

　　南昌府位于从鄱阳湖西部，向湖北、湖南、江西三省交界之处，东西横向延伸的地区。位于鄱阳湖西岸的南昌东部四县多平原和湿地，位于三省交界地域的西部四州县多为山野，而两个地区的面积相当。从表1-附1-3[1]可计算得出，在明初，东部和西部的誊录田地比例为72∶28。然而至万历丈量时期，东部的田地增加率是38.1%，西部为50.8%[2]。

　　如上所述，江西省北部和南部、南昌府的东部和西部的农业环境较为接近，而且在明初，无论是耕地比例，还是明代的农土增长率和实际新增面积，都呈现出类似的状况。这说明了明代江西地区农业发展的大致情况。由此可见，通过有明一代，江西的落后地区被逐次开发，至明末江西各地产出的粮食基本达到了一定均衡。如上所述，之所以江西地区继宋元之后，在明代依然能够向长江下游地区输出粮食，可以说是因为江西所有地区获得均衡开发的结果。

---

〔1〕参照吴金成，1986，p.97，表2-1-3。
〔2〕然而实际新增的田地面积是东部为13000余顷，而西部仅为7000余顷。处于东部圩田地区的新建县一县的新增面积就达6000余顷。

表 1- 附 1-4　明代湖北登录田地面积的变化

府名	洪武二十四年（1391）			万历丈量结果	
	田地面积（顷）	人口（口）	1人当平均面积（亩）	田地面积（顷）	洪武对比率（%）
黄州府	33330	624160	5.2	71624	214.8
德安府	8405	59701	14.1	44965	534.9
襄阳府	8803	85909	10.2	65286	741.6
郧阳府	1529	63624	2.4	49269	322.3
北部小计	52067	851394	6.1	231144	443.9
武昌府	32158	405197	7.9	53542	166.5
汉阳府	3381	32418	10.4	8966	265.1
承天府	18984			119276	628.3
荆州府	31518			112673	357.4
南部小计	86041			294457	342.2
总计	138108			525601	380.6

表 1- 附 1-5　明代湖南登录田地面积的变化

府州名	洪武二十四年（1391）			万历丈量结果	
	田地面积（顷）	人口（口）	1人当平均面积（亩）	田地面积（顷）	洪武对比率（%）
长沙府	32092	507279	6.3	89068	277.5
岳州府	24474	282124	8.7	47523	194.2
常德府	9562	128895	7.4	23513	245.9
北部小计	66128	918298	7.2	160104	242.1
衡州府	23673			43250	182.7
宝庆府	9420	134918	7.0	24028	255.1
辰州府	4106			13594	331.1
永州府	11082	113590		21990	198.4
郴州	7475	88013		10869	145.4
靖州	1044	79116		6214	595.2
南部小计	56800			119945	211.2
总计	122928			280049	227.8

明初，湖广（湖北、湖南）地区的耕地化率是江西的1/4左右。

如果通过表1-附1-4^[1]和表1-附1-5^[2]计算各府的耕地化率^[3]，那么在湖广地区范围内，湖北的武昌府和黄州府位居前列（同江西相比，与位居后列的江西北部南昌府相似），汉水下游地区至洞庭湖周边的云梦泽六府地区，即湖北的承天、荆州、汉阳府和湖南的岳州、常德、长沙府位于中游位置，其周边地区则相对落后许多。然而除了禁山区郧阳府之外，能够根据文献做出统计地区的人均田地面积，最低为5.2亩，最高为14.1亩，从而比江西多少有些富余。而且同样除去郧阳府，至万历丈量时期，在湖北的田地增长率中，明初排名中等偏下的襄阳、承天、德安府上升至前列，而明初位于前列的武昌府反倒跌至末位。在湖南，地处西南边地的靖州位居首位，郴州则居末位。湖广地区农土增加的原因是，云梦泽六府地区得益于开垦山野，在江、湖边的低湿地（湖田）修筑垸堤，保障了农土；而边地诸府地区则主要是因为开垦了山野。

表1- 附1-6　明代承天府登录田地面积的变化

| 州县名 | 洪武二十四年（1391） | | | 万历丈量结果 | |
	田地面积（顷）	人口（口）	1人当平均面积（亩）	田地面积（顷）	洪武对比率（%）
当阳县	204			13433	6584.8
荆门州	4904	61686	7.9	23391	477.0
钟祥县	902			14336	1589.4
京山县	3360			27086	806.1
北部小计	9370			78246	835.1
潜江县	1778			2056	115.6
沔阳州	3941	47410	8.3	20830	528.5
景陵县	3896	23619	16.5	18144	465.7

---

〔1〕 参照吴金成，1986，p.170，表2-2-1。
〔2〕 参照吴金成，1986，p.225，表2-3-1。
〔3〕 如将湖北黄州府的耕地化率视为100，那么湖北的武昌为120、荆州府为60、承天府为60、汉阳府为50、德安府为40、襄阳府（明初，郧阳府为襄阳府所辖）为30，湖南的岳州府为60、长沙府为50、常德府为50、宝庆府为30左右。

州县名	洪武二十四年（1391）			万历丈量结果	
	田地面积（顷）	人口（口）	1人当平均面积（亩）	田地面积（顷）	洪武对比率（%）
南部小计	9615			41030	426.7
府总计	18985			119276	628.3

　　湖广云梦泽地区的六府之间存在有增长差异。明初，六府的耕地化率相当，但考察明末的田地增加率，湖北承天府为528.3%、荆州府为257.4%、汉阳府为165.1%，湖南的长沙府为177.5%、常德府为145.9%、岳州府为94.2%。换言之，湖北江汉地区三府的平均田地增加率为337.1%，而湖南洞庭湖周边三府的平均增加率不过为142.1%。而从实际新增的田地面积来看，江汉三府增加187000顷左右，洞庭湖周边三府则仅增94000顷左右，仅为前者的一半左右。

　　而且，在湖广地区，就是在同一府内亦存在农业发展的差距。湖北的情况就如表1－附1－6[1]所示，如果比较承天府的北部（四州县，山野地区）和南部（三州县，汉水下游低湿地区），明初北部和南部的田地比例是49.4%：50.6%，然而至明末，北部和南部的田地增长率分别是735.1%和326.7%，随之其田地比例亦变化为66：34。地处东北边地的德安府也出现这种现象。如表1－附1－7[2]所示，明初，北部（二州县，山野地区）和南部（四县，平原和低湿地区）的田地比例是31：69，但至明末北部和南部的增长率分别是601.4%和361.1%。而如表1－附1－8[3]所示，明代同期的德安府北部和南部人口分别增长357.7%和230.7%，全府平均增长266.7%，大大滞后于435%的全府平均田地增长率。结果，人均田地面积由明初的14.1亩增长至明末的20.5亩。换言之，明代

---

〔1〕参照吴金成，1986，p.172，表2-2-2。

〔2〕参照吴金成，1986，p.173，表2-2-3。

〔3〕参照吴金成，1986，p.174，表2-2-4。

湖北的农土和人口均获得急剧增长，其中农土的增长远远高于人口增长，这便是明中叶之后产生"湖广熟，天下足"之俗谚的重要原因。

表1-附1-7　明代德安府登录田地面积的变化

| 州县名 | 洪武二十四年（1391） | | | 万历丈量结果 | |
	田地面积（顷）	人口（口）	1人当平均面积（亩）	田地面积（顷）	洪武对比率（%）
随州	1837	10515	17.5	10732	584.2
应山县	747	6415	11.6	7393	989.7
北部小计	2584	16930	15.3	18215	701.4
安陆县	886	5716	15.5	3640	410.8
云梦县	570	3909	14.6	5142	902.1
孝感县	3396	26201	13.0	10865	319.9
应城县	969	6945	14.0	7193	742.3
南部小计	5821	42771	13.6	26840	461.1
府总计	8405	59701	14.1	44965	535.0

表1-附1-8　明代德安府登录人口的变化

| 州县名 | 洪武二十四年（1391）（口） | 宣德七年（1432） | | 成化八年（1472） | | 正德七年（1512） | | 隆庆六年（1572） | |
		人口（口）	洪武对比率（%）	人口（口）	洪武对比率（%）	人口（口）	洪武对比率（%）	人口（口）	洪武对比率（%）
随州	10515	14806	140.8	31025	295.1	46922	446.2	50936	484.4
应山县	6415	8333	129.9	18095	282.1	26324	410.4	26556	414.0
北部小计	16930	23139	136.7	49120	290.1	73246	432.6	77492	457.7
安陆县	5716	7197	125.9	11428	199.0	12365	216.3	22202	388.4
云梦县	3909	5484	140.3	10576	270.6	16061	410.9	17003	435.0
孝感县	26201	32429	123.8	45598	174.0	65124	248.6	65217	248.9
应城县	6945	8772	126.3	20265	291.8	29907	430.7	37003	532.8
南部小计	42771	53882	126.0	87867	205.4	123457	288.6	141125	330.7
府总计	59701	77021	129.0	136987	229.5	196703	329.5	218917	366.7

同样的现象亦出现于湖南的洞庭湖周边三府。其中岳州府统计

比较详细，就如表1-附1-9[1]所示，岳州府东部（四县，清代的岳州府）和西部（四州县，清代的沣州）之间存在发展的差距。明初东部和西部的田地比例分别为65.5：34.5，但至明末东部的田地增长率仅为47.7%，西部则为182.4%，所以东西部之间的田地比例变为50：50。

表1-附1-9　明代岳州府登录田地面积的变化

州县名	洪武二十四年（1391）			万历丈量结果	
	田地面积（顷）	人口（口）	1人当平均面积（亩）	田地面积（顷）	洪武对比率（%）
巴陵县	4768	84580	5.6	8426	176.7
临湘县	1811	21478	8.4	4046	223.4
华容县	4971	43099	11.5	4595	92.4
平江县	4475	19265	23.2	6600	147.5
东部小计	16025	168422	9.5	23667	147.7
沣州	2749	33113	8.3	13040	474.4
石门县	2150	27670	7.8	3386	157.5
慈利县	1240	37709	2.2	4025	248.6
安乡县	2310	15210	15.2	3405	147.4
西部小计	8449	113702	7.4	23856	282.4
府总计	24474	282124	8.7	47523	194.2

如果从一个整体来评价有明一代湖广地区出现的田地增长趋势，湖北呈现出了较高的增长率。无论是从府与府之间，还是在同一府内来看，明初低湿地的耕地化率要高于山野地区，但通过有明一代的增长，山野地区的田地比例大体要高于低湿地区。湖南的情况是，尽管整体不及湖北的田地增长率，但同其他省的增长率相比，却要高出许多。而且从地区来看，洞庭湖周边低湿地区的田地增长率反而要比边地山野地区略高一些。这是同江西和湖北所呈现的田地增

---

[1]　参照吴金成，1986，p.227，表2-3-2。

长状况不同的地方。

二　水利开发的进展及其意义

由江西、湖北、湖南构成的长江中游三省地区，均拥有流入长江的大河流（汉水、湘江、沅水、赣江）及其下游广阔的低湿地。这是三省在农业环境上的相似之处。如前所述，明代这些地区增加的农土是开垦山野之后，通过修筑陂塘、堰等水库进行灌水，或在江、湖边修筑大堤、圩、垸堤等堤坝，使得此前被闲置，且仅在汛期发挥游水池作用的低湿地，成为农耕地而获得的。从而无论从农业技术方面的重要性及其波及效果，还是从国家权力和乡村社会的关注度等来看，在这三省地区，水利问题同样都是农业的关键所在。

洪武末年，元末动乱时期被荒废的农土在一定程度上得以复垦，明朝才开始积极关心水利问题。洪武二十七年（1394），政府向全国派遣监生，督促劝勉维修和修筑水利设施。此后，只要有机会，便随时进行督促和劝勉。尤其在正统五年（1440），为了在全国督促和勉励修筑预备仓和水利设施，向各省派遣了六部郎中等中央级官员。原本在评价地方官的业绩时，以治理农桑和学校作为根据，但是以此为契机下令，将评价的根据，改为治理预备仓和水利，并推行其他积极的水利政策。受到明初国家层面的这种持续性劝农水利政策的刺激，绅士、地主、中小农民等争先恐后地加入了修筑水利设施的行列，从而在全国范围内提高了农耕地的生产能力。受其影响，在长江中游三省地区的低湿地亦大量修筑了圩、垸堤等水利设施，这样做既扩大了农耕地，也保障了稳定的耕作，从而提高了粮食的生产量。于是，当明中叶长江下游地区需要粮食时，可以及时向其输送。

表1- 附1-10　明代鄱阳湖周边的水利工事统计

皇帝		年份	各府县水利工事件数	备考
正统	元年	1436	I-C-1	I-C-1
	六年	1441	I-C-数，III-A-2I，II-B-1，III-C-1	I-D-1
	九年	1444	IV-A-1	
			I-C-1	
景泰	五年	1454	IV-A-1	I-C-1
	六年	1455	IV-A-1	
天顺				I-A-1
成化	二年	1466	I-D-1，II-B-1，III-A-1	I-A-1
	五年	1469	I-A-1，I-C-数，III-C-4	II-A-1
	六年	1480	III-C-1	
弘治	四年	1491	I-C-1	I-D-数
	七年	1494	I-C-2	II-A-3
	十一年	1498	I-C-1	III-C-1
	十二年	1499	I-A-69，I-B-42，I-C-2	
正德	元年	1506	I-C-3，III-B-1	I-C-1
	七年	1512	I-C-1	III-B-1
	九年	1514	III-B-1	
	十五年	1520	I-C-2，III-D-1	
嘉靖	元年	1522	I-A-2，I-C-1，IV-A-1	I-A-1
	二年	1523	II-A-22	II-B-2
	三年	1524	I-B-2，II-A-1	III-C-1
	四年	1525	IV-B-1	IV-B-73
	五年	1526	I-C-1	
	六年	1527	I-C-数	
	七年	1528	II-B-1，IV-A-1	
	八年	1529	III-B-15	
	九年	1530	III-B-2	
	十一年	1532	III-B-2	
	十五年	1536	I-C-1	
	二十年	1541	III-D-1	
	二十二年	1543	IV-B-1	
	二十五年	1546	I-C-数	
	二十六年	1547	III-C-3，IV-B-1	
	二十七年	1548	IV-C-2	
	二十八年	1549	I-C-2，IV-B-1	
	三十三年	1554	I-C-1	
	三十四年	1555	III-A-1	

皇帝		年份	各府县水利工事件数	备考
嘉靖	三十五年	1556	I-C-数	
	三十八年	1559	I-A-数	
	四十一年	1562	I-C-数	
	四十二年	1563	I-B-1, I-C-数	
	四十三年	1564	I-A-1, IV-A-1	
	四十四年	1565	III-B-1	
隆庆	元年	1567	I-C-1	I-A-1 III-B-1
万历	二年	1574	I-C-1, II-B-数	I-D-6
	三年	1575	III-B-2	II-B-数
	四年	1576	III-C-数	III-A-数
	六年	1578	III-D-1	III-B-数
	七年	1579	III-D-1	IV-D-1
	十二年	1584	III-B-2	
	十四年	1586	I-A-138, I-B-177, I-C-1	
	十五年	1587	I-A-4, I-D-6	
	十六年	1588	III-D-1	
	十七年	1589	III-B-1	
	十八年	1590	IV-A-2	
	二十一年	1593	IV-A-3	
	二十六年	1598	III-D-1	
	二十七年	1599	IV-A-1	
	三十年	1602	I-D-1	
	三十二年	1604	III-A-1	
	三十三年	1605	I-D-数	
	三十四年	1606	I-A-6, I-D-1	
	三十五年	1607	I-B-116, I-C-1, III-B-1	
	三十六年	1608	I-A-271, I—D-19, III-B-1, IV-C-1	
	三十八年	1610	I-C-1	
	四十年	1612	III-B-1	
	四十一年	1613	III-B-1	
	四十二年	1614	III-B-数, IV-C-1	
	四十三年	1615	I-C-1	
	四十七年	1619	IV-B-1	
泰昌	元年	1620	I-D-1, III-B-1, IV-C-1	
天启	二年	1622	IV-C-1	II-8-数
	四年	1624	IV-A-数, IV-B-1,IV-C-1	
	六年	1626	IV-C-3	
	七年	1627	II-B-1	

皇帝	年份	各府县水利工事件数	备考
崇祯	元年 1628	Ⅱ-B-1	Ⅲ-D-1
	三年 1630	Ⅳ-A-1	Ⅳ-C-1
	七年 1634	Ⅰ-D-2	
	九年 1636	Ⅰ-C-1	
	十六年 1643	Ⅳ-C-1	
	十七年 1644	Ⅳ-C-1	

　　如前所述，江西省的重要粮仓地带分布于鄱阳湖周边的八府地区。明初以来，该地区逐渐开垦山野，修复和新建了陂塘等水库设施。此前，江、湖边被搁置的低湿地仅在汛期时为赣江等诸河流与鄱阳湖起到了蓄水池的功能。但是自明中期，该地逐渐修建了圩堤等水利设施，保障了广阔的农田，并且进一步保护原有农土不受水旱灾的威胁，从而逐步增强了农业生产力。表1－附1-10[1]是根据国家在鄱阳湖周边的南昌、饶州、九江、南康等四府主导的水利工程制成的表格。四府中南昌府所辖东部四县地区（位于鄱阳湖以西）除了开垦山野之外，自15世纪后半叶开始，在赣江下游三角洲地区和鄱阳湖边的低湿地带新建了大量的圩，从而获得了新的农土。在江西省北部的八府地区中，南昌府的实际新增农土最多的原因（参照表1－附1-2）便在于此。

　　明代，湖北地区的农业之所以取得划时代的发展，是因为开垦了被搁置于山野的荒地，并在江、湖边的低湿地（湖田）修建垸堤获得了农耕地。在长江中游至汉水下游的江汉地域的荆州、承天、

---

〔1〕　参照吴金成，1986，p.144，表2-1-4。图表中标记为"Ⅰ-A-1"是指南昌府南昌县1件。罗马数字意味着南昌府（Ⅰ）、饶州府（Ⅱ）、九江府（Ⅲ）、南康府（Ⅳ），南昌府辖下各县的以南昌县（A）、新建县（B）、丰城县（C）、进贤县（D）标记，饶州府辖下各县以鄱阳县（A）、余干县（B）标记，九江府辖下各县以湖口县（A）、德化县（B）、德安县（C）、瑞昌县（D）标记，南康府辖下各县以星子县（A）、安义县（B）、建昌县（C）标记。备注中的数字是标注了年度和非重叠的工事，意味着是在该皇帝年间修筑的工事。

汉阳等三府地区，原本分布有被称作"九穴十三口"和"小穴口"的小支流和湖沼，它作为长江和汉水的汛期游水池而被搁置。自明初以来，在这些低湿地区开始逐步修建垸堤。自 15 世纪初，伴随着外来客民大量流入，土著和客民积极修建垸堤，这种趋势在嘉靖（1522—1566）至万历年间（1573—1619）达到了巅峰。低湿地肥沃且无租税是刺激私人修建垸堤的重要因素。明代，在长江、汉水流域垸堤地区的田地增加率（523.8%）和实际新增田地面积中，承天府位居首位，该府新增的 10 万余顷田地中，近 1/3 是在垸堤地区开垦的。

湖南洞庭湖周边也有很多在汛期时用作游水池，而在平时被搁置的低湿地。自明初以来，这些低湿地也逐渐修筑了垸堤。然而该地区开始大量修建垸堤，是在正统年间（1436—1449）受到明朝推行的劝农水利政策的刺激之后。当时刚好是外部客民大举流入时期，因而土著和客民争先恐后地开始了修建垸堤的工程。同江西和湖北一样，这种现象在嘉靖至万历年间达到了巅峰。明代，在湖南地区新增的 157000 余顷农田中，有 60% 左右是在洞庭湖周边三府开垦获得的，其中又有 1/3 左右是在垸堤地区开垦的。

明代，湖广地区（湖北、湖南）实现了农业生产量的划时代增长，成为中国第一大粮仓，进而获得了"湖广熟，天下足"的评价。这在很大程度上得益于云梦泽六府地区修建垸堤，并将低湿地（湖田）改造成沃土的工程。换言之，由于自明中叶开始，大量开垦湖广的云梦泽低湿地及其周边山野地区，因此前所未有地提高了湖广地区的粮食生产量。至明末，长江中游三省地区大致成为性质相似的经济地区和粮食输出地区。这是自积极开发湖广地区以来，历经百余年之后才出现的现象。

三　人口的移动及其影响

　　长江中游三省地区的农业生产力在逐步发展过程中，社会矛盾亦逐渐加大。而江西的社会矛盾加大的最突出原因是，绅士和势豪家的土地兼并、赋役过重和各地发展不平衡[1]以及人口过密等。自明中期之后，江西作为粮食输出地区而同时又流出人口，便是缘于上述三种因素。这亦是里甲制秩序开始解体的现象。

　　江西人的流动形态大体可分为省内移动和省际移动。省内移动中，除了村落居民沦为本地绅士或者势豪家的佃农或奴仆而留在该地，其他人口移动大致可分为如下三种形态。第一，从农村向禁山区移动，其结果是，客民为开发山区做出了贡献。第二，从先开发地区向落后地区移动。比如，北部出身的客民同几乎同时期进入江西南部的福建、广东客民一起，为开发江西南部地区做出了贡献。第三，从农村向城市和手工业地区移动，结果景德镇和河口镇分别成长为长江以南五大手工业地区之一。此外，在先开发地区之间和落后地区之间亦存在人口流动现象。

　　向外省的流出情形是，江西人基本上向其他中国所有地区流动，但根据"江西填湖广"的俗谚可以看出，江西人流入最多的地区是同其临近的湖广地区。江西人进入湖广后，开垦山野、修筑垸堤等水利设施，从而为湖广在明中期成为中国第一粮仓做出了重要的贡献[2]。

　　换言之，自明中期以来，在湖广地区的农业取得划时代的发展因素中，应考虑到还有外来客民的努力开垦这一因素。自明初以来，

---

〔1〕　这两个因素是当时中国所有地区的共同问题。
〔2〕　还有很多江西人流向了河南、广东和云南等地。

湖广地区具有的"人口诱引（吸引）因素（pulling factor）"很多，而且"地广人稀"这种现象明初如此，明末依然如此。此外，自明初便推行的劝农开垦政策和"原籍发还主义"为进入湖广的客民能够定居该地起到了有力的作用。湖田没有租税，也是很好的诱引因素。

与此相比，陕西、河南、江西等向湖广流出大量人口的地区不但临近湖广，而且还具有像绅士和势豪家的土地兼并、赋役过重与不均、社会不稳定、人口过密等"人口流出的要素"。湖广所具备的这种人口诱引因素和周边诸省的人口流出要素复合作用的结果是，自15世纪上半叶的宣德年间（1426—1435）开始，外来客民大举流入湖广，而其中江西人最多。

进入湖广的外省人中，在故乡没落之后以佣工或奴仆的身份流入湖广农村的人口也不少，但大多数情况是，商人、各种工匠或在故乡尚未没落的里甲户携带相当的财力进入了湖广。起初，他们租借农土或房屋。之后，他们根据自身的才能，或从事于各种工作，或同土著展开竞争逐渐开垦荒地，在江、湖边的低湿地修筑垸堤，逐渐保障了农土的获取。待到生活上获得一定程度上的稳定之后，还向子孙劝勉儒业（亦称举业）以谋取仕途。可见，自明中期之后，湖广地区能够成为粮仓，是土著和客民努力开垦的结果。

客民在湖广定居过程中出现了许多分化。一部分始终没有脱离佃户的地位，部分则经济独立，甚至成为大地主，还有部分则进而成了商人。而经济上获得壮大者则劝导子孙从事儒业，并因此上升为绅士阶层的也不少。

湖广的外来客民，一方面起到了提高湖广农业生产力的作用，一方面又加速了湖广社会矛盾的日渐形成。进入15世纪之后，湖广同中国其他地区一样，也产生了绅士或势豪家的土地兼并、赋役过重和不均等现象。湖广过多的王府庄田和卫所屯田，也是加大社会矛盾的因素。

还有，当社会矛盾不断发展的时候，外来客民大举流入该地，土著因为过重的赋役和高利贷而没落，客民则率先占据了连税金都不必缴纳的湖田和荒地，而且还脱免于徭役。因此，在土著民和客民之间展开竞争的过程中，产生了土著人反而没落流散的"人口对流现象"。明朝中央政府和湖广地区的官府，再也不能坐视因为土著流散引起的里甲制的逐渐解体和客民的赋役脱免，从而有选择性地放弃了自明初以来坚持的原籍发还主义，并企图通过将客民附籍当地，以阻止里甲制的解体。

江西人向省内外移动的时期，还有很多外来客民和客商进入江西。客民中，以福建人和广东人居多，他们主要进入江西南部和山区种植商品作物。客商中，以徽州商人和广东商人居多。除了在省内流动的江西人之外，外来的客民、客商也在江西生活期间，通过开垦土地、引进商品作物等，提高了江西各地的经济。然而土著和客民之间亦常常发生矛盾和纷争。结果，在江西各地区也发生了外来客民不断壮大，而本地土著反而没落而流散的"人口对流现象"。在这种自明中期进行的人口移动过程中，客民在流入的同时导出了顺功能和反功能的双重结果。

四　水利开发与绅士

在长江中游三省地区的农村社会的变化过程中，绅士发挥了重要作用。从个体而言，绅士同地主的属性有许多相像之处。他们趁政治和社会秩序动荡之机，动用其所有的手段，兼并土地，垄断水利设施，滥免赋役，并投资商业和高利贷来牟取私利。"乡绅之横""武断乡曲"等，便是对其很好的描述。然而这不过是绅士的诸多作用之一而已。绅士所发挥的作用中，还有儒教的公意识，即从所谓的"先天下之忧而忧，后天下之乐而乐"这样的使命意识出发的公意识行为。以下将通过水利问题来分析，确认绅士的这种两面性作用。由于水利在长江中游的水田农业地区所具有的社会经济性质，所以在水利问题上，绅士的存在及其作用非常重要。

明初以来修筑水利设施时，国家要求受其设施之益者（＝蒙利民）进行修筑。而对于长江沿岸大堤这种规模巨大的工程，则实行了官督民修制，即在地方官的监督下，利用里甲制秩序来保证大提修建。由官方主导时，工程费用则以官帑金、蒙利民的捐款以及通过里甲制所征徭役充当。

然而自15世纪开始，政治和社会的诸多条件发生了变化。中央和地方的政治秩序日渐松弛，国家财政与日维坚。而因为在江西的鄱阳湖周边和湖广的云梦泽地区修筑了私人的圩或垸堤，原本在汛期发挥游水池功能的江、湖边的低湿地或者变窄，或者干脆消失，随之汛期水位进一步升高，水流变得更加湍急。在这样的状况下，即便原来的里甲体制维持如初，维持水利设施的功能也只能显著下降。

然而里甲体制从15世纪之后开始动摇。这种现象并非仅仅局限于长江中游地区，而是出现于中国全境。无论是明朝中央权力，还是地方官府都对此无可奈何。有些地区人口显著下降，有些地区土著户口减少，但外来客民却大量流入，非法私占山野和低湿地，扰乱了社会秩序。因此，水利工程的官督民修功能也被迫发生动摇。而洪水时有发生，且破坏力更大，官民却日渐丧失了维护水利设施而保障农耕地的能力。

自15世纪中叶开始，上述诸多现象均被国家权力和乡村社会视为严重的问题。而就在这时，被寄予厚望的阶层便是绅士，期待着他们能够发挥新作用。绅士是社会的支配阶层，具备一定财力和影响力，而且由于受儒家理念的影响，因此只要具备一定的条件，便有对国家和社会表露公共意识的热情。如表1－附1－11[1]所示，明中期之后，无论是在公众的，还是在公私重叠的水利问题上，绅士所显示出的诸多作用便出于上述背景。对于重要的水利工程，绅士或积极介入，或行使其影响力。例如，针对一项工程，他们能做以下事情：①提出建议，②建言，③唤起乡村舆论，④向官府转达乡村的舆论，⑤凑集劳力或工程费用，⑥监督工程，⑦调停上下官衙之间的不同意见，等等。此外，绅士的作用不限于此，例如他们还发挥着在乡村担负调停之职，镇压叛乱，防御土贼，为地方官开展地方政治充当顾问等政治作用；以及修路架桥，设义田、义仓和义冢等开展广泛的救恤事业为主的经济作用；还有主管乡约，修祠庙，建义学和书院，编撰书籍，收集乡论，并建议减免赋役或矫正弊政的文化作用，这些也同样呈现了在水利问题上反映出的绅士的诸多作用。换言之，在乡村，绅士的作用在社会所有领域，以诸多形态呈现。明初以来，里长和里老人亦发挥了类似绅士①—⑥的作用。然而，绅士却能够代替日渐衰弱的里甲制秩序，更强力、更广泛地推进其作用，而且还发挥了⑦的新作用。

　　绅士的上述诸多行为和作用中，有不少是仅由乡绅或士人个别介入的情况，但是亦不乏因为"绅士公议"或绅士的"同类意识"，而由多数绅士广为联合进行的情况。在这些事情上，有绅士发挥公意识而自发介入的情况，也有不少根据地方官或农民的申请而介入的情况。说起来，绅士介入水利问题是国家权力、绅士、乡村农民的立场难得统一的结果。换言之，明朝的国家权力在原本通过里甲制秩序执行的诸多乡村功能日渐衰微的情况下，把部分统治乡村的功能委托给绅士，以填补和维持乡村秩序中的空白部分。农民亦将维持乡

---

〔1〕 参照吴金成，1986，表2－1－6。

表 1- 附 1-11 明代江西绅士的水利介入事例

皇帝		年份	水利设施名	府州县	绅士的角色、水利设施的机能及其他	参加	建议者	绅士意图
天顺	八年	1464	1）大丰陂	吉安、龙泉	主导修筑可灌溉3000余石耕地的陂塘	士	单独	公、私
成化	五年	1469	2）县城内堤	南昌、丰城	建议修筑所需300余丈,1000缙的县城堤	绅	单独	公
弘治	七年	1494	3）县城南堤	同上	建议修筑1400丈的县城堤防,并提供协助	绅	单独	公
嘉靖	初年		4）千金陂	抚州、临州	建议修筑可灌溉数千顷耕地的陂塘	生员	单独	公、私
	十九年	1540	5）安沙坝	南昌、丰城	为保护县城堤,建议开凿调流西河水的坝	生员	单独	公、私
	二十二年	1543	6）新堤	建昌、新城	以私财修筑	绅	单独	私
	二十三年	1544	7）都圳堰	南康、安义	建议修筑灌溉30余顷（租300余石）的堰	生员	单独	公、私
	二十四年	1544	8）王公陂	建昌、新城	依民意提出可灌溉10里田地的陂塘修筑建议,并监督	绅	单独	公、私
	二十四年	1544	9）密陂（台山堰）	南康、安义	建议修筑可灌溉600余顷的陂90丈,并提供协助	绅	单独	公、私
	二十五年	1546	10）密陂	同上	应县民要求,建议修筑残破的陂塘20余丈	绅、民	合办	公、私
	二十六年	1547	11）千金陂	抚州、临川	建议修筑可灌溉数千顷的陂塘	绅	合办	公、私
	末年		12）萧公陂	饶州、安仁	协助新建可灌溉农家53户、万余亩的陂塘	绅、士、民	合办	公、私

皇帝		年份	水利设施名	府州县	绅士的角色、水利设施的机能及其他	参加	建议者	绅士意图
万历	三年	1575	13）封郭洲堤	九江、德化	建议修筑保护民田 36000 余亩、3 卫屯田的堤防，并提供协助	绅、士	合办	公、私
	初年		14）万公堤	南昌、南昌	以私费新建抚河边堤防 5 里、石闸 3 座，并领有水利权	绅	单独	公、私
	二十八年	1600	15）云亭阜济渠	吉安、泰和	费资 1000 余金开凿 6 里水路，灌溉 10000 亩耕地	绅家		公、私
	三十六年	1608	16）永兴圩西堤	南康、建昌	新建	绅家、里民	合办	公、私
	四十二年	1614	17）县城堤	同上	经费协助	绅	单独	公
	年间		18）封郭州冷港口湖堤	九江、德化	经费协助，自担岁修费	生员	单独	公、私
	年间		19）观音闸	饶州、余干	仅耗时 5 年，费资 1000 余金，修筑保护居民广大耕地的堤防	生员	单独	公、私
泰昌	元年	1620	20）永兴圩	南康、建昌	建议修筑	绅	单独	公、私
天启	二年	1622	21）永兴圩西堤、南堤	同上	应圩人要求，提出修筑建议	绅	单独	公、私
	三年	1623	22）渔江堤	广信、弋阳	劝诱居民修复残破的堤防	生员	单独	公、私
	六年	1626	23）大岸圩等四圩	南康、建昌	新建	绅	单独	私

续表

皇帝	年份	水利设施名	府州县	绅士的角色、水利设施的机能及其他	参加	建议者	绅士意图
天启	初年	24）都圳堰	南康、安义	建议修复残破的堰	生员、吏目	合办	公、私
	年间	25）千金陂	抚州、临川	协助陂塘修筑经费数千金	绅、士、民	合办	公、私
	年间	26）菜市门堤＝清江镇堤	临江、清江	协助修筑160余丈的堤防	绅	合办	公私不明
崇祯	元年 1628	27）小市坊堤	同上	依知县要求，计划立案、补助经费、监督修筑	绅	合办	公、私
	三年 1630	28）紫阳堤	南康、星子	协助修筑舟船停泊，预防水灾的堤防180丈的经费	绅、士	合办	公
	六年 1633	29）龙河堰	袁州、万载	协助修复后，领有水利权	举人、家族	合办	私
	七年 1634	30）白沙堤、路堤、梓陂	南昌、进贤	按照父老的建议，提出修筑建议，并担负经费、监督工事	绅、士	合办	公、私
	八年 1635	31）喻方堤	瑞州、高安	建议修筑保护居民家屋及耕地的堤防，并协助工事进行	举人	单独	公

村再生产的部分功能依赖于绅士的公意识，认为由绅士填补因为地方官府的行政力和里甲制秩序的日渐衰微而产生的空白部分，并发挥适当作用，是理所当然的事情。绅士通过发挥其自身潜在的影响力，从公而言，敦实了同官府的关系，在乡村社会确认其士大夫身份的存在，并维持和扩大了其影响力；从私而言，不但保护个人的利益，还试图将他们日常追求私利的行为加以合理化。尽管大部分记录中出现的绅士介入水利问题的意图是为了公益，然而如果考虑其工程的效

果，与其说是纯粹为了追求公益，倒不如说其性质是绅士为了保护一己私利的行为。而诸多谋求私利的案例便是其例证。

绅士的上述存在形态和阶层性质，在不同的时期和根据不同的经济发展程度而有所差异，而且在社会变化过程中也存在本质性的差异。但是绅士却几乎在同样的时期出现于长江中游三省地区，并且以近似的状态发展变化。长江下游地区、福建、广东地区的状况也差不多。因此绅士在长江中游三省地区的作用，无论是在比其更先进的地区，还是在更落后的地区，即可在中国所有存在绅士的地区加以一般化。

论私，绅士有许多追求个人利益的行为，然而论公，作为帮助国家统治乡村的辅佐者，作为代表乡村向国家权力传达乡村舆论的代言人发挥了作用。绅士时而还发挥调停国家权力和乡村社会之间利害的作用等，可以说是同时具备"公、私两面性"的存在。

小结

明中期之后，长江中游三省地区成为中国屈指可数的粮食供给地。其中，江西地区的农业繁荣是自明初以来其全境获得全面开垦的结果，其中鄱阳湖周边和江西南部的赣州府地区的开发尤为迅速。有明一代，湖广（湖北、湖南）地区的实际田地增加率达239.2%，是大量输出粮食的地区，而且自15世纪中叶出现了"湖广熟，天下足"的俗谚。从地区来看，特别是湖北的田地增长了三倍以上，而从整个湖广地区来看，从汉水下游地区至洞庭湖周边的云梦泽六府地区得到了集中性的开发。

长江中游能够发展为中国屈指可数的粮食供给地大致有两大背景：其一，是明中叶大量人口流动的结果，它使得人口稀少地区的江西南部和湖广地区形成了新的人口分布。其二，进入"地广人稀"地区的客民同土著竞争性地开垦山野，在江、湖边的低湿地修建圩和垸堤，从而稳定了农业，扩大了农土。明中期，在江西和湖广地区，就连穷乡僻壤之地也能获得迅速开发的原因便在于此。故此，至明末长江中游流域三省地区的田地开发大致处于相似的水准，并作为同一经济地域发展至今。

绅士也在长江中游的农村社会的变化发展过程中，发挥了重要作用。论私，绅士利用既定特权，追求私利的行为难以一一枚举。但是论公，在乡村作为统治国家的辅佐者，作为代表乡村向国家权力传达乡村舆论的代言人发挥了积极作用。绅士时而还通过调停国家权力和乡村社会之间利害矛盾，直接或间接地影响了社会的变化。由于其成员的多而复杂、各地特性的多样性、社会的急剧变化、利害关系的复杂性、政治和社会的力学关系等诸多因素，绅士的作用被表现得极为多样化。然而从宏观而言，绅士在社会和经济方面的作用表现为兼具所谓"追求私利"和"表露公意识"的双重性。

第二篇

国家权力和绅士

第一章 明代的国家权力与绅士

绪言

在近代之前的中国社会发展过程中，国家的功能是绝对的。可能各时代均有为国家功能发挥润滑作用的阶层。明中叶至清末的时期，绅士（包括清末的绅商）便发挥了这种作用。因而，绅士的各种作用和存在状况，被认为是整体把握明清时代的统治形态和社会结构的重要标志。

世界学界开始关注明清时代的绅士阶层是在 20 世纪 40 年代，而集中研究是在 60 年代至 70 年代[1]。欧美学界，对于绅士阶层的

---

[1] 本村正一，1940；宫崎市定，1946；佐野学，1947，第 2 部，第 3 辑；吴晗、费孝通，1948；根岸佶，1948；Fei, Hsiao-t'ung，1953；Chang, Chung-li，1955；闵斗基，1965；森正夫，1975—1976；Waltner，Ann，1983。

政治和社会动态及社会阶层的移动，主要以清末为对象展开研究[1]。日本学界，主要以税役制度的改革和生产关系为中心，研究明末清初的政治和社会经济存在形态，最近则在更多方面拓展研究领域[2]。中国学界，在20世纪40年代有部分学者开展研究，最近重新开始活跃，出现了大量相关的论著[3]。韩国学界，提出了不同于日本"乡绅"概念的"绅士"概念，最近还出现了涉及诸多方面的案例研究[4]。

但是考察目前为止世界学界对绅士阶层的研究现状，会发现还有些研究上的问题没有突破：ⓐ其理解基准尚存在局限于长江下游江南地区进行研究的地区偏重性；ⓑ研究绅士的社会支配时，大多关注绅士的所谓特权地主的性质，缺乏研究方向的多样性；等等。此外，对于①绅士的概念和范围[5]，②绅士形成阶层的背景、过程及其时机，③绅士的诸多作用和存在状况的地域性差异，④宋至清末的士大夫、绅士、绅商在制度性、思想性、身份性或社会的地位和影响力等方面存在的差异，⑤绅士的社会阶层性质问题，尚未完全达成一致，或其研究处于极其沉寂的状态。

本章拟对世界学界迄今所进行的所有绅士阶层的研究做一总体整理之后，就遗留的几个问题进行重新思考。而且本文所使用的"绅士"的概念，将包括有过当官经历者（在职、休职、退休官僚和

〔1〕 Chang，Chung-li，1955、1962；Hsiao，Kung-chuan，1960；Marsh，Robert，1961；Ho，Ping-ti，1962；Ch'u，T'ung-tsu，1962；Chow，Yung-tsu，1966；Waltner，Ann，1983；闵斗基，1965。

〔2〕 森正夫，1975—1976；吴金成，1978。

〔3〕 吴晗、费孝通，1948；吴晗，1959；双默，1985；马敏，1995；徐茂明，2004；王先明，1997；王日根，1996；林丽月，1978；岑大利，1998；章开沅、马敏、朱英，2000；陈宝良，2005；巴根，1996；贺跃夫，1994；郝秉键，1997。而且张仲礼、何炳棣、瞿同祖等许多学者的研究成果被译成中文，这极大地推动了学者的研究热情。

〔4〕 闵斗基，1973A；吴金成，1986；李俊甲，2002；郑炳喆，2008。

〔5〕 闵斗基，1965；双默，1985；森正夫，1975—1976。

进士）和未入仕学位所持者（士人，即举人、贡生、监生、生员等官位渴望者），是指以科举制、学校制、捐纳制等为媒介出现的，所有在政治上和社会上的支配阶层的总称（泛称）[1]。

一　绅士阶层的形成

1.学位所持者的出现

生员是童试（府州县学的入学考试）及第者，根据成绩可升入国子监，亦可应考乡试。尤其是当时的科举制度规定了只有生员才能应考乡试，从而基本上将学校这个养士机构纳入了科举体系之内，中国史上明朝首次制定了这一制度。因此生员是在学校体系（生员→监生→官僚）和科举体系（生员→举人→进士→官僚，或生员→举人→官僚）中第一阶段的学位所持者。生员早自洪武年间（1368—1398）便被国家赋予了相当于九品官的特权，其中，最为重要的是徭役优免特权。这种优免特权，不但为生员带来了经济利益，还带来了提升社会地位的效果。而且生员的这种特权是受终生保障的。因此，尽管生员只是学位所持者，但自明初便被纳入了不同于平民阶层的特权阶层[2]。结果，自明初开始，国家和社会亦将这些生员认定为士大夫中的一员，生员自己也体验和感悟着士大夫的自觉

---

〔1〕 现任官员的情况是，当不是履行自身官位的职责，而是就自己的故乡或座主门生之事发表言论或做出行为时，由于只是在行使有过官职经历者的地位和影响力，因此可以视其为绅士。从而官员具有双重身份：在任职地为官，在家乡为绅士。对此，就如康熙年间（1662—1722）黄六鸿在《福惠全书》（康熙三十三年刊，卷4，待绅士）中所称，"本地乡绅，有住京外者，有告假在籍者，有闲废家居者"，当时人亦如此认为。另外，在官职经历者的范围中，还包括了未入流官，就其原因参照吴金成，1986，pp.71-72。对于最近中国学界就绅士（中国亦称"士绅"）概念的争议，请参照徐茂明，2004；衷海燕，2005等。

〔2〕 吴晗，1948、1959；伍丹戈，1981；郝秉键，1997，p.24；Ho, Ping-ti, 1962, pp.17-52；多贺秋五郎，1966、1970；吴金成，1986，pp.12-23。

性和公意识[1]。明清时代，生员的社会性质不同于唐宋时代，而且从思想上和事实上，生员能够被纳入士大夫阶层的原因也在于此。

明初，监生大部分是从生员选拔出的学位所持者。监生自洪武初年，可考乡试（这就是国子监和科举的结合），而且仅靠其资格便有可能入仕，所以明代的进士和中下级官僚的一大半是监生出身。监生自洪武年间（1368—1398），由国家赋予了徭役优免等与生员类似的特权，且保障终生。明清时代，监生（中期之后包括贡生和例监生）的社会性质不同于唐宋时代的太学生，而且从思想上和事实上，监生能够被纳入士大夫阶层的原因就在于此[2]。

举人在宋代只能参加一次省试（明清时代的会试），是一种具有实效限制的资格，而仅靠其资格就被任命为官职的案例并不多见。但是自明初开始，仅靠举人的资格便可入仕，还被允许在国子监继续攻读学业（这就是科举制和国子监的结合）。因而他们也同监生一样，被国家赋予了特权，且其地位亦获得终生保障。所以自明代，举人不同于前代之举人，他们作为社会的特权阶层而被纳入了士大夫阶层的范围内[3]。

明代，由国家赋予有官职经历者（他们在之前时期便已是特权阶层）和学位所持者以身份地位和特权，在量的方面此后出现了些微的变化，但是从质的方面和历史性及实际意义来看，明初（社会尚未称他们为绅士的时期）和明末（社会称他们为绅士，同时他们的存在形态成为问题的时期）以后是相似的。换言之，科举制和学校制所具有的社会功能，早自明初便与以前时期不一样了。尽管如

---

〔1〕 陈宝良，2005；森正夫，1980；夫马进，1980A、1980B。

〔2〕 吴晗，1948、1959；杨启樵，1964；林丽月，1978；吴金成，1986，pp.23-33；多贺秋五郎，1970；谷光隆，1964；五十岚正一，1979；Ho, Ping-ti, 1962, pp.27-34。

〔3〕 岑大利，1998，p.27；吴金成，1986，pp.33-37；和田正广，1978A、1978B。

此，明初，无论是国家还是社会均未将他们作为"绅士"来认识。所以明初便已然存在的官职经历者和学位所持者自明中期才被一起统称为"绅士"，而这样称呼的契机和过程，将在后文阐述。

2. 学位所持者阶层的固定化

明初，生员并未引起社会性问题，也未在社会当中突显出来的原因大致可从如下两个方面加以说明。第一，明初的生员人数比明中期之后要少 1/5—1/10 左右，但升入国子监的人数却反而多出许多[1]；第二，明初在里甲制秩序[2]之下，社会比较稳定，乡村的再生产维持功能在一定程度上通过里长、里老人等获得有效执行。因而，未入仕学位所持者的少许存在并未被认为是多大的社会性问题，而且国家和社会未对其社会经济作用期望太多。

然而 15 世纪中叶以后，政治和社会秩序开始出现了松弛的现象（后述），这对学位所持者的社会阶层性变化产生了极大影响。明初为 3 万—6 万人（不足全国人口的 0.1%）左右的生员人数，15 世纪中叶开始骤增，至 16 世纪，增至相当于明初 5 至 10 倍的 31 万余人，明末又增至 50 余万人（占全国人口的 0.33% 以上）。结果，生员的贡生竞争率从明初的 40 ∶ 1 左右，中期之后增至 300 ∶ 1 乃至 400 ∶ 1，乡试的竞争率从同期的 59 ∶ 1 增至 300 ∶ 1 以上。因而 60%—70% 左右的生员只能以断代生员终其一生。从此，生员不但不能升为进士，就连升为举人和监生的机会也变得非常渺茫。几乎无法实现阶层上升的大多数生员，只能一边享受国家给予保障的特权，一边追求具有现实可能性的个人私利，以

---

〔1〕 吴金成，1986，pp.38—44。
〔2〕 山根幸夫，1966；鹤见尚弘，1971；粟林宣夫，1971；韦庆运，1961；川胜守，1980，pp.33—183。

"保身家"的存在定居于乡村[1]。

洪武年间（1368—1398）在官吏选拔方面，监生反而比进士获得了优待，而且因为空印案（洪武九年）、胡惟庸案（洪武十三年）、郭桓案（洪武十八年）、蓝玉案（洪武二十六年）等诸多政治事件[2]，官职缺员较多，所以监生的出仕机会亦很多。然而自15世纪中叶，随着以钱购买监生资格的例监生（景泰元年，1450）的出现，监生人数一举大增两倍，与此相反，每年选拔的官僚人数反倒比明初减少了。所以成为监生之后等待二十余年，才勉强出仕成了极其普遍的现象。因此，自中期往后有12500—22500名左右的贡生和监生，失去了入仕机会而定居于乡村[3]。换言之，由于仕宦机会的相对减少和监生人数的倍增，自明中期，仅以监生的资格几乎无法实现有制度性保障的出仕。因此定居于乡村的大多数监生的社会活动、生活方式、世界观等，已同生员阶层非常接近。国家和社会对两者的认识亦很接近，因而现实中的生员和监生的差别逐渐消失[4]。

举人在仕宦之途也经历了同监生阶层相类似的情况。举人的会试竞争率，从15世纪中叶的12∶1左右增至16世纪初的15∶1。自15世纪后半叶开始，有4000—5000左右的举人无法获得出仕的机会而不得不定居于乡村。国家和社会对这些未入仕举人，尽管比监生多少更重视一些，但是他们的生活方式和世界观却同监生、生员并无太大差异[5]。

---

〔1〕吴金成，1986，pp.38-50。

〔2〕吴晗，1949；山根幸夫，1971；檀上宽，1978。

〔3〕谢肇淛，《五杂组》卷15，事部3；岑大利（1998，p.17）称，在明末监生的70%是例监生。

〔4〕谷光隆，1964；林丽月，1978；五十岚正一，1979；和田正广，1978A；吴金成，1986，pp.44-50；Ho, Ping-ti, 1962, pp.29-34。

〔5〕和田正广，1978A、1978B；吴金成，1986，pp.50-54。

如上所述，随着生员、监生、举人等未入仕学位所持者阶层的人数骤增而积滞于社会，15世纪中叶开始，已经出过官僚的官宦家庭持续培育官僚的倾向逐渐定型[1]。换言之，学位所持者阶层实现阶层上升变得愈来愈难。自明初便结合科举制和学校制，从制度上和实质上广泛存在的学位所持者，自中期往后逐渐从数量上大量积滞，最终定型为一个独立的社会阶层[2]。

3. 绅士阶层的形成

明朝国家权力为学位所持者阶层赋予相当于九品官的特权而将其纳入统治体制，是为了通过他们维持儒教理念和统治秩序，并确保官僚的后续储备。而且学位所持者阶层尽管从私而言亦存在"保身家"的行动，但从公而言由于具备了士大夫的自我意识和公意识，因此也会有响应国家期待的行为。从该层面而言，可以说学位所持者阶层继承了自宋代之后，所谓"先天下之忧而忧，后天下之乐而乐"[3]的士大夫传统理念，从儒教理念和公意识出发参与政治，均抱有同天子（皇帝）分治天下之事的意志和理念。从这些方面来看，宋代的士大夫和明清时代的学位所持者阶层极其相似。

可是，经历过明末清初的动荡时期，且自己也为生员的顾炎武（1613—1682）称：

> 今天下之出入公门以挠官府之政者，生员也；倚势以武断于乡里者搜索，生员也；与胥吏为缘，甚有身自为胥吏者，生员也；官府一拂其意，则群起而哄者，生员也；把持官府之阴事，

---

[1] Ho Ping-ti, 1962, pp.112–114；和田正广，1984A、1984B。

[2] 岑大利，1998，pp.27–29。

[3] 范仲淹，《范文正公集》卷7，记，岳阳楼记。

而与之为市者，生员也。前者噪，后者和；前者奔，后者随；上之人欲治之而不可治也，欲锄之而不可锄也。小有所知，则曰是杀士也，坑儒也。百年以来，以此为大患，而一二识体能言之士，又皆身出于生员，而不敢显言其弊，故不能旷然一举而除之也。故曰：废天下之生员而官府之政清也。[1]

他称生员的这种社会活动为"百年来之大患"。那么顾炎武所说的生员的活动：ⓐ实际是怎样的？ⓑ从何时成为问题？ⓒ具有怎样的历史意义？ⓓ生员的这种活动与监生、举人的活动之间是什么关系？

明中期以来，因为个人或共同的利害关系，生员、监生、举人等学位所持者合力展开集体行动的案例不胜枚举[2]。如果将其归类，可整理为如下几种类型：①反提学官运动；②抗议乡试腐败；③抗议和排斥地方官的贪虐运动；④反宦官运动；⑤抗议和攻击官僚阶层的粗暴；⑥税役减免运动；⑦修筑水利设施和桥梁；等等。上述行动中，①②③④⑥具有反官方的性质，⑤是有过当官经历者和学位所持者阶层之间的矛盾，④⑥⑦是具有代言地方民众舆论的性质。在⑤的案例中，当某生员遭遇当官经历者或其家人或奴仆的侵害时，生员阶层即便彼此未曾谋面，或同其事件不存在直接的利害关系，但是因为具有共同背景的生员受到侵害而产生的阶层性公愤便展开了集体行动（抗议、攻击、驱逐运动）。至明末，这些诸多类型的集

〔1〕 顾炎武，《顾亭林文集》卷1，生员论（中）。
〔2〕 傅衣凌，1957；丁易，1950，pp.198-232，541-571；刘炎，1955；谢国桢，1968；刘志琴，1979、1982A、1982B；林丽月，1978，pp.90-98，1984；宫崎市定，1953、1974；酒井忠夫，1960，pp.145-196；田中正俊，1961；大久保英子，1958；小野和子，1961、1962、1983；城井隆志，1982；奥崎裕司，1978，序章；夫马进，1980A、1980B；和田正广，1978A；佐藤文俊，1985，p.89；吴金成，1986，pp.62-70。

体行动，有时被称为"士人公议"[1]。换言之，明中期之后，这些未入仕学位所持者阶层因都有士大夫的自我意识或共同的利害关系而形成了阶层保护意志等，成为彼此之间广泛共有"同类意识"的集团。当时的国家权力和社会称这些基于同类意识而活动的学位所持者阶层为"士"，并认为其是一个"独立的社会阶层"。

那么学位所持者阶层之间能够存在如此强烈的同类意识的契机是什么呢？学位所持者阶层是体验和感悟儒教教养和理念的官僚预备军，是自己和他人公认的士大夫。而且他们是由国家保障具有相当于九品官特权的特权阶层。然而从现实来看，他们几乎不存在上升为官僚阶层的可能性。而且无论是从国家赋予的特权，还是社会的一般认识以及社会地位来看，学位所持者阶层是同当官经历者具有显著区别的阶层。但他们不是平民。实际上，他们也有许多否定或反对其与平民是同类的行动。尽管他们偶有站在平民立场，代言平民舆论，甚至参与农民叛乱的时候[2]，但这并非是因为他们是平民，而是出于公意识，想通过这种行动确认其士大夫身份的存在而已。乡村学位所持者阶层的"保身家"行动，或学位所持者阶层之间存在的强烈的同类意识等，便是出于对这种现实的敏感的自觉[3]。因而如果考虑到上述的学位所持者阶层的阶层意识、行为方式、制度性和实质性地位等时，可以认定明代的学位所持者阶层，是中国社会独特的"社会中间阶层（Intermediate Stratum）"[4]。

学位所持者阶层，一方面是有别于当官经历者，而且应被区别于平民阶层的、独特的"中间阶层"，另一方面这些学位所持者阶层

---

[1] 夫马进，1980A、1980B。
[2] 田中正俊，1961；浅井纪，1976；川胜守，1980；滨岛敦俊，1982；山根幸夫，1981、1983；佐藤文俊，1985；西村元照，1974；谷口规矩雄，1986。
[3] 吴金成，1986，pp.55-70。
[4] 闵斗基，1965，p.130。

又同当官经历者一道被认为是同一个阶层。明中期之后，常出现于史料的"绅衿""绅士"或"士绅"的词语概念，分明都包括了当官经历者阶层（绅）和学位所持者阶层（士）。根据各自状况，当官经历者和学位所持者阶层被认为是一个整体性的社会阶层——即，被认为是"绅士"阶层[1]。

那么从制度上和现实中均存在显著区别的"绅"和"士"被统称为"绅士"的背景是什么呢[2]？第一，从理念方面看，未入仕学位所持者阶层也具有所谓士大夫的自我意识和公意识。尽管他们存在很多"保身家"的行为，但是他们标榜的理想不是追求私利，而是参与政治，实现儒教的理念和大义。换言之，从拥有对天下的所谓"先天下之忧而忧，后天下之乐而乐"的使命意识而言，当官经历者和学位所持者阶层是相似的[3]。第二，语言和文化世界中的共同点。绅和士均为具备古典（经典）知识和语言（官话）者，从而隐含有一种自豪感。因此，与生活在共同地域的农民相比，他们同生活于他乡，且使用全然不同的方言的绅士，反而有更多的亲近感和同类意识。第三，中国自古以来的座主门生关系[4]的传统亦为原因之一。自推行科举制的隋唐时代以来，考试官和及第者之间不论距离的远近、方言的异同、认识与否以及授学与否，均建立了深厚的师生关系。而且其关系在此后的诸多政治和社会关系中发生了千丝万缕的联系，还可能日渐扩大，在彼此间产生很大的影响。第四，

---

〔1〕 在明代的史料中，"绅士"用语始现于况锺的《明况太守龙冈公治苏政绩全集》卷13，条谕（下），绅士约束子第示，宣德七年（1432）三月。

〔2〕 绅和士基于同类意识彼此以"同志"相互尊重，而且地方官亦不得不尊重士人的原因是，士人不一定以士人终其一生，而是终有一日可能会成为"绅"（吴晗，1991）。考察清代的官箴书，便会发现劝导官员到赴任地之后好好关照绅士的内容。徐茂明，2004，p.16。

〔3〕 吴金成，1986，pp.12—37。

〔4〕 顾炎武，《顾亭林文集》，生员论（中）；顾炎武，《日知录》卷17，座主门生；赵翼，《陔余丛考》卷29，座主见门生例；商衍鎏，1958，pp.8—9；宫崎市定，1974。

明中期以来盛行的书院讲学风潮[1]。书院的讲学过程不但讨论学问，还进行政治批判。参与讲会的当官经历者和学位所持者阶层，超越身份和贫富差异，彼此称呼"同志"，且在参与讲会的过程中建立了深厚的朋友情谊和同志意识。第五，自南宋以来士大夫阶层为了学问、修养、兴趣、相互扶助而结成社、会等社团，明中期之后重新活跃，并发展成诗社、文社、同年等文学同人集团的情况亦应加以考虑[2]。第六，同乡意识的表露[3]。当官僚归乡时，就会同该地的所有官员或学位所持者阶层建起深厚的交情。而且在京师或大城市，同乡（或同省）的绅士之间亦以师兄弟或师生关系形成了广泛的协作。第七，在宗族结合方面，当官经历者和学位所持者阶层通过通婚，维持了彼此深厚的纽带和协作关系[4]。第八，当公私两个层面的观念达成一致时，当官经历者和学位所持者阶层之间，便能够很容易找到共同点而进行协作[5]。促成绅士的这种同类意识发生的场所，主要是官学（府州县的儒学）和书院，其中作为私学的书院比官学更为有效。

上述的诸多因素彼此产生复合作用的结果是，明中期之后当官经历者和学位所持者阶层不再只是独立的"绅"和"士"，而是作为"绅士"，形成了同类阶层的一体感，即阶层意识。明末，中国各地非但形成了"乡绅公议""士人公议"，还形成"绅士公议"（又称

---

〔1〕 谢国桢，1968；岑大利，1998，pp.89-103，130-135；沟口雄三，1971、1978；小野和子，1958；吴金成，2007A，第二篇第一、二章。

〔2〕 谢国桢，1968；徐茂明，2004，pp.155-165；吴智和，1998；小野和子，1962；横田辉俊，1975。

〔3〕 吴金成，1986，pp.77-78。明末以后，尤其是从清代开始，在全国各城市会馆的功能上亦可看出这些方面。

〔4〕 徐茂明，2004，pp.203-208，229-230；于瑞桓、何成，2002—2004。

〔5〕 吴金成，1986，pp.151-163，214-223，260-265。

"士绅公议")[1]，可以说这正是"绅士阶层"所具有的上述同类意识的产物。

前文所言及的诸多因素，尽管存在一定的差异，但在此前的时代便已存在。那么这些因素为何单从"明中期"发挥效果，形成了所谓绅士这个统一的阶层？那是因为此前的时代，尚不具备如下几个成熟的条件。即：①未入仕学位所持者阶层自明代拥有了优免等相当于九品官的特权和获得终生保障的特权身份；②结合学校制和科举制，只有生员，才能应考科举（考虑以上两种内容，可追溯至明初）；③随着里甲制秩序的逐渐解体，农村人口向四处流散，但由于明朝国家权力的应对策略不够彻底，因此这些未入仕学位所持者阶层同当官经历者一道逐渐增强了维持乡村秩序的领导作用（后述）；④国家权力和一般平民都认为这两个阶层是一个阶层，即"绅士"阶层。

就如东林运动、反矿税使运动[2]、反魏忠贤运动、复社运动[3]等所体现的那样，明末的绅士出现于地方乃至中央政治舞台，是他们以共同的社会阶层觉悟性确立了阶层的例证。而且这还可以说是绅士阶层出于公议乃至士大夫的使命感，为了制约由于内阁权力和宦官权力的极端集中而引起的统治权力的恣意妄为而展开的运动[4]。另外，自明中期以来，明朝权力持续提出的限制绅士优免的主张[5]，以

---

〔1〕 李腾芳，《李文庄公全集》卷8，渌口把截觥船牍；夫马进，1980A。
〔2〕 本书第三篇第三章。
〔3〕 左云鹏、刘重日，1960；林丽月，1984、1986；李淖然，1985；Busch, Heinrich, 1955；Hucker, Charles O., 1957；Atwell, William S., 1975；本书第三篇第三章。
〔4〕 曹永禄，1988；小野和子，1983；Hucker, Charles O., 1966。
〔5〕 本篇第三章。

及税役制度的改革[1]、关闭书院、禁止结党、镇压党社运动[2]等一系列政策，可以说是为了对付绅士阶层这一完全独立的社会阶层而采取的策略。

二　国家权力与绅士

1. 元末明初动荡期的社会领导阶层与朱元璋集团

14世纪20年代至40年代，中国全境发生了无数武装起义，但大多数是小规模的起义，具有散发性、孤立性、流寇性，且领导者不够彻底，组织力较弱的特点。但是从50年代起，具有经济基础的势力开始加入叛乱者的行列。比起此前的起义，这些起义队伍在规模方面显著增强，大体以宗教进行武装，其典型势力是红巾军[3]。然而这些组织同样大多是以贫困阶层、无赖、流民等聚集而成的，缺乏训练和粮食。因此他们也同样具有孤立、分散、组织性弱、具有流寇性等性质。此时，元朝的军事力量已经处于失去战斗力的状态，而相当于乡村社会支配阶层的土豪或地主，只能组织义兵和民兵进行自卫。但是元朝对乡村的这种自卫势力采取了两种态度。即，视华北一带的自卫势力为统治秩序的辅助势力而加以认可，但对于华南地区的大部分自卫势力则不但不认可，反而视为农民叛乱队伍或反元集团[4]。

----

〔1〕梁方仲，1936；韦庆运，1961；伍丹戈，1981A、1982、1983B；清水泰次，1950；山根幸夫，1966；小山正明，1971；川胜守，1980；滨岛敦俊，1982；和田正广，1978B；山本英史，1977、1989；西村元照，1976；岩见宏，1986；森正夫，1988；谷口规矩雄，1989；岩井茂熟，2004。

〔2〕本篇第二章；本书第三篇第三章。

〔3〕杨讷，1982；陈梧桐，1987；谷口规矩雄，1966；山根幸夫，1971，pp.19-24；野口铁郎，1972、1986；Mote, Frederick W., 1988A。

〔4〕吴晗，1949；王崇武，1954；山根幸夫，1971，pp.24-29。

因此地主的自卫势力陷入了尴尬的立场，一方面他们持续进行自卫，另一方面渴望着有能够保护自身生命和财产的强有力的政权支持。朱元璋集团便在这样的时期出现在他们的眼前。当早于朱元璋起义的大多数集团尚处于秘密结社的封闭状态，且依旧压榨农民之时，朱元璋集团不但率先克服了这种性质，而且积极地笼络士大夫或地主势力，标榜儒家主义，开展劝农政策稳定农民，并整顿制度以建设国家。朱元璋为了在周边先起义的群雄势力之间求得生存和发展，需要尽量确保士大夫或地主势力作为其羽翼。换言之，地主、士大夫和自卫势力同朱元璋集团达成了共识及相互理解[1]。

两者实现结合之后，这些士大夫或地主势力将朱元璋导向了他们能够施展理想的方向。标榜儒家主义、整顿制度、把江南定为发展的方向等均是他们建言的结果。尤其以金华学派为中心的江南士大夫为明朝（1368—1644）统治的组织形式发挥了主导作用[2]。元代的社会支配阶层在元末动荡的危机状况下，背叛元朝并加入了标榜儒家主义的朱元璋集团，为建立明朝这个新的儒家国家担起了重任[3]。

仅靠军事力量是不足以统治的，像中国这样拥有辽阔地域和庞大人口的国家，必须要笼络乡村的支配阶层作为羽翼才行。元朝在13世纪中叶首次平定江南时，不但拥有强大的军队，而且亦正确认识到了这种统治原理。但是在14世纪中叶的大动乱时期，元朝的军事力量几乎名存实亡，且灾害、饥馑、武装起义此起彼伏，从而比任何时期都更需要安抚乡村支配阶层，而此时它却忘记了这一切[4]。因为朱元璋将这些乡村支配阶层纳入了其统治体制内，所以尽管以

---

〔1〕 蒙思明，1967；吴晗，1949；郑克晟，2001；山根幸夫，1971，pp.30—32；三田村泰助，1968；和田清，1923；爱宕松男，1953；Dryer, Edward L., 1988；吴金成，1997。

〔2〕 陈寒鸣，1995。

〔3〕 檀上宽，1982、1983。

〔4〕 吴金成，1997。

最为不利的平民出身逐鹿天下，却得以击败强大的群雄势力，推翻元朝，建立新的王朝[1]。

2. 中期以后的社会变化和绅士

建国之初，明朝订立国家统治的先决目标是恢复乡村秩序和维持再生产功能，这基本是以维续宋代以来的大土地所有制为前提的。为此，洪武帝在元末明初积极吸纳和优待了士大夫和地主势力。即，通过恢复学校制和科举制，选拔新秀，利用荐举制吸纳读书人和地主势力[2]。但是随着领土的确定和农民的稳定，洪武帝对参与创业而过于庞大的士大夫和地主势力，逐渐产生了不安和畏惧心理。为了确立皇帝的专制性，与难以控制的创业功臣相比，笼络那些顺从皇帝的新秀支配阶层更具有价值。因而洪武帝兴四大疑狱事件[3]，诛杀十万余人，镇压江南的地主势力，对江南地区课以重税，强制迁徙富户而消减其地方影响能力[4]，镇压学生运动或言论、出版活动，统一学校的教科书，兴文字狱等[5]，都是为了控制地主这一社会支配阶层，进而将其诱导至统治体制内部而采取的手段。而结合学校制和科举制，给予生员、监生、举人等未入仕学位所持者以特权，使其成为新的支配阶层，是为了把新秀纳入羽翼[6]。这一系列政策是明朝权力对社会支配阶层实施的高压和怀柔的双重政策。

原则上，明初的学校制和科举制向所有人公平开放，和经济实

---

〔1〕 权重达，1987；吴晗，1949；容肇祖，1961；陈高华，1963、1964；山根幸夫，1971，pp.32-36；Dryer，Edward L.，1988。

〔2〕 吴晗，1949；权重达，1983；吴金成，1973、1982；山根幸夫，1971，pp.39-43。

〔3〕 吴晗，1949；山根幸夫，1971，pp.49-53；檀上宽，1978；Langlois Jr.，John D.，1988。

〔4〕 谈家胜，2001；伍丹戈，1982；曹树基，1997；山根幸夫，1961；清水泰次，1952；仓持德一郎，1965；森正夫，1988，pp.45-196。

〔5〕 吴晗，1948、1949；丁易，1950；罗炳绵，1971。

〔6〕 杨启樵，1964；林丽月，1978；吴金成，1982、1986，pp.12-37。

力相比，更为关键的是有无儒家的知识。但现实是，具有经济实力的地主阶层的子弟读书考科举的更多，而且这种趋势自明中期又进一步增强。因此通过整合学校和科举制，成功地将地主阶层中有一定资格者纳入了体制内。而且由于这种制度是合法的，所以通过学校和科举制等制度而获得学位者，除了前代所拥有的社会和经济影响力之外，还从国家处获得了特权身份，从而巩固了其乡村支配力。因而自明中期，统称这些未入仕学位所持者阶层和原本作为社会支配阶层而存在的当官经历者为"绅士"。

但是明初通过少数地主（即里长和里老人）和大多数自耕农（即甲首）为基础的里甲制秩序维持了乡村秩序[1]，新登场的未入仕学位所持者或原有的当官经历者，在里甲制秩序内均无大碍地融入了其中。然而自15世纪中叶起，政治和社会开始发生了显著的变化。对外而言，北边和东南海岸出现了不稳定[2]；对内而言，中央和地方的政治秩序开始松弛[3]。在这样的环境下，农业和手工业各领域的生产却日渐增长，商品生产的地域性分工亦得到了发展[4]。各地的商品通过由远距离客商构筑的全国性规模的流通网进行交易[5]，随之商品、白银经济渗透到了农村深处。农民所要承担的税役日渐加重，且变成了以银折纳[6]。对于农民而言，以银折纳税役有时反倒加

---

[1] 乐成县，1998；韦庆远，1961；鹤见尚弘，1971；粟林宣夫，1971；川胜守，1980，pp.33‐183。

[2] 陈文石，1966；郑梁生，1984；佐久间重男，1992；So,Kwan-wai,1975；Mote,Frederick W.,1974。

[3] 曹永禄，1988；Mote, FrederickW., 1988B；Twitchett, Deniss, 1988；Geiss, James, 1988。

[4] 洗涤新、吴承明，1985；田居俭、宋元强，1987；田中正俊，1957、1982；佐伯有一，1957；寺田隆信，1971。

[5] 张海鹏、张海瀛，1993；傅衣凌，1956；藤井宏，1953；斯波义信，1982；安部健夫，1957；重田德，1956；寺田隆信，1972；Wong，R.Bin，1983。

[6] 韦庆远，1961；梁方仲，1957；梁方仲，1936；山根幸夫，1966；清水泰次，1950；小山正明，1971。

重了其负担。少数的绅士或势豪家，一方面通过购入或新开垦农土等诸多方法兼并了大量土地，另一方面却动用国家赋予的徭役优免特权等手段脱免税役。而这些脱免部分被原封不动地转嫁至其他里甲户[1]。这种土地过于集中、税役过重和不均衡现象以及各种灾害（水灾、旱灾、蝗灾）、疾病及家庭大事等的频发，使得里甲户甚至里长、里老人、粮长户等大地主没落的案例也不断增加[2]。因而原本以里长和里老人为中心来维持的乡村秩序和再生产功能日渐衰弱。

上述的所有变化产生连锁反应的结果是，农村的阶层分化加速。除了山东、河南、湖广、四川等部分地区之外，赋役黄册誊录的户口数出现了全国性的减少，而且随着全国性的人口移动的产生，人口出现了重新分布[3]。其主要方向可归类为农村地区向禁山区、先进经济地区向落后地区、农村向城市和手工业地区三种类型的移动[4]。这种人口移动亦发生于省内和省际之间。湖广、四川等落后地区获得开发而成为中国粮仓地区，便是由该原因促成的[5]。然而大规模外来人口流入的地区，在此前逐渐发展的社会矛盾基础上，新增了土著和客民之间的竞争和矛盾。在其过程中，还发生了客民得以定居，土著却反倒没落而流散的"人口对流现象"[6]。此外，因为地区社会

---

[1] 伍丹戈，1982；吴金成，1986，pp.94-108，190-200，237-245；川胜守，1980；滨岛敦俊，1982；森正夫，1988；重田德，1971。

[2] 吴金成，1986，第二篇。然而如果从长期的角度考察中国，大部分的中小农民没落，少数的绅士或大地主集中广大土地的结果不是社会被两极分化为大地主和佃户，而是出现了阶层没落与上升的反复沉浮。

[3] 明代的人口统计，请参考梁方仲，1935、1980；王崇武，1936；Ho，Ping-ti，1959；曹树基，2000；Cartier, Michel，1973；Cartier, Michel and Will，Pierr-Etienne，1971；van der Sprenkel, O.B.，1953。关于人口的重构，请参考谭其骧，1932；赖家度，1956；樊树志，1980；李洵，1980；曹树基，1997；从翰香，1984；吴金成，1986，pp.108-135，176-200，230-245；清水泰次，1935；横田整三，1938；谷口规矩雄，1965；大泽显浩，1985。

[4] 傅衣凌，1980；李洵，1980；从翰香，1984；Mote, Frederick W.，1974。

[5] 全汉昇，1969；吴金成，1986，pp.164-266；重田德，1956；Perdue, Peter C.，1987。

[6] 吴金成，1986，pp.108-135，176-200，230-245。

秩序的崩溃，部分地区民乱频发[1]。自明中期后出现的人口移动，同时导致了顺功能和逆功能的双重结果。

这种现象便是"里甲制秩序的解体"现象。就在这一时期，未入仕学位所持者人数骤增，和原有的官僚阶层（乡绅）一样，增加的学位所持者阶层所享受的特权和影响力，同样被转嫁为农民的负担和不安定性。

自明中期起，农民的税役负担加重，征收和优免徭役的标准由户转向农土和税粮，部分里甲正役因此成为优免对象[2]，从而绅士和非特权里甲户之间的负担差距进一步拉大，其结果是，绅士的社会地位进一步凸显。而且，绅士还滥用国家认可的优免规定，根据其所拥有的政治和社会影响力无条件加以滥免（超过规定的优免）的案例举不胜举[3]。非特权地主为了逃避过重的税役负担，动用捐纳等[4]各种可能的手段，试图成为学位所持者以上的绅士，如果这不如意的话，则通过诡寄和投献的方法，把自己的土地委托给绅士（部分地区则委托给王府）[5]。结果，原本是以儒家思想为媒介出现的绅士这个社会阶层，开始兼具了特权大地主的性质。有势力的绅士中还有移居城市的，从而能作为已离开乡村的地主而脱免税役，这类案例还颇多[6]。至嘉靖年间（1522—1566），所有的这些现象开始

---

〔1〕 赖家度，1956；樊树志，1980；李光璧，1961；李龙潜，1957；赵俪生，1954；西村元照，1974；谷口规矩雄，1965；清水泰次，1935；大泽显浩，1985。

〔2〕 和田正广，1978B；川胜守，1980，第七章；滨岛敦俊，1982，第四、五章；山根幸夫，1966。

〔3〕 本书第二篇第三章。

〔4〕 如前所述，景泰元年（1450）首次允许捐纳是以监生为对象，并称其为例监生。然而据明末的小说描述，生员最少130两、监生400两、举人600两、进士1万两，可以推断，这类事情在明末亦有可能发生。南矩容，1996，p.6；陈大康，1996，pp.148-149。

〔5〕 滨岛敦俊，1982，pp.240-241；佐藤文俊，1985，pp.152-260，1988；本书第二篇第三章。

〔6〕 20世纪60年代至70年代风靡日本明清史学界的"乡绅的土地所有"论便是缘于此。徐茂明，2004，pp.27-32；森正夫，1975、1975-1976、1980；吴金成，1978。

成为严重的社会问题。各地由于人口的骤减，依靠户数编成的里甲制和以此作为基础的乡村秩序以及征收税役等，到了几乎无法维持的地步。

对于这种社会秩序的变化，明朝国家权力进行了几种新的政策性努力。第一，对于户口骤减的县调整了先前里的编制数量，对于人口骤增之地则整顿流入的客民，增设了里和县（附籍主义），进行了重构全国之里甲的努力[1]。第二，劝勉乡约和保甲制。然而仅凭少数地方官之力，想全面把握全国的流动人口，并恢复日渐解体的里甲制秩序的功能，同样是不可能的。第三，明朝还试图限制对绅士的优免额。然而在地方社会，绅士的影响力和支配力已经壮大，到了使地方官府不能接受中央权力法规的程度[2]。明末至清初，明清两个王朝推行的十段法、一条鞭法、均田均役法、顺庄编里法、地丁银制等围绕税役制度的一系列改革[3]，只是国家权力表面上限制绅士的特权，实际上企图容忍并利用绅士在乡村的支配力，以维持社会秩序和国家统治的对症疗法乃至苦肉计而已。

三　绅士的社会经济性作用

明朝的政治和社会秩序逐渐衰弱，随之基于里长和里老人的里甲体制的秩序维持功能亦逐渐衰弱，绅士开始作为一个社会阶层而受到瞩目。这些绅士开始代为承担维持乡村秩序功能中的空白部分。如果没有绅士的协助，维持乡村秩序将日渐困难。就这样，国家权力依靠绅士的社会支配力，绅士则以国家权力作为背景进一步巩固

---

〔1〕　徐怀林，1984；权仁容，2002；吴金成，1986，p.118，pp.190-191，pp.244-245。
〔2〕　夫马进，1980A、1980B；川胜守，1980；滨岛敦俊，1982；本篇第三章。
〔3〕　金钟博，1975、1981、1983、2002；本书第一篇第一章。

了其支配力，从而逐步形成了国家权力和绅士相互依存的结构。

明中期之后，绅士在乡村的作用大致可做如下三种类型的分析[1]。第一，维持秩序的作用。这是出自绅士的公意识和危机意识。确保乡约、保甲制的运行，对流寇和土贼的骚扰展开乡村防御，对乡村内大小纠纷的审判和调解，善堂、义仓、义田、义庄的设置，发生灾害和疾病时的救济，在这些活动中，绅士直接和间接地发挥了不小的作用[2]。第二，经济作用。该部分是绅士的公意识和私人的利害关系相互混合的部分。在私利方面，绅士利用特权，或集中了大量土地，或得以滥免徭役，并且利用个人的影响力或者勾结官府来获得兴修水利的利益。此外，绅士们私占道路、桥梁、码头，或开设市场，干涉牙行，经营高利贷，为客商提供资本，参与私盐交易和海上走私，干预手工业经营，等等，控制了市场或商品流通结构。史料中经常出现的"武断乡曲""挟制官府"（把持官府）等，所谓"乡绅之横"和"士人之横"便是这种活动的结果。第三，文化作用。在乡村，绅士除了个人的影响力之外，还通过乡约、书院讲学、刊行日用类书和善书等，担负起乡村的教化功能，并且努力维护以他们为中心的乡村秩序[3]。绅士还主导了乡论。无论城还是乡，均存在"乡绅公议""士人公议"和"绅士公议"等，这便说明了绅士对"乡论"的控制。绅士还主导了对地方官的留任或放逐运动，税役减免运动，各种水利设施的修筑，水利惯行的改革运动，

---

〔1〕 吴晗，1935；伍丹戈，1981A、1983A；林丽月，1978—1979、1984、1986；岑大利，1998，pp.78-89；吴金成，1986，第二篇，尤其 pp.151-163，pp.214-223，pp.260-265；重田德，1971；森正夫，1968、1975—1976、1980、1982、1988；藤井宏，1953；小山正明，1971；寺田隆信，1971；前田胜太郎，1966；山根幸夫，1978—1979、1981、1983；吉尾宽，1987；片山诚二良，1953；西村元照，1971A、1971B、1974、1976；山本英史，1977；Ng, Chin-Keong（吴振强），1973；Fairbank, John K.，1978。

〔2〕 徐茂明，2004，pp.104-153。

〔3〕 梁其姿，2001；游子安，1999。

以及对码头、桥梁或道路的修建以及各种救济问题的乡村舆论。

绅士的这些作用大多彼此相互混合，从而无法严格加以区分。例如对公益部门的大事，绅士们会做出如下行动：①提出建议；②建言；③唤起乡村舆论；④向官府转达乡村的舆论；⑤凑集劳力或工程费用；⑥监督工程；⑦调停上下官衙之间的不同意见等问题，介入并行使其影响力。其中，①—⑥是明初以来由里长或里老人行使的部分。然而自明朝中叶，尽管社会变得更加多样和复杂，但是政治秩序却日渐衰弱，且官员数量固定，里甲制所担负的维持秩序和再生产功能亦日渐衰弱。为此，明朝为了补救日渐瓦解的里甲体制，不得不将统治乡村的部分功能委任给了绅士，从而通过控制其执行过程而维系国家的统治秩序[1]。农民亦将这种功能部分委托给绅士，并向他们呼吁其实质的影响力和公意识的发挥，来补充地方行政和里甲制秩序中的空缺部分。换言之，绅士的作用是国家权力和社会对绅士的共同期待。绅士代行以前里甲制秩序下执行的①—⑥的作用的背景便在于此。然而绅士不但比里长或里老人更广泛和强有力地推进了这些作用，甚至还追加了⑦的作用。绅士时而自发地，时而根据地方官或乡民的要求，执行上述公益作用。换言之，当乡村利益和绅士的公意识或私利彼此吻合时，绅士便能够控制包括平民在内的广泛的舆论[2]。

如上所考，尽管存在程度上的差异，但是不论经济和社会的发

---

[1] 明代的中国社会非常庞大且纷杂，但官僚数却始终限制在2.5万人左右，依靠该数量是无法顺利统治国家的。因而为了维持乡村社会的秩序、征收税役等，需要在地方行政的下部结构，设置辅佐官僚统治的职位。据 Ho, Ping-ti（1959, p.277），中国的人口从明初的6500万增至明末的1.5亿，州县数量从洪武四年（1371）的1205个增至明末的1410个（吴金成，1986，p.39，表1-2-1）。从而州县的平均人口从明初的5.4万人增至明末的10.6万人，依靠一名知州或知县和其下的一两名辅佐官是无法完成州县的治安和征税的。

[2] 岑大利，1998，pp.84-89。

展水平如何，绅士在乡村社会上演的社会经济作用和存在形态，在绅士存在的中国所有地区是普遍发生的现象[1]。明中期，里甲制日渐瓦解，绅士代行了部分的里甲制功能，从而发挥了维持国家统治体制的作用。然而与此同时，未入仕学位所持者骤增，且他们也展开了追求私利的活动。所以随着学位所持者的增加，他们享有的特权和影响力便会原封不动地转嫁给农民，从而加重了农民的负担和不安，而且还相应地助长了社会分化[2]。绅士的存在，自明中期开始，在中国社会同时发挥了顺功能和逆功能。

小结：明代绅士的阶层性质

绅士以国家的制度性安排为媒介登上历史舞台以来，尽管自明初便实质性地存在于社会，但是形成社会阶层却是在 15 世纪中叶之后的事情。考察绅士阶层便会发现，绅阶层（当官经历者）不必多说，自前朝以来作为社会的支配阶层，他们之间具有强烈的同类意识，且在乡村均存在以他们为中心的"乡绅公议"。另外，士阶层（未入仕学位所持者）在现实中是区别于绅阶层和平民的"中间阶层"。士阶层还偶尔会同绅阶层产生矛盾，但这并不是他们否定绅阶层的存在，而是在当时的彼此利害关系中发生的冲突。根据是否存在利害关系，绅阶层内部或士阶层内部亦存在纠纷和矛盾。相反，亦有不少案例中因为某种契机，绅和士还以同类意识共同行动。无论是国家权力一面，还是平民这一面都会常常将两者统称为"绅士（＝绅衿）"或"士绅"。另外，如果从广义上区分平民，则分为士大

---

〔1〕 佐藤武敏，1968；前田胜太郎，1966；松田吉郎，1981；川胜守，1980；滨岛敦俊，1982；吴金成，1986，第二篇。

〔2〕 岑大利，1998，pp.153-179；陈宝良，2005，pp.358-431。

夫（即绅士）和齐民（编氓）。

经过明清时代，中国的社会和经济规模变得庞大而纷杂。但是官僚人数却始终限定在 2.5 万人上下。因此为了维持地方行政或乡村社会的秩序，必须增强对官治行政的辅助手段。所以明清两代将绅士选为其辅助手段。另从平民立场而言，为了填补国家权力在地方统治中空缺的部分，只能依赖绅士的社会支配力。如果从宏观的角度来考察，明中期至清末中国的社会秩序之所以得以维持，是因为绅士（包括清末的绅商）在国家权力和平民的共同期待下，出于士大夫的公意识发挥了辅佐国家权力的作用。绅士在发挥这种作用的过程中：①上与官府的关系更加密切；②对于乡村社会而言明确了自身作为士大夫的存在，进而维持和扩大了其社会支配力；③从私而言，不但保护了个人私利，而且因平素成为批判对象而无法理直气壮地进行追求私利的行动，也在一定程度上被合理化。

换言之，从私而言，绅士有很多追求个人私利的行为，但是从公而言，他们担当了以下几种角色：①国家统治乡村的辅佐角色；②乡村舆论对国家权力的代言人；③有时会担当国家权力和乡村利益间以及地区间矛盾的调停者等多种角色。绅士是对社会同时发挥顺功能和逆功能，具有推崇公意识而又追求私利的公、私双重性的存在。

基于由读书人，且基本上是以地主为主的士大夫为支配阶层而形成的社会结构，形成于宋代，并且在本质上没有改变地持续到将近一千年后的清末。但是如果把宋代的士大夫理解为"区分于平民的特权阶层，具有天子以下臣僚性质的存在"，那么宋代典型的士大夫只能局限于具有当官经历者。在这样的前提下，将其同明清时代的绅士相比，那么绅士的阶层性质可概括如下：绅士继承了宋代士大夫对天下的公意识等理念和思想，而且在个人或集团性的行为方式或存在状态方面也与宋代士大夫很相像。但是有两点不同：①在地域根据性的有无乃至强弱方面，两者有差异。绅士在各自的生活区域生活是必需的前提，而对宋代的士大夫而言，这种前提不是必需的。②在国家赋予优免特权保障者人数上存在巨大差异。宋代的官员数在两万四五千人左右，即便在冗官问题严重时亦不过四万人左右。与此相比，明清时代的绅士，除了 2.5 万—3 万人左右的当官经历者，还有相当于其数量 10—20 余倍（清末达 50—60 倍）的，终生保障各种特权的学位所持者阶层。③因而，绅士阶层发挥了比士大夫更复杂广泛的社会、经济作用（包括顺功能和逆功能）。因此，如果从彼此发挥的不同的社会和经济作用来看，就如ⓐ在制度性层面和ⓑ在数量上体现的差异那样，应该说宋代的士大夫和明清时代绅士的阶层性质是彼此不同的。

以上笔者根据自己的眼光，以"国家权力和绅士的力学关系"为中心，整理了世界学界迄今积累的有关绅士阶层的研究现状。仅考察该部分，就能切实感受到尚有许多处于研究空白的地方。所以说关于绅士阶层的研究才刚刚起步也不为过。换言之，①应该对绅士阶层在政治、社会经济、文化方面所发挥的作用，进一步积极展开案例研究；②为了整体性地理解绅士的存在状况，应该一并研究中国的传统家族、宗族制度；③为了综合性地理解绅士支配的乡村社会或地方社会的实际状况乃至地方行政的实际状况，研究同绅士阶层具有深厚关系的胥吏、商人以及无赖，是必需的课题。

第二章　王朝的交替和绅士的向背

绪言

前近代中国的每个时代，均有作为国家权力的羽翼承担公益事业的阶层。在明清时代，国家权力的羽翼乃至各地的有权势者，因时期和地区的不同，其身份和名称也多样，因此学界通常将其统称为地方精英（local elite）。但各类地方精英中作为全国性现象而发挥了最为明显、最为强大影响力的阶层正是绅士[1]。

在全世界的中国史学界，开始对明清时代的绅士阶层进行关注和研究已经过了半个多世纪了[2]。其间大量发表和积累了明清时代绅士存在状态的各样研究。然而尚有几处需要再考虑。第一，对于绅

---

〔1〕 本文所用的绅士的概念，请参照本篇第一章序言。

〔2〕 双默，1985；徐茂明，2004；巴根，1996；森正夫，1975、1976；滨岛敦俊，1989、2001；岸本美绪，1990；檀上宽，1993；本篇前章；Waltner, Ann, 1983；Elman, BenjaminA., 2000。

士的理解基准尚偏重于江南（苏浙地区）；第二，只强调至少至清中期，绅士支配社会的源泉就是"特权地主"性质。具体来看，对于①绅士的概念和范围[1]，②绅士成为一个显著的社会阶层的过程和时期，③绅士的各种作用和存在状态的地域性差异，④绅士的阶层性质等问题等，尚未完全达成共识，或研究尚处于不充分的状态。

本文基于绅士的上述诸多问题的思索，试图从宏观和微观上阐明，由于明清王朝的更替而产生的绅士的政治和社会地位变化具有怎样的意义，以此抛砖引玉期待展开更广泛的讨论。

一　征服战争现场的清军与绅士

1. 王朝更替时期的中国社会

从 16 世纪末开始，明朝陷入了前所未有的内忧外患之中。政治上，由于党、社的对立使国论分裂，因为官吏的腐败、行政的紊乱，使统治功能显著弱化。在地方，绅士的影响力日渐增强，促使税役通脱等追求私利的行为发展至极点，已经超出了中央政府的控制范围。经济上，财政赤字累积多年，以此为借口的"矿税之祸"导致了全国性的民变和民乱[2]。特别是李自成和张献忠等的起义席卷了华北和华中地区，而流寇和土贼则在全国横行[3]。这个时候，明朝官兵在军纪和战斗力两方面处于明显低下的状态，甚至亦有士兵加入了

---

〔1〕 对于本章所称的"绅士"这个社会阶层，中国称之为官绅、缙绅、绅衿、绅士、士绅、士大夫，日本称之为乡绅、绅士、士大夫，欧美称之为 gentry，scholar official，elite，韩国称之为士大夫、绅士、乡绅等，甚至在使用同样术语的学者之间其概念亦有所不同。

〔2〕 朱东润，1934；谢国桢，1968；丁易，1950；清水泰次，1950；岩见宏，1971；岩井茂树，1989；寺田隆信，1971；Atwell，William S.，1988；Huang，Ray，1974、1988；巫仁恕，1996；本书第三篇第三章。

〔3〕 李文治，1948；李光涛，1965；顾诚，1984；佐藤文俊，1985，尤其 pp.261-308；谷口规矩雄，1971；Parsons，James B.，1970；Struve，Lynn A.，1984。

叛军队伍。而恰在此时，东北地区又有努尔哈赤军加紧了对明朝的进袭[1]。为了应付这种内忧外患，明朝除了常规的税役之外，还增加了三饷（辽饷、剿饷、练饷）税课。为此，百姓受到了比尖锐的社会矛盾和战祸还更严重的、超过此前两倍的税役负担之苦。明朝的这些措施反而对本来就相当背离了的民心起到了助推作用。

就在这种状况下，李自成趁机攻陷了北京（1644年3月19日），中国随即陷入无政府状态，全国处于动乱之中。在清军入关向各地进军的时期，中国社会实际上就像"漫山遍野，无处非贼"[2]或者"遍海漫山，在在皆贼"[3]所描述的那样，处于无数流寇和土贼横行的状态。以下将把全国12个省分为华北、江南、南部和四川四大地域来对具体状况加以分析。

（1）华北地域[4]

明末华北（河北、河南、山东、山西、陕西省）的乡村社会，自天启年间（1621—1627）开始很长一段时间几乎连年发生饥荒，流寇和土贼常常趁机进行掠夺和杀戮。而以镇压这些流寇和土贼之名出兵的官军，也因军纪缺失和军饷不足而肆意掠夺，同盗寇无异。崇祯年间（1628—1644），后金军先后五次（1629、1634、1636、1638、1642）大规模进攻河北和山东，所经之处城乡凋敝。该期间共有100万至200万人被掳走，尤其山东地区受害严重，达到"流贼所害或饿死者有七八成"的程度。

从李自成大顺军起义至占领北京，华北的绅民为其口号所迷，

<hr>

[1] 金斗铉，1987；周远廉，1986；三田村泰助，1965。

[2]《明清史料》丁–1–1，浙江福建总督陈锦奏本。

[3]《明清史料》丁–1，浙江福建总督张存仁揭帖。

[4] 杨光华、胡德荣，1995；李文治，1948；顾诚，1984；袁良义，1987；郑克晟、冯尔康，1992；赵世瑜，1999；韩大成，1991，pp.460–465；佐藤文俊，1971；李成珪，1977；郑炳喆，1993；Parsons，James B.，1970。

非常拥护李自成的军队。但是由于大顺政权的统治力虚弱，大顺军队又因军粮不足和军纪缺失而杀人掳掠，最终遭到了绅民的背离。大顺政权在极短的时间内没落之后，流寇和土贼再次在华北广阔的地域猖獗，陷入"无民非贼，无贼非民"[1]的混乱局面。在这样的极端状态下，不用说从前享受着的特权，就连保护眼下的生命和财产安全对绅士们来说都变得非常困难。为此，华北的绅士和有势力者为了保护自己的生命和财产，或根据地方官的邀请，或自发地来组织乡兵，以谋求武装自卫。而且还通过一并实施乡约、保甲和救济等活动，提高了作为士大夫的影响力。只是他们的这些努力不过是一时的权宜之计而已。

就在这样的紧迫时期，清军入关了。清朝将 17 万余满、蒙、汉八旗军和投降的吴三桂 50 余万兵力作为前锋，较为顺利地进入了北京城（1644 年五月）[2]。清朝以明朝的"复仇义军"自居，且军纪严明。然而，清朝在此后随着征服战线的拉大，逐渐遇到了难关。首先，暂且不论对李自成、张献忠等起义军和南明政权的征战状况，就是维持已占领地区的秩序，清军的兵力也显出极大的不足[3]。清朝任命的地方官甚至因为社会混乱而忌讳至赴任地上任，"府州县处处缺官"[4]的状况一直在持续。知县的政令仅仅限于县城及其周边地区，乡村则仍旧横行着李自成的残余势力和土贼。为此清朝承诺为绅士提供其期待值之上的一切保障。当时从八旗军的威势上来看，这种承诺是有可能实现的。在这种背景下，华北的绅士们仅仅为了

---

〔1〕《明清史料》乙-10，兵部题行"兵科抄出山西都御史郝晋题"稿。

〔2〕陈生玺，1982；岩见宏，1971。

〔3〕谢国桢，1957；李成珪，1977；Struve, LynnA., 1984、1988。

〔4〕《史料丛编》，史曹章奏，招抚山东河南等处右侍郎王鳌永疏报（顺治元年八月初二日丁巳）。顺治初年（1644），就有山东省大小文职 400 余员中，缺员四分之三的时候。

"保身"，接受了清朝满族的统治，并积极协助其恢复社会秩序[1]。

1644年十月，当清朝为了向经济中心江南地区派遣征讨军而任命睿亲王多铎为大将军，调用了华北的八旗军，于是华北社会就如"从贼亦死，不从贼亦死"所描述的一样，重新回到了行政力空白状态。在有些地区，这种状态还延续至顺治四年和顺治五年（1647—1648）时期。因此乡村的社会秩序，大体上是由以绅士或有势力者为中心的自卫势力承担。因而清朝亦无暇计较前嫌，但凡遇见汉人绅士便将其任命为当地的官员，并劝导各地的绅士组织乡兵进行自卫。对于要持续展开征战的清朝而言，需要位于首都北京周边的华北地域的绝对稳定。入关之初，在华北地区，清朝权力和华北绅士这两个势力较为容易结合在一起的背景便在于此。

（2）江南地域[2]

明朝灭亡的消息传到江苏和浙江地区之后，各城市发生奴变，无赖们武装起来以"忠义"之名起义的案例颇多。而对在北京从逆（接受大顺政权的官职）官僚的谴责和袭击宅邸事件很多，但就谴责"从逆者"而言，"正义派"绅士之间亦出现了分裂现象。只是1644年五月十五日，南京出现弘光政权之后，政府内如果除了东林党和非东林党之间的持续斗争，那么至少在弘光政权存续的时期内没有出现太大的混乱。然而翌年五月弘光政权无奈地为清军所灭，至八月清军入松江城之前，江南基本上处于恐慌状态。乡村反复发生宗族集团间的相互报复，以乡兵自居的诸多武装势力间的争斗以及抗租、奴变和无赖的横行都多有发生。在这种无政府状态持续的状况

---

[1] 这种现象同金朝和元朝治下的华北统治阶层的向背同出一辙。

[2] 姚廷遴，《历年记》，曾羽王，《乙酉笔记》，见于《清代日记汇抄》，上海，上海人民出版社，1982；陆仰渊，2000；李光涛，1948；冯贤亮，2001；森正夫，1977；岸本美绪，1999C；小野和子，1996；李俊甲，1991；Dennerline, Jerry, 1981；Wang, Chen-main, 1984；Wakeman Jr., Frederic, 1985, Ch.8.

下，江南绅士立场的艰难程度同华北地区无异。

在多铎的指挥下，清军于顺治二年（1645）五月八日越过长江，九日攻陷镇江，五月十五日进入南京城，接受了共 23 万 8 千余人的投降。并于六月五日在江南颁布"薙发令"，继而在六月十五日在全国颁布薙发令。随之，江南地区爆发了反清运动。此后至八月，清军在平定江南期间，扬州、嘉定、江阴、太仓、金坛、常熟、松江等诸多地区绅民的抗清运动尤为激烈。在这三个多月期间，江南社会突变为几近无政府的混乱社会，此后"地方棍徒，四方抢劫……处处有贼……各贼虏掠如故"[1]。据《乙酉笔记》，疑陌生人为细作，于白昼亦相杀，个人恩怨的杀人发展为集体报复和杀戮，从而行人皆佩刀而行，远行者遭惨死者亦众。陈子龙、夏允彝等为首的各地的勤王军实际上就是仓促间由"市井之徒、市井无赖"募集的乌合之众，不但无战斗力可言，还常以征集军粮为名掠夺百姓的粮食，同盗贼无异[2]。在这种状况下，各地的绅士不得不组织义兵、乡兵进行自卫，然而他们也"皆非纪律之兵，威令又不及远，以至地方到处杀人，或以冤家报复，或以抢掠劫焚"，因而在百姓眼中均属土贼之流。

清军征服江南时，其大部分为八旗军。仅靠睿亲王多铎麾下的八旗军不可能完成征服战争。为此，重新招收了 25 万余士兵，但这些士兵是并无战斗力的乌合之众，而且也因缺乏军粮，肆意进行掠夺和杀戮。清朝于顺治二年六月二十九日颁布了《河南江北江南恩诏》，一方面笼络华北、江南地区的绅士和民心，另一方面任命洪承畴为江南招抚（八月至南京赴任），使其正式招抚江南。洪承畴报告

---

〔1〕《明清史料》丙-6，江宁巡抚毛九华揭帖（顺治二年十一月）。

〔2〕 Wakeman Jr.（1985, pp.603–604, p.667）则称，绅士出于忠诚和正义感加入了反清义军，但是认识到无法避免"强盗"性质的局限之后，便在所谓"社会安定＝农民保护＝使命意识"的立场上，无奈地倒向了对清朝的呼应。

称，对苏浙地区的征服和招抚大致于顺治三年（1646）三月结束。然而清军大多以城市为中心分布驻扎，所以乡村依然处于混乱之中。此时，顺治四年四月驻扎于松江的苏松常镇四府提督吴胜兆发动叛乱。在该叛乱中，有许多江南地域的绅士受到直接或间接的牵连。洪承畴平定该叛乱之后，为了避免暴力性破坏，进而早日谋求社会稳定而整顿了兵制。这种新的兵制将绅士乡兵编入了军事编制，其打算将江南绅士纳入体制内，以实现同其协作。但这最终却顺利地解除了江南绅士的武装。

（3）南部（赣闽粤湘）地域[1]

以江西省南部地区为中心的江西、福建、广东、湖南的四省交界地域，是由武夷山脉和五岭构成的禁山区，从而是历代叛乱的渊薮。明末国家的统治力显著下降，于是该地域重新开始由流寇和土贼发号施令。在明朝灭亡、清军入关之际，中国的南部地区处于唐王、绍武帝、桂王等南明政权和绅士的勤王军，李自成和张献忠残余势力及流寇、土贼等武装势力横行的混乱社会。在南明军和绅士的勤王军中，与负责指挥的乡绅有座主门生关系或同为复社等文社同人的案例也很多。然而由于南明军和绅士的勤王军大多为仓促聚集的乌合之众，因此他们不具备良好的战斗力，且缺少军粮。为此，他们以军粮保障不足为名，强行征收农民的税役。结寨自保的绅士或大宗族的武装自卫势力中，亦有趁无政府状态之机进行恣意掠夺的情况。乡兵和义兵也基本上"义旗波沸，多以义名而行盗"[2]。抗租、奴变及密密教、无为教（罗教）等叛乱、"峒贼"等少数民族

---

〔1〕 顾诚，1997；南炳文，1992；唐立宗，2002；傅衣凌，1982；谢国桢，1957；森正夫，1973、1974、1978、1991；吴金成，1991、1996、1998A；李俊甲，1994；元廷植，1996、2003；Struve，Lynn A.，1984。

〔2〕 李世熊，《寇变纪》，中国社会科学院历史研究所清史研究室，《清史资料》1，北京，中华书局，1980。

叛乱也频频发生。甚至由举人、监生、生员等未入仕学位所持者主导的士变亦不少。受以郑成功为中心的海上势力影响较强的东南沿海地区的社会混乱程度亦彼此相当。农民在农耕亦很艰难的状况下，只能按时向明朝、南明、勤王军、土贼及清军纳税，遭受掠夺。

在这种情况下，自有明以来作为地区支配者的有势力的绅士和乡村居民的生存，变得非常紧迫。他们的周边全部都是武装的掳掠势力。为此，以绅士或族长等为中心，以宗族为单位进行武装自卫，或由一个村落或多个村落联合构筑堡寨，组织乡兵义勇进行自卫。换言之，通过所谓的结寨自保，只能一边昼耕夜守，保护宗族和村落，一边等候强有力的保护者的出现。

自顺治二年（1645），清军开始逐步进入处于这种极度混乱的状态下的南部诸省。然而进入南部地区的清军根据各地战势看也不是都很有利，而且维护占领地区的秩序亦不很容易。武装起义势力四处分布，且随时展开游击战，而清军的数量却明显不足。因此，清军对南部地域的诸多武装势力实施了武力镇压和招抚并行的策略。对于接受招抚的明军、南明军将领提供了原有的官职和俸禄。然而由于把投降者无条件地编入了军队，并且新编入清军的大多数士兵是无奈而投降的乌合之众，所以在军纪和士气方面均很欠缺。清军亦同样缺乏军粮，因此他们以确保军粮为名肆意掠夺，稍有不从便实施屠杀等行径，这种形态同寇贼并无差异。清朝为了补充不足的兵力，派遣部队镇压武装起义之后便使其回京的例子很多，而此时便又会重新产生军力空白的现象。顺治五年正月至顺治六年正月，当江西总兵金声桓和王得仁树起反清的旗帜时，出现了以广东的李成栋和湖广的何藤蛟为首的南部各地的南明军和绅士起兵军合流的事件，当时其影响力甚至震动了远在北京的清朝朝廷。

清军在征服各地的过程中，对遭到顽强抵抗的地区自不必言，对其他地区亦进行了残酷的屠戮，甚至在所谓的"放赏"之日还允许肆意掠夺。为此南明政权和勤王军认为"有发为顺民，无发为难民"，而清军则想得恰恰与其相反，彼此相互杀戮。盗寇遇到城内居民时称其为乡勇细作而将其杀死，清军遇见乡民时则称其为土贼而将其杀死，因此无辜的百姓深受其害。

（4）四川地域[1]

明末的四川地区因为摇黄贼（土暴者）和北方陕西客民的横行，少数民族的掠夺，杨应龙之乱，奢崇明之乱，发生于成都的开读之变（崇祯十三年）和民变（崇祯十四年），所谓五蠹（衙蠹、府蠹、豪蠹、宦蠹、学蠹）的专横，加之饥馑、传染病、虎患等，使社会非常混乱。加上张献忠军队分别于崇祯六年、七年、十年和十三年侵入四川屠戮了大量人口。崇祯十七年（1644）一月，张献忠再度入侵并攻陷成都，并屠杀了参与防御的绅民。

张献忠于顺治元年（1644）在成都建立大西政权，起初有不少绅士参与。但是大西政权的实质性的行政力仅仅达到成都及其周边地区，其余地区依然处于盗寇横行的无政府状态。张献忠于顺治三年，以实施科举考试为由，引万余士人至成都加以杀害。此后，绅士以宗族或乡村为单位结成自卫组织对抗大西政权。这些绅士的自卫军多则由数十名绅士，或数十个宗族联合，少则在一处结寨自保，但势力较大者则死守县城，并维持秩序。不久南明军的影响力达至此，绅士的自卫势力便与其协作。然而由于南明军成分复杂，因此其内部纷争频繁，且以筹措军粮为名在四处肆意掠夺，同流寇无异。于是绅士的自卫军只能将南明军也视为敌人。此时四川的自卫势力

---

[1] 胡昭曦，1980；社会科学研究丛刊编辑部，1981；顾诚，1984；王纲，1987；孙晓芬，1997；山根幸夫，1983；李俊甲，2002，第一篇。

被流寇、土贼、南明军、明朝残兵包围而处于孤立无援的状态。

顺治三年正月，清朝向四川派遣征讨军。顺治三年十一月，清军在四川北部的顺庆府南充县杀死张献忠，并摧毁了大西政权。但是进入四川的清军同样遇到了兵力和军粮大量不足的问题。因此直至康熙四年左右清军完全掌控四川之前的 20 年时间里，清军仅仅停留于雄踞川北地域，阻止抗清势力进入陕西的局面。该时期，川北地区由清军[1]，川南地区则由南明军和张献忠的残余势力联合控制。从而这两个地区多少获得了一定的稳定，但是以成都为中心的川西地区和以重庆为中心的川东地区则依然处于无政府状态下，其惨状和凋敝程度达到了极限，该地区绅士的自卫势力只能是一时的勉强坚持。

一方面，清朝于顺治八年起，在政令所至的川北顺庆和保宁两府实施了乡试，并选拔了超出计划数许多的举人[2]。该政策势必给清军尚未占领地区的绅士以不小的心理影响。康熙三年（1664），四川的所有地区并入了清朝的版图，但是尚有多处仍有盗寇肆虐，因此秩序恢复尚很遥远。而康熙十三年（1674），吴三桂举起反旗向四川起兵，于是四川的巡抚和提督以下的地方官大举投降，直至康熙十八年（1679）吴三桂军队实际控制了四川地区。清朝为了镇压吴三桂军队，三次（康熙十二年十二月二十二日和二十七日、康熙十三年正月）急速出兵四川，但是仅仅是在陕西和四川接壤地带同吴三桂军队展开艰难战斗而已。

2. 清军和绅士

以上将明清王朝更替时期 12 个省的社会状况分为华北、江南、

---

〔1〕 四川的大部分地方官是于顺治十八年（1661）之后派遣的。因此顺治十八年四川 11880 顷的田地统计（不过为万历年间的 3%），应该是仅对川北地区进行统计的数字。

〔2〕 李俊甲，1998，p.433。

南部和四川地区分别进行了考察。从明末→李自成政权进入北京城和明朝的灭亡→南明→清军入关→清军进入各省并完全对各省加以掌控这一大动乱时期，在所有地区活动最为突出的势力便是流寇和土贼。他们一边彼此争斗，一边根据利害关系而不断反复分裂和离合集散，并肆意进行掳掠和杀戮。他们时而投降官军，时而又会降于其他势力，时而又与第三势力合流，时而又"假义兵名色以行盗"[1]，一切只是根据当时的利害关系而行动。因为失去了生活基础的无数农民四处流散，所以土著民和游民、无赖、盗贼之间无法彼此区分，整个世界变成了掳掠者横行的舞台。

这些盗寇的活动具有如下几种特点：①少则数百，多则数万的群众性；②在诸多地域各阶层的民众联合或几个集团连带起事，并形成了以掎角之势而并发的连带性；③横行地域少则一乡，多则数县甚至达数府的广域性；④短则数日，长则数月甚至数年占据县城的持续性；⑤严重时每年侵扰同一地区六次，有时每年或数年侵扰一次的多发性，并且有时因为同一事件在同一地区同时群发，所以状况更为严重[2]。

随着这种动乱的长期化，从乡村流散出的无数农民仅仅是为了生存，便无暇顾及成分地必须加入某一个武装势力，所以有时便合流至流寇或土贼势力，或流入城市成为无赖[3]。前明军、南明军、绅士的勤王军以及进入各省的清军，无论是在武装势力的构成上，还是在实施掠夺和杀戮的形态上，同流寇和土贼并无差异。因此，在百姓的眼中，凡是手持武器者均是盗寇。除了存在程度和时间长短的差异之

---

〔1〕 李天根，《爝火录》卷18，杭州，浙江古籍出版社，1986，p.783。同治《兴国县志》卷14，武事记载，"乡曲无赖假义兵以纵劫夺，寻私怨屠及赤子，横行邮聚，大江以南逮岭表，所在多有"。

〔2〕 吴金成，1996。

〔3〕 郝秉键，2001。

外，明清王朝更替时期的混乱和惨状，在中国全境并无太大的区别。

在这种极端状况下，乡村的绅士或族长，首先以宗族或村落为单位结寨，以谋求生命和财产的自保[1]。在这一过程中，绅士会在遭遇灾害之年救恤（尽管是有限的）百姓，会调停宗族或村民之间的纷争，修筑桥梁和水利设施，根据知县的要求募集乡勇，并参与对盗寇势力的讨伐。绅士的这种武装自卫活动具有公、私双重性。从私而言，他们的活动是"保身家"的活动；从公而言，他们的活动还发展为在无政府状态的社会下，替代有名无实的国家权力，维持乡村秩序的功能。尽管绅士的武装自卫活动存在个人层面的因素，但绅士们基本上会根据"绅士公议"采取联合的共同行动。发挥这种作用的大部分绅士是监生、生员等士人，但这种活动大体是响应知县的要求和村民的迫切期望的行动，是代言乡论的行动。绅士的这种行动可以说是绅士作为士大夫所表露出的"公意识"，而这是自宋代以来士大夫的传统。而且由于是处在国破家亡的动荡时期，因此拥有武装的绅士的公共活动和以此为基础的绅士的社会支配力，显示出比以往平和时期更强更深的影响。然而这种武装自卫方法是分散、孤立的，从而很快便有了局限性。对于他们而言，绅士的威望和特权暂且不论，眼前保护其生命和财产的事情就已是非常不易的事情。为此，不但是一般百姓，就连绅士亦迫切期待着强有力的保护者的出现[2]。

此时的中国，清军依靠满、蒙、汉八旗军和吴三桂军队，比较轻松地进入了北京城。但是在此后，向中国所有其他地区扩大征服战线的过程中，清军逐渐遇到了难关。各地李自成、张献忠等的势力，无数的流寇和土贼，南明的回天运动军，绅士的勤王军，分散

---

[1] 元廷植，2003。
[2] 冯贤亮，2001。

于各地且无所适从的绅士们的自卫军等，复杂地混杂在一起，并不时出没。而清军非但在数量上远远不足以展开征服战争，而且军粮亦处于极缺状态。大部分士兵系随处募集的乌合之众，所以军纪散漫，士气低下，肆意掳掠，同盗寇无异。清军和流寇、土贼势力间的战况反复逆转，从而无法区分敌我的混沌状态一直持续，仅仅依靠薙发与否相互杀害的掠夺和杀戮反复出现。当时的这种惨状无法言表，只是从"膏腴皆为盗壤"的表述中，多少能够领略一二。结果，中国仍旧持续处于"漫山遍野，无处非贼"的状态。

因此，进入各省的清军，亦首先致力于树立占领地区的秩序，进而为了早日使清朝统治力渗透至地方，完成终极征服，亟须培养羽翼势力。然而考察当时的经济实力、武装实力和社会影响力等诸多现实情况，这种羽翼势力除了在各地结寨自保的绅士之外便无其他。故此，清朝摄政王多尔衮甚至不惜推迟薙发（拟在后文详述），颁布了顺治帝《即位诏》（1644年十月十日甲子日）[1]，此后在各省持续颁布《恩诏》[2]。尤其是顺治帝的《即位诏》和《陕西恩诏》，是在暂时保留薙发的状态下颁布的。而至顺治六年（1649），反而允许百姓持有自卫所需的基本武器（三眼、鸟铳、弓箭、刀、枪等）和马匹，并下令官府返还没收之物[3]。这些均是为了稳定民心和网罗绅士为其羽翼所采取的措施。

从中国各地绅士的立场来看，结寨自保不过是限时之计，此

---

〔1〕清《世祖实录》卷9，顺治元年十月甲子条。

〔2〕清朝顺治二年四月颁布了《陕西恩诏》（《世祖实录》卷15，顺治二年四月丁卯条），顺治二年六月颁布了《河南、江北、江南恩诏》（《世祖实录》卷17，顺治二年六月己卯条），顺治四年二月颁布了《浙东、福建恩诏》（《世祖实录》卷30，顺治四年二月癸未条），顺治四年七月颁布了《广东恩诏》（《世祖实录》卷33，顺治四年七月甲子条）。但是可以说在战乱持续的过程中，接连颁布的这些《恩诏》的宣言性的意义，要比施行意义更大。

〔3〕《世祖实录》卷43，顺治六年三月甲申条。

时，谁都在迫切期待绝对权力的出现。然而就在此时，清朝提出了"不敢请，固所愿"的内容，承诺了绅士不敢首先提出的极其丰厚的保护和优待条件。故此，绅士容忍薙发，接受了满族王朝的统治[1]。此后，绅士通过武装支持（支持兵力和军粮）、参谋作用等积极协助清军。

在征服战争进行的各地，清军和绅士两者相结合的背景，在中国全境基本大同小异。结果，顺治年间（1644—1661）中国各地的社会秩序开始逐渐恢复稳定。这是在朝廷稳定全国农民的政策和地方官的努力的基础之上，依靠这些投降清朝的绅士的协助完成的[2]。从结果来看，可以说绅士为了自身的"保身家"，将"国家"献给了"异民族（女真族）"。

二 清初的中央权力与绅士

入关之后，清朝面临的课题是确保满人的生活基地的同时，①稳定汉人的民心，②复兴荒废的城乡，③彻底平定动乱，最后统一中国全境。为此摄政王多尔衮一边施行保护满族的政策（国粹保存策），一边实行稳定汉人政策和笼络绅士的政策。

清朝入关之后，在稳定汉人的政策和笼络绅士的政策方面，打出最为广泛的牌是顺治帝《即位诏》（顺治元年十月十日）[3]。其具体内容是，禁止加派规定之外的所有税役，积极使用现任官僚等汉人

---

〔1〕 明朝灭亡之后，有不少绅士为明灭亡自决或殉国。清朝的地方志介绍了不少这种殉国者，几乎均为下层绅士。

〔2〕 可以同元末群雄割据时代的后起政权朱元璋政权积极笼络士大夫和地主势力，逐一消灭既有势力，建立明朝的史实相比较。吴金成，1997C。

〔3〕 在《即位诏》的56条中，有20条是笼络绅士的政策，有6条是赋税减免等间接保护绅士的政策。只是清朝是在仅仅掌控华北部分地区的状态下颁布的，所以仅具有宣言性的意义。

绅士[1]，认可绅士原有的特权（身份、优免等）[2]，保护财产，继承科举和学校制度等明代的制度。尽管存在必须薙发和投降的这一大前提，但对于清朝而言，这一点是再正常不过的事情了。

然而在各地征服战争的胜利日渐明朗，且社会趋于稳定之时，明末的社会现象重新出现。结党和官吏的腐败[3]、绅士极度追求私利的现象等重新上演。绅士的纠众结社、税役逋脱等对清朝的统治力产生了离心力的作用。这种现象最为突出的地域同样是在江南的苏浙地区[4]。就如顺治四年殿试策题第二问所载，

近闻，见任官员伯叔昆弟宗人等，以及废绅劣衿，大为民害，往往压夺田宅，占攫货财，凌暴良善，抗逋国课。有司畏惧而不问，小民饮恨而代偿，以致贵者日富，贫者日苦。明季弊习，迄今犹存，必如何而可痛革欤？[5]

对于这种腐败的社会现象和影响，多尔衮亦有充分的认识。然而为了确保早日终结征服战争和恢复治安，在战略上不得不优待和笼络绅士[6]。换言之，尽管多尔衮迫切感受到要制约绅士的必要

---

〔1〕 考察顺治年间任用汉人（包括汉军八旗）的案例，部院大臣占47.4%，大学士占75.9%，总督占100%，巡抚占99.1%，科道官占97.4%，牧民官占95.6%。吴金成，1981A。

〔2〕 清朝对绅士优免的立场是，顺治初年仅对薙发投降者给予认可，此后尽管数次进行了缩减和制限，但绅士优免终未能废。尤其在各地方的绅士获得了和明朝相同的滥免。

〔3〕 对于官吏的腐败，早在清朝入关之初便颁布了严禁的敕书（清《世祖实录》卷5，顺治元年五月丙子条）。

〔4〕 该地区是中国的经济和文化中心，在明末由"绅士公议"控制，就连中央权力都很难渗透。明太祖洪武帝通过富户徙民、重赋、四大疑狱事件等措施，才在一定程度上将其压制。然而自15世纪开始，该地区的财富重新向绅士或富豪集中，从而生产关系的不稳定日渐严重，至明末就连张居正或魏忠贤亦不能控制江南的绅士。

〔5〕 清《世祖实录》卷31，顺治四年三月丙辰条。策题的内容是：①真才选拔方法，②引用文提示内容，③军饷调达和减赋的两善方法，等等。

〔6〕 在明代，仅凭其资格无法成为官僚的生员，在顺治年间亦有17.3%的绅士被授予重要官职。

性[1]，但是可以说在入关之初尚不具备那种能力[2]。另外，在对浙江、福建、广东地区颁布《恩诏》的顺治四年时，尽管这些地区在一定程度上实现了稳定，但是以东南沿海为中心，尚有以郑成功为中心的海上势力活跃着，因而对于清朝而言，这是无可奈何的忧患。

然而在对汉人绅士相对较为友好的摄政王多尔衮死（顺治七年十二月九日）后，鳌拜（议政大臣）等人掌握实权的顺治亲政时期（顺治八至十八年），逐渐加强了对绅士控制的政策[3]。在全国，对绅士的聚众结社（文社运动）、言论出版、书院讲学、包揽钱粮（税金代缴行为）、词讼、社盟等逐一禁止[4]。士人的这些行动成为自明

---

〔1〕 顺治三年对户部敕谕中载，"将前代乡官监生名色尽行革去，一应地丁钱粮杂泛差役与民一体均当，朦胧冒免者治以重罪"（清《世祖实录》卷25，顺治三年四月壬寅条）。徐茂明以此为根据称，"清朝一开始就对江南士绅实行严厉的打击政策"（徐茂明，2004，pp.84—86）。然而这不过是对原典的内容进行去头截尾、断章取义，只是强调了自身的论据而已。《世祖实录》所示户部敕谕的全部内容是，"谕户部，ⓐ运属鼎新，法当革故。ⓑ前朝宗姓，已比齐民，旧日乡绅，岂容冒滥。ⓒ闻直隶及各省地方在籍文武，未经本朝录用者，仍以向来品级名色，擅用新颁帽顶巾带，交结官府，武断乡曲，冒免徭赋，累害小民。甚至贡郎粟监，动以见朝赴监为名，妄言复用，亵玩有司，不当差役。ⓓ且有闽、广、蜀、滇等处地方见任伪官，沮兵抗顺，父兄子弟，仍倚恃绅衿，肆行无忌，种种不法，蠹国殃民，深为可恨。ⓔ自今谕示之后，将前代乡官监生名色尽行革去，一应地丁钱粮杂泛差役与民一体均当，朦胧冒免者治以重罪。ⓕ该管官徇私故纵者，定行连坐，其伪官父子兄弟，家产人口，通著该地方官详确察奏，不许隐漏。ⓖ即传谕行"。即：①该敕谕不是如徐茂明所主张的那样仅仅发布于江南，而是户部向全国发布的命令。②闽粤蜀滇等地区是在清朝的统治尚未完全实现的状态下发布的（ⓓ）。③在明代获得绅士资格者之所以欲如前朝惯例那样享受绅士的特权，是因为（ⓒ）摄政王多尔衮在早先颁布的顺治帝《即位诏》《陕西恩诏》及《河南、江北、江南恩诏》中充分给予了认可。明朝的中央政府亦屡屡禁止绅士的滥免，但绅士依旧向有利于自身的方向进行滥免，成为社会惯行（参照本篇第三章）。山本英史（2004）同样持有与徐茂明类似的错误认识。④即便如此，对摄政王多尔衮依旧下达徐茂明所论的命令，该如何理解呢？为此，首先应关注"直隶及各省地方在籍文武，未经本朝录用者（ⓒ）"的部分。对于已经薙发归顺清者自然可以享受清朝保障的优免等特权，但是尚未归顺便享受特权，是无法容忍的事情。换言之，这不过是"欲享受绅士之特权，便即刻归顺"的命令而已。能够如此理解的原因是，虽顺治三年四月颁布了敕谕，次年又颁布了《浙江、福建恩诏》（顺治四年二月），但继而又出了上文所述的《策题》，颁布了《广东恩诏》（顺治四年七月），以近似哀求的态度试图不断笼络各地的绅士。

〔2〕 吴金成，1981。

〔3〕 Oxnam, Robert, B., 1970, Ch.5.

〔4〕 吴金成，1989A。

中叶以来的国家大患[1]。故此，明末首辅张居正也采取过这种控制绅士的方法[2]。中央王朝的理念、制度和地方社会的现实之间，必然会产生乖离[3]。同时，为了对付以东南沿海地区为中心持续开展反清活动的郑成功的海上势力以及与其私通的绅士和大商人势力，自顺治十三年（1656）六月开始，在天津、山东、江苏、浙江、福建、广东等海岸地区发布海禁令，并于此前便下令这一带部分地区的居民内迁[4]。可以说这种海禁政策是自明洪武帝以来的延续[5]。顺治十四年（1657），清朝发动科场案对江南绅士做出了警示[6]。为了挽回慢性的财政赤字，政府还采取了诸多财政保障政策[7]。尽管如此，绅士滞纳税金的情况依旧，从而严重影响了清朝的国家统治（后述）。

恰在此时，发生了使清朝产生恐惧和警惕的决定性事件。清军为追缴云南的桂王而调动了长江流域的守备军，江南防御一度出现虚弱之势。顺治十六年（1659），东南沿海的海上势力郑成功军队趁机同内地的反清势力张煌言势力联合，调动 2300 只战船和 17 万军

---

〔1〕 顾炎武，《顾亭林文集》卷 1，生员论（中）。

〔2〕 吴金成，1986，pp.55—62。

〔3〕 如后文所言，朝廷于顺治年间数次严令禁止绅士代缴税金，但至奏销案之前并未得到遵守，而且此后这种惯行依然如故。石锦，1990；西村元照，1974、1976；山本英史，1977、1992、2000、2004；Yamamoto Eishi，1999。

〔4〕 清《世祖实录》卷 102，顺治十三年六月癸巳条。

〔5〕 除了明洪武年间的海禁之外，宣德八年、正统十四年、景泰二年亦颁布了海禁令。嘉靖年间，积极推进的朱纨、胡宗宪、戚继光的扫荡倭寇活动亦是海禁政策的延伸。明朝始终利用大运河，向北京运输漕粮亦是因为对倭寇等海盗的惧怕。林仁川，1987；片山诚二郎，1953、1955、1962；佐久间重男，1992；曹永宪，2006；Chang，Pin-tsun，1983。

〔6〕 孟森，《科场案》，1916；王戎笙，1995。该事件是清朝对江南士人的科举及第者过多感到震惊而做出的反应，仿佛让人想起洪武帝的前例。然而复社同人于崇祯十六年有 458 名举人及第，232 名进士及第，乡试高出近四倍，会试则高出两倍以上。从而应该对唯有丁酉年（顺治十四年）的乡试腐败显著的事情进行再次考察。

〔7〕 早在顺治四年的策题第二问（前述）中认识该问题以来，政府持续警告了绅衿抗粮；顺治十五年还下令全国彻底禁止绅衿抗粮。（清《世祖实录》卷 117，顺治十五年五月戊申条）。参照西村元照，1974。

队，攻占了镇江，包围了南京，并进攻了长江以南的安徽地区[1]。一旦郑成功军队控制江南，那么作为经济大动脉和粮食补给线的大运河将被斩断，全国就会处于瘫痪的状态[2]。郑成功军队的存在并不仅仅是局限于以其根据地东南沿海为中心的反清活动。此时，郑、张军队所经之处，均获得了绅士和居民的大力支持。江南和东南沿海一带的绅士大体上给予协助，或至少是潜在的支持势力。就如江宁巡按卫贞元在上疏中所称，"海逆入犯时，各府州县纵放狱囚"，因而这些地区的行政和司法受到极大的动摇。

通过该事件，清朝重新发现了如下两个重要事实：第一，尽管占领江南十五载，但江南的绅士尚未完全归服清朝；第二，郑成功势力和江南的绅士不是相互无关的，而是同伙。清朝只要想起十余年前，江西总兵金声桓等对清树起反旗，以广东的李成栋和湖广的何腾蛟为首的南部各地的南明军和绅士的勤王军合流的情形，便不能不切齿痛恨。因而对清朝而言，郑成功军队和江南绅士，这两者的结合不可能不是"心腹大患"。在明末以来国家的悬案（上文所述的顺治四年 [1647] 的策题所称的"明季弊习，迄今犹存"）和"心腹大患"共存的状态下，清朝统治的稳定便是极为遥远的事情。至1659 年，清朝基本上镇压了境内的反清活动。对于从此在一定程度上从北方防御的负担中脱离出来的清朝而言[3]，剩下的最后课题是：①彻底征服以东南沿海为根据地展开反清活动的郑成功势力及与其私通的绅士和大商人的势力；②完全让江南绅士成为羽翼[4]。这两个

---

〔1〕 朱清泽等,1987；李鸿彬,1988。郑成功早自顺治九年，便同内地的张煌言、张名振等大西军或鲁王的旧臣保持了协作。顺治十五年，亦动员 290 余只舰船攻陷了浙江海岸诸县，并试图进入长江，但适逢台风而撤退。

〔2〕 这种情况，如果想到 14 世纪中叶元朝因为张士诚和朱元璋等武装集团占领该地域所遭受的打击，或 19 世纪中叶清朝因为英国军队占领镇江所遭受的打击便很清楚。

〔3〕 延续了一千六七百年的五千余公里长的长城之意义，此时已经褪色了不少。

〔4〕 对于此时驻扎于中国南部的三藩，清朝反而期待他们能够发挥防御南方海岸的防御军作用。中道邦彦，1968。

问题的性质就如"同一车轴的两轮"。

　　顺治帝驾崩（顺治十八年一月七日）并由年幼的康熙帝即位之后，鳌拜作为辅政发挥作用，开始逐渐对以上问题做出决断。顺治十八年，首先多次在全国下令严禁绅士的抗粮和包揽[1]。一方面，对于同一车轴中的第一轮——江南地区的绅士问题，试图通过通海案[2]、苏州哭庙案[3]、江南奏销案[4]等一系列事件一举解决[5]。另一方

　　〔1〕《钦定学政全书》卷26，整饬士习。顺治十八年正月严令"钱粮系军国急需，经管大小各官，须加意督催，按期完解，乃为称职，……今后，经管钱粮各官，不论大小，凡有拖欠参罚，俱一体停其升转"（清《圣祖实录》卷1，顺治十八年正月己卯条）。同年三月，规定"直隶各省巡抚以下，州县以上，征催钱粮，未完分数处分例"（《圣祖实录》卷2，顺治十八年三月庚戌朔条）。就在同月九日，颁诏"谕户部，近观直隶各省钱粮，逋欠甚多，征比难完，率由绅衿藐法，抗粮不纳。地方官瞻徇情面，不尽法征比。嗣后著该督抚责令道府州县各官，立行禁饬，严加稽察，如仍前抗粮，从重治罪，地方官不行察报，该督抚严察，一并题参重处"（同书，同月戊午条），命令严惩抗粮绅衿。就以此为契机在六月三日，如后述的江南奏销案出。

　　〔2〕顺治十六年（1659）四月至九月，郑成功、张煌言联军包围进攻南京，而因江南各地的绅民协助他们而惊愕不已的清朝，在两年之后的顺治十八年七月十三日，分别于扬州、苏州、镇江、绍兴等地处斩了加入或协助郑、张的绅士100余人。这就是所谓通海案，具体的内容请参考谢国桢，1982、1988，pp.197-206；陈在正，1984；小野和子，1996；Struve，1984，pp.181-189；Wakeman，Frederic，Jr.，1985，pp.1042-1049。佚名，《研堂见闻杂录》称，"己亥，海师至京口，金坛诸搢绅有阴为款者，事既定，同袍相讦发，遂罗织绅衿数十人。抚臣请于朝。……又昔年所获大成圆果诸狱，至是狱定，亦磔于江宁。所谓江南十案者也，共得数百人，同于辛丑七月，决于江宁市"。另外，佚名，《辛丑纪闻》，《明清史料汇编》（第2集第8册，台北，1967）末尾称，"是时，金坛、镇江、无为告，共九案计一百三人。大约因己亥（顺治十六年）海寇之来，故及于祸"。而且同时还一同处斩了受苏州哭庙案（顺治十八年二月初）牵连的18名生员。

　　〔3〕顺治十八年正月，顺治帝驾崩，苏州的所有官人和绅士亦聚于府学，举行了哭庙礼。然而此时有18名生员抗议知县任维初强征租税。生员哭庙虽是明朝以来的惯行，但这却引起了清朝的警觉，于七月十三日连同受通海案牵连的绅士百余人一起处斩，并将其妻子和家产籍没入官。这就是所谓哭庙案，具体的内容请参考，佚名，《辛丑纪闻》，《明清史料汇编》（第2集8册），台北，1967；周志斌，2001；陈国栋，1992；寺田隆信，1978。

　　〔4〕顺治十八年年初，在巡抚朱国治上奏朝廷的奏销（会计报告）中，报告了江南绅士滞纳者名单共13517人（绅2171人、士11346人）。清朝对其全部施以降职或剥夺资格处分。其中还有大概未纳一厘银或十分之一文铜钱左右的记录。这就是所谓奏销案，具体的内容请参考，郭松义，1979；孟森，1965；孟昭信，1990；付庆芬，2004；谢国桢，1982C；伍丹戈，1981；赵践，1999；山本英史，2004；岸本美绪，1999；川胜守，1980，pp.559-565；吴金成，1989C，pp.99-106；Dennerline，J.，1976；Kessler，Lawrence D.，1971；Oxnam，Robert B.，1973。

　　〔5〕康熙二年，发生了同这些事件如出一辙的庄氏史案（明史案）。庄练，1972；汤浅幸孙，1968；川胜守，1999。

面，对同一车轴中的第二轮——以郑成功为中心的东南沿海地区的海上势力，试图以颁布"迁界令"来解决（1661年八月）[1]。颁布迁界令的名义是"为了沿海居民的安全"，但从其性质来看，相比以北京为中心的"圈地"措施，它更是暴力之举。清朝果敢地同时打击了"同一车轴的两轮"[2]。

三 清初绅士政策的性质

那么如上所述，从顺治亲政时期至康熙初年，对清朝逐渐加强的中国统治政策，尤其是以针对江南地区的通海案、江南奏销案和针对东南沿海地区的迁界令为代表的两种超强硬策，应该如何理解呢？

如上所述，自多尔衮摄政时期，清朝一边凭借强大的军事实力展开征服战争[3]，一边自顺治亲政时期逐渐加强了对全国绅士的控制。另外绅衿抗粮问题的严重性，早在顺治四年（1647）的殿试策题便已获得反映，顺治十五年在对户部的敕谕中称，

ⓐ各省于顺治元二年间，开报荒田甚多。连年虽屡奉清察，

---

[1]《圣祖实录》卷4，顺治十八年八月己未条；谢国桢，1982B；苏梅芳，1978；朱德兰，1986；萧国健，1986；马楚坚，1993；田中克己，1936；浦廉一，1954；田中克己，1966；中道邦彦，1968。

[2] 这样的认识基于徐珂的《清稗类钞》第3册，狱讼类，顺治辛丑奏销案，"亦以各省励行此事，国治为尤酷耳.国治抚吴在己亥冬，承郑延平兵入沿江列郡之后，意所不慊，辄以逆案为名，任情荼毒，当时横暴之举，非始于奏疏，……夫整理赋税，原属官吏职权，特当时以明海上之师，积怒于南方人心之未尽帖服，假大狱以示威，又牵连逆案以成狱也"；同书同条，《康熙庚午哭庙大狱》，"康熙庚午哭庙大狱，吴中名士同时就戮者，……十八人，家孥财产，皆籍没入官，其被株连而军流禁锢者无算。盖吴多讲学之社，明亡而犹盛，各立门户，……狱之初起，廷意欲罗织名士以绝清议，苦无辞，乃借哭庙事除之，谓为大不敬，骈戮之，当无异言，……讲学之社，自是绝矣"。

[3] 李格，1982。

未见报明。……ⓑ江南无锡等县，历来钱粮欠至数十万。……ⓒ乡绅、举、贡之豪强者，包揽钱粮，隐混抗官，多占地亩，不纳租税，反行挟制有司。ⓓ有司官不能廉明自守者，更惧其权势，不敢征催。……ⓔ或钱粮在官，借口民欠，或乡绅及其子弟、举、贡、生员、土豪隐占地亩，抗不纳粮，或畏惧豪强，不敢征比等项情弊，务期察明惩治。ⓕ清察一处，即可为他处榜样。[1]

由此可见，清朝命令严惩绅衿抗粮。进而于顺治十八年（1661）与《催征钱粮未完分数处分例》一道曾多次下发同样的命令[2]。由此可见，清朝国家权力尚未完全掌控绅士。

在这种状态下，对清朝所采取的超强硬政策，即通海案、苏州哭庙案、江南奏销案等从狭义上来看，是对"江南绅士的高压"，亦可视为清朝对复社同人等江南绅士的根深蒂固的反清意识敲响的警钟。而迁界令则可视作为了控制以郑氏海上势力及福建和广东地区的绅士和大商人为中心的反清力量，防止其对清朝的统治持续产生离心力作用而发布的命令。

然而从宏观上来看，通海案、苏州哭庙案、江南奏销案等并非是简单的"清朝对江南绅士的高压政策"，而是为了彰显"清察一处，即可为他处榜样"（可谓是"杀鸡儆猴"）这一目的而实行的。

---

〔1〕 清《世祖实录》卷117，顺治十五年五月戊申条。这些内容是：（1）清察命令不服；（2）滞纳额过多；（3）绅士抗粮；（4）地方官的不正腐败和职务遗弃；（5）ⓑ—ⓓ，3个弊端惩治警告；（6）警告标本惩治；等等。

〔2〕 早在顺治十七年禁止了绅衿抗粮（《世祖实录》卷133，顺治十七年三月戊午条；同月庚申条），此后分别于雍正二年（《世宗实录》卷16，雍正二年二月戊午条）、雍正六年（《钦定学政全书》卷26，整饬士习）、乾隆元年（《钦定学政全书》卷24，约束生监）、乾隆四年（《钦定学政全书》卷26，整饬士习），亦分别再次强调，但是终未能禁。

换言之，当时在全国性的滞纳现象蔓延的状态下，政府通过对江南绅士的钱粮滞纳现象展现出决然的意志，来直接铲除江南反清士风和滞纳惯行的根源，进而向全国的绅士发出严重警告，以解决清朝奠定财政和统治基础这一国家性悬案，从而采取具有象征性和包罗性的政策[1]。只是因为是清朝这个满族王朝，凭借其强大的军事实力作为背景而采取的政策，所以才令人印象极为深刻而已。康熙初年，清朝在江南地区强行实施均田均役法之后，类似的改革逐渐推向全国，亦可以说是遵守"清察一处，即可为他处榜样"之原则的结果。从被制裁的江南绅士这一方面来看，首先不仅强大清军的存在就如"戒严令"一样令人恐惧，而且这种制裁不仅仅是个人的问题，稍有不慎便会上升为十恶之罪，所以就是借助一直在江南发挥巨大影响力的"绅士公议"而展开的集体性对抗亦成为不可能。在这种状况下，唯有具备如轮胎一样有高度弹性的适应性，才能保住生命。总之，江南绅士的政治和社会地位不得不暂时萎缩，类似明朝的"乡绅之横"暂时消失不再出现[2]。另外，因为江南和东南沿海两地的绅士和海上势力为了躲避清军的监视网，通过海路进行联系，所以为了切断这些联系，清朝实施了迁界令。另外如果考虑到在该地区新出现的欧洲势力或倭寇，那么这种措施采取得越早越好。对于清朝而言，

---

〔1〕 山本英史（2000，pp.116-118）初步指出了本文的思考。而滨岛敦俊则认为江南奏销案同均田均役的实施有关（松丸道雄等，1999，p.547）。岸本美绪关注的是：① "与其说清朝把乡绅视作镇压的目标是奏销案的直接背景，毋宁说是顺治后半期以来对地方官加大的压制才是其直接背景"，② "奏销案之后，乡绅、生员恢复资格并不顺利，但对奏销中出现错误或处理过当的有关官员则采取了积极的处罚"。岸本美绪，1999C，p.226。

〔2〕 岸本美绪称，明至清的变化是绅士威信的下降和官僚（尤其是武官）地位的上升这种阶层感觉的变化（岸本美绪，1997B）。不过这种现象只是江南和其他极少数地区的状况。清朝初期至中期的国家权力要显著地强于明末明朝国家权力，但是如果考察清至中期的中国全境，绅士的政治和社会地位却依然非常强大。山本英史，2000；内田直文，2001。

这些政策是事先已考虑到了的有严重社会经济损失的[1]"坚壁清野之计"。

清朝在郑成功、张煌言联军进攻南京的事件中,因深深地感受到其强大的军事实力和汉人绅士根深蒂固的反清情绪而惊愕不已。故此,通过通海案、苏州哭庙案、江南奏销案等来压制江南绅士,通过迁界令一并压制在江南一带和东南沿海配合郑成功的绅士和商人势力,以谋求社会的稳定。说起来奏疏案和迁界令同为清朝经过长期的事先准备而推进的一贯政策的最终收尾。

然而这种措施很快又不得不收缩,这不过是清朝的一时之胜利而已。就在翌年(康熙元年),清朝以细小的名分,强行使通海案、苏州哭庙案、江南奏销案的总负责人巡抚朱国治(?—1673)退职[2],并向江南派遣了以清廉而闻名的韩世琦[3],处斩了提供苏州哭庙案发生原因的吴县知县任维初,强制撤掉苏州知府、太仓知州、长洲知县、华亭知县、娄县知县、上海知县等人官职,并严惩了相关的胥吏[4]。由于期间清朝镇压江南绅士导致了江南舆论极度恶化,想必这是清朝为了向相关地方官转嫁责任而采取的[5]替罪羊政策[6]。

---

〔1〕 岸本美绪,1997,第五、七章。与此相反,对于日本的对外贸易而言,这却发挥了积极作用,成为改变东亚国际贸易结构的契机。

〔2〕 《圣祖实录》卷6,康熙元年正月己亥条。

〔3〕 韩世琦系汉军正红旗人,顺治十八年十一月二十二日由顺天巡抚转任江宁巡抚,康熙元年正月二十五日赴任苏州,任职8年。韩世琦赴任之后解决了前任巡抚朱国治所未能解决的330余个案件。然而韩世琦亦因为严格征收钱粮,非但失去了江南人的人心,而且还因朝廷内部的斗争而受弹劾,最终至康熙十三年才被重新起用为偏沅巡抚。付庆芬,2004。

〔4〕 韩世琦,《抚吴疏草》卷4,题覆澶开乡绅疏;岸本美绪,1999,pp.226-227。

〔5〕 考察当时江南人的视角的话,参考了叶梦珠,阅世编卷6,赋税"朱国治将自己的过失推卸给了绅士和衙役";董含,《三冈识略》卷4,江南奏销之祸,其中认为:不是江南绅士的责任,而是朱国治向江南绅士推脱责任的强压政策。

〔6〕 韩世琦为监视江南绅士的发号和税金滞纳而倾注了不少的心血,之后亦派遣于成龙和汤斌等"廉吏"试图压制江南绅士,但终未能成,此后租税滞纳成为慢性病。

同年五月，又下令悉数释放了受奏疏案牵连的所有绅士[1]。

此后其他地区自不必说，江南的绅士依旧继续滞纳税役[2]。而且此时清朝所采取的一系列"压制政策"，同明初洪武帝所实施的政策，即为了确保财政和确立统治权，没收江南富户的财产，强制迁移，大兴五大疑狱事件，处斩了无数士大夫和地主，或者同明末宦官魏忠贤屠杀东林党人事件相比，从其强度看还是相对较弱。而且清朝的这种压制绝非是在完全否定作为其羽翼的绅士的前提下实施的。

所以，从清初顺治亲政时期至康熙初年实施的对江南和东南沿海的绅士和大商人的控制政策，应该从明清时代整体历史的长远角度来评价。换言之，应该在明洪武帝至清初持续连贯的诸多政策的延伸中，评价清初的绅士政策和海禁政策，才能正确把握其意义。

然而清朝的这些绅士政策在发生三藩之乱（1673—1681）之后，不得不进行调整。因为对于清朝而言，有必要将其重新笼络为羽翼，或至少应预防他们站到三藩的一面[3]。从清朝的立场来看，尽管绅士个人很弱，但是作为阶层却是不能忽视和否定且又无法完全控制的存在。在绝大多数人民和官僚同为汉人的状况下，将绅士笼络为羽翼的方法更加有效。清朝在一定程度上减免了江南地区的税金；而且对奏销案被剥夺了绅士资格者重新以捐纳为条件恢复其资格，即

---

〔1〕徐珂，《清稗类钞》第 3 册，狱讼类，顺治辛丑奏销案。由于巡抚朱国治的严厉督促，一次性完全纳税者有绅户 1924 人，生员 10548 人，分两次完成纳税者有绅户 131 人，衿户 124 人，诏敕下达之后完成纳税者有 97 人。然而大多数绅士尽管没有被押送，但是在清朝的正式释放令下达之前，均有被胥吏等戴上锁链投入各地府州县监牢的惨痛经历。付庆芬，2004。

〔2〕《钦定学政全书》卷 24，约束生监；同书卷 26，整饰士习；石锦，1990；岑大利，1998，pp.50-60；西村元照，1974、1976；山本英史，1977、1992；Naquin&Rawski，1987，p.219；Yamamoto Eishi，1999。

〔3〕有必要回忆下东汉末遭受党锢之祸的知识分子在黄巾之乱爆发后加入曹操的霸府，或元末金华学派的士大夫加入朱元璋集团的事例。

使仅有宣言性的意义[1]；新设博学宏词科，最大限度地笼络出身江南的绅士；开设明史馆编修明史等，这些均是安抚绅士之策。康熙帝在位后半期，先后六次南巡，固然有重视黄河和大运河的一面，但另一方面亦有要观察江南民众是否果真"诚心归顺"的一面，同时还想通过安抚和激励江南绅士，以达到彻底掌控江南的目的[2]。

若从绅士这一面来看，尽管无法完全抛弃华夷思想，但是因为绅士的地位和特权是由皇帝正式授予的，所以在现实上享受到的权益同明朝无异的状态下，绅士的内心自然会倾向于清朝。至 17 世纪末，江南经济基本上恢复到明末水准，江南的绅士在三藩之乱时亦未发生大的动摇，反而极大地响应清朝的捐纳，从而在平定了三藩之乱之后，清朝权力和绅士这两个势力在一定的程度上，彼此克制和协作，重现了前朝的协作体制[3]。尽管雍正帝以留有根深蒂固的华夷思想为借口，通过强力的奏折制和设立观风整俗使[4]，又试图压制绅士[5]，但这只能是暂时的，而且中央的政令达不到地方社会的情况也很多[6]。从宏观上来看，康熙后期至乾隆年间，绅士在清朝的怀柔和高压的双重政策下，可以说被很好地控制在稳定状态中。换言之，在两者协调很好的协作体制下，绅士几乎原封未动地维持了明代绅士担当公益事

---

〔1〕 郭松义，1979。

〔2〕 孟昭信，1990；Naquin&Rawski，1987，pp.216-220；曹永宪，2006，第二篇第一章。

〔3〕 山本英史，1990、2000；Kessler，Lawrence D.，1971、1976，pp.74-111。

〔4〕《世宗实录》卷 49，雍正四年十月甲子条；山本英史，1993。

〔5〕 雍正帝为了切实掌控江南地区并顺利征税，将江苏省 12 县分别分割为独立的两个县。雍正帝还下令限制对绅士的优免，但是地方的优免却依然如故。雍正六年十二月，下令再次彻查江苏、安徽、江西地区的税金滞纳者，但由于受到绅士和胥吏的抵抗，几乎经历两年才勉强完成。结果，尽管记录中可看到在地域社会，绅士的领导力大幅下降而胥吏日渐强横（黄印，《锡金识小录》卷 1，备参，上），但是从乾隆年间的趋势来看，雍正帝的所有努力最终均化为了泡影。《钦定学政全书》卷 22，童试事例；同书卷 24，约束生监；同书卷 25，优恤士子；同书卷 26，整饬士习；同书卷 31，区别流品；巫仁恕，1996，p.123；石锦，1990；小野和子，1959；西村元照，1976；山本英史，1977、1990、1992。

〔6〕 在整个明清时代，18 世纪 20 年代的反地方官士变最多。巫仁恕，1996，pp.118、126。

业的责任，为长时期持续的社会稳定做出了巨大贡献[1]。

四　清末清朝权力与绅士

然而自 18 世纪末，由于政治秩序的松弛、财政恶化、人口的爆炸性增长[2]、耕地开垦的低迷[3]、绅士的骤增[4]等原因，清朝进入了衰退期。各地在接连发生大小不同的叛乱，其中尤其因为嘉庆年间爆发的白莲教起义（1796—1805），使清朝呈现出类似元末或明末清初动荡期的状况。

元末的士大夫和地主大举加入的，不是从政治上和社会上冷待自己的元朝，而是虽为叛乱势力，但却承诺尊重自身地位的朱元璋集团，从而得以推翻元朝建立了明朝[5]。而就如多次说明那样，在明末清初的动荡时期，绅士选择的不是否定自身地位和特权的李自成和张献忠等叛乱势力，而是承诺保障自身地位和特权的清朝。

一方面，到了嘉庆时期，清朝的八旗军和绿营几乎处于丧失战斗力的状态。然而就在这个时期，同元末的士大夫或 17 世纪中叶的绅士不同，绅士协助认可自身特权地位的清朝，组织乡勇从叛乱势力中挽救了清朝[6]。另一方面，19 世纪中叶，在太平天国运动

---

〔1〕 巫仁恕（1997）称，"明末至清中期，苏州手工业工人的争议形态逐渐具有利用'正常的申诉手段'期待官衙介入的'合法斗争'的倾向"；岸本美绪（1999，pp.21）亦称，"自 18 世纪开始，被称作'乡绅之横'的情况几乎再也没有出现。自清朝的统治确立之后，'民变'的情形亦不同于明末常见的冲击官衙或火烧地方官邸，而是向上级官府申诉不良地方官的恶行等，向所谓的有制度地反映异议的形式发展"，但是她又称对此尚有待进一步的实证考察。然而巫仁恕（2004，pp.16-17）却在这样的主张中退后了一步。

〔2〕 Ho, Ping-ti, 1959；Perkins, Dwight H., 1969；本书第一篇第二章。

〔3〕 Wang, Yeh-chien, 1973, pp.24-25。

〔4〕 Chang, Chung-li, 1955（李荣昌译，1991）。

〔5〕 吴金成，1997C。

〔6〕 铃木中正，1952；Jones, Susan M.and Kuhn, Philip A., 1978。

（1850—1864）期间，以与嘉庆白莲教时期相同的理由，绅士同样组织乡勇，协助清朝，再次延长了它的生命[1]。不少绅士还参与了19世纪后半叶的反基督教运动[2]。

从长期的视角来看，直至19世纪末，绅士都积极地协助承认自身特权和地位的清朝，同清朝共命运。自明中叶开始不断提高自身社会地位的商人，终于被连称为"绅商"，一并发挥起了传统绅士的政治和社会作用[3]。他们通过普遍建于各地的"公局"，协助维持乡村的秩序、征收租税、调停裁决等，来积极维护清朝的乡村统治[4]。然而从改革和革命运动日渐高涨，且清朝推进"新政"的20世纪初开始，大多数的绅士或绅商就如元末的士大夫和地主，或17世纪中叶的绅士那样，逐渐远离清朝权力，最终合流于推翻清朝的势力[5]。

如果从较为微观的角度来看，在清朝推进新政的过程中，不但令绅士、绅商组织教育会、劝学所、商会、农会、工会、矿会等民间社团，使其合法化，还在新式学堂的教师和学生的资格乃至咨议局和资政院议员的资格上，都做出了有利于绅士的规定。因此，这些诸多社团的成立等于是给绅士、绅商阶层提供了在地方层面上集

---

〔1〕 Kuhn，Philip A.，1970（谢亮生等译，1990）；吴金成，2007A，第二篇第四章。

〔2〕 郭世佑，1995；戴斌武，2004；吕实强，1966；金培喆，1989；Cohen，Paul A.，1963。

〔3〕 吴金成，2007C。

〔4〕 邱捷，2005。

〔5〕 当然并非所有绅士和绅商都是如此。大多数合力于革命，但有些地区的一些绅士或绅商并未参与，而是协助地方官或缓解双方的紧张关系，或出面维持秩序。以下关于新政期，唐力行，1993；唐振常，1992；马敏，1991、1994、1995；马敏、朱英，1993；汪林茂，1990；王先明，1997；阮忠仁，1988；张朋园，1969；朱英，1991；章开沅、马敏、朱英，2000；贺跃夫，1994；贺跃夫，1997；金衡钟，2002；闵斗基，1973；曾田三郎，1997；Schoppa，R.Keith，1982；Rankin，MaryB.，1986；Esherick，Joseph W.，and Rankin，Mary B.，1990。

中并代言自身意见的制度化装置。明末由黄宗羲提出[1]，并由复社同人主张的这一重要悬案，经历两百多年才勉强得到解决。

随之，大多数的绅士、绅商积极响应清朝的措施，于是这些社团或自治机构的大多数领导者和会员基本上由绅士、绅商担任。大城市商务总会的总理、协理职位和会董、会员的大部分为绅士或绅商。而且除了程度上有所不同之外，地方州县的商务分会、分所的领导者和会员同样亦由他们来把持。新式学堂的创建者、教师、学生或留学生通常也是绅士或学绅（接受新式教育者）[2]。

然而如此响应清朝措施的绅士、绅商不久便参与了立宪运动，同地方政府对立，还展开了抵制美国运动和利权回收运动。他们非但没有顺应清朝权力的期待，反而向背离清朝的方向发展，而且还参与了接下来爆发的辛亥革命，为颠覆清朝发挥了决定性的作用。

曾将自身的命运同清朝的命运绑在一起的绅士同清朝诀别的重要契机可归结为如下两个。首先，从名分上来看，算是科举制的废除（1905）。绅士的社会地位基本是由国家通过学校制度和科举制度授予的，如果废除了科举制度，出仕之路便会直接受阻，进而绅士的社会"认同感"便会消失。作为绅士能够享受的优越性前景消失了，儒家知识不再是社会价值，于是绅士能够协助清朝的基本名义也就消失了[3]。其次，另外一个现实性问题是，清朝在灭亡前十多年，积极追求的教育改革、实业振兴、地方自治等"新政"，基本是在绅士的积极参与和协助的前提下推进的，换言之，是企图通过重新笼络绅士为其羽翼而延长清朝的生命。然而如果没有足以推进新

---

〔1〕 黄宗羲，《明夷待访录》，学校。

〔2〕 绅士、绅商，在民国时期还主导了新组建的州县政府和各机关，此后亦在城乡延续维系着强力的领导力，并于20世纪20年代成为农民运动打倒的对象。

〔3〕 徐茂明，2004A，pp.307－329，2004B；岑大利，1998，pp.215－222；肖宗志，2005；皮德涛，2005。

政所需的财政保障，绅士和绅商无论如何参与和努力也不会实现[1]。可是对于这种财政保障，不用说当时的地方政府做不到，就是清朝的中央政府也无法做到，余下的方法只有加征税赋和扩大绅商的负担。因此在政治和经济利害关系方面，绅士、绅商同清朝官府必然形成了对立，最终绅士、绅商便背离了清朝。

回头再看的话，清朝通过征服郑氏势力（1683），完成了明清王朝的更替。此后，随着社会稳定、人口骤增和广泛的社会流动，社会比从前更加迅速地进行多样化。随之，清朝中央权力的社会统治力日渐衰弱，于是不得不愈加依赖于绅士的社会支配力。太平天国之后，清朝的社会统治力几乎接近瓦解，此后的半个世纪，在绅士们辨不清方向而彷徨的期间，清朝借助其惯性，换言之，不过是在绅士的背上得以延命而已。

就如元末的士大夫和地主，或者明末清初动乱时期的绅士那样，清末新政时期的绅士和绅商最终亦背离了无法保障自身的地位和保身家的国家权力。因此，在前近代的中国社会，国家权力如何将社会的领导阶层纳入体制内，也即，社会领导阶层的向背与否是关系国家安危和社会稳定的关键。

小结

通过明清时代来看，权威、名誉、财富等均不能永久性地保障精英的稳定地位，所以社会在不断地流动。这种现象在明清王朝更

---

[1] 金衡钟，2002。

替时期尤其显著[1]，因而原有的以绅士为中心的社会支配结构发生了极大的重构。

然而尤为值得关注的是，在国家权力的空白期活动的多种集团以至社会阶层在清朝的统治稳定之后，都依然维系了其自身的生命力[2]。首先在人口快速增长、社会迅速多样化的过程中，商人的影响力显著增大，人们对商人的认识也发生变化，绅士和商人间社会地位的乖离程度逐渐缩小，至清末时则被一体化称为"绅商"[3]。

一方面，在王朝更替时期，人口的聚散流动极甚[4]。在该状态下，不但是乡村社会，城市社会也出现了"人口对流现象"，甚至还发生了在城市中原本占领导地位的商人集团被更替的现象[5]。而且随着城市地区的游民、无赖等非农业人口的骤增，以城市为中心活动的无赖成了一个实实在在的阶层[6]。经过动荡时期，绅士移居城市的现象也进一步加速[7]。

居于城市的绅士非但利用了宗族组织和婚姻关系[8]，还有善会、

---

〔1〕 据新近的分析，在叶梦珠介绍的上海的"望族"中，于明末清初的动荡时期破产的案例占 1/3，进入清朝后从没落中又"家声复振"的案例占 1/3，状况不明的案例占 1/3。吴仁安，1997，p.75。

〔2〕 可以说，这种现象是自 16 世纪以来历史趋势的深化。Han，Seunghyun，2005。

〔3〕 马敏，1955；王先明，1997；岑大利，1998，pp.179-189；吴金成，2007C。

〔4〕 曹树基，1997A。

〔5〕 吴金成，2007A，第三篇第一、二章。

〔6〕 沙郑军，1988；郝秉键，2001；本书第三篇第二章。

〔7〕 在江南，绅士的移居城市（城居化）现象是普遍现象。然而具体来看，乡绅的情况确实如此（郝秉键，2001，p.17；滨岛敦俊，1989A），但士人情况则未必一定如此。另外，江南之外的中国大部分地区的乡绅城居化趋势亦不同于江南。山根幸夫，1981；周銮书，1997。

〔8〕 随着国家在东南地区的行政中遭遇困难，亦日渐寄希望于宗族组织，尤其是绅士对控制宗族组织的作用。明清时期有势力的宗族大多成了培育绅士的母体。据陈支平（1991，p.212）称，福建的连城新泉望族张氏在清代有 800 人取得科举功名或名誉职衔。根据 Beattie，Hilary J.（1979，pp.104-105），安徽的桐城望族张氏家族在张英及第之后的五代中有 146 人（82%）考取了功名。而同为桐城的几家宗族尽管几乎没有培育出科举及第者，但基于宗族的基业，延续了数百年的统治地位（p.131）。其他参考 Freedman，Maurice，1989，pp.144-145。

善堂、义庄等社会保障机构[1]和座主门生关系[2]，而且还巧妙地利用和操纵了胥吏、奴仆、牙行和无赖等。绅士还与商人共同在城市建立了无数会馆和公所，并出任其代表，得以在城市社会行使同乡村社会类似的影响力[3]。进而以绅士为中心形成了绅士—无赖—牙行、商人—胥吏彼此不可分的复杂的社会结构[4]。无赖大致从明中期横行于城市，而这种结构应该对此产生了相当大的作用。

而在战乱时期，通过以绅士为中心形成的以宗族或村落为单位的结寨自保感受了"宗族功能"的重要性之后，乡村的宗族结合大为增加，甚至还出现了聚集宗族而居的人口上万的村寨。但是，大部分的宗族无法延续长期的繁荣，而绅士或大商人在活动时期凭借其强大影响力发展的情况较多[5]。在这样的社会变化过程中，宗族[6]、结社民众、绅士、军队将领、大商人、胥吏、无赖等各类集团和阶层，逐渐扩大了其影响力。可是通过国家授予功名，获得国家权力容忍的绅士依然是最重要的中心轴，即是形成集结之核的存在。

在明末，绅士阶层为了统治乡村，甚至发展到能够同国家权力角逐主导权（hegemony）的程度，而成为对中央权力产生离心力的存在。然而至清代，绅士在许多方面反而协助国家权力，清朝的国

---

〔1〕 范金民，1995；徐茂明，2004，第二、三章；梁其姿，2001；王卫平，1999；王日根，1996B；李文治、江太新，2000；冯尔康，1980；夫马进，1997。

〔2〕 顾炎武，《顾亭林文集》，生员论（中）；顾炎武，《日知录》17，座主门生；赵翼，《陔余丛考》卷29，座主见门生例；商衍鎏，1958，pp.8-9；宫崎市定，1974。

〔3〕 不仅仅是绅士或绅商，会馆亦深入参与和主管着架桥、修路，支持消防，建渡口和学校，担负地域防御和维持秩序，建设和运营福利设施以及发挥文化功能，等等。

〔4〕 马敏，1995；王日根，1996A；王先明，1997；岑大利，1998，pp.171-179；郝秉键，1997、2001；Rowe，William T.，1984、1989。

〔5〕 但，就如赖惠敏（1988）、潘光旦（1991）、吴仁安（1997）、周銮书（1997）、朴元熇（1996）、Beattie，Hilary J.（1979）等的研究和其他许多论著所指出的那样，如果以宗族为单位亦有延续数百年的案例。

〔6〕 宗族组织的族长一般由绅士担任，因而族权和绅权相结合的情况较多。

家权力从某种意义上而言，比明朝更加依赖于绅士的社会支配力。结果，甚至在公权和私权之间出现了界限模糊的现象[1]，这种倾向越接近清末就越显著。绅士在明清王朝更替时期，通过选择新王朝成功实现变身，从而维系了自身的政治和社会地位，此后也通过不断的巧妙变身和不断适应，于清末化身为"绅商"，以至不但在乡村，甚至在城市，也依然能够继续维持其支配力[2]。

在过去的半个世纪，绅士问题是研究明清时代社会经济史的重要主题之一。而且在新千年开始的今天，关于绅士和绅商的研究仍旧是重要的研究课题。在日后的研究中，一方面应该具体地考虑绅士存在形态的时期和地域的多样性，另一方面通过通查他们的这种多样性，应该检验出适用于中国全境的共通的存在状况。而且有必要进一步深入研究宗族或绅士（包括清末的绅商）在城、乡各地的地位和发挥的作用。最后，对各地以绅士为中心，在宗族组织和胥吏、无赖、商人之间形成的复杂多样的关系网，进行整体性的研究想必亦是有必要的。

---

[1] 岑大利，1998，pp.100-102；Yamamoto Eishi，1999；山本英史，2000。
[2] 余子明，2002。

第三章　国法和社会惯行——以明代的
"官绅优免则例"为中心

绪言

明朝社会的领导阶层是绅士，而他们被赋予了优免特权。绅士利用这样的特权肆意滥免（无限制的行使优免权）和寄庄。而地主们为了逃避过重的税役负担，将土地诡寄于绅士的现象四处蔓延。于是国家征收的税役中产生的不足部分，便全部被转嫁至中小农民。因此，无力的农民不堪苛捐杂税，破产而四处流散者日众。这导致了明朝中期之后的大规模人口流动和各地的民变蜂起。

关于明代绅士优免问题，自日本的山根幸夫教授首次研究以来，至今已积累了不少的研究成果[1]。但是关于"这一特权具体从何时开

---

〔1〕　山根幸夫，1951；伍丹戈，1981；伍丹戈，1983；唐文基，1991；岑大利，1998；张显清，1992；陈宝良，2000；酒井忠夫，1961；和田正广，1978；川胜守，1980，第七章；吴金成，1986，第一篇第一章。

始、赋予了谁"，学界尚存不一致的意见[1]。本文在考虑明代的社会变化趋势的基础上，对"为什么出现对绅士优免问题的误解，这又有什么意义"等问题，做出重新整理。

一　洪武年间的优免及其问题

明朝建国之初，尚无对官人户（培育出内外现任官和致仕官的家庭）和未入仕学位所持者的优免做正式规定。然而该时期有可能根据惯例享受优免。因为官人户自古便被免去了徭役，且洪武七年（1374）产生了"令官员亡故者，免其家徭役三年"[2]的国法。

洪武帝正式为官人户赋予优免是在洪武十年。同年二月的诏敕称：

> 食禄之家，与庶民贵贱有等，趋事执役以奉上者，庶民之事，若贤人君子，既贵其身，而复役其家，则君子野人无所分别，非劝士待贤之道。自今，百司见任官员之家，有田土者，输租税外，悉免其徭役，著为令。[3]

其内容就是，全免"内、外现任官"的徭役（大概包括里甲正役和杂役）[4]，并将其"定为国法"。这是出于官人是君子，所以应同庶民分贵贱的认识。且于两年之后的诏敕中称：

---

〔1〕　2004 年 6 月 19 日，日本的滨岛敦俊在韩国的明清史学会发表了论文（滨岛敦俊，2001）。尽管该论文为研究明清史的同仁提供了不少启发，但对于绅士优免问题，却有不能认同之处。

〔2〕　正德《大明会典》卷 22，户部 7，户口 3，赋役，优免差役；万历《大明会典》卷 20，户口 2，黄册，赋役条。

〔3〕　《太祖实录》卷 111，洪武十年二月丁卯条。

〔4〕　该时期是尚未制定里甲制的时期，所以可能包括洪武十四年制定的里甲正役和杂役。

自今，内外官员致仕还乡者，复其家，终身无所与。其居乡里，惟于宗族序尊卑如家人礼。于其外祖及妻家亦序尊卑。若筵宴则设别席，不许坐于无官者之下。如与同致仕官会，则序爵，爵同序齿。其与异姓无官者，相见不必答礼。庶民则以官礼相见，敢有凌侮者论如律。著为令。〔1〕

即让致仕官同现任官一样所有徭役全免，且在社会地位上，亦给予同现任官类似的认可，并将其定为"国法"。

但是，就在翌年，即洪武十三年的新诏敕中称：

（1）诏京官复其家。〔2〕

（2）（洪武）十三年，令六部、都察院、应天府并两县、判禄司、仪礼司、行人司随朝官员，除本户合纳税粮外，其余一应杂泛差役尽免。〔3〕

即优免特权只限于"现任京官"。《太祖实录》就如（1）那样，仅用"六字"做了极简单的介绍，连类似洪武十年令或十二年令那样的所谓"著为令"的但书都没有。然而该诏敕日后就如（2）那样，被载入正德《大明会典》（正德六年编撰）和万历《大明会典》，成为明代最早的关于官人优免规定的"国法"。

提出洪武年间法令中出现这种细微变化意义的学者，就是日本

---

〔1〕《太祖实录》卷126，洪武十二年八月辛巳条。

〔2〕《太祖实录》卷132，洪武十三年七月壬辰条。

〔3〕正德《大明会典》卷22，户部7，户口3，赋役，优免差役；万历《大明会典》卷20，户口2，黄册，赋役，凡优免差役。在《皇明制书》，节行事例，内外官员优免户下差役例，亦有同一内容。

的滨岛敦俊。具体而言，"洪武十年令和十二年令仅载于《实录》，而《会典》则没有收录，相反洪武十三年令未见于包括《实录》在内的任何记录，而仅收录于《会典》中，从而确实发挥了'国法'的功能。至嘉靖二十四年，《会典》收录有关官员的优免规定，是为最后记录"[1]。对这种观点的重要论据，如下文所示，即王文禄[2]所称的：

（1）未见有某乡宦、某进士、某举人，由此观之，同一齐民也。无优免之例也。视取册而验之可也。京官优免者为劳于职也。免本户的名，非免诡寄也。外任、休、致无之也，今也概免之。

（2）不畏势豪、巨宦，清查诡寄子户，按田而定之。京宦、举人、监生、生员、史承等，依例优免外，余则为役。免之者优之也。冀其出身以报国也。[3]

据王文禄的认识，他生活的嘉靖年间，尽管所有绅士（内外现任官和致仕官）享受着优免特权，但这是非法的免除，以前仅为"现任京官"被赋予了优免特权，而"现任外官和致仕官"则尚未赋予优免。

---

〔1〕滨岛敦俊，1997，p.160；滨岛敦俊，2001，p.34。但，同滨岛敦俊的误解不同，尽管载于《实录》，但很简略。《会典》的内容是根据《实录》的（1）"诏京官复起家"（《太祖实录》卷132，洪武十三年七月壬辰条）和（2）"上命户部，移文诸郡县，凡功臣之家，有田土，输纳税粮并应充均工夫役之外，如粮长里长水马驿夫等役悉免之"（《太祖实录》卷134，洪武十三年十二月丁巳朔条）两种记录合成的。

〔2〕王文禄系浙江嘉兴府海盐县人，活动于嘉靖至万历年间。他是嘉靖十年（1531）的举人，万历十四年（1586）以80余岁的年龄还参加过会试。尽管他是拥有300亩土地的地主，但在嘉靖末年极力提倡均田均役法。

〔3〕王文禄，《百陵学山》，策枢3，苏民策四首，均役。关于未入仕学位所持者的优免，在同书，书牍2，《上侯太府书》记载"始录于泮，即复其身"。

但是王文禄的认识中亦有矛盾。第一，对于未入仕学位所持者中最上层的举人之优免，（1）中称"不存在"，（2）中称存在。第二，对于内外官员优免，王文禄在（1）中称，"唯有现任京官获优免特权，对外官、休职中的官员及致仕官则无优免规定"，并强调黄册的记载或《会典》的规定中亦不存在（视取册而验之可也）。然而就如下文所示，同王文禄的认识相反的记录，多得不胜枚举。

二　绅士优免规定的变化

1.15 世纪的优免问题

为了比较方便，如果按时间顺序对有关明代绅士优免的记载加以介绍，则如下所示。首先正统帝（1436—1449）即位后，随即准许对文职 70 岁致仕官员的优免[1]。这可能是因为洪武十二年令中有"著为令"，但自洪武十三年令颁布之后，仍未正式认定对致仕官的优免，从而在其后数年时间里，在各地区优免的适用上，出现了相当混乱的状况，比如：

（1）正统元年令，在京文武官员之家，除里甲正役外，其余一应均徭杂役俱免。[2]

（2）按正统元年，诏定在京文武诸官，除里甲正役外，一应均徭杂役全免，外官半之。[3]

（3）直隶扬州府泰州判官王思旻奏。洪武以来，内外见任官，俱免原籍差徭。今有司差派无异凡庶，实违旧制。上命行

---

[1]《英宗实录》卷 2，宣德十年二月辛亥条。
[2] 正德《大明会典》卷 22，户部 7，户口 3，赋役，优免差役。
[3] 万历《武进县志》卷 3，里徭，优免。

在户部，申旧制行之。[1]

（4）（正统三年三月）在京文武官员之家，除里甲正役并税粮外，其余一应杂泛差役俱免。[2]

（1）是正德《大明会典》所载法令，它再次确认了仅对文武京官"全免"徭役的洪武十三年令。可是载于正德《大明会典》而成为"国法"的这一规定，却于万历《大明会典》遗漏的原因是什么呢？不知是否是此缘故，同为传递正统元年令的例（2）中的江南《武进县志》，则记载为不但文武京官"全免"，而且外官亦按京官的1/2比例予以免除[3]。在次年即正统二年（1437），泰州判官王思旻的奏文中［内容（3）］亦称，洪武以来实施的"旧制"是"优免内外现任官"。然而正统三年则如（4）那样，根据"旧例"只优免"京官"，重新确认了洪武十三年令和正统元年令。

在中央的"国法"和地方的"社会惯行"之间存有这种背离（乖离）的状态下，官人户自然向有利于自身的方向进行滥免，而被滥免部分势必又被转嫁于百姓。为此，要求限制官人户优免的观点，始终未绝。首次提出这一主张者是正统十二年上奏的云南鹤庆军民府知府林遵节。他在奏文中称：

（1）所辖诸州多土官，其见任者家僮庄户动计数百，不供租赋，放逸为非。请依品级量免数丁，其余悉入编甿，俾供徭役，下可以纾百姓之力，上可消不虞之患事。下三司议。[4]

---

[1]《英宗实录》卷31，正统二年六月乙亥条。
[2] 王材，《皇明太学志》卷2，典制（下），赐与、优复条。
[3] 只是此处所指的"外官半之"，是不是在地方社会，不得而知。不顾明朝的原则而擅自实施，酒井忠夫（1961，p.203）认为该内容是"后世附加"的，从而怀疑其可靠性。
[4]《英宗实录》卷149，正统十二年正月丙子条。

（2）（正统）十二年，令云南土官，四品以上优免一十六丁，（以下递减）杂职六丁……〔1〕

内容（1）是，在当时的云南，不但是中央官僚，就连地方官（包括土官）也几乎无限制地进行滥免，所以应限制优免数额。该奏文日后经三司的讨论之后，根据品级，对现任地方官的优免限制做了法制化的规定，便是内容（2）。在该法令中应注意的是：第一，明代首次贯彻了限制优免额的主张；第二，免役基准被限制为仅以"人丁"为准。

上述滥免，不收"非特权地主"（即没有获得优免特权的地主）的诡寄（以他人的姓名在赋役黄册登记土地的行为），是不可能的。由此可见，明朝廷仅将洪武十三年（1380）的"现任中央官优免令"加以法制化，且于正统元年（1436）和三年再三确认了其原则，但是在地方上，则可知《实录》洪武十年的"现任内外官优免令"成为社会惯行。正统十四年，顺天府昌平县儒学增广生员马孝祖上奏称：

乞敕，今后致仕官员，或炤见任优免差徭，……下礼部尚书胡濙等，以为……恤臣下，无例难允。从之。〔2〕

马孝祖的上奏，便是因为该惯行的存在才出现的。在当时社会普遍认为优免"现任内外官"是理所当然的情况下，马孝祖奏请根据现任官的案例认可对致仕官的优免。然而朝廷的答复是"无例难允"。

可是如果考察下面的记录，有些地区的致仕官似乎已经享有优

---

〔1〕 正德《大明会典》卷22，户部7，户口3，赋役，优免差役。
〔2〕《英宗实录》卷186，正统十四年十二月戊午条。

免。生员马孝祖上奏 15 年之后，给事中丘弘在成化二年（1466）的上疏中称：

> 永乐、宣德间，……今也，均徭既行，……官吏、里书乘造册，而取民财，豪富奸狡通贿赂以避重役，……士夫之家皆当皂役，致仕之官不免杂差。……今后，民间差役仍如旧例，……户礼兵三部覆奏。上从之。[1]

即据"旧例"，内外现任官和致仕官均为优免对象，对此户、礼、兵部给予覆奏，而成化帝则下旨奏准。于是现任官和致仕官，即所有绅士均被赋予了优免特权，但《会典》却没有记载。

在地区社会滥用优免规定的内容，亦出现在成化四年（1468）史部听选官吴淑茂的如下奏文中：

> 臣照得洪武、永乐、宣德年间，官吏生员之家优免杂泛差役，……近年以来，窃见，有司视例为虚文，辄将官吏生员之家不分田粮人丁多寡，一概与民科差，佥充各衙门隶卒、斗库、宣府等役。……乞敕该府，申明旧例，通行禁约，将官吏生员之家除粮税征办外，其余杂泛差役，照旧优免。[2]

意思是，至宣德年间"官吏家（可能是内外官）"和未入仕学位所持者获得优免，但是近年来随着"均徭法"[3] 的普及，亦有向他们征徭役的案例，并恳请依照"旧例"认可他们所有人的优免。

---

〔1〕《宪宗实录》卷 33，成化二年八月辛丑条。
〔2〕《皇明条法事类纂》卷 8，优免官吏生员杂泛差役例。
〔3〕关于均徭法的新认识，参照了岩井茂树，2004，第六章。

但是，成化、弘治年间（15世纪后半叶）的大官僚、著名经济学家丘濬（1421—1495）在其《大学衍义补》中更多地描述了当时的情况[1]。丘濬便为解决自15世纪中叶"兼并之患"这个严重的社会问题，提倡了"配丁田法"。其中对于绅士优免的主张是：

> 仕宦优免之法，因官品崇卑，量为优免，……其人已死，优及子孙，以寓世禄之意［如京官三品以上免田四顷，……外官则递减之］立为一定之限，以为一代之制，名曰配丁田法。[2]

在当时社会对所有现任官人户理所当然地认可优免特权的状态下，所有绅士都在暗自无限制地行使着优免权（即滥免）。于是，丘濬主张所有内外官均应该按品级限制优免额（这是第二次提出限制优免额的主张），而且其优免额仅认可至下一代，即世袭一代。至此，还出现了应限制京官优免额的主张[3]。这是因为江南的苏州、松江、嘉兴地区的粮长不但很难征收官户的徭役，而且连税粮亦变得越来越难征收，因而民户的诡寄现象进一步增加[4]。

弘治七年（1494），户部判事吏（＝纳粟吏员）余彦达上疏称，"因为京官、外官都在滥免，因此就算京官全户优免，也要限制外官和未入仕学位所持者的优免额"（这是第三次提出限制优免的主

---

〔1〕《大学衍义补》是丘濬执笔十余载而成的名著。成化二十三年（1487）十一月，丘濬将《大学衍义补》的内容进呈于即位仅三个月的弘治帝，从而带来了所谓"弘治中兴"的转机。尹贞粉，2002，p.52。

〔2〕 丘濬，《大学衍义补》卷14，固邦本，制民之产。［］内的内容是割注。

〔3〕 弘治至正德年间，随着徭役的以银折纳（银差），优免的基准亦出现了由人丁、田粮、直接向田亩转变的案例。随之非特权地主的诡寄进一步蔓延，小农的徭役负担日渐加重。京官的优免额亦应限制的主张，便是因此而出现的。

〔4〕 丘濬，《大学衍义补》卷22，贡赋之常。

张）[1]。弘治十二年（1499），根据各地巡抚等地方官的建议，户部进行讨论之后奏请，不仅是限制外官（这是以外官亦为优免对象作为前提），还要限制京官的优免额（这是第四次提出限制优免的主张）[2]，但是却没有载入于《会典》。

综上所述，可将明初至15世纪末的情况做如下整理。明朝的国法就如洪武十三年令一样，是"现任京官全户优免"。然而在地区上则根据惯行，ⓐ据洪武十年令，不仅是对现任京官，还默认对现职外官的优免，ⓑ进而根据洪武十二年令，还默认了"内外致仕官"，ⓒ就连中央官僚亦对优免规定没有严格的认识。发生这种混乱的原因，是因为洪武十年令和洪武十二年令是写有"著为令"的，而洪武十三年令不但没有"著为令"这种语句，而且至正统年间也尚未刊行于《会典》。ⓓ因此地方官肆意对所有绅士认可优免。ⓔ绅士则以此为契机，恣意进行无限制的滥免和寄庄，而非特权地主则加速推进了向绅士的诡寄。因为这一系列的不法行为导致了"兼并之患"的蔓延和社会的极度不稳定，因而农民开始四处流散，里甲制日渐松弛。在15世纪末的弘治年间已认识到绅士的这种滥免和地主的诡寄是严重的社会问题。该时期丘濬、余彦达和地方的巡抚等官僚接连提出要限制绅士优免的主张便缘于此，弘治九年，在苏州察院立廉石碑（后述）也是出于该原因。

2.16世纪的优免问题

限制绅士优免额的主张，进入16世纪之后一直未断。弘治十六年，刑部主事刘乔亦上奏，主张限制内外官员家的优免（这是第五

---

[1]《皇明制书》，节行事例，内外官员优免户下差役例。
[2]《孝宗实录》卷155，弘治十二年十月丙辰条。

次提出限制优免的主张）[1]。尽管该上奏同样未被采纳，但从此，限制京官的优免额成了众论。

翌年（弘治十七年，1504），皇帝裁准户部奏请，下达了明确的"优免方针"。即：

> 弘治十七年，户部为陈言民情以革弊政事。……查得旧例，"六部、都察院等衙门随朝官员，本户杂泛差役丁差全免。……"（这里有上记余彦达上奏文）……今后，除随朝文职内官内使丁差，俱照旧例优免，其余见任方面官员之家，各免人丁十丁，……监生、举人、生员、史典之家，俱一例各免二丁，着为定例。[2]

该命令是根据"旧例"（洪武十三年令）对现任中央官给予全免，对"现任地方官"亦认可优免，但根据品级分层次，并将其予以法制化，载入了《皇明制书》[3]。这一"官绅优免则例"的制定，首次以明确的"国法"，限制了此间因为没有明确规定而肆意认可绅士优免特权的惯行。只是在全国默认为社会惯行施行的"对致仕官的优免"，尚未正式认可。

但是，就在翌年，即弘治十八年，如下文：

> 弘治十八年议准，见任及以礼致仕官员，照例优免杂泛差

---

[1]《孝宗实录》卷200，弘治十六年六月乙巳条记载了"浙江各府徭役军需，……而官员之家，率得优免，遂致奸伪者，多诡寄势家，而征科重累小民。乞定优免之额，京官及方面官三品以上者，优免若干，……其余丁、田，实照民间均派。……命下其奏于所司"。

[2]《皇明制书》，节行事例，内外官员优免户下差役例。

[3] 明朝廷以国法认可外官的优免，是洪武十年（1377）第一次颁布优免令之后，历经127年才发生的事情。

徭。其为事为民充军等项回籍官员，……不许妄行优免。[1]

正式认可了对"致仕官"的优免，并载入《会典》成为"国法"[2]。历经这些过程，自16世纪初，现任内外官和致仕官均被给予了优免。从此，绅士的滥免和寄庄、非特权地主的诡寄以及由此产生的小农的没落和流散现象，只能发展为更加严重的社会问题。

下文中，正德十六年（1521）南京户课给事中孙懋的上奏，便是忧虑社会问题而重新提出的限制优免的奏请（这是第六次提出限制优免的主张）。即：

> 臣惟册籍之弊，莫甚于诡寄，诡寄者皆奸民、豪户，买通里书，……或伪除田地于仕宦之家，以脱重役，以免杂差，……若内外仕宦之家，亦必量其官职崇卑，定为优免则例，如京官三品以上免田四顷，……外官则递减之，无田者准田免丁。如人已死，优及子孙……[3]

根据正德《大明会典》记录[4]，要求限制当时全额优免对象的京官优免额（这是第二次提出限制京官优免的主张），将优免的基准由丁、粮直接定为土地面积，这被载入《皇明制书》而成为"国法"。

---

〔1〕 万历《大明会典》卷 20，户口 2，黄册，赋役，凡优免差役。
〔2〕 共同适用于弘治十七年令、弘治十八年令的规定，对内外现任官和致仕官均给予优免的案例，见于正德（十六年）《绛州志》（山西省平阳府）卷 2，民物志，民状，"免役乡士大夫《谓见任、致仕、听选官、仪宝、举人、监生、生员》"。
〔3〕 孙懋，《孙毅庵奏议》卷下，厘凤弊以正版籍疏（正德十五年）。这些内容载入《皇明制书》，节行事例，内外官员优免户下差役例，逐渐泛制化。该土张照搬了 30 余年前（1487 年）丘濬的主张。
〔4〕 在正德《大明会典》卷22，户部 7，户口 3，赋役，优免差役，登载了洪武十三年令和正统元年令。

嘉靖初年，福建巡按御史聂豹（1487—1563，江西省吉安府永丰人，正德十二年进士）称：

> 见行优免事例，在京文武官员，除里甲正役外，其余一应杂泛差役全户优免，外官优免事例，皆以品从为差。载在令典，不啻详矣。今日士夫，一等进士，……则以无可优免为恨，乃听所亲厚推收诡寄，……以图全户优免。……寄庄别县，仍以官名入户，中亦多受诡寄。势焰者官府固已闻风免差，势退者亦能多方攀援，以图全免。……诡寄之令非不严也，以之寄于士夫则踪迹益秘而不可复查矣。府县精明之官非不多也，以其分在士夫则亦姑从隐忍而不复究治矣。[1]

即很明确地指出了当时的情况。当时的"优免则例"对中央官赋予了全户优免，外官则是按品级递减的，这是弘治十七年（1504）的规定。换言之，早在正德十六年（1521）根据孙懋的奏文，将限制京官优免规定加以法制化，但地区的现任官和致仕官却在地方官和胥吏的默认之下，恣意接受诡寄，谋求着"全户优免"。

对于绅士的滥免、寄庄和非特权地主的诡寄现象，明朝廷亦无法再继续弃置下去。明朝廷分别于嘉靖九年（1530）和嘉靖十年，再次下令限制对"现任内外官"和"致仕官"的优免[2]，然而在地方

---

〔1〕 聂豹，《应诏陈言以弭灾异疏》，《明经世文编》卷 222。
〔2〕 张潢，《图书编》（万历五年刊）卷 90，编审徭役；《大明会典》卷 20，户口 2，黄册，赋役；万历《武进县志》卷 3，里徭，优免。

官和胥吏的默认状态下则毫无办法可言[1]。

明朝最具综合性的"优免则例"，发生在嘉靖二十四年（1545），如下文：

> 议定优免则例。京官一品免粮三十石人丁三十丁，……（以下递减）……外官各减一半。教官、监生、举人、生员，各免粮二石人丁二丁。……以礼致仕者免十分之七。闲住者免一半。……[2]

该内容是作为明朝"官绅优免则例"最终确定的基本法，确定了京官亦根据品级限制优免，外官以京官的1/2，致仕官以7/10给予优免，举人、监生、生员等未入仕学位所持者的优免额分别为粮2石、丁2丁。

然而，绅士的滥免此后却日趋严重。尤其自嘉靖中期，在江南，征徭役的基准随着以土地换算丁、粮的普遍化，更为如此[3]。正德四年（1509），江西省泰和县知县陆震稽调查该地的土地税账簿，发现被诡寄或隐匿者达15000石[4]。嘉靖末期，出身于江西以敛财而著名的首辅严嵩（1480—1567），据说，其死后被抄没的财产在南昌、新建、新昌、清江、新喻、宜春、分宜、萍乡、临川县等三府地界的土地达27897亩，散布于六县的大房屋118处、店铺3911间、池塘

---

〔1〕 征赋役时地方官默认绅士滥免现象，就如：ⓐ况锺（1384—1442）所称的，"常年不肯纳粮，有司不能究理。稍欲催征，辄构诬词，告讦赖免"（况锺，《况太守集》卷9，请禁词讼牵连越控疏）；ⓑ王鏊所称的，"民田多归于豪右，……贫者不能供，则散之四方，以逃其税。……奸民……或以其税寄之官宦，谓之诡寄，……有司拱手听其所为而不去，非不欲去不能去也"（王鏊，《震泽集》卷36，吴中赋税书与巡抚李司空）。以及在云南土官的滥免案例中所见那样（前述），自15世纪前半叶出现以来日渐严重。

〔2〕 万历《大明会典》卷20，户口2，黄册，赋役，凡优免差役。

〔3〕 和田正广，1978，p.106。

〔4〕 许怀林，《江西史稿》，南昌，江西高校出版社，1993，p.486。

15 处、小湖 10 处，田房的年收益达 15063 两[1]。江南武进县的唐顺之（1507—1560，嘉靖八年会试会元）称，"大户之诡寄，起于官户之滥免，则此二弊者其实一弊也"[2]。绅士的滥免现象虽是全国性的现象，但尤以江南为甚[3]。隆庆元年（1567）苏松常镇四府被揭发的投献、诡寄田达 19954.7 顷，花分田达 33155.6 顷，共计 53110 顷[4]。

然而更惊人的事实是，尽管滥免和诡寄的弊害如此严重，但明朝对绅士的优免限制政策却向更加松弛的方向发展[5]，自万历年间，优免的基准实际上也从徭役转向了土地[6]。因而自万历年间开始，绅士的滥免和非特权地主的诡寄造成的弊害达到了极点。万历初年，首辅张居正下令丈量全国土地，同时令其子张嗣修（翰林院编修）调查湖广江陵本家的税粮数额。结果，发现享受优免总数达 640 余石，而实际规定的优免额仅为 75 石左右，剩余的 500 余石是 99 人诡寄的数额[7]。张居正自称，"优免核，则投靠自减，投靠减，则赋役自均"[8]，但自身却接受诡寄，肆意进行滥免。当时户部对全国展开了滥免状况调查，其报告结果是，浙江有人丁 43780 丁、税粮 63880 余石被滥免[9]。该数字应该也仅是冰山一角。万历初期，江南某势豪家拥有农田 7 万顷，应缴纳的税金为 2 万石，然而却分文未

〔1〕 徐栻，《督抚江西奏议》，议处没官田产以苏民累疏。
〔2〕 唐顺之，《荆川先生文集》卷 9，答王北厓郡守论均徭。
〔3〕《世宗实录》卷 543，嘉靖四十四年二月丁丑条；《世宗实录》卷 557，嘉靖四十五年四月丁卯条；张萱，《西园闻见录》卷 33，外编，赋役后，催科，何源。
〔4〕《穆宗实录》卷 13，隆庆元年十月己丑条。当时松江府誊录的农田有 44000 余顷，这是超出其 20% 的数额。
〔5〕 万历《大明会典》卷 20，户口 2，黄册，赋役，凡优免差役；张显清，1984。
〔6〕 万历《武进县志》，卷 3，里徭，优免。
〔7〕《万历邸钞》，万历九年四月，湖广巡抚陈省题。
〔8〕 张居正，《张太岳集》卷 28，答应天巡抚宋阳山。
〔9〕《神宗实录》卷 120，万历十年正月戊寅条。

缴[1]。万历二十九年（1601），嘉兴府海盐县知县李当泰在试图进行"均田均役法"改革时，对举人认可的优免额共超37倍[2]。万历二十年，山西巡抚吕坤（1536—1618，万历二年进士）在调查山西省状况时指出，农村自不必言，城市的绅士滥免弊端亦达到了极点[3]。万历三十八年，应天巡抚徐民式在南直隶的苏州、松江、常州三府实施"均田均役法"时认可了规定以上的优免。当时，苏州府常熟县的诡寄农土多达15万亩，常州府的武进、无锡、江阴、宜兴四县被揭发官户的滥免田为242600亩，诡寄的农田为99293亩，其中无锡县的诡寄田达59128亩。徐民式明知绅士规避徭役的手段，但是由于此前以首辅申时行（徐民式的座师）为首的诸多绅士的反对声太大，从而亦只能如此[4]。

据福建道御史王万祚的上奏，还有获得超过规定10倍，甚至20到30倍优免的绅士[5]。因而明末反东林派官僚温体仁的下属官员，苏松巡按路振飞，在报告17世纪上半叶江南逃避徭役的严重情况时，亦称：

> 江南缙绅蔚起，优免者众，应役之田什仅五六，再加隔邑官户占籍（＝寄庄）优免，应役者什仅四五，大户之有力者，又通官奴，诡寄花分，应役者止三四已。凡承重役，无不破家。……彼官宦族党奴仆坐享膏腴，而不闻当差一字。[6]

---

〔1〕 张居正，《张太岳集》卷26，答应天巡抚宋阳山论均粮足民。
〔2〕 天启《海盐县图经》，改革事宜，第3条；滨岛敦俊，1982，第2部；和田正广，1978，pp.100-124；伍丹戈，1983，pp.50-53。
〔3〕 吕坤，《摘陈边计民艰疏》，《明经世文编》卷416。
〔4〕 崇祯《松江府志》卷12，役议，万历庚戌抚台徐会题均役疏（江苏省博物馆编，1959，p.301，《无锡县均役碑》）；滨岛敦俊，1982，pp.234-236、355-366；和田正广，1978，pp.120-122；张显清，1992，pp.101-102。
〔5〕 《神宗实录》卷491，万历四十年正月丙午条记载了，"今，南北混乱，全无规制，有司得率意为之，有免田二三千者，有近万者，在膏腴连阡之家，其欲无厌，尚嫌制狭"。
〔6〕 陆世仪，《复社纪略》卷2。

在江南，为了抑制缴纳徭役之农土的骤减，将官人户从里甲分离出来设置了官户里甲（官甲、官图、儒甲），试图阻止无限增加的优免额，然而此后向官人户的诡寄却进一步增加[1]。

其原因是：第一，国家认可的优免额与日俱增；第二，地方社会的绅士人数日渐增多，其中未入仕士人之数骤增，随之绅士的影响力得以日渐增强，而地方官对乡村的控制力却随之日渐萎缩[2]。明末，江南由前文曾介绍的王文禄等部分开明绅士主导，积极推进"均田均役法"改革的背景便在于此[3]。

三　绅士优免的历史性质

明朝正式认可官人户优免是于洪武十年（1377）对"内外现任官"、十二年对"致仕官"的"徭役全免"。然而就在一年之后，随即又下了"诏京官复其家"的诏敕。该命令日后被载入正德《大明会典》而成为明朝最早的"优免则例"。

然而如此接连三次颁布的优免令中存在如下问题。第一，《太祖实录》中的洪武十年令和洪武十二年令均有"著为令"的语句，而洪武十三年令则仅为"诏京官复其家"。而明朝最初的法典——正德《大明会典》则刊行于130年后的正德六年（1511）。从而在发布该法典之前，无论是现职官僚，还是致仕官自然在优免规定方面首选对自己有利的《太祖实录》"著为令"规定[4]。第二，给予官人户的优免是"全免"，但其范围却很模糊。因而官人户自然试图无限制地

---

[1] 滨岛敦俊，1982，第2-3部。
[2] 张显清，1992；吴金成，1986，第一篇第一章；岑大利，1998，pp.33-74。
[3] 滨岛敦俊，1982；川胜守，1980。
[4] 岑大利（1998，p.56）亦如此推测。

扩大优免。

早自明初便有地主诡寄于势豪家的风气蔓延，便是上述事实的例证。为此，洪武帝在《御制大诰》的《诡寄钱粮》《民知报获福》《开谕粮长》和《大诰续编》的《洒派包荒》《粮长妄奏水灾》中对此严令禁止，甚至下令"全家抄没"[1]以杜绝诡寄，然而最终亦无果而终。只是，明初的诡寄是江南等部分地区的富豪向少数的王公、功臣和大官僚所行之事。并且同日后相比，明初所处的14世纪后半叶，普通农民的徭役负担并不太重，而且基于里甲制秩序之上的社会亦较为稳定。

然而进入15世纪之后，徭役日渐加重，更不公平。尽管徭役是按户则课征，但本质上却是不均等的。徭役的种类、数量及附带性徭役日渐增多，因而明朝为了改善这种局面实施了"均徭法"。15世纪末16世纪初的弘治至正德年间，推行了以银折纳的均徭法。随之征徭役的基准，从起初的户则逐渐转向土地税，最终向重视土地转变。在这一过程中，非特权地主或与胥吏勾结，或向官人户诡寄，以减轻其赋税，从而诡寄的弊端日渐蔓延。自15世纪中叶开始，禁止诡寄的提案始终未断，直至16世纪才被法制化，但是这在各地方社会不过是一纸空文而已。

更为惊人的是，接受诡寄的主体不仅仅限于官人户。生员、监生、举人等未入仕士人亦凭借国家赋予的优免特权，接受了诡寄。自明初，国法规定的优免对象除了"现职京官"，还包括生员、监生、举人等未入仕士人。下列案例便属于此。

---

〔1〕 正德《大明会典》卷19，户部4，州县2，田土。

（1）洪武初，……仍免其家差徭二丁。[1]

（2）宣德三年，……照例优免差徭。[2]

（3）（正统元年）生员之家，并依洪武年间例，优免户内二丁差役。[3]

（4）今之入学者，图优免其家差役，……生员不与优免差役，亦非旧制。[4]

（5）万历三年，述给提学官敕谕，……生员之家，依洪武年间例，除本身外，户内优免二丁差役。[5]

（6）一得为此，则免于编氓之役，不受侵于里胥，齿于衣冠，得以礼见官长，而无笞捶之辱。[6]

（7）永乐三年，谕礼部，凡监生免其家两丁差役。正统十年，复申前例。[7]

（8）（正统）十年，令监生家，免差役二丁。[8]

在上述案例中，（1）—（6）是对生员的优免规定，（7）和（8）是对监生的规定。而对举人的优免内容，首次出现于前文所述的弘治七年（1494）户部判事吏余彦达的奏文中。然而早自洪武十八年

---

〔1〕 正德《大明会典》卷76，学校，府州县儒学，选补生员。

〔2〕《宣宗实录》卷40，宣德三年三月戊戌条；正德《大明会典》卷76，学校，府州县儒学，选补生员。

〔3〕《英宗实录》卷17，正统元年五月壬辰条。这命令在天顺六年被再次确认（《英宗实录》卷336，天顺六年正月庚戌条），成为国法（正德《大明会典》卷76，学校，府州县学，风宪官提督；万历《大明会典》卷78，学校，儒学，风宪官提督）。

〔4〕《宪宗实录》卷54，成化四年五月庚申朔条。

〔5〕万历《大明会典》卷78，学校，儒学，风宪官提督条。

〔6〕顾炎武，《顾亭林文集》卷1，生员论（上）。

〔7〕王材，《皇明太学志》卷2，典制（下），赐与，优复。

〔8〕正德《大明会典》卷22，户部7，户3，赋役，优免差役；万历《大明会典》卷20，户口，赋役；同书卷220，国子监，给赐。

（1385）便规定，会试落榜的举人原则上可进入国子监，同时亦可回乡生活[1]。因而即便未入国子监而回乡居住的举人所享有的包括优免在内的所有待遇，应该是同举监（入国子监的举人）相同的。而且尤为重要的是，这些未入仕士人终生享受该资格[2]。

因此如下文所示，未入仕士人亦同官人一样肆意进行滥免，并接受诡寄。

（1）猾民作奸，乃有飞洒、诡寄、虚悬诸弊，……多田之家或诡寄于乡官、举、监，或诡入于生员。[3]

（2）唐大尹音，会鸡泽，……有一士人占田四顷，计官已免三顷，则以其余一顷，置一子之役。其人丐免不已。……差之轻重与产之高下相比，毫厘损益，实得其当。一邑无不颂其平。[4]

（1）为浙江地区的案例。（2）是北直隶（河北）广平府鸡泽县知县唐音课在征税役时，获得了公正无私的评价，然而给予生员的优免额以土地计却多达三顷。这些生员分明是被滥免，而且必定接受了诡寄。一般而言，未入仕士人所受优免额同官人户相比非常少。但是，生员和监生从明初不足10万，骤增到明中期的30余万人[5]，他们获得的总体优免数额非常巨大。

那么，地方官为何不惜违反国法（旧例、旧制），给予所有绅士

〔1〕正德《大明会典》卷173，国子监，生员入监；万历《大明会典》卷220，国子监，生员入监；万历《大明会典》卷77，科举，会试；和田正广，1978。

〔2〕和田正广，1978；吴金成，1986，第一篇第一章。

〔3〕顾炎武，《天下郡国利病书》第22册，浙江（下），田赋书（p.79b）。类似的内容在江西地区亦可见到（万历《抚州府志》卷3，正役）。

〔4〕张萱，《西园闻见录》卷33，赋役（后）。

〔5〕本篇第一章。

几乎无限制的优免呢？其理由有如下几种。第一，缘于自明中期成为社会支配阶层的绅士的莫大影响力。明末赵南星指出，"乡官之中多大于守令者，是以乡官往往凌虐平民，肆行吞噬，有司稍稍禁戢，则明辱暗害，无所不至"[1]，这给了我们很多提示。自明中期，绅士阶层在各地结合绅士之间的同类意识，主管乡村舆论（称地方公议、乡绅公议、士人公议、绅士公议），行使强大的社会影响力，其威力日渐增强[2]。地方官周围只存在胥吏这个腐败的温床。而且地方官还不得不考虑任期结束后所要经历的官僚"考核法"（工作评价），其依据大体由绅士阶层主管的"乡论"左右。所以地方官为了将他们笼络为羽翼，而不得不在一定程度上保障绅士阶层的利益。曾被评价为公正无私的鸡泽知县唐音给予生员三项的优免亦因为如此。第二，据洪武十二年令，致仕官的社会地位同现任官相似，因而高于知县的情况也较多。而且致仕官（乡绅、乡官）的社会影响力亦显著大于士人，时常在乡论的核心主导着地方公议。第三，在官人户的优免上，国法和地方的社会惯行间存在的乖离。在弘治十七年（1504）优免则例被法制化之前，被表述为"旧例、旧制"中的优免内容，严格而言仅给予了"现职京官"优免特权。即便如此，全国的一般绅士并未如此认识优免问题，而且明朝廷对此也未持有清晰的认识。另外，由于徭役的种类非常繁多，若不是当事者则无法知晓，其数额亦模棱两可，所以知县和胥吏可肆意调整其数额。第四，至刊行《会典》的正德六年，居住于乡村的绅士势必要求采用有利于他们的《实录》"著为令"的规定。

因而各地方均认为内外现任官、致仕官、士人均享有优免特权，

〔1〕赵南星，《赵忠毅公文集》卷13，敬循职掌剖露良心疏（吴晗，《再论绅权》，转引吴晗、费孝通，《皇权与绅权》，天津，天津人民出版社，1988）。
〔2〕夫马进，1980A；吴金成，1986，第一篇第三章。

这成为普遍的"社会惯行"。换言之,优免则例在如此模糊的运行状态下,地方官就无视法律规定,为所有的内外现任官、致仕官和未入仕士人赋予优免特权。现实上地方官根本无法阻挡滥免、寄庄、诡寄现象。从而自明初以来,外官和致仕官实际上亦获得了同中央官僚相同的优免。

在江南,这种现象早在 15 世纪上半叶便已出现,而浮出社会成为特别严重的社会问题是在成化至弘治年间,即从 15 世纪后半叶开始。生存在该时期,并且对经济问题比谁都明了的大官僚丘濬提倡"配丁田法",在主张限制绅士优免额的同时,给予仅限于下一代的世袭优免权。而这种建议(前述)也是一种无可奈何的苦肉计。

廉石碑文(见图 2-3-1)有力印证了当时的这种社会情况。今天位于江苏省苏州市内苏州府学遗址的廉石碑下端凿刻了"弘治九年,岁在丙辰夏六月吉旦,赐进士文林郎巡按直隶苏松等府监察史河南胙城樊祉立"的字样,立于石碑左侧的说明则翔实记录了其来历。我们有必要重新思索弘治九年(1496)立廉石碑的意义及将该碑立于苏州府中心察院的意义。同时像前面考察的一样也有必要回忆前文所考的弘治年间丘濬、余彦

图 2-3-1　位于苏州府学遗址中的廉石碑

达、户部等接连主张"限制优免"的意义。因为弘治年间,即 15 世纪末正是滥免和诡寄日渐蔓延,并凸显为严重社会问题的时期,而这种现象在包括苏州在内的江南地区最甚。

正是这些滥免、寄庄、诡寄导致了严重的社会问题。非特权地主通过诡寄于绅士而被免除的那部分徭役自然转嫁到势单力薄的小农身上[1]。无法忍受过重负担的小农不得不背井离乡四处流散。自明中期开始，随着全国性的阶层分化逐渐加剧，开始出现了里甲制的松弛和人口的大规模流动。各地《地方志》的户口统计中出现的户口减少现象便缘于此。有些地区还出现了土著民流散，而外来客民反而进入定居的"人口对流（convection）现象"[2]。

在这些流散农村人口的生存方法中，最简单的是投身绅士为奴婢。这种投身是全国性的现象[3]，但江南地区尤为严重[4]。第二种避难处是禁山区，但是如果在该处也难以生存的话，那么便会发生民变[5]。最后一种是农村人口流入城市或手工业地区成为工匠、短工乃至无赖[6]。从国家立场来看，这种现象使农民这个负担徭役的阶层大幅减少，从而导致国家的根基出现动摇的严重问题。

小结

对前文的认识整理如下。自明初至15世纪末，作为"国法"规定的优免仅限于"现任中央官"。然而地方社会却在地方官和胥吏的

---

[1] 江苏省博物馆编，《江苏省明清以来碑刻资料选集》（北京，三联书店，1959），《无锡县均田碑》（万历三十九年），亦有"盖自免役者田无限制，避役者计出多端。于是奸民每将户田假捏伪卷，诡寄官甲，日积月累，官户之田益增，当差之田愈减。至有仕宦之故，优免如常。一切差役，俱累小民代当"的内容。

[2] 本书第一篇第一章。

[3] 伍丹戈，1983，pp.44-45；吴金成，1986，第2篇；本书第一篇第一章；吴金成，2007A，第一篇第一章。

[4] 周忱，《与行在户部诸公书》，《明经世文编》卷22，周文襄公集，疏；崇祯《太仓州志》卷5，风俗志，流习；顾炎武，《日知录》卷13，奴仆。

[5] 本书第一篇第一章；吴金成，2007A，第二篇第三章；吴金成，1993、1996、1998A。

[6] 本书第三篇第二章。

默认下，除了京官之外，地方官和致仕官亦获得了优免，并且以此为契机肆意实施了无限制的滥免和诡寄。中央层面的"国法"和地方层面的"社会惯行"之间，存在着如此巨大的背离。在这种状态下，绅士的滥免和寄庄、非特权地主的诡寄导致了"富益富，贫益贫"现象的蔓延，社会变得极其不稳定。因此农民破产而四处流散，随之出现了里甲制的根基发生动摇的严重社会问题。监察御使樊祉在苏州察院立廉石碑便缘于此。嘉靖年间（1522—1566），华亭人何良俊将正德年间（1506—1521）视为明朝社会的重要分水岭[1]，便是因为看破了这种现象。

至16世纪初的正德年间，此前未被正式认可的现任地方官和致仕官均被赋予了优免权。作为"社会惯行"而被默认的事情，终于变成了现实。嘉靖九年至嘉靖十年，开始正式限制对绅士的优免。此前出现五六次限制优免的主张，此时才有了结果。另外，至嘉靖二十四年，明朝最终确定了"官绅优免则例"。

然而即使有这些措施，绅士仍肆无忌惮地进行滥免和寄庄。非特权地主则时常诡寄于绅士，而地方官和胥吏却对此一味地默许，所以在地方上限制优免的规定不过是一纸空文而已。尽管滥免和诡寄的弊害如此之甚，但明朝对绅士的优免限制却日渐缓和。绅士的人数与日俱增，其中未入仕学位所持者人数更是迅速增加。徭役赋课对象的比重从人丁逐渐转向了土地。这一切都是导致土地集中于绅士或大商人，而农民没落流散的因素。本身便是生员的顾炎武称：

> 天下之病民者有三，曰乡宦曰生员曰吏胥。是三者，法皆

---

[1] 何良俊，《四友斋丛说》卷13，史9。

得以复其户，而无杂泛之差，于是杂泛之差，乃尽归于小民。[1]

可以说这是对明朝的滥免、诡寄、寄庄现象及其弊害的总评。总之，绅士和胥吏获得优免便是所谓的"兼并之患"。

未入仕士人骤增，绅、士开始被视为同一个社会阶层的时期[2]；里甲制发生全国性的松弛，农村人口向禁山区或城市流散的时期[3]；随着国家对地方的统治能力日渐削弱，为了维持乡村的秩序开始摸索乡约、保甲法等新方法的时期[4]；随着湖广地区被开发而出现"湖广熟，天下足"谚语的时期[5]；以江南为首的中国所有地区的商品生产获得发展，从而开始出现地域性分工，中小城市如雨后竹笋出现的时期[6]；因为白银经济的发展，白银经济渗透至农村深处，开始以银折纳税役的时期[7]；徽州商人、山西商人等各地的商帮开始崭露头角的时期[8]；在全国的城市和定期集市确立牙行制度的时期[9]；奢侈之风开始蔓延的时期[10]；各地接连发生民变蜂起的时期[11]；无赖的存在开始重新被关注的时期[12]。这些所有的现象一起出现在明中期，绝非是偶然。而且明末江南地区率先积极推进

---

[1] 顾炎武，《顾亭林文集》卷1，生员论（中）。

[2] 本书第二篇第一章。

[3] 本书第一篇第一章、本书第三篇第一章；吴金成，2007A，第一篇第一章、第二篇第三章；吴金成，1993、1996、1998A。

[4] 宋正洙，1997、2007；本书第一篇第一章。

[5] 本书第一篇第二章、附论1。

[6] 本书第一篇第二章、第三篇第一章；吴金成，1990。

[7] 山根幸夫，1966；小山正明，1971；本书第一篇第一章。

[8] 张海鹏、张海瀛，1993。

[9] 本书第三篇第一章。

[10] Brook，Timothy，1999。

[11] 吴金成，1993、2007A，第一篇第一章、第二篇第三章。

[12] 本书第三篇第二章。

"均田均役法"的改革亦非偶然[1]。

进而，在清朝入关之初的顺治四年（1647），如下的殿试策题第二问项的出题：

> 近闻，见任官员伯叔昆弟宗人等，以及废绅劣衿，大为民害，往往压夺田宅，占攫货财，凌暴良善，抗逋国课。有司畏惧而不问，小民饮恨而代偿，以致贵者日富，贫者日苦。明季弊习，迄今犹存，必如何而可痛革欤？[2]

而且，此后绅士抗粮事件持续不断，于是顺治十五年（1658）颁布了《绅衿抗粮处理规定》；顺治十八年最终爆发的"江南奏销案"[3]事件等，都是源于明代绅士的上述滥免惯行。

然而腥风血雨的"江南奏销案"亦未能阻止绅士的滥免行为。抗粮和包揽词讼是全国性的现象，但尤其以江南地区最甚。所以清雍正帝登基伊始，便为了积极削减绅士的特权而令各省督抚在三年内缴足未纳税金[4]。而且对江南地区的分县政策也为该措施的一环。雍正六年（1728）十二月下令展开严密的调查，雍正八年心腹田文镜和李卫受皇帝之命颁布了《钦颁州县事宜》。由于对绅士实施了这一系列的强压政策，绅士在地方社会的影响力被大幅削弱，从而又出现了胥吏取代绅士跋扈一时的现象[5]。然而在雍正帝时期的13年间，最终亦未实现全部征缴税粮。乾隆年间（1736—1795）依旧严

---

〔1〕 均田均役法的改革是明朝最后限制优免的努力，同时又是开明绅士用行动来表现"拥有者的义务"（noblesse oblige）。

〔2〕 清《世祖实录》卷31，顺治四年三月丙辰条。

〔3〕 本篇第二章。

〔4〕 清《世宗实录》卷2，康熙六十一年十二月甲子条；石锦，1990。

〔5〕 黄印，《锡金识小录》卷1，备参（上）。

禁"绅衿抗粮"[1]。尽管清朝实行强压政策，但绅士依旧行使其强大的影响力，坚持着自己的道路。"国法"和"社会惯行"之间，始终存在如此多的背离[2]。

---

〔1〕《钦定学政全书》卷24，约束生监；同书，卷26，整饬士习。
〔2〕Ch'u, T'ung-tsu，1962（瞿同祖，范忠信、晏锋译，2003），Ch.10；山本英史，2004。

第三篇

都市和无赖

第一章　江南的城市社会

绪言

中国"江南"地区在中国的社会经济史中占据重要比重，这是宋代（960—1279）之后的近世之事[1]。在宋代，中国的经济出现了划时代的发展，被称为"农业革命"乃至"商业革命"，而这种发展几乎是以江南地区为中心展开的。换言之，江南地区自宋代便成为中国的经济中心，而且这种趋势一直延续至 15 世纪初的明朝初期。

---

[1]　本文所指的中国"江南"地区，包括江苏省的苏州、松江、常州、太仓 4 府州和浙江省的嘉兴、湖州、杭州 3 府等 7 个府州地区（关于江南范围的争论参阅徐茂明，2004，pp.1-13）。该地区东临黄海，西至山区，整个地区处于太湖周边地域，从而有许多大小河流，加上地处杭州至北京的京杭大运河沿岸，因而是极为富饶的平原和水乡泽国。而且由于该地属于亚热带气候，因此温暖湿润，且四季分明。年平均气温在 15℃—16℃上下，无霜期在 220—230 天左右，年平均降水量在 1000—1400mm 左右，雨量充沛，土地肥沃，适合种植稻谷和桑、麻、棉。故而该地自宋代以来便素有"江南鱼米之乡、丝绸之府、文物之邦"之名和"苏湖熟，天下足"的美誉。此外，该地的城市亦有河流纵横交错，而且形成了与此相连的诸多水路网，便于水利灌溉和交通。

然而从 15 世纪中叶起，不但是江南地区，连长江中游地区、东南沿海地区以及其他内陆地区亦展开了新耕地的开垦和水利开发，且普及了商品作物。随之适合本地条件的手工业得以发展，形成了无数的城市。于是中国的经济中心被日渐分化。尽管江南地区仍旧是经济中心，但只是工商业和文化的中心，农业中心的地位则不得不让给了长江中游的湖广（湖南和湖北）和江西地区[1]。至明末清初这种状况进一步稳固，一直延续至现代。而到了清代，四川地区一时也成为又一个粮仓地区。因而若想正确了解现代中国的社会经济结构的脉络，就必须了解明清时代江南的社会经济变化及其重要性。

本文本着这种问题意识，将以城市发展为中心，分析明清时代江南社会的变化过程。关于中国的城市发展史，其间积累了不少的研究成果，尤其在近年，中国学界对城市史给予了许多关注[2]。最近20 余年间，中国涉及明清时代城市问题的专题研究主要以刘石吉、樊树志、陈学文、梁淼泰、韩大成、李伯重等人的著作为代表[3]。一般而言，论明清时代的长江下游三角洲地区（以下称江南地区）的社会经济发展时，可以说其具体的标志或原动力是无数市镇（中小城市）的发展，刘石吉、樊树志、陈学文、李伯重四人的著作，便是集中研究该领域的专著。

为了研究上述城市的发展，必须一同考虑商品经济的发展、生产力的提高、社会分工的扩大等问题。本章将首先从宏观的角度，

---

〔1〕 吴金成，1986；本书第一篇附论 1；吴金成，1993。

〔2〕 这可能同近年中国的经济政策有关。中国在 1984 年的"中共十二届三中全会"上确立了"城市经济体制改革"的方针，从 1984 年 3 月开始积极推动培育城镇工业的政策，开始重视城市。随之官员的关心和努力增多，学者的关注和研究欲望亦得以提升。关于中国城市问题研究史，请参考陈学文，1993，序论的整理较好。

〔3〕 樊树志，1990、2005；刘石吉，1987；陈学文，1993；梁淼泰，1991；韩大成，1991；李伯重，2000A。

分析明清时代在江南地区形成和发展的众多中小城市（＝市镇）的社会、经济、文化结构及其历史意义。并附带着以农村出现的经济结构变化为中心，考察已成为上述城市发展背景的纺织手工业（棉纺织业和棉布加工业、丝织业）的发展，以及由此引发的农村的社会经济变化[1]。最后，本文将通过分析江南的文社的活动、民变、士变，牙行、无赖的活动以及这些现象所具有的历史意义，来了解明清时代江南城市社会出现的诸多变化现象。

一　中小城市的发展

如果考察中国史中城市的发展过程，大致经历了"村落→市集（定期市）→市镇（中小城市）→大城市"的发展过程，江南地区的城市亦不例外。江南地区的城市化过程大致始于 8 世纪后半叶，并于南宋时代达到了其第一阶段的巅峰期，其特征是形成了许多具有经济功能的中小城市。此后经历一段停滞期之后，至明代中叶再次进入了新的发展时期，而且这种发展趋势持续了很长时间。然而如果考察明清时代江南地区的城市化过程，早先存在的大城市的发展基本稳定，发展态势非常缓慢。相反，市镇则伴随着数量和市镇内外户口数双重增加的发展，出现了城市规模的扩大和繁荣[2]，随之市

---

〔1〕除了手工纺织业之外，还有碾米业、酿酒业、榨油业、铁器制造业等诸多手工业。但是因其代表性不及手工纺织业，而将其省略。

〔2〕关于明清时代江南地区的城市发展，请参考樊树志，1990、2005；刘石吉，1987；李国祁，1981；李伯重，2000A；陈学文，1989、1991A、1993、2000；韩大成，1991；任道斌，1991；张华，1991；戴均良，1992；范金民、夏维中，1993；蒋兆成，1994。江南地区在市镇数和市镇户口均有发展，而大城市的发展缓慢的原因，参照范金民、夏维中，1993，pp.287−289。

镇内"城市居民"的活动和城市的功能亦日渐多样化[1]。

先来考察一下市镇数量的增加。以在江南最为繁荣的苏州府 7 个州县为例,从明代的正德至万历,至清乾隆、道光年间,市镇数量由 45 个分别增至 73 个、100 个、140 个。换言之,正德至明末的 100 余年间增加了 62%,明末至乾隆的 150—160 年增加了 37%,此后的 56—60 年又增加了 40%,整个 300 余年实际增长了两倍(211%)以上。

以苏州府嘉定县为例,从正德至万历、乾隆、光绪这一时期,市镇由 15 个分别增至 20 个、24 个、37 个[2]。而松江府仅下辖两县,却在正德至崇祯、乾隆年间,市镇数量由 44 个增至 65 个和 107 个,在各县拥有市镇的密度上,反而超过了苏州府。换言之,在城镇数量上,松江府从正德至崇祯这 120—130 年间增加了 48%,崇祯至乾隆的 120—130 年间又增加了 65%,整个 240—260 年增加了近 1.5 倍(143%)。在松江府上海县,清初至同治年增加了市镇 30 个,同治年间至清末又增加了 25 个[3]。将其整理成表格则如表 3-1-1 所示[4]。

---

〔1〕 Skinner(1979)认为,研究市镇的发展和变化,除了行政性的方面之外,还应考虑如下几个因素:①人口密度;②劳动分工(包括地域内和地域间的地域性分工和业种间的分工);③科学技术的应用水平(尤其是交通);④商业化程度(尤其是地域内的贸易水平和农村人口对市场的依赖度);⑤地域外的贸易水平(包括各地间的贸易和对外贸易);等等。

〔2〕 嘉定县于雍正三年被划归太仓州,同时割其东部而设立宝山县。

〔3〕 程厚恩,1990。

〔4〕 请参考樊树志,2005;范金民,2003;刘石吉,1987;陈学文,1993。关于明清时代江南市镇数量的增加,研究者之间存在较大的偏差。本文在依据上述参考文献不能得出正确数字时,计算了当时府志和县志出现的数据而求得。另外,范毅军(2002,p.451)把苏松两府的市镇增长趋势整理如下。

	1550 年及以前	1551—1722 年	1723—1861 年	1862—1911 年
苏州府	102	128	157	264
松江府	59	113	167	369

表 3-1-1　明清时代江南 5 府市镇的变化

府县名/年号	弘治	正德	嘉靖	万历	崇祯	明末清初	雍正	乾隆	道光	光绪
苏州府（包含太仓州）		45		73				100	140	
吴江县	6	7	14			17	18			19
嘉定县		15		20				24		37
常熟县		13	16					38		80
松江府		44			65			107		
杭州府				54				104		145[a]
嘉兴府	31			44				40		53
湖州府	10		22					25		57

a）是宣统年间的数据。

明清时代，不仅仅是市镇数量有了增加，市镇的户口数也得以增长，于是城市规模日渐膨胀。首先以苏州府为例，从乾隆年间的画家徐扬描绘的《盛世滋生图》（图 3-1-1）中，可以看到四川、广东、贵州、云南、福建、江西、浙江、江苏、山东等 9 省商人开设的店铺，表现出苏州的众多繁华场面[1]。另外，在苏州府其他地区[2]，因为户口的增加而由市升为镇的例子不少，镇的范围扩大的情况也很多。吴江县的盛泽镇在明初不过是五六十户的定期市，但到明代中叶的成化年间（1465—1487），工商业和人口开始发展扩大，至嘉靖四十年（1561）增至 100 余户，再至天启年间（1621—1627）则达到千余户，以生丝和丝织物为中心的商业非常繁荣。清代康熙年间（1662—1722），居民增至万余户（包括四乡），乾隆五年（1740）升格为镇[3]。同样隶属于苏州府的震泽镇在元代至正年间（1341—1367）不过是数十户的村落，但至明成化年间增至三四百户，至正德、嘉靖年间增至一千余户，至清初则增至两三千户，而

〔1〕范金民，2003B；黄锡之，2003。
〔2〕樊树志，2005；范金民、夏维中，1993。
〔3〕康熙《吴江县志》卷1，舆地志上，市镇；乾隆《吴江县志》卷4，疆土4，镇市村。

在雍正四年（1726），则从吴江县割出一半的土地面积而独立成为震泽县[1]。还有，平望镇从明初的 1100 户居民增至康熙、雍正年间的数千户；黄溪市从明代数百户的村落扩大至康熙年间的 2000 余户；同里镇从明初的 1000 余户增至正德、嘉靖年间的 2000 余户；黎里镇从弘治年间的 1100 户居民增至嘉靖年间的 2000 余户，乾隆年间进一步增至五六千户；章练塘镇自明末始兴，至乾隆年间已达数千户；周庄镇始兴于清初，至清中叶居民达 5000 余人；唯亭镇始兴于明代中叶，至清初居民增至万余户；外风镇始兴于万历初年，至清初居民增至 1000 余户。

另外以松江府为例[2]，朱泾镇始兴于元末明初，至成化、弘治年间增至数千户，清初增至万余户，其发展趋势同苏州府的情况相似，亦类似于太仓、常州、镇江等其他地区。又如地处太湖之南的嘉兴府，其下濮院镇位于京杭运河附近，其命运同运河的盛衰共起伏，自元大德年间始兴，并在有明一代持续增长。尽管在嘉靖年间倭寇入侵的战乱曾席卷该地，但此后逐渐恢复，至万历年间居民增至万余户，经历明清更替时期的停滞之后，又再次恢复发展，至乾隆年间，整个镇居民的九成从事丝织业。濮院镇的丝织技术远近闻名，以"濮绸"之名广销到中国各地乃至日本[3]。王店镇始兴于明初，至乾隆年间增至万余户，王江泾镇于明初由市升为镇，万历年间达 7000 余户，乾隆年间增至万余户。再以湖州府为例，乌青镇形成于唐代，至明代嘉靖年间达四五千户，万历年间骤增至万余户；双林镇由永乐三年（1405）的数百户增至明末清初的三四千户，嘉庆、

---

〔1〕乾隆《震泽县志》卷 1，沿革；同书卷 4，镇市。

〔2〕樊树志，2005；范金民、夏维中，1993。

〔3〕乾隆《濮镇纪闻》（抄本）卷首，总叙；嘉庆《濮川所闻记》卷 1，物产；民国《濮院志》卷 14，农工商。

道光年间又增至一万户；菱湖镇至元代还是定期市，但从明初不断扩大，至清朝增至 5000 余户；南浔镇在正德年间尚居民稀少，但至明末达到"万家"，至道光二十年（1840）则增至"数万家"。杭州府在成化年间有户 9 万余，人口约 30 万，至万历年间则扩大到"城方圆四十余里，居民数百万"[1]。而超出本文研究范围的南京[2]，明初仅为两万七千户，万历年间仅 13 门内外，就增至十余万户[3]。据最近的推算，江南的苏州、松江、常州、镇江、应天府、杭州、嘉兴、湖州等八个府州的人口，由 14 世纪末的近 900 万人增至 19 世纪中叶的近 3600 万人[4]。

自明中叶以来，伴随这种市镇数和市镇内户口数的增加，江南所有城市的规模几乎同时得到了大同小异的扩大和繁荣[5]。综合上述内容，可以说江南市镇于明中叶的成化、弘治年间（1465—1505）迎来了新发展的转机，嘉靖、万历年间（1522—1619）迅速发展，进入清代之后再次得到了发展。而且江南的市镇数和市镇内户口数的双重发展，便是明清时代江南城市地区人口不断增加的例证。

另外，对于市镇的特性，有人将江南地区的市镇分为流通型、生产型、消费型等三个类型，又有人根据专门业种的种类分为丝绸业、棉布业、粮食业、交通业、盐业等专业市镇[6]。这种分类方法，便于概括和理解一些市镇在市镇经济中出现的专门业种的特征和地域性特征，也为市镇研究提供了方便。而且市镇在兴起时期具有专

---

〔1〕 万历《杭州府志》卷 33，城池。

〔2〕 周晖，《二续金陵琐事》（郝秉键，2001，p.14）。

〔3〕 只是，对于大城市或市镇户口的上述记载，是严格限于该城市地区，还是包括其周边"乡脚"地区，这并不分明。从而只能是了解其大体的倾向。

〔4〕 李伯重，2000A，p.396。他的逻辑是，"1368—1850 年间，江南的人口增长两倍以上，但耕地面积却增长无几，因而早在太平天国之前，江南便是世界上人口密度最高地区之一"。

〔5〕 尤其是陈忠平，1990，pp.27—28，参照表 1、2。

〔6〕 参照刘翠溶，1978；樊树志，1990、2005。

门业种的情况亦很多。但也不能忽略的是，大部分市镇发展到一定程度之后，便会逐渐形成社会、经济、文化及消费等诸多综合性的功能。对此，将在后文再述。

自明中叶，在江南的广阔地区出现无数市镇的原因，除了水陆交通，尤其是水路网的发达[1]等"地政学"上的影响之外，同各地的经济结构和经济水平亦有紧密的关系。但是江南的市镇并不是孤立存在的，而是在彼此密切联系、相互依赖的过程中形成的市镇网。

市镇的发展是农村经济结构持续变化和发展的结果。即，市镇是商品经济发展的产物，同时它又将市镇中发生的各种现象渗透至乡村，从而使得农村的农业生产力获得发展，进而发挥了推动农业经济结构和农村经营方式产生变化和发展的巨大作用[2]。于是自明中叶以来，江南的农村经济结构得到了调整。其中最重要的是，广泛的植桑种棉和加工丝与棉的手工业兴起，将农村经济纳入了广阔的货币经济之中。该地区市镇的兴起便是基于此，而且市镇最为重要的功能就是手工业和商品流通。因此市镇在技术、文化、生活等方面对乡村发挥了强大的向心力。随着市镇为人们提供更多的就业机会和生活的便利，除了绅士、商人之外，从农村析出的无赖等农村的过剩人口，也会流聚到这些市镇。实际上，称江南的市镇是在吸收脱离了土地的乡村劳动力的过程中而发展起来的也不为过。

明初，江南地区的农业生产基本上是以粮食生产为主，宋代以来被描述为"苏湖熟，天下足"的经济结构仍在延续。然而，至明中叶（15世纪中叶至16世纪中叶），江南农村发生了广泛的社会变革。在里甲制下的甲首户中，放弃农业的情况较多，甚至还出现了

---

[1] 韩大成，1991，第五章"交通运输的发展"；松浦章，1990。
[2] 对于该问题，范金民、夏维中（1993）提出了些许其他意见。

身为地主的里长户亦因破产而离开农业的情况。发生这种社会变化的主要原因，大致有如下三种。第一，宦官介入政治，使中央政治陷入混乱，官僚和胥吏腐败，税役负担日渐加重。第二，绅士或势豪家一方面通过滥免税役，兼并土地[1]，另一方面又逃避赋役负担。因此在江南这个原本就以税役过重而闻名的地区，沉重且不均衡的税役负担进一步蔓延，这种现象将中小农推向了破产的深渊。第三，商人牟取暴利的行为和高利贷资本的搜刮已成为社会严重不稳定的因素。

上述诸多因素综合作用的结果是，15 世纪中叶开始出现了里甲制的解体和农村社会的分解现象[2]。结果，没落的农民阶层中的一部分沦为势豪家的佃户或奴仆，大部分则背井离乡。这些人口的移动方向大体可分为：①农村地区→禁山区；②先进经济地区（通常为人口密度过大的狭乡）→落后地区（宽乡）；③农村地区→城市和手工业地区等三个类型[3]。自明中叶，这种现象成为全国性的普遍现象，其中江南尤为严重。而江南的市镇得以发展的原因是上述的第③种类型的人口移动。

在因江南各地农村人口流入而急剧增长的中小城市中，市的规模普遍为大约一百至三百余户，其中，五百至一千户者并不多，一千至两千户者极少。镇大体是指一千户以上的中级城市，其多数为两三千户。以明末清初为准，其中，一万户以上的超大型镇有苏州府的盛泽镇、唯亭镇、罗店镇、千墩镇、甫里镇、平望镇，松江府的法华镇、朱泾镇，湖州府的南浔镇、双林镇，嘉兴府的王江泾镇、濮院镇、新城镇，位于嘉兴和湖州府之间的乌青镇，杭州府的

---

〔1〕 本书第二篇第三章。
〔2〕 本书第一篇第一章。
〔3〕 吴金成，1986，第二篇第一、二、三章。

硤石镇等。居民在数千户至一万户的中型镇有震泽镇、黎里镇、章练塘镇、江湾镇、同里镇、临平镇、周庄镇、璜泾镇、菱湖镇、甪直镇等[1]。

江南市镇的人口构成，根据市镇的主要手工业或物资流通等特点，彼此存在一些差异。樊树志认为，丝织业市镇的三大支柱是牙行、客商及机户，棉纺织业市镇以客商、牙行和脚夫为主，粮食业市镇则主要以米行、牙行及为他们做事的人口构成。他们之间的关系彼此复杂相连，且彼此依赖。陈学文将棉纺织业市镇的商人分为花布商、牙行、远程商人、高利贷商人等四种。然而从大体而言，市镇的人口是由作坊主及同其相关的手工业者、商人、牙行、服务业从事者、一定数量的农民和无赖、官吏、绅士、地主等构成[2]。

明清时代的江南地区，同苏州、杭州、湖州等原有大城市的人口一样，新形成的无数市镇的人口亦日益持续增长。如此增长的江南人口仅仅依靠江南土著人口是无法实现的。大城市及诸多市镇的人口中，除了江南当地的自然增长部分之外，从外地流入的人口亦颇多[3]。他们大体上是：①江南各地流入的省内流动人口；②外省人，尤其是来自江西、安徽、福建、广东、湖广等地区的雇用工人和流民；③从徽州、福建、广东、山西、陕西、山东、河南、江西、湖广、浙江等中国各地汇聚的商人及其家族[4]。

在如此狭小的地方林立着大城市和这么多中小城市（市镇），所以江南地区的人口压力可能比其他任何地区都要高。但是，据现存的所有统计资料来看，江南的人口压力显示并不太高。非但如此，

---

〔1〕 樊树志，2005，pp.166–184。
〔2〕 樊树志，2005；陈学文，1993；陈忠平，1988。
〔3〕 范金民，1998；李伯重，2003C。
〔4〕 樊树志，2005；范金民，1998；张海鹏、张海瀛，1993。

尽管江南的诸多资料和个人记载，都一致指出了外来人口的流入，但所有的定居户口统计却都没有反映出该情况。然而江南的人口统计数字，其准确性未必足以令人相信[1]。因为从当时情况来看，外来商人、打短工者、无赖和乞丐，在流入城市之后是不被编入该城市的户籍之中的[2]。

那么增加的如此之多的市镇人口来自何方，在城市当中他们是怎样的一种存在，为何没有被计入人口统计之中呢？各城市的实际人口又是多少呢？

江南地区的人口流动同其他地区稍微有些不同。明初，受明朝沉重税役负担的影响，尤其以苏松地区为中心的人口大举流散。对于江南各地亦有"各里逃亡者过半"的记录[3]。以太仓州为例，洪武二十四年（1391）《赋役黄册》的原数据是 67 里 8986 户，但宣德七年（1432）报告称仅余 10 里 1569 户，经调查，实剩 738 户。即仅仅在 40 余年间户口合计流失 82%[4]。明初，江南是人口如此大规模流散的地区，但自明中叶，随着社会经济的日渐恢复和发展，开始出现了逆转现象。

一般而言，明清时代江南人口，有万历、道光及光绪末至宣统期间三次高峰，而清初及咸丰至道光战乱时期是两次低点[5]。换言之，尽管在明清更替时期人口暂时出现萎缩，但自明中叶至道光年间，由于外地人口的不断流入，因此江南出现了人口持续增加的趋

〔1〕 傅崇兰，1985，pp.216–231。这是诸多研究者的共同认识。
〔2〕 李伯重，2003E，pp.229–230。
〔3〕《续文献通考》卷 2，田赋考（郝秉键，2001，p.14）。
〔4〕 周忱，《与行在户部诸公书》，《明经世文编》卷 22，周文襄公集，疏。周忱把江南地区的这种严重的人口流散原因分析为大户苞荫、豪匠冒合、船居浮荡、军囚索引、屯营隐占、邻境蔽匿、僧道招诱等七种。
〔5〕 吴建华，2005，p.45。

势。这些流入人口大多在各城市以劳动维持生计，而且大多为外省人或江南地区内相对落后地区析出的人口[1]。因此同故乡的推出力（人口流出因素，pushing factor）相比，他们都是因为江南城市社会多种多样的发展所提供的吸引力（人口流入因素，pulling factor）而汇聚之人。

在考虑江南的人口问题时，迄今大多仅考虑了文献记载的人口统计数字[2]，却忽视了：ⓐ其数字之外的大量流动人口（寄居人＝滞留一时的外来人口＝sojourner）；ⓑ隶属于王府、绅士、势豪家、大商人的众多奴婢[3]；ⓒ作坊的工匠、雇工，店铺的店员，娼妓[4]；ⓓ在运河沿途一边捕鱼，一边运送旅客、商品，或打短工生活的船上

〔1〕 范金民，1998，p.335；李伯重，2000A，第九章"江南早期工业化中的人力资源问题"。

〔2〕 论及江南人口的学者颇多，其中尤以曹树基（2000、2001）为代表。吴建华（2005，p.140）据曹树基的统计，认为洪武二十六年（1393）至嘉庆二十五年（1820），苏州、松江、常州、太仓、应天、镇江等六府州的人口变化是 706.9 万至 2165.5 万，嘉兴、湖州、杭州、宁波、绍兴等五府州是 635.7 万至 1631.8 万。

〔3〕 出身湖州的礼部尚书董份"家蓄僮仆不下千人"（转引韩大成，1991，p.323），出身松江华亭的大学士徐阶"家人多至数千"（于慎行，《谷山笔麈》，卷 5）。而且一般官僚和富户同样拥有大量奴婢。以苏州府嘉定县为例，"大家僮仆，多至万指"（万历《嘉定县志》卷 3，风俗；顾炎武，《天下郡国利病书》第 6 册，嘉定县志，风俗）。并且，顾炎武亦称"人奴之多，吴中为甚，今吴中仕宦之家，有至一二千人者"（顾炎武，《日知录》卷 13，奴仆）。实际在江南有家奴数十人者不计其数。由于明朝的奴婢数量甚多，因而日本的小山正明将直至明朝这一时期视为"奴隶制社会"（吴金成，1978）。

〔4〕 谢肇淛，《五杂组》卷 8，人部 4 记载，"今时娼妓布满天下，其大都会之地，动以千百计，其他穷州僻邑，在在有之"，同书卷 3，地部 1 记载，"燕云只有四种人多，奄竖多于缙绅，妇女多于男子，娼妓多于良家，乞丐多于商家"。又林希元，《林次崖文集》卷 2，王政，附言疏记载，"今同两京九街（娼妓）至数万计"，《燕京杂记》记载，"京师娼妓虽多，较之吴门、白下，邈然莫逮"（转引韩大成，p.360）。

人（周忱所称的船居浮荡人）[1];ⓔ生活于城市中的诸多无赖[2]和乞丐（化子＝花子。他们当然没有被纳入统计中）[3];ⓕ地方官府放弃的人口；等等。如果考虑到官府所未能掌握而被搁置的这些人的存在，那么江南的人口应比官府所掌握的数字多出许多[4]。

让我们思考一下ⓐ的情况。江南在明清时代是中国工商业最发达的地区。与其他地区的定期市不同，不管是大城市，还是其他诸多市镇，它们是几乎每天都开市的常设市场，人声鼎沸，各种商品应有尽有。许多的商人及其随行人员和奴婢们停留了一段时间之后离去，接着又有其他人再停留再离去。在他们停留期间无论是这些寄居人，还是常住人口都同样消费着江南的粮食。所以尽管无法正确了解其人数，但是这些短暂停留的滞留者（寄居人）们，也应该被视为江南的人口。支撑它的理由是如下的记载。

（1）成化年间（1464—1487），余恒三四年一入，则见其迥若异境。以至于今，愈益繁盛，间檐辐辏，万瓦甃鳞，城隈濠股，亭馆布列，略无隙地。舆马从盖，壶觞罍盒，交驰于通衢。水巷中光彩耀目，游山之舫，载妓之舟，鱼贯于绿波朱阁之间，

---

[1] 滨岛敦俊，1997，p.163。尼·斯·米列斯库（1636—1708），《中国漫记》，蒋本良、柳风运译，北京，中华书局，1990，第六章"中华帝国的省份、中小城市和人口"，pp.21-22，"他们还说中国有流动城市，因为在所有的下流上都有大量的船只，中国人就住在船上，还在船上饲养鸡、鸭、鹅和猪等，有时一两千条船帆群集一处，像个集市，有时又蓦地同时起锚，一起转移到另一条河上。所以水上人家之众不亚于陆上，特别是在南方。水上人家均从事缲丝业"。另据方行的照查（方行，2004，p.6），乾隆年间，江南内河航运的（1）"船只之多，大小不下数十万艘，百姓赖以资生者何啻数百万人"，（2）鸦片战争前夕，上海沙船业拥有"沙船水手十余万人"，（3）道光间，沙船主郁润桂有沙船70多艘，雇工2千余人。

[2] 本篇第二章。

[3] 谢肇淛，《五杂组》卷3，地部1记载，"燕云，娼妓多于良家，乞丐多于商贾"，同书卷5，人部1记载，"京师多乞丐，五城坊司所辖，不啻万人"。尽管这是对北京的描述，但可能也同样适用于描述曾是中国的经济和文化中心的江南。

[4] 但李伯重（2000，第九章）的逻辑是"明清时期江南没有人口压力"。

丝竹讴舞与市声相杂。[1]

（2）庞嵩，（嘉靖）二十三年历应天通判，进治中，先后凡八年，府尹缺，屡摄其事……留都民苦役重，力为调剂，凡优免户及寄居客户、诡称官户、寄庄户、女户、神帛堂匠户，俾悉出以供役，民困大苏。[2]

（3）染房罢而染工散者数千人，机房罢而织工散者又数千人。[3]

（4）（杭州）城中百万蒸黎皆仰给于北市河之米，……必储米六十万石为二月之粮。[4]

（5）武林生聚繁茂，盖以列郡之期会至者，殊方之贸迁至者，奚翅二三百万。即以百万计，日食米万石，岁可三四百万。[5]

（6）苏州城内，洋货、皮货、绸缎、衣饰、金玉、珠宝、参药诸铺，戏园、游船、酒肆、茶店，如山如林，不知几千万人。[6]

（7）罗店西北居冲水陆绮交，商民堵聚，抑且南连上海，北接刘河，实诸路往来之孔道，为阛邑出入之通衢。凡商贩、艺事、力役人等由镇经历者不时云集。[7]

（1）是 15 世纪后半叶的苏州人王锜（1433—1499）对苏州日益繁荣的市场和水路风景所做的描述。（2）是传达嘉靖中叶应天

---

〔1〕 王锜，《寓圃杂记》（北京，中华书局，1997）卷5，吴中近年之盛（p.42）。

〔2〕《明史》卷281，严嵩传。

〔3〕 明《神宗实录》卷361，万历二十九年七月丁未条。

〔4〕 万历《杭州府志》卷33，城池。同书卷19，pp.8b—9a 称，"16 世纪 20 年代的杭州，长满超过 1 尺长杂草的小道到处都是"。但 1579 年的《府志刊行年》记载，顺着小道已经有了密密麻麻的房子，人口增长，非常繁荣。

〔5〕 李长卿，《李长卿集》卷19，借署编，早计第一（转引韩大成，1991，p.589）。

〔6〕 顾公燮，《消夏闲记摘抄》（乾隆五十年序，上海，商务印书馆，1924）。

〔7〕 光绪《罗店镇志》卷3，营建志（下），怡善堂。

（南京）府城内寄居客户和寄庄户情况的内容。（3）是著名巡抚曹时聘在《苏州民变疏》中描述苏州流动人口的情况。自 16 世纪后半叶，苏州的花桥、广化寺桥、廉溪坊、玄妙观口等地区，每日清晨都聚有"万数"人打短工求职者[1]。（4）和（5）是描述明末杭州情况的记载。李伯重推测，"据记录（4）来计算，17 世纪后半叶，杭州人口有可能超过 100 万，但是根据当时的情况来看，杭州的人口似乎不及苏州多，有 50 万左右"[2]。然而如（5）所示，杭州人李长卿亦认为，如果像《府志》记载的那样，按每人每天需要 0.01 石粮食计，那么加上流动人口，杭州居民便有二三百万。这两种记载均不是正确的数据，而且也不可能获得正确的数据。在这里暂且不计官府统计的正误与否，单从李长卿所称"即以百万计"来看，认为万历年间杭州的人口大概超 100 万人，恐怕亦无大碍。而且其庞大的流动人口如"列郡之期会至者，殊方之贸迁至者"所说一样，可以认为来自附近诸府，或是各地商人和外省人口的迁入。19 世纪西方旅行家弗雷德里克·克劳德（Frederick Cloud）写道，"杭州人口中本地人仅十分之一，其余都是来自国内各省的客籍"[3]。（6）是 18 世纪后半叶的苏州城内的情景，（7）是传递 19 世纪上半叶罗店镇情况的内容。

清前期，苏州城内的两万余踹匠、染匠和松江府城镇的一千余踹布工匠，大多是来自江苏北部和镇江、江宁府，安徽省太平、宁

---

〔1〕 蒋以化，《西台漫记》卷 4；康熙《长洲县志》卷 3，风俗；康熙《苏州府志》卷 21，风俗；《钦定古今图书集成》，织方典，卷 676，苏州风俗考；经君健，1962A；许大龄，1963；宫崎市定，1951；佐伯有一，1961A。

〔2〕 李伯重，2000A，pp.415-416。

〔3〕 施坚雅，2000，p.640。

国府，浙江省绍兴府以及江西省等地域的外来人[1]。钱泳（1759—1844）说，苏州商贾云集的阊门、金门一带，"宴会无时，戏馆、酒馆凡数十处，每日演剧，养活小民不下数万人"，又说，"苏郡五方杂处，如寺院、戏馆、游船、赌博、青楼、蟋蟀、鹌鹑等局，皆穷人大养济院，一旦令其改业，则必至流为游棍，为乞丐，为盗贼，害无底止，不如听之"[2]。顾公燮说，"苏州城内，洋货、皮货、绸缎、衣饰、金玉、珠宝、参药诸铺，戏园、游船、酒肆、茶店，如山如林，不知几千万人"[3]。

对于明末（17世纪上半期）湖州府归安县双林镇的情况，有记录称，"其石工、木工、染工、薙发匠，大半来自他乡。……其余各业，则主、客参半"[4]，该内容提供的启示很多。而作为既是丝织物的生产地，也是集散地的盛泽镇的情况是，明末从事绸丝的牙行有1100多家，从周边来购绸丝的商人们，如蜂群或蚂蚁群那样接踵而至[5]。万历年间嘉兴府石门镇的榨油业的情况是，"油坊可二十家，……坊须数十人，……镇民少，辄募旁邑民为佣，其就募者类赤身亡赖，或故髡钳而匿名避罪者。二十家合之八百余人"[6]。康熙五十九年（1720），有《长州吴县踹坊条约碑》记载说，"苏城内外

〔1〕 范金民，1998，p.334；李伯重，2000，pp.423-427；方行，2004；寺田隆信，1972，pp.364-366；姜元默，2010。

〔2〕 钱泳，《履园丛话》（清代史料笔记丛刊，北京，中华书局，1997）上，丛话1，旧闻，安顿穷人，p.26。

〔3〕 顾公燮，《消夏闲记摘抄》（乾隆五十年序，上海，商务印书馆，1924）。

〔4〕 同治《双林记增纂》（抄本）卷8，风俗，工（转引川胜守，1999A，p.375）。

〔5〕 冯梦龙，《醒世恒言》卷，18，《施润泽滩阙遇友》（刘世德等编，《古本小说丛刊》，北京，中华书局，1991），p.352。

〔6〕 贺灿然，《石门镇彰宪亭碑记》，万历《崇德县志》卷7，纪文（转引李伯重，2000A，p.424）。

踹匠，不下万余，均非土著，悉系外来，奸良莫辨"〔1〕。此等踹匠皆安徽省太平、宁国府，江苏省江宁府，其他江南江北各县之人，"递相传授牵引而来，率多单身乌合，不守本分之辈，因其聚众势合奸良不一"〔2〕。

江南城市研究大家李伯重亦认为，明代江南城市工人中的相当部分为"外来劳工"，至清代江南诸多大中小城市的大部分劳工也是"外来劳工"。而且称这些外来劳工来自江宁、太平、宁国、镇江、无锡、安徽、宁波、江西，并断定：ⓐ外来劳工是明清江南城镇工业劳动力的一个重要来源；ⓑ到了清代，不仅市镇工业中使用外来劳工更多、更普遍，而且大城市工业中使用的外来劳工更是达到很大的数量；ⓒ到了清代，来自江南内部较远地区（特别是宁镇一带）乃至江南以外地区的劳工，已成为江南城镇工业中外来劳工的重要部分〔3〕。

官府没统计到的这些流动人口或寄居人的案例在其他地区亦多有发现。以下记录便是其例证：

（1）四方贾人，新安贾最盛，关陕山西江右次之，土著什一而已。〔4〕

（2）土著较游寓二十之一。〔5〕

（3）（临清）四方商贾辏集，多于居民者十倍。〔6〕

---

〔1〕 苏州历史博物馆等合编，《明清苏州工商业碑刻集》，南京，江苏人民出版社，1981，p.68。

〔2〕《世宗宪皇帝硃批谕旨》（《文渊阁四库全书》所收）卷200，雍正元年（1723）四月初五日苏州织造胡凤翚奏；同书卷174，苏州织造李卫奏。

〔3〕 李伯重，2000A，pp.419—426。

〔4〕 万历《扬州府志》卷1，郡县志（上），总论（4a）。

〔5〕 万历《扬州府志》，序（3b）。

〔6〕 穆孔晖，《修蓄锐亭记》，乾隆《临清直隶州志》卷2，建置，废署。

（4）镇上佣工，皆聚四方无籍游徒，每日不下数万人，稍一骚动，响者四应。[1]

（5）隆庆六年后，户几三十万，口几九十万，此著成丁者耳，其未成丁及老病男女，奚啻百万，而每户未报者，总亦不下数十万，流民移户尚不在此数，是几二百余万口也。[2]

从记录（1）和（2）来看，明末扬州的外来商人占扬州全部商人的9/10，外来人占扬州居民的19/20。尽管无法正确了解扬州的人口，但估计该有80余万人。其理由是，清军在入关南下的过程中，在扬州屠杀的人数达80余万人，其中未包括投井或投河自尽者、锁门自焚者、俘虏、藏匿于寺院者[3]。（3）是嘉靖年间的南京太常卿穆孔晖（1479—1539）对当时盛极一时的山东运河城市——临清的流动人口所做的记录。（4）记录了嘉靖年间以来繁荣一时的江西省瓷都景德镇的流动人口以及由此引起的社会问题[4]。（5）是对万历初年江西省南昌府户口所做的记录。即，隆庆末至万历初（17世纪后半叶）南昌府的登记人口为30万户90万人左右，而这只是计算了成人的数字[5]，如果加上未成年人、老弱病残者、未报告的奴婢以及流民的数量，实际居住人口可能达到超过登记人口两倍的200余万人。丘濬（1421—1495）称15世纪中叶的情况是"江西人之过半侨寓湖广"，事实亦如"江西填湖广"的俗谚那样，江西人流入湖广者甚多，但明代的湖广人口统计中却并未显示[6]。另外，

---

〔1〕 萧近高，《参内监疏》，康熙《西江志》卷146，艺文，p.2563（上）。
〔2〕 万历《南昌府志》卷7，户口。
〔3〕 王秀楚，《扬州十日记》（台北，广文书局，1977），pp.241-242。
〔4〕 吴金成，2007A，第三篇第一章"千年瓷都景德镇"。
〔5〕 明代的人口统计大多为成丁，对此 Ho, Ping-ti（1959）曾经指出过。
〔6〕 吴金成，1986，第二篇第一至三章。

19世纪曾是长江中游最大港口的湖北汉口，在18世纪的人口有20万左右，但至19世纪其人口被推测为100万人，其中大部分为一时滞留者[1]。

明中叶以来，所有位于交通要道，而且工商业获得发展的城市的流动人口均非常多，特别是江南各城市的流动人口尤其更多。然而明清时代各地的官衙既没有掌握如此众多的流动人口的能力，也缺乏积极掌握的意志[2]。自康熙五十二年（1713）制定"盛世滋生人丁"之后情况更甚。所以如果据迄今为止的资料来评估的话，便如上所分析的那样，明清时代江南地区因自身人口的逐渐增加和外来

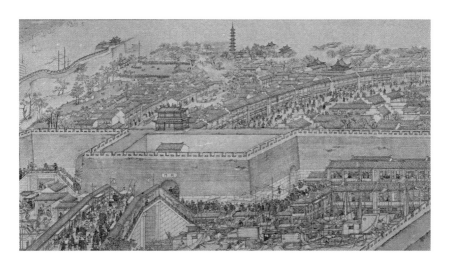

图 3-1-1　徐扬《盛世滋生图》（局部）

---

〔1〕 Naquin, Susan an Rawski, Evelyn S., *Chinese Society in the Eighteenth Century*, Yale University Press, 1987, p.163.

〔2〕 只是，当社会秩序因流动人口而发生混乱时，地方官府亦不得不对其采取措施。然而实际上这变得越来越难。自乾隆二十二年（1757），江南把治安交给各地商人建立的会馆的"董事"或"客长"，便是缘于此因（范金民，1998，pp.261-262）。四川巴县也不得不向外来商人建立的会馆领导人协议机构——"八省客长公议"委任各种纠纷调解职能，求得其协助。参照李俊甲，2002，pp.310-316；何智亚，2006；姜元默，2010，pp.222-223。

人口的大量涌入，其人口压力比其他任何地区都大[1]。

清代徐扬作的《盛世滋生图》（又名《姑苏繁华图》，1762，参照图3-1-1）描绘了乾隆年间苏州达到繁荣之巅的状况，从图中能看见260家商店、近400艘船只以及由四川、广东、贵州、云南、福建、江西、浙江、江苏、山东等九省商人开设的店铺，并且还描绘了客商、打短工者、水夫、牵夫等众多的流动人口[2]。该图中描绘的许多饭店、酒肆、妓院、茶馆等之所以能够如此繁荣，是因为有这些外来的流动人口。所以，由周边运抵江南的如此多的粮食，除了酿造消耗的粮食、作为漕粮北运的粮食以及向福建等东南沿海贩运的粮食之外，如后文所述，还得考虑到这些流动人口的需求。清代，苏州府由一州七县被拆分为一州十三县，松江府由三县拆分为七县，常州府则由五县拆分为八县[3]，这种拆分的原因应该也是清朝权衡各种方案时，针对流动人口引起的治安问题最终选择的结果[4]。

二　农村经济结构的变化

1. 纺织业的发展

自明中叶，江南的城市之所以能够获得如此迅速的发展，是因

---

〔1〕　李伯重（2003C）推测，江南的人口从1400年的900万增至1620年的2000万，明清更替时期暂时一度下降之后，1680年重新恢复至2000万，1850年增至3600万。故而1680—1850年间的人口增长率为3‰，该数据相当于1393—1630年间增长率的1/5。而王士达（1931）则称，从乾隆二十七年（1762）至乾隆五十一年和道光二十年（1840），江苏省的人口由23161049人分别增至31142000人和42730000人；同期，浙江省人口则由15429690人增至22829000人（乾隆五十六年，1791）和28909000人。随之，人均耕地面积在乾隆年间至嘉庆年间，江苏省由2.97亩降至1.83亩，浙江省由2.98亩降至1.71亩。

〔2〕　黄锡之，2003；范金民，2005。

〔3〕　赵泉澄，1955，pp.65—66。

〔4〕　请参阅本篇第二章。

为纺织业等手工业和与之相伴的流通业的发达[1]。明代，该地区的纺织业获得尤为突出的发展，这缘于如下几条原因。①自洪武以来，明朝积极奖励种植桑树、麻、木棉[2]；②该地区的气候温暖多湿，土质适合种植木棉和桑树；③自宋代以来，高度发达的丝织技术被不断传授，从而其技术获得转用和传播；④该地区地处通向周边的交通要地，从而确保了购买原料和贩卖产品的地利优势。而且就如明中叶的《大明一统志》[3]、明末清初顾炎武[4]、清代沈德潜所指出的[5]，该地区是传统的重赋地区[6]。《履园丛话》记载：

> 今以苏、松、常、镇、杭、嘉、湖、太仓推之，约其土地无有一省之多，而计其赋税，实当天下之半，是以七郡一州之赋税为国家之根本也。

因而仅靠种植米谷无法维持再生产，江南地区的小农为了克服沉重的税役负担，打破农家经营的危机状况而求得生存，迫切需要其他补充家计的手段。尤其自明中叶，当货币经济深入渗透至农村时更为如此。然而农业生产具有季节性，农民的农忙期每年不过半年左

〔1〕 吴金成，1990。

〔2〕 明《太祖实录》卷17，乙巳年（1365）六月乙卯条；同书卷31，洪武元年（1368）四月辛丑朔条。

〔3〕 李贤等，《大明一统志》所见的全国260余个府州的全国税粮额为26560220石，其中江南地区的苏、松二府位列全国第一、第二位，苏州府为2502900石，约占全国的1/10，苏、松、常、嘉、湖、杭六府合计略超全国的1/5。

〔4〕 顾炎武，《日知录集释》卷10，苏松二府田赋之重条记载，"洪武中天下税粮29430000余石，浙江布政司2752000余石，苏州府2809000余石，松江府1209000余石，常州府552000余石"。

〔5〕 沈德潜，《浮粮变通议》，贺长龄、魏源等编，《清经世文编》卷32记载，"苏松之困，莫甚于浮粮"。

〔6〕 关于明代江南地区沉重税役负担的具体内容及其意义，请参阅森正夫，1988。

右，其他时间均为农闲期。故此，农民可充分利用农闲期和家庭内部的剩余劳动力，从事家庭手工业生产。

（1）棉纺织业

明代，棉纺织业[1]是新兴手工业，极为繁荣，前景广阔。加上恰在当时，江南一带的大城市出现了较高水准的丝织技术，并传入到农村地区，人们通过吸收该技术能够生产出优质的棉布。自1433年，准许江南以棉布替代税粮纳税，于是进一步助推了棉布的生产[2]。在这种背景下，农民自然将棉纺织业视为自身的主要副业。据松江地区的记载，正德年间（1506—1521）已用棉布收益充当了农家的所有费用和税役[3]。而且明末徐光启所称的，松江地区是传统的重赋地区，民众只有依赖织机而生活，苏州、常州、镇江、杭州、嘉兴、湖州地区依赖丝织品生存，便传达了上述的信息[4]。

自此，城市周边的农民已经脱离了"男耕女织"的传统农家经营方式，男子也积极参与到了家庭纺织业，纺织业逐渐由副业发展为主业[5]。结果，由明中叶至明末清初时，松江府和苏州府的嘉定、太仓、昆山、常熟一带农村的耕作比例大体为"稻三棉七"，乃至"每村庄知务本种稻者，不过十分之二三，图利种棉者，则十分之七八"。嘉定县一带则达到了"棉九稻一"，或是"全种棉花，不种水稻"[6]；就连被称为"水稻一色"的松江府金泽镇都开展了棉布

---

[1] 本论包括棉布的生产和加工业（踹压[＝踹布]和染色工程）。

[2] 西屿定生，1966B。

[3] 正德《松江府志》卷4，风俗。

[4] 徐光启，《农政全书》（卷35，蚕桑广类，木棉）记载，"壤地广衰，不过百里而遥，农亩之入，非能有加于他郡邑也。所繇共百万之赋，三百年而尚存视息者，全赖此一机一杼而已。非独松也，苏、杭、常、镇之币帛枲纻，嘉、湖之丝纩，皆恃此女红末业，以上供赋税，下给俯仰。若求诸田亩之收，则必不可办"。

[5] 徐新吾，1992。

[6] 康熙《嘉定县志》卷1，风俗。

业[1]，使得耕作物的比重发生改变，逐渐向著名的种棉区乃至棉纺织区发展[2]。有学者甚至称该现象为"棉花革命"[3]。

对于江南农民把主业从稻作转为棉作的理由，在叶梦珠的《阅世编》、何良俊的《四友斋丛说》[4]以及乾隆年间（1736—1795）曾任两江总督的高晋关于苏、松地区的棉花和水稻种植所做的记录里[5]，有着很好的说明解释。换言之，"织布率日成一匹，甚有一日两匹"，即棉作的收益达到稻作的近两倍，在棉作区一名妇女在15日内的收益可达到一亩稻田的收益，其利润之高成为巨大的发展动机。于是农民积极参与到棉纺织业，种棉区压倒种稻区而呈现出"专种木棉"或"全赖植棉"的景象。而且至明末在苏州府太仓州，地主希望种植稻作，佃户反而喜好棉作[6]。苏州府嘉定县的情况也是"其民独托命于棉花，（中略），米不土出"，甚至"以花织布，以布贸银，以银籴米，以米兑军，运他邑之粟，充本县之粮"[7]。

换言之，位于江南之东北的松江府和苏州府东北部的太仓州、嘉定、昆山、常熟等各州县的农民通过经营棉作和棉布生产，克服了重赋负担。结果，该地区的农民生活沉浮便受棉花的收成左右。

---

〔1〕 高晋，《请海疆禾棉兼种疏》，贺长龄、魏源等编，《清经世文编》卷37；樊树志，1990，p.161；川胜守，1999A，第四章"明清时代，商品生产の展开と江南市镇の形成"。

〔2〕 全汉昇，1958；傅衣凌，1964B；刘石吉，1987，pp.21-30。范金民（1998，p.71）分析，明末江南种植棉花的面积大约有160万亩。

〔3〕 黄宗智，1992，p.4。

〔4〕 叶梦珠，《阅世编》卷7，食货4；何良俊，《四友斋丛说》卷14，史10；樊树志，2005，第四章。

〔5〕 高晋，《请海疆禾棉兼种疏》，贺长龄、魏源等编，《清经世文编》卷37记载，"臣从前阅兵两次往来于松江、太仓、通州地方（中略）究其种棉而不种稻之故，并非沙土不宜于稻，盖缘种棉，费力少而获利多，种稻，工本重而获利轻，小民惟利是图，积染成风"。

〔6〕 崇祯《太仓州志》凡例称，"如州地未必不宜稻，承佃人偏好棉花，库米价腾贵，田主强责佃种稻"。

〔7〕 万历《嘉定县志》卷6，徐行奏疏（万历二十一年）。张鸿磐（明末，嘉定人），《请照旧永折疏》（嘉庆《南翔镇志》卷12，杂志，纪事）亦称，"以棉织布，以布易银，以银籴米，以米充兑"，由此可见，朝廷征税时，要求的是货币，而不是实物。

只是江南生产棉布所需的棉花并非全部产自江南。例如，明后期产于松江地区的棉布有两千万匹左右，其中所需棉花的 25.2%—37.6% 来自外地[1]。

明清时代，江南生产的棉纺织品被销往全国，市场的控制力日渐增强，唯有其主要销路发生了变化。明代主要销往华北和西北地区，但是清代的主要市场却逐渐变成了江西、广东、广西等南方地区。其变化原因是：①进入清代之后，华北各地的棉纺织业日渐发展；②江南的棉纺织技术没有取得太大的发展，从而江南同其他地区的棉纺织技术几乎没有了差异[2]。然而清代江南的棉纺织业并未因此而衰退。作物的种植比例仍是"七分棉花，三分稻"，种植棉花的地区依旧更多[3]。

明代，江南棉布的商品数量为1500万至2000万匹左右[4]，清代，尽管全国各地棉纺织业都有发展，但江南生产的商品布接近4000万匹，比明代增加了100%。300余年间，棉布生产量翻了一番[5]。因而，清代江南和其他地区的商品布数量可能比这更多。清代，棉布生产之所以增长得如此迅猛，是因为农民的服饰普遍使用了棉布，而且又有人口的骤增。

（2）丝织业

在江南，丝织业要比棉纺织业发展得更早更活跃[6]。苏州府除了

---

〔1〕 何泉达，1993。

〔2〕 张海英，2002，pp.130-147。张海英又提出了另一个原因，即明代贩运江南棉布的重要商帮是西北商人（山陕商人），但清代则被徽州商人所替代。我不赞成这一看法，因为徽州商人也是贯穿全国的。

〔3〕 光绪《罗店镇志》卷1，风俗。

〔4〕 其中的五六百万匹流入了北方。明代的北方防御军队达七八十万，他们及其眷属和互市贸易需要棉布。这些棉布大多经由山东的临清中转供应。张海英，2002，p.143。

〔5〕 吴承明，1983A；许涤新、吴承明主编，1985，pp.277-279。

〔6〕 陈学文，1993；范金民、金文，1993；佐伯有一、田中正俊，1955；佐伯有一，1961A。

嘉定、太仓、昆山、常熟之外的地区，杭州、嘉兴、湖州地区也是中国代表性的丝织业中心。明中叶，尤其是在 16 世纪初的正德年间，对这些地区，有史料记载，"以蚕代耕者什之七"或"所赖者蚕利耳"[1]。换言之，农民们甚至在稻田种植桑树，这种"桑争稻田"的状况四处蔓延。

非但明朝政府对丝织物的需求量大，民间的需求亦日渐增多。明朝用于宫中的服饰、文武百官的官服、赐予内外入贡使臣的赏赐品、官僚的俸禄等方面的绸缎需求巨大。民间亦由于明中后期出现的人口增加和生产力的提高，城市社会的奢侈之风开始蔓延[2]，就连市井无赖都穿着绸缎服饰，这些因素使丝织物的需求暴增。

明初，政府为了满足需求，构筑了以"匠役制"为基础的官营手工业自给体制[3]。然而自 15 世纪后半叶开始，随着匠役制的崩溃，自成化二十一年（1485），明朝准许匠役更替折银。之后出现了匠户（指机户）逐渐独立于匠役制经营丝织业的案例。至明末，在江南受雇于这些机户的工匠，即拥有缎工、纱工、车工、绸工等技能的技术工人有万余人。随着机户和工匠们拥有的精湛的丝织技术传播至农村，农村不但能够生产平民用的普及品，而且还能够生产出高级品。至明末清初，养蚕业和丝织业的单位面积收入达到了种植谷物的四五倍乃至十多倍[4]。于是，因为重赋而处于危机状况的农民，首先作为农家的副业，参与到了不是以自家消费为目的，而是以商品生产为目的的丝织业中。结果，不仅是苏州、杭州等大城市，而且在市镇周边方圆四五十里（22—28km）范围内，追逐丝织物之利的

---

[1] 正德《桐乡县志》卷 2，物产。

[2] 本篇第二章；林丽月，2004。

[3] 彭泽益，1963A；中山八郎，1942。

[4] 张履祥，《杨园先生全集》卷 50，《沈氏农书》《补农书》中有关记载；陈恒力，《补农书研究》中有关计算和说明；樊树志，1990，上卷，第四章"丝绸业市镇的分布与结构"。

农民与日俱增。至清代，蚕桑成为江南地区农民的生活基础。

自明后期至清中期的 300 余年间，农村的妇女从事养蚕和纺织业的人数倍增[1]，丝绸的生产量也增长 30 余倍[2]。而生产成商品的丝绸被徽商、晋商、陕西商人、洞庭商人等明清时代著名的商人贩运买卖。江南的丝织品通过大运河销往全国。乾隆四十一年（1776），经淮安关输往北方的绸布船多达 367 艘[3]。乾隆、嘉庆年间经其交易的商品量有一千数百万匹，交易额约有 1500 万两，达明代的数十倍。在清代，江南的丝织品同样销往全国各地[4]。江南丝织物交易的最大市场自然是苏州和杭州。还有盛泽镇、濮院镇、双林镇等，无数市镇也以纺织品交易尽享繁荣。尤其是濮院镇，乾隆年间该镇从事丝织业之户"十室而九"。产于该地的丝织物非但销往中国各地，还以"濮绸"之名外销至日本。

换言之，江南人通过棉纺织和丝织等积极的商品生产，不仅克服了传统重赋的负担，还借此成长为中国首要的经济、文化中心地区[5]。正如《吴风录》中"吴中缙绅士大夫，多以货殖为急"或"吴人为织作为业，即士大夫多以纺织求利"[6]的记载，江南之所以获得如此的发展，是因为连绅士都积极参与到了其中。

明清时代，江南地区之所以仍旧能够继续维持中国经济中心的地位，是因为该地以棉纺织、丝织等纺织品的生产和流通为中心发

---

〔1〕 李伯重，1996A，p.9。

〔2〕 范金民，1992A、1992B。

〔3〕 吴建雍，1984，p.86。

〔4〕 由于江南的棉布纺织技术，在明清时代并未获得大幅发展，因此全国形成了技术均衡（前述）。然而丝织技术的情况是，江南的技术在明清时代继续得以发展，远远超出了四川、山西、山东、广东等其他地区，所以才出现了这种结果。

〔5〕 本章第三节。唐甄，《教蚕》，贺长龄、魏源等编，《清经世文编》卷 37 记载，"吴丝衣天下，聚于双林。……吴南诸乡，岁有百十万之益。是以虽赋重困穷，民未至于空虚，室庐舟楫之繁庶，胜于他所，此蚕之厚利也"。

〔6〕 黄省曾，《吴风录》（郝秉键，2001，p.24）。

展了商品经济，还带动了许多中小城市的发展。于是明末清初之后的江南三角洲地区逐渐形成了棉纺织区（东部和北部的沿江沿海地区）、蚕丝区（太湖南部一带）、稻作区（太湖北部一带）等三个经济区域[1]。但是其结果是，原本被称作"苏湖熟，天下足"的粮仓地区，从明中叶起反而成了严重的"缺粮"地区。

2.农家经营结构的变化和"缺粮"

如上所述，比稻作收益高出许多的棉花、桑树等经济作物的广泛种植，以此为基础的棉布、绢布等纺织手工业的迅速发展，大量外来人口的流入，诸多中小市镇的发展，与此同时出现的人口压力的增大以及其他诸多因素共同作用的结果是，明中叶以来江南农村社会的经济结构发生了广泛的变化。第一，农村的农民通过分圩、土地的多种开发及不懈的集约农业活动，提高了水稻等粮食作物生产的集约化程度[2]。第二，更为重要的是，在农业经营上，随着从集约化程度较低的领域（稻作）向集约化程度较高的蚕桑、棉花等种植领域的转移，改变了农业生产的结构，于是农业向商品经济的范畴发展。大多数史料记载，自明中叶之后，江南地区存在"长工、短工、租户、忙工"等雇工分类[3]，这便意味着农业伴随经营的变化亦存在雇工。此外，伴随着农村的这种变化，与之相关的城市加工业（纺织业等）广泛发展，于是市镇等中小城市吸收了此前的经济结构断不能容纳的由农村流入城市的劳动力[4]。

因而自明末清初以来，江南地区的农民构筑了或者根据土质兼营

---

〔1〕 李伯重，1985A。

〔2〕 本书第一篇第二章。

〔3〕 弘治《吴江志》卷6，风俗；嘉靖《吴江县志》卷13，典例，风俗。

〔4〕 黄宗智，1992，第一篇第三、四、五章；李伯重，1985B。然而范金民、夏维中（1993，pp.226—229）却称，这种现象至明中后期还尚未发生。

多种的副业性手工业，或者同时兼营农业和副业的综合型产业结构。考察苏州府下辖地区，除了粮食作物外，大体而言，有以下几种形式：①在江边的沙地及地形较高的常熟、昭文、嘉定、昆山、镇洋等大部分地区种植棉花，或主要从事纺丝和织布；②太湖沿岸地区和浙江省的嘉兴府、湖州府邻近的吴江、震泽等诸多地区，主要从事植桑、养蚕、缫丝和织绸行业；③位于太湖之中的洞庭山主要从事养蚕，种植水果和花木；④太湖、淀山湖、阳澄湖、白蚬江、陈湖等水泽地区，主要从事渔业[1]。

明末清初，江南的农业在土地利用、耕地管理、耕作制度、耕作技术的提高等诸多方面的集约农业（精耕细作）的水平进一步向上发展。棉花、桑树、席草、蔬菜、水果、花木等作物的种类增加，生产规模扩大。部分农民不但通过经营商业性农业，缴纳赋税、维持生计，而且还有通过积累财富来提高经济地位的案例。换言之，明末清初，如"谋生之方不专仰于田亩，以故即遇俭岁，犹守庐墓保妻子，不轻去其乡也"[2]或"其起家，大抵本富十之六，末富十之四，奸富十之一"[3]所记载的状况已经出现。

随着这种商品生产的发展和农村农业生产和经营结构的变化，原来是中国粮仓的江南地区逐渐转变为粮食输入地区，即缺粮地区[4]。促成这种变化的因素有如下几种。①随着种植棉花、蚕桑等经

---

〔1〕 陈学文，1989、1991A、1993。然而范金民、夏维中（1993，pp.411-417）称，这种生产形式是康熙之后的现象。

〔2〕 乾隆《唐市志》卷上，"风俗"。

〔3〕 光绪《常昭合志稿》卷6，"风俗"（范金民、夏维中，1993，p.417再引用）。

〔4〕 樊树志（2005，pp.121-124）也强调了这种主业和副业的倒置现象。张海英（2002，pp.118-130）认为，从江南整个地区来看，明代，只要不是大灾年，即便不从外地大规模调入粮食，依靠江南地区内部的调度亦能克服。至清代缺粮程度却日渐严重。但是，比较明清时代江南的缺粮程度，尽管肯定了明代比清代稍强些许，但输往江南的粮食除了江南的需求之外，还应看到包括了华北、福建和广东地区的份额。

济作物面积的扩大，良田被挤占，粮食生产量相对下降。②由于寻找新生活家园的外来人口的流入，城市地区的人口骤增，于是粮食消费量大增。③粮食运往浙江南部和福建等东南沿海地区、山东等北方地区，首都北京以实物征收的漕粮需求，一如既往（后述）。④城市经济的繁荣不仅增加了粮食需求，还进一步深化了粮食生产和消费的地区性不均衡。江南地区转变为严重的缺粮地区，便是这些诸多因素综合作用的结果[1]。

然而恰巧进入 15 世纪之后，长江中游的湖广地区开始被大举开发。至 15 世纪中期，湖广的米谷开始输往江南地区，最终"苏湖熟，天下足"的俗谚被"湖广熟，天下足"所取代[2]。江南地区的这种粮食状况，可通过"吴所产之米，远不足供本地之用"[3]的明末记载得到很好的了解。例如，苏州府的九县原是稻米生产量极高的地区，每年可出产 2200 万石左右，然而清初开始却发生了极大的变化。康熙帝以为，"湖广熟天下足，江浙百姓，全赖湖广米粟"[4]；雍正年间（1723—1735），乔世臣对于苏松两府称，"民间所买常餐……俱属糙粳楚籼等类"[5]；嘉庆年间（1796—1820），包世臣也称，"苏州无论丰歉，江、广、安徽之客米来售者，岁不下数百万石"。正如这些记载的那样，进入清代，江南缺粮的程度日渐严重[6]。换言之，苏州府下辖各县和市镇的数十万工商业人口和流动人口所需的粮食以及其他工业用米谷，均依赖于从长江中上游地区输

---

〔1〕 蒋建平，1992，pp.85-113。另据范金民（1991，pp.83-84），江南每年消费于酿酒业的数百万石的米粮，亦是促进该地缺粮的因素。

〔2〕 吴金成，1986，第二篇；吴金成，1993；参照本书第一篇附论 1。

〔3〕 黄希宪，《抚吴檄草》卷 1，为祈饬遏籴之禁大沛隣封事（崇祯十三年五月二十九日）。

〔4〕 清《康熙皇帝实录》卷 193，康熙三十八年六月戊戌条。

〔5〕 《雍正朱批谕旨》，雍正十一年四月十五日，乔世臣奏稿。

〔6〕 许涤新、吴承明，1985，p.274；张海英，2002，pp.118-130。

入的粮食，而且其数量颇多。又如松江府下辖各县和太仓州地区是棉花种植和棉布业最发达的地区，正如"种花者多，而种稻者少，每年口食，全赖客商贩运"的记载[1]，每年从外部调入大量的粮食。地处太湖南部的杭州、嘉兴、湖州地区，原来亦为粮仓地区，但从种桑养蚕发达的明中叶起，成了不得不依赖江西和湖广之粮食的缺粮地区。尤其是浙江西部地区成为严重的缺粮地区，清《高宗实录》载：

> 浙西一带地方所产之米，不足供本地食米之半，全借江西、湖广客贩米船。[2]

另外，在长江中游地区的大量米谷输往江南地区的背景中，亦有来自国家政策和中国整体供需结构的原因。明清时代，每年有超过300万石的漕粮被运往北方[3]。进入江南的粮食，亦有以山东临清为中转站，输往华北者。浙江南部和福建等东南沿海地区，自宋代以来便是缺粮地区，于是便输入了从江南转运的粮食，这种情况在明清时代亦未发生变化。《清经世文编》的如下记载便很好地描述了这种情况：

> 浙西一带地方所产之米，不足供本地食米之半，全借江西、湖广客贩米船。[4]

所以，如果说江南的手工业和城市是在输入了长江中游地区的

---

〔1〕 高晋，《请海疆禾棉兼种疏》，贺长龄、魏源等编，《清经世文编》卷37(乾隆四十年)。
〔2〕 清《高宗实录》卷314，乾隆十三年五月乙酉条。
〔3〕 张海英，2002，pp.122-123。
〔4〕 蔡世远，《与浙江黄抚军请开米禁书》，《清经世文编》卷44，户政19，荒政4。

粮食的前提下发展起来的，也不为过[1]。宋代至明初，江南在农工商方面，是中国实实在在的经济中心，同时亦是文化中心。"苏湖熟，天下足""上有天堂，下有苏杭"的俗谚就是因此而产生的。然而自明中叶，情况却发生了变化。江南仅以工商业和文化的中心继续发展，粮食生产则转由湖广和江西地区承担。自15世纪中叶（明中叶）以来，形成"湖广熟，天下足"俗谚的背景便在于此[2]。

换言之，明清时代的粮仓是长江中游的湖广、江西地区和上游的四川地区。江西早自明初便是一个人口过剩的地区，但它却反而是一个向外地输送粮食的奇特地区。自15世纪中叶，在江南地区逐渐转变为缺粮地区的时候，湖广却逐渐向省外输出大量的粮食，于是便获得了"湖广熟，天下足"的名声。清代雍正年间（1723—1735），依旧拥有"湖广为天下第一出米之区"的评价[3]，但这里所指的湖广实际是指湖南省。湖南大约自清初，逐渐进行湘江、沅江等流域开发，而且广泛普及了双季稻，从而可实现一年双收，粮食产量大增[4]。四川则自清中期开始成为新的粮仓[5]。

那么，为了补给江南地区的粮食缺口，长江中上游和其他地区供给的粮食大概有多少呢？全汉昇称，雍正年间长江三角洲每年输入的两湖米谷有1000万石；王业键、黄国枢推断，18世纪后半叶每年经长江运输的大米谷有1500万至2000万石，其中五六百万石则转运至京津地区（包括300万石漕粮）；经大运河输往河南和山东

---

〔1〕 全汉昇，1969；许涤新、吴承明，1985；李伯重，1986A；重田德，1975；安部健夫，1971；川胜守，1992；Perkins，1969；Rawski，1972。

〔2〕 关于取代宋代的"苏湖熟，天下足"形成明中叶"湖广熟，天下足"俗谚的具体时期，中国、日本学界的认识和批评，请参考本书第一篇第二章。

〔3〕《雍正朱批谕旨》，雍正四年十二月初四日，湖广总督福敏奏。

〔4〕 安野省三，1976；田炯权，2009。

〔5〕 蒋建平，1992；本书第一篇第二章。尽管《雍正朱批谕旨》雍正五年十二月初五日的《浙江巡抚李卫奏》指出，"查各省米谷，四川所出多，湖广、江西次之"，但这不过是夸张而已。

的大豆和杂粮大体与此相当；经海路运往江南的东北和山东地区的豆类和谷类也有 1000 万石左右。换言之，每年共有 3000 万至 3500 万石之多。罗友枝（Evelyn Rawski）认为，清初和清中期，输往江南的粮食达 700 万至 1000 万石。吴承明称，清代每年经长江运往江南三角洲和浙江的粮食中，两湖、四川的米谷有 1000 万石，江西、安徽的米谷有 500 万石，共计 1500 万石，是四五百万人口的食粮。另外来自东北地区的豆麦亦很多，19 世纪 30 年代，来自东北地区的小麦和大豆约有 1000 万石左右。郭松义认为，四川 100 万至 150 万石，两湖 1200 万至 1500 万石，江西 400 万至 600 万石，安徽 50 万至 100 万石，加上其他经大运河和海运运往江南的共计 3050 万至 3350 万石，该数字占当时全国商品粮总量的 1/5 至 1/3 左右。龚胜生称，18 世纪每年由两湖地区输出的大米有 400 万至 1000 万石左右，相当于当时稻米总生产量的 8.1%—16.8%，稻谷的平均商品化率为 12.5% 左右。另据范金民的分析，乾隆三年（1738）八月至四年四月的八个月期间，经江西北部九江关的米船为 53032 艘，约运输了 1200 万石大米；乾隆十三年和十四年经九江运输的米船分别为 48250 艘和 44795 艘，相当于分别运输了 1000 万石以上的大米。另外还有每年向江浙往返两次运输湖广、四川大豆的案例[1]。综上所述，18 世纪的乾隆、嘉庆年间输往江南的米谷中，经长江运往四川、湖南、湖北、江西、安徽的米谷大约有 2000 万石，经大运河和海运运往华北和东北地区的杂粮大约有 1000 余万石，共计至少有 3000 余万石[2]。

---

〔1〕 龚胜生，1996，p.260，p.269；郭松义，1994；范金民，1998，pp.58-59；全汉昇，1969；王业键、黄国枢，1989；许涤新、吴承明，1985，pp.273-275；Wang，1992。

〔2〕 Li，Bozhong（李伯重，1998，第四章第二节）参考了全汉昇、王业键、吴承明等的数字之后，认为 19 世纪中期江南的稻米输入量约为 1500 万石。

江南需要的如此大量的粮食是由徽州、山西、洞庭、江西、广东、福建等地运输的。苏州、无锡、嘉兴、杭州等大城市存在大规模的米市，运抵此处的米谷，再由此向江南各地供给，或转运至华北、浙江南部以及福建等地区。另外，其他重要的米市比如位于苏州阊门外七里的枫桥市、吴江县的平望镇及同里镇、黎里镇等诸多市镇都形成了相当规模的米市。其中，枫桥市是米粮运载船舶云集之地，明末每天到达长江上游和江北的菽、麦、棉花船数以"千百"计[1]。清代，米粮交易更加繁荣，康熙年间"枫桥米艘日以百计"[2]。

　　综上所述，在江南的各市镇，除了该地区最重要的手工业交易物（例如棉纺品、丝织品）之外的第二大交易物大体便是粮食[3]。明清时代，江南地区的商品经济和诸多城市之所以能够发展，是因为形成了长江中游的粮食生产等全国性农业副产品的分工体系，加上徽商、晋商等各地商帮有机地贩运这些商品，从而形成了经济上的平衡。换言之，江南通过出售棉织、丝织等手工业商品来换购粮食的方法发展了产业，而湖广和江西等粮食生产地区则依赖出售粮食来购买纺织商品穿戴。从大局来看，湖广、江西和江南是在建立了衣、食彼此依赖的相互共生关系中发展的。

三　城市社会的多样化

1. 文社活动之场

　　自明中叶，江南的工商业得到发展，出现了许多中小城市，天

---

〔1〕崇祯《吴县志》，王心一《序》。
〔2〕康熙《林屋民风》卷7，民风（转引范金民、夏维中，1993，p.421）。
〔3〕陈学文，1993。

下的财富和人才汇聚江南，江南成为文化中心[1]。明清时代，江南是全国培育科举及第者最多的地区，而上述经济和文化的发展是其原动力[2]。例如，从明洪武四年（1371）至清光绪三十年（1904），共举行了201次殿试，共有51681名进士及第，其中明代的及第者为24866人，清代的及第者为26815人。明清两代，进士及第的江南人共有7877人（占全国进士总数的15.24%），其中明代3864人（占全国进士总数的15.54%），清代4013人（占全国进士总数的14.95%）[3]。特别是清代苏州府的进士为658人（占全国进士总数的2.8%），在清代的114名状元中，苏州出身者为24人（如果包括5名太仓州人，便有29人），同样位居全国第一[4]。

江南的绅士中有不少人居于市镇，并以该地区为中心开展社会活动[5]。如果考察几个突出市镇的话[6]，则苏州府的唯亭镇在明代培育举人24人，进士6人，清代培育举人39人，进士23人；甪直镇（甫里镇）在明代培育举人59人，进士24人，清代仅至乾隆年间便已培育举人24人，进士6人；南翔镇在明代培育贡生14人，举人16人，进士10人，清代培育贡生20人，举人19人，进士7人；同里镇在明代培育举人46人，进士18人，清代至嘉庆年间培育举人31人，进士11人。以丝织业繁荣一时的湖州府的菱湖镇，在明代培育出8名进士，清代则培育出33名进士；双林镇在明代培育举人27人，进士6人，清代培育举人66人，进士16人。就如后文所

---

〔1〕 夏咸淳，1994；宫崎市定，1953。
〔2〕 樊树志，1990、2005；陈学文，1993；范金民、夏维中，1993；何炳棣，1987，pp.245-279。
〔3〕 范金民，1998，p.342。
〔4〕 范金民、夏维中，1993，p.514。
〔5〕 据王卫平、黄鸿山（2003）称，清代江南的各种救济活动，大部分以市镇绅士为中心展开。
〔6〕 樊树志，2005，pp.417-424。

述，明末发展至巅峰的江南文社运动，正是基于该地区的上述这种社会氛围和文化才产生的[1]。

如上所述，明清时代，江南发展成为全国的文化中心。该地进士、举人人数很多，监生和生员自然也数不胜数。但若要计算出特定时期的生员和监生（岁贡生＋例监生）的人数，已经不大可能。万历二十六年至二十九年（1598—1601），曾任南京国子监祭酒的郭正域称，"今天下府州县学，其大者生徒至一二千人，而小者至七八百人，至若二三百人而下，则下县穷乡矣"[2]。明末清初的宋应星（约1587—1650）亦称，"今则郡邑大者，已溢二千人矣"[3]。顾炎武认为，如果将全国各州县学的生员最少以300人计，那么全国共计会有50余万人[4]。

自明中叶，江南士人（未入仕举人、贡生、监生、生员）的阶层上升可能性，比其他任何地区都不透明，且社会地位亦很不稳定[5]。自万历年间，地方士人的集会行动频发，便缘于此[6]。但是这种集会行动，不但是官府的制裁对象，而且在他们自己看来，亦是无法确定能否实现目标的一时之举而已，从而需要集结更强更有组织性的力量。明末，在以江南为中心盛行文社集结的诸多原因中，亦存在这种必要性[7]。

---

[1] 吴山嘉，《复社姓氏传略》，北京，中国书店，1990；樊树志，2005；大久保英子，1958；小野和子，1959、1962、1996A；李允硕，1997；Atwell，1975。

[2] 郭正域，《合并黄离草》卷1，奏疏，遵祖制复监规疏。朱国桢《涌幢小品》卷11，《雍政》是郭正域的上奏转载的。

[3] 宋应星，《野议》，学政议。

[4] 顾炎武，《顾亭林文集》卷1，生员论（上）。

[5] 关于明代士人逐渐形成为一个阶层的过程以及阶层上升的艰难情况，参照吴金成，1986，第一篇，"绅士层的形成"。

[6] 丁易，1951；傅衣凌，1957C；刘志琴，1982B；田中正俊，1961B；夫马进，1980A、1980B；谷川道雄、森正夫，1982、1983。

[7] 李允硕，1997。

然而在明末出现文社集结之前，亦可发现乡绅（当官经历者）和士人，即绅士共同集结的案例[1]。早在元末，亦以江南为中心结成了月泉吟社、聚桂文会等诗社和文社，通过召集诗赋、文卷品评会，夯实了友谊。这些文人的聚会，成了形成"人文主义"和"处士"（隐居书生）的契机，其传统为明代所继承。然而因为洪武帝对江南地主和知识人实施的大镇压，许多人被处决，余下的人亦埋没在乡吏之中生活，所以明初的百余年间文社活动非常沉寂。之后，自明中叶的成化年间，以江南为中心出现了文社的集会。16世纪的正德、嘉靖年间（1506—1566），出现了十余个文人结社。该时期文人结社的特征是：ⓐ文社同人的关系不同于明末，由于它不受严格的宗旨限制，所以个人可自由加入多个文社；ⓑ同学术研究相比，更重视文艺，主要通过开设酒会，品评书画来夯实友谊。

之后，从万历年间（1573—1619）气氛开始出现变化。天启年间（1621—1627）的御史张讷，在奏请取缔天下书院的奏疏中称：

> 其人自缙绅外，宗室、武弁、举、监、儒、吏、星相、山人、商贾、技艺，以至亡命罪徒，无所不收。其事则遥制朝权，掣肘边镇，把持有司，武断乡曲，无所不为。其言凡内而弹章。
>
> 建白，外而举劾条陈。书揭文移，自机密中正以及词讼细事，无所不关说。[2]

可见，以东林书院等书院为中心的讲学运动，即东林运动成为这一

---

[1] 杨维桢，《东维子文集》（《四部丛刊初编》，集部，上海，上海书店，1989）卷6，聚桂文会序；王鏊，《姑苏志》卷54，文学，顾阿瑛传；徐茂明，2004，pp.155-160；吴智和，1998，pp.23-43；郑利华，1997；陈江，2006，第二章第三节，"民间社团的活跃及其社会影响"；横田辉俊，1975。
[2] 明《熹宗实录》卷62，天启五年八月壬午条。

奏疏的契机〔1〕。然而由于东林运动的主要活动是通过讲学进行乡评，并且集结舆论，因此对于士人们的最大欲求——即准备科举，不太重视。所以，以江南为中心，由将科举及第作为终极目标的士人主导，并且仅由士人集会，通过评选八股文和出版文选集等开展学术活动，便是文社运动。

万历、天启年间，共存在十五六个这种文社，尽管同从前一样各自独立活动，却逐渐出现了相互结合的趋势，明末结合得最广泛的便是"复社"。全国复社同人的总人数一度达到2264人〔2〕，其中生员、监生占1563人（69%）〔3〕。然而复社并非只是文学同人相聚的松散团体。复社入社时有盟词誓约，且为了维持强有力的组织体和正确了解每一个同人，在各府置社长使其担负联络和控制社友的事务。从地区来看，南直隶和浙江占1/2以上（1325人），尤以苏州（337人）、松江（102人）、杭州（104人）、嘉兴（140人）等四府最多。该地区恰好自明中叶开始，工商业尤其是流通业和纺织业日渐发达，相互平均距离仅有10余里（5千米左右）的无数市镇就如葡萄串一样比邻发展，成为天下财富和人才聚集之地。文社同人便经常聚于这样交通便利且财富集中的市镇庭园中〔4〕。

所以可以说，明末复社运动的背景是江南三角洲地区的工商业发展以及与此相关的大量的工人和流动人口的存在。如上所述，早自东林党运动阶段开始，不但绅士阶层，连中小地主、工商业者、

---

〔1〕 小野和子，1996。

〔2〕 北直隶45人，南直隶884人，浙江441人，江西333人，湖广227人，福建173人，广东42人，河南38人，山东74人，山西7人，四川8人，广西1人，贵州1人。

〔3〕 因此，可以说这是士人主导的运动。他们的运动不是借助官僚组织，而是同君权对立，打算自主参与政治。这意味着明末士人的政治意识迅速高涨。

〔4〕 例如，江南复社首领之一的杨彝于天启五年结成应社，并将苏州府常熟县唐市的凤基园作为应社同人的集合场所。乾隆《唐市志》卷上，园亭（转引樊树志，1990，p.322）。

无赖等广泛的阶层都参与到了书院讲学中[1]。此后至集结复社的阶段，更广泛、更多阶层的人参与到了文社运动，而参与文社运动的士人则左右着该地的乡村舆论。因此文社运动比东林运动展现了更加多样的活动形态。

自明中叶，江南形成的无数市镇，以纵横交错的水路网为中心[2]，有非常发达的水陆交通，而且还拥有庭园、文化设施以及戏园、茶肆、酒楼、妓院等娱乐场所，从而是非常便于接触各种信息的地区。文社的同人把聚集场所定于江南的大城市或市镇，便是充分利用了江南的这些长处[3]。文社同人有效利用这些长处，彼此建立联络网，并相互协助展开政治社会活动。例如，排斥苏州知府周一梧的运动（万历三十一年，1603），排斥苏州署知府周之夔的运动（崇祯六年，1633），排斥南京阮大铖的运动（崇祯十一年），因常熟县乡绅赵士锦横行乡里而愤怒的生员、民众的毁家事件（崇祯十七年），通海案、苏州哭庙案等顺治年间（1644—1661）在江南从未间断的反清运动[4]，等等。明末清初，发生于江南各地的这些所有"士变"，都是由复社等文社同人主导，直接或间接参与的运动。

另外，文社同人还直接或间接地参与了发生于明末江南的"民变"。万历十年的杭州民变[5]；苏州民变（亦称"织佣之变"，万历二十九年［1601］六月）发生时，最初是以纺织工等丝织业者为主，

---

〔1〕 关于明后期中国各地的书院设立状况，参照吴金成，2007A，第二篇第二章，表5，"明中、后期书院的发达"。

〔2〕 松浦章，1990。

〔3〕 樊树志，2005；陈学文，1993；夏咸淳，1994；宫崎市定，1954A、1974。

〔4〕 本书第二篇第二章，清朝于顺治八、九、十四、十六、十七年接连颁布了严禁明末以来的文社运动的禁令。继而于顺治十八年七月十三日，处决了受通海案连累的生员100余人和受苏州哭庙案连累的生员18人。由于清朝对文社的这种镇压，清初的文社运动一度沉寂，至清末才重新出现。参照徐茂明，2004，p.156。

〔5〕 陈学文，1991B；栗林宣夫，1976；夫马进，1977。

后来大量的"市人"参与到其中，进而万余名群众参加，其过程体现的是江南士人的活动[1]；因为宦官魏忠贤乱政而引起的苏州"开读之变"（天启六年，1626）[2]等，便是其中的典型案例。此外，还有驱逐税监马堂的山东"临清民变"（万历二十七年）、湖广各地反对税监陈奉而发生的民变（万历二十七年至二十九年）、反抗市舶太监李凤和差官陈保的广东"新会民变"（万历二十八年），以及福建的反抗宦官高寀的运动等，对这些全国各地的民变，以生员为中心的士人先导性、直接性或间接性介入，或者至少表示同情，他们之中文社同人所占的比重亦应不少[3]。文社同人还积极抵抗入关之初进入江南各地的清军，并且当中国南部出现"南明政权"时，还勤王起兵而反清[4]。

然而发生于江南的无数民变的主体并不清晰。这可能反映了伴随大量外来人口的流入而迅速发展的明末江南市镇的复杂社会关系。这些民变同时也是明中叶之后，"庶民地位提高和庶民意识高涨"[5]的例证。由此来看，明末清初的江南城市社会超越传统的士庶之分，士庶彼此共享文化，形成了"社会意识的共鸣之处"，而士人阶层刚好主导了这种舆论。表明该事实的就是民变[6]。由此可见，在明末江

---

〔1〕 傅衣凌，1957C；岸本美绪，1999A；田中正俊，1961B；森正夫，1981。

〔2〕 范金民，1998，p.212；田中正俊，1961B；Hucker，1954；Yuan，1979。当时为了救出周顺昌，苏州万余"市民"进行了抗议示威，500余名生员牵头准备向巡抚毛一鹭谈判。进入苏州活动的绛州富商张国纪等人，试图筹钱贿赂锦衣卫派遣的缇骑以救出周顺昌。对于这一情况，周顺昌亦称，"如此受民众同情，我自己亦感诧异"。

〔3〕 参照本篇第三章。

〔4〕 小野和子，1996A；吴金成，1996、1998B；吴金成，2007A，第二篇第三章。

〔5〕 明代庶民意识高涨的背景有：①日用类书的出版和戏剧、小说等庶民文学的发达，②戏剧演出的活跃，③宗族的结合与寺庙祭祀的普遍化，④伴随着全国的市镇和定期市的发展，形成了市场共同体，从而使信息流通活跃，⑤"四民同道""满街人都是圣人"等阳明学"新四民论"的影响，⑥鼓吹平等思想的西学传入的影响，等等。

〔6〕 在江南或其他地区的民变中，尤其是"反矿税使"民变中，士、庶步调一致的行动更多地出现（参照本篇第三章）。然而这种士庶的步调一致，只是有选择性的，并非在所有的事件中都会同样地出现。

南的复杂城市社会中，士人阶层有着清晰的影响力，成为中间阶层
（Intermediate Stratum）之一[1]。

一方面，复社等文社的学术性态度是客观、实证地理解五经的
精神，以谋求复兴经学和汉学。这便成了清代考证学的基础，研究
政治制度的变迁就成了清代研究历史的基础。黄宗羲的《明夷待访
录》，顾炎武的《日知录》《亭林文集》等，便是复社运动这种思想
和行动的结晶。另一方面，复社还关注经世，并积极刊行《皇明经
世文编》及《农书》等经世图书和日用类书，推动了经世实用学的
发展。因此可以说，明末清初经世实用学的发展，实质是以江南社
会的变化作为支撑的。也可以说，同江南地区的城市发展密切相关
的工商业的发展是从明末清初重新展现的江南文化的基础[2]。

2. 牙行和无赖的世界

（1）牙行的生存状态

明清时期，在江南的城市中曾发挥不小影响力的重要社会阶层
中，除了前文所述的未入仕的士人之外，还有牙行（中介商人、都
卖商人、介绍人）[3]。如前所述，樊树志认为，江南的丝织业、棉纺

---

[1] 这些士人阶层，清代亦继续居住于大城市或市镇，并作为社会支配阶层而活跃于社会。
川胜守，1999A，第 3 章；参照稻田清一，1992。

[2] 陈建华，1992；夏咸淳，1994；廖可斌，1994。

[3] 牙行有牙人、牙郎、牙商、牙侩、驵侩、经纪、行霸、牙行、行户等诸多名称，强调
其蛮横而又称为"牙棍、奸牙或行霸"等。关于明清时代牙行的研究，朴敏洙，2011；李敏
镐，2001；李允硕，1995；龚关，2001；单强，1997；童光政，2004；林丽月，1988；樊树
志，1988、2005；杨建广、骆梅芬，1996；杨其民，1994；吴翰衍，1985；吴少珉，1997；
汪士信，1986；韦庆远，1989；王廷元，1993；刘秀生，1991；刘重日、左云鹏，1957A；
张涛，1997；郑晓文，2005；朱培夫，1984；陈丽娟、王光成，2002；陈忠平，1987；陈
学文，2000，pp.132-136；韩大成，1986、1991，pp.177-188；黄仁宇，1974；山根幸夫，
1978；山本进，1991、1992、1993、1997、2004；小沼正，1951；新宫学，1990；足立启二，
1992；足立启二，2001；天野元之助，1952；横山英，1972A，pp.149-204；《清国行政法》（1910），
第 2 卷"牙行"、第 6 卷"牙行税"。

织业、粮食业市镇的三大支柱之一，就是牙行。牙行最根本的作用是对棉织品、丝织品、粮食、杂货等所有商品进行中介业务。在乡村的定期市，一个牙行同时涉及几种商品，但是在商品量充足的大城市或江南的大市镇，每一种商品都有专门的牙行，甚至有记载称在明末曾经是丝织品专门城市的盛泽镇"有䌷和生丝牙行千百余家"[1]，即有诸多牙行经营着同一种商品。

牙行是在买卖商品的两人之间鉴定商品质量，制定价格，并且在促成交易之后，根据商品数量代收牙钱（手续费），并每年向官府缴纳税金（称其为牙行银、牙行税、牙税）的人。为了搞活这些基本业务，牙行需要做：①开设可中介商品的店铺；②配备接待外来客商，或外商住宿所必需的旅馆设施[2]；③建仓库，保管商人的货物[3]；④为客商的商品买卖提供咨询，并代他们买卖商品[4]；⑤为客商动员船夫、脚夫、挑夫、轿夫、纤夫等，有时还为他们的身份作保[5]；⑥直接为他们运输货物；⑦还为小商人一次购入大量商品而出贷资金；⑧或为小生产者提供原料使他们进行加工的先贷生产[6]。附带的作用有：⑨管理度量衡；⑩鉴定银的纯度；⑪征收商税，并缴纳官府[7]；⑫定期向官府报告外来客商的动静，从而帮助官府管理市场。

牙行存在于大大小小的所有城市，所有商业交易不经牙行便无

---

〔1〕 冯梦龙，《醒世恒言》卷18，施润泽滩阙遇友。

〔2〕 这种功能同讼师存在很深关系的歇家（歇店）的功能重叠。

〔3〕 在明代的小说《金瓶梅》第51回，西门庆遣伙计韩道国和崔本到扬州，收盐出售，又购入江南织物的章节中称，扬州马头的牙行王伯儒的家房间宽阔，而且寄存东西无须担忧。

〔4〕 冯梦龙，《醒世恒言》卷18，施润泽滩阙遇友。特别是客商需要在短时间内购买大量商品，在松江称这种为客商而开设商店，购买商品的牙行为"庄户"（韩大成，1991，p.186）。

〔5〕 在江西称他们为"夫行"（横山英，1972，p.178）。

〔6〕 道光《震泽镇志》卷2，风俗；《双林记增纂》卷9，物产；韩大成，1991，pp.186-187。

〔7〕 牙行以课征（牙税、商税）之名，从销售者处征收销售额的1%—3%，缴纳于官府。

法达成交易。从携巨资往来长距离而经商的客商的立场来看，为了在陌生的地方圆满地进行商品交易就需要牙行。而且只有通过牙行才有可能解决大量交易、缩短时间以及在买卖过程中的安全问题等。因此，作为明代商人必读书的《士商类要》称：

> 买卖要牙，装载须埠（埠头＝舟牙＝船行经纪）。买货无牙，称轻物假，卖货无牙，银伪价盲。所谓牙者，权贵贱，别精粗，衡重轻，革伪妄也。卸船不可无埠头，车马不可无脚头。船无埠头，小人乘奸为盗，车无脚头，脚子弃货中途，此皆因小而失其大。[1]

即它劝导所有的交易都通过牙行进行，同时提醒为了省钱而不经牙行，反而会有贪小失大的风险。

然而上述这种牙行制度在明初尚未完备。明初，尽管知州、知县等地方官向拥有相当财产的商人颁发了牙帖（营业许可证），但尚无定员，只是严禁"私牙（不具牙帖而进行中介的牙行）"而已。取得牙帖的牙行必须在官府所发的印信文簿上记录客商和船户的住址、姓名、路引的字号（通行证号码）、货物数目，并每月向官府报告[2]。商业税则由设于全国的税课司、税课局征收。此后，自明中叶随着商税的以银折纳，税课司逐渐被合并或撤销，取而代之的是委托牙行或铺户代征商税。在商业流通尚不活跃的地区还委托给了绅

---

〔1〕 程春宇，《士商类要》（天启六年刊）卷2，买卖机关，第39条。同书卷2，船脚总论亦称，"且以库船一事，必须投牙计处，询彼虚实。切忌贪小私雇，此乃客之第一要务也"，万历《扬州府志》卷20，风物志，俗习亦称，"凡鱼盐豆谷，觅车船、雇骡马之类，非经纪关税则不得行"。

〔2〕《大明律》卷10，户律7，市廛，私充牙行埠头。

士（主要是生员）[1]，于是出现了牙行仗着官府控制市场的现象。总之，从明中叶起，牙行制度基本形成局面[2]。

随着牙行在市场的权限日渐增强，开始出现诸多副作用。其一，ⓐ绅士等势豪家以假名（鬼名）或托名（借其他人的名字）取得牙帖，ⓑ以自己的子弟或家奴充当牙行，ⓒ甚至招无赖取得牙帖来掌控市场。对于这种现象来说，乡村的定期市多于大城市。如此一来，表面上看是牙行控制市场，但实际是由无赖或奴仆控制着，而从根源上来说则是由绅士等势豪家控制着。

其二，自明末清初开始，还出现了多人一同登记（朋充）于一个牙帖，或一个人的牙行垄断众多商品的不法现象。尤其在乡村的定期市，这种现象更加凸显。还有原本牙帖需每年更新一次，然而自康熙四十五年（1706）变更为每5年更新一次[3]。换帖时，通常需缴纳两石左右的稻谷，而在一部分地区，亦有要求缴纳400两左右的高额费用的事例。牙行的这些负担通常又被直接转嫁至商人身上。

清代私牙依旧横行。康熙四十三年亦下令严禁私设牙行，雍正二年（1724）又发出禁令，"地方光棍自呼为经纪，百十成群，逐日往州县中，领牙帖数十纸，每纸给银二三钱不等，持帖至集，任意勒索，不论货物大小精粗，皆视卖之盈缩为抽分之多寡，名曰'牙帖税'。少与龃龉，即行驱逐，不容陈设于街道"[4]。雍正年间，绅士

---

〔1〕《大明会典》卷164，刑部6，户律2，市廛，私充牙行埠头；山根幸夫，1977；李敏镐，2001。

〔2〕因而明中期建立牙行制度，并非只是牙行制度的问题，而是同工商业和城市的发展、税役制度的以银折纳等诸多方面出现的社会变化现象相关的。

〔3〕光绪《大清会典事例》（北京，中华书局，1991），卷15，条例。

〔4〕《皇朝文献通考》卷21，职役（p.5046）；同书卷32，市籴考（p.5147）。

还在私自开设市场之后，不设牙行就征税[1]。为了阻止这种弊端，雍正十一年（1733），进一步严格控制了对牙帖的颁发。即，将此前一直由州县官颁发的牙帖改由布政使颁发。州县官在牙行候选人中选择财产多且善良的商人推荐给布政使，布政使再颁发牙帖，以此严禁州县官颁发牙帖[2]。同时亦严禁生员、监生等士人或胥吏、衙役成为牙行。规定不得私自买卖牙行的牙帖，牙行死亡时则由官府指定第三家牙行[3]。而且就如表3-1-2[4]所示，规定牙行定员，以此制止擅自指定，并严令各省总督和巡抚严禁私牙行为[5]。

表3-1-2　清代牙行定额

省别	牙行数	省别	牙行数	省别	行数
北京	889	江苏省 江宁布政司 所属	12317	陕西省	3344
奉天省	964	安徽省	13439	甘肃省	909
直隶省	13723	江西省	4518	四川省	798
山东省	5149	福建省	只规定牙税总额，无牙行定额规定	广东省	无定额规定
山西省	10919	浙江省	9962	广西省	无定额规定
河南省	76992	湖北省	9248	云南省	92
江苏省 苏州布政司 所属	14224	湖南省	1101	贵州省	277

牙行的生存状态也有一定的地区差异。尤其江南地区的大多数

---

[1]　石锦，1990B。

[2]　清《世宗实录》卷136，雍正十一年十月甲寅条；光绪《大清会典事例》卷247，杂赋，雍正十一年谕；《清朝文献通考》卷21，职役；同书，卷32，市籴考。关于布政使下令颁发牙帖的年代，山根幸夫（1995，pp.63-64）根据道光《临邑县志》卷3，食货志，杂税的记录，认为是雍正四年。然而其对《临邑县志》正文的解读存在误解。

[3]　《清国行政法》卷2，牙行，pp.489-495。

[4]　《户部则例》卷42，额设牙帖（《清国行政法》卷2，牙行，pp.491-492）。只是如果发生新市场的形成等条件的变化，便会增加发生率。

[5]　然而即使有这种规定，各地依然滥发牙帖，江南甚至滥发了数百张牙帖。参照《通行各省督抚不得滥增牙帖上谕》（中国第一历史档案馆，1991，p.8）。

市镇如葡萄串一样相邻而存，且商品量亦很多。因而非但各种商品基本都有专门牙行，甚至一个业种中亦有很多牙行存在。为了确保同携巨资云集江南的各地客商建立关系，同其他牙行展开无限竞争，同时，为了从官府的苛捐杂税或其他势力上保护自己，牙行有采取相应措施的必要。因而牙行平时一方面同胥吏[1]或幕友建立密切的共生关系，另一方面又必须同绅士或势豪家等当地有权势者建立交情。清初松江人叶梦珠曾称：

> 前朝标布盛行，富商巨贾，操重资而来市者，白银动以数万计，多或数十万两，少亦以万计。以故牙行奉布商如王侯，而争布商如对垒。牙行非借势要之家不能立也。[2]

这扼要地描述了江南地区牙行的生存状态[3]。如果得到绅士等势豪家的保护，牙行不但可以获得大资本，而且还可以自由逃避官府的苛捐杂税。而绅士和势豪家亦为了自身的利益，有必要私下里同牙行建立某种关系[4]。

然而由于牙行的业务非常复杂，因此也常常发生买卖双方间的利益发生对立的情况。牙行乘介入所有商品的交易之机，时而随意

---

〔1〕《上海碑刻资料选辑》，上海，上海人民出版社,1980，城镇的商业和手工业（56），《松江府为禁奸胥市狯私勒茶商陋规告示碑》。

〔2〕 叶梦珠，《阅世编》卷7，食货5。

〔3〕 衷干，《茶市杂咏》，彭泽益，《中国近代手工业史资料》（1），1962，p.304有"清初，茶叶均系西客经营，由江西转河南运销关外。西客者山西商人也，每家资本约二三十万至百万，货物往还络绎不绝。首春客至，由行东赴河口欢迎。到地将款及所购茶单，点交行东，恣所为不问。茶事毕，始决算别去"的记载。以江西东北部的铅山县河口镇为中转地区，来往于武夷山产茶区的山陕商人的威势以及这些客商和武夷山产茶区茶行之间的关系，亦同江南的情况相似。

〔4〕 赵士麟，《抚浙条约》（《武林掌故丛编》第7集所收，赵士麟，《武林草》附刻，p.22），饬牙行。

制定价格，时而随意收取手续费，甚至还以中介之名对贫弱农民的零星物品掠夺性地收取介绍费，肆意做出非法榨取利润的各种不法勾当[1]。这些牙行或下令自己的奴仆率领无赖，或雇用相当人数的无赖充当部下或羽翼，横行市场。下文便是其例证：

> 市中交易，未晓而集。每岁棉花入市，牙行多聚少年，以为羽翼，携灯拦接，乡民莫知所适，抢攘之间，甚至亡失货物。其狡者多用腐银，……淆杂贸易，欺侮愚讷，或空腹而往，恸哭而归，无所告诉。[2]

牙行又被称为"牙棍"或"行霸"便缘于此。这种现象，不仅是江南各地的现象，也是全国性的现象[3]。

如上所述，牙行和客商之间既是彼此相互需要，又是彼此相互戒备的二律背反的关系[4]。然而牙行和客商的关系通常是牙行在笼络客商[5]。作为徽州商人的儿子，于明中叶在杭州成为生员的叶权（1522—1578）将自身的经验记载如下：

> 今天下大马头，若荆州、樟树……临清等处，最为商货辏集之所。其牙行经纪主人，率赚客钱。架高拥美，乘肥衣轻，挥金如粪土，以炫耀人目，使之投之。孤商拼性命出数千里，

---

〔1〕 樊树志，2005，pp.349-352、pp.352-356。杭州也有牙行（梦觉道人，《三刻拍案惊奇》第26回）。
〔2〕 万历《嘉定县志》卷3，风俗。还参阅光绪《月浦志》卷9，风俗志（转引樊树志，2005，p.349）；江苏省博物馆，《江苏省明清以来碑刻资料选集》，No.113，《苏州府永禁南濠牙户截抢商民客货碑记》；樊树志，1990，pp.165-171；赵冈，1995，p.190。
〔3〕 韩大成，1991，pp.442-445。
〔4〕 黄仁宇，1974。
〔5〕 足立启二，1992，pp.34-38。

> 远来发卖，主人但以酒食饵之，甚至两家争扯，强要安落。货
> 一入手，无不侵用，以之结交官府，令商无所控诉，致贫困不
> 能归乡里。[1]

非但如此，牙行时而还联合大商人，剥削小生产者或小商人。从牙行处受到如此损害的小商人也会反对牙行而发动民变[2]。于是牙行同胥吏、无赖站在一个阵营的时候较多，而且其背后还站着势豪家。就如叶权指出的那样，有时地方官也会关照他们的情况。

在牙行中，游手、无赖以非法牙行自居的"私牙"亦不少。这种私牙在江南的所有市镇均存在，而且也是全国性的现象。他们控制市场，而且比正式获得国家许可的牙行更加奸邪蛮横[3]。其中，《太仓州志》记载的如下内容，便很好地反映了该状况：

> 州为小民害者，旧时棍徒，赤手私立牙店，曰行霸。贫民
> 持物入市，如花、布、米、麦之类，不许自交易，横主价值，
> 肆意勒索，曰用钱。今则离市镇几里外，令群不逞要诸路，曰
> 白赖。乡人持物，不论货卖与否，辄攫去，曰"至某店领价"，
> 乡民且奈何，则随往。有候至日暮半价者，有徒乎哭归者，有
> 饥馁嗟怨被殴伤者。[4]

---

[1] 叶权，《贤博编》（不分卷，《明史资料丛刊》，北京，中华书局，1987）。

[2] 卢崇兴（1675—1678年间官嘉兴知府），《守和日记》卷6，谳语类，一件冒天公伤等事。

[3] 上海博物馆图书资料室，《上海碑阁资料选辑》，上海，上海人民出版社，1980，《嘉定县为严禁牙行兑低抵派指税除折价示碑》（崇祯九年十月）、《苏松两府为禁布牙假冒布号告示碑》（顺治十六年四月）。

[4] 崇祯《太仓州志》卷5，风俗志，流习。关于无赖以私牙活动，掌握市场状况，参照如下：ⓐ对山西省盂县，有"有等市民，私开牙行，招揽客商，通同垄断之徒，共为白日之盗。……行市任其把持，物价任其高下"（嘉靖《盂县志》卷2，关市）的记载；ⓑ嘉靖《广东通志》卷6，坊都，御史戴璟，正风俗约令；ⓒ韩大成，1991，pp.442-443 等。

然而无从知晓牙行的数量有多少。如上所述，尽管雍正十一年（1733）为了警戒定额之外的，无籍的"私牙（＝奸牙）"过多而规定了牙行的定员。但是从现实而言，这不过是清朝中央的一厢情愿而已。由州县官颁发牙帖，而且无牙行定员规定的明末时期私牙便已很多，不会因为清朝规定的定员，私牙就会减少。

实际在各城市活动的牙行之数可能取决于其城市工商业规模的大小。即便是偏僻的城市，也至少有数十人之多。在商品经济发达的城市，根据商品种类有各自专门的牙行。江南地区，是全国商品经济最发达的地区，而且由于是拥有大城市和中小城市最多的地区，因此牙行也最多。万历年间（1573—1619），在隶属于扬州的瓜州镇（进入京杭运河之江北的入口）牙行很多，据记载，该地"居民悉为牙侩"[1]，或"经纪不下万数"[2]。小说中，亦有明末的盛泽镇有从事绸和生丝的牙行1100余家的描述[3]。南直隶的池州有100余牙行[4]；明末，嘉定县楼塘镇有棉布牙行和铺户125家；乾隆年间，太仓州沙头镇有20余家，据载"获利者恒累资数万"。还有计算称，万历年间河南省有18900家左右[5]，福建福州的15种行业中共有85名牙行[6]。

（2）无赖的生存状况

明清时代，在城市社会也发挥了不小影响力的社会阶层中，除了上文所述的士人和牙行之外，还有无赖[7]。尽管他们得不到国家法

〔1〕 万历《扬州府志》卷1，总论。
〔2〕 万历《扬州府志》卷20，风物志，俗习。
〔3〕 冯梦龙，《醒世恒言》卷18，施润泽滩阙遇友。
〔4〕 王颐，《役驵佥议》，万历《池州府志》卷9，艺文。
〔5〕 新宫学，1990，pp.850-851。
〔6〕 傅衣凌，1982D，p.16。
〔7〕 关于无赖的具体存在状态，请参阅本篇第二章。

律的保护，但其数量却超过了绅士和牙行，而且在城市社会中产生了无法忽视的影响力。自明中叶，不仅在江南地区，在中国各处的交通要地都出现了大量的新兴城市。除了大城市之外，这些新兴城市也恰有从农村流散的农民中的一部分流入，从而人口骤增。同时，绅士和地主进入城市居住[1]，客商云集城市。由于财货的流动，城市需要大量的劳动力，而且绅士、势豪家以及客商也有自卫等诸多的需求，因此为无赖提供了可以轻松隐身生存的空间。

这些无赖三五成群结伴，进行欺诈、欺骗、赌博、私掘矿山、海上走私、控制市场、掌控码头和埠头、放高利贷、绑架妇女、贩卖人口、强征杂税等，凡是存在利益的地方，无论何处均有其介入。在这些无赖中，还有一部分在城市组织团伙进行独立的活动，其代表性的有打行、脚夫、白拉、窝访、访行、讼师、帮闲、乞丐等。另外从外地进入的工匠们大多亦赤手而来，结伴而行。他们结成"帮会"，选出首领，随时采取集体行动而骚扰镇民[2]。这些组织从表面上进行独立的活动，但其实为了维系自身的势力，也同绅士、势豪家或胥吏、衙役勾结。

还有部分无赖受雇于地方官府的胥吏或衙役成为其爪牙，或者投充于王府或税监、备监而成为权力的走狗。另有一部分则投充于绅士、大地主、大商人等势豪家成为其爪牙或"纪纲之仆"。有时他们会成为死对头，这种现象便反映出无赖的两面性。无赖的这种两面性，还可以从明末发生于各地的民变中看到[3]。

---

〔1〕 关于明中期以后，绅士和势豪家的城居化趋势，请参阅本书第二篇第一章。绅士的城居化是全国性的趋势，但是从地域性来看，江南最多，其他地区稍弱一些。

〔2〕 例如，明末崇德县石门镇有榨油业油坊20家，工人800余人，他们和其他流动人口，均是来自周边诸县或更远地区的无赖。李伯重，2000A，第九章"江南早期工业化中的人力资源问题"，p.424。

〔3〕 本篇第三章。

无赖的成员非常复杂。自明中叶，农民阶层开始被分解，随着被析出的农民成为饥民、乞丐、游手无赖而流入城市，逐渐形成了无赖集团。无赖中，除了从农村流离的贫农，还包括一些没落的绅士子弟、地主、手工业者和中小商人。甚至生员或胥吏成为无赖的情况亦不少。因而城市的无赖可以说是商品经济的发展和城市繁荣的副产物。

无赖开始大量出现，而且他们的集体行动凸显的时期，便是明中叶[1]。编撰于16世纪中叶的《四友斋丛说》称：

> 正德以前，百姓十一在官，十九在田，盖因四民各有定业，百姓安于农亩，无有他志。（中略）自四五十年来，赋税日增，徭役日重，民命不堪，遂皆迁业。昔日乡官家人亦不甚多，今去农而为乡官家人者，已十倍于前矣。昔日官府之人有限，今去农而蚕食于官府者，五倍于前矣。昔日逐末之人尚少，今去农而改业为工商业者，三倍于前矣。昔日原无游手之人，今去农而游手趋食者，又十之二三。大抵以十分百姓言之，已六七分去农。[2]

这些内容扼要地传递着明中叶的社会变化。随着江南地区里甲制的急剧解体和农村人口的大量流散，百姓从事城市服务业或闲散之职而游荡，其中一部分成为乡绅的奴仆，一部分成为官府的衙役，一部分成为商人、工人，剩余的部分成为无赖、俳优、妓女、说书家等。换言之，以明中叶为分水岭，无赖等非定居人口的活动增加便

---

〔1〕 陈宝良，2001，第七章。
〔2〕 何良俊，《四友斋丛说》（北京，中华书局，1959）卷13，史9，p.112。

是这种社会变化的结果。

江南地区的城市无赖在未获国家的许可之下便以牙行自居，并骚扰商人和乡民（上述的私牙便相当于此），偶尔还主导抢米（掠夺粮食）事件。江南对外省粮食的依赖度非常高，所以粮食的商品化程度亦非常高。因此当发生天灾或人祸时，米价便会无法避免地暴涨[1]，最终亦会引起抢米事件。万历四十八年（1620）七月，苏州府城内的无赖集体掠夺米店，并烧毁唐龙池的面店，于是发生了一个多月的粮店罢市事件。此时乡绅、大户们廉价售出了储备粮，使百姓免于饥饿[2]。另外，崇祯十三年（1640），常州、镇江两府遭遇旱魃，米价暴涨至每石3两，无赖乘机出来捣乱[3]。

综上所述，牙行在市镇表现出的作用既自我矛盾，又具有双重性。即，他们一方面助长商品经济的发展，并依赖其获取利益；另一方面又用自己的手，破坏商品经济的正常发展。换言之，牙行对商品经济的发展同时做出了顺功能和逆功能。可以说无赖是明中叶以来，以江南地区为首的全国发生的社会变化——工商业的发展和城市的兴起而出现——的副产物，它在城市社会中形成了一个实实在在的阶层，并且产生了极大的影响力。这些牙行、无赖以及地方官衙的胥吏和衙役，根据各时期所处的利益，而选择彼此之间的离合集散。

---

[1] 岸本美绪，1997A。

[2] 崇祯《吴县志》卷11，祥异称，"七月四日，城中游手成群抢掠米铺，又纵火焚烧唐龙池面店，米麦罢市月余。巡抚都御使胡应台，擒为首三人笞毙，扰掠始息。乡绅大户亦将蓄米平粜，接济民饥"。绅士和势豪家基本上是追逐私利的存在，然而每当处于这种危机时便行善事，从而得以消除平时人们对他们的不良印象。

[3] 崇祯《太仓州志》卷8，赋役条称，"（崇祯）十三年，常、镇两郡旱，米价石三两。州中木棉倍收，栉比丛生，望之如茶然。方是时，民苦漕甚，则何也？内之花不能出，外之粟不能入。各县励厉禁，地棍乘机蜂起，金钱半委泥沙矣"。然而范金民、夏维中（1993，pp.271-272）就该内容主张，从表面来看，经济作物的收益高于稻作，但是由于存在丰歉，因此在实际利润方面并非一定有利于稻作。因为稻作和经济作物同样都存在丰歉，所以不能如此断定。

小结

上文对明中叶以来在江南发展的城市，尤其是对中小城市的市镇的几个问题做了分析。一直以来，关于中国史的研究，主要以分析农村社会为主，因而自 20 世纪 90 年代以来才关注城市问题有晚时之叹。

城市人口由官吏、绅士、胥吏、衙役、作坊主、工匠、雇佣劳动者、客商、坐贾、牙行、船夫、农民、技艺人、贫民、无赖、乞丐等构成。但是，即便城市社会如此复杂，社会的支配阶层依旧是绅士，其中生员最多，这些士人自明中叶开始形成一个社会阶层，从公私两面发挥了极大的作用[1]。然而如果考察城市社会的结构和功能，牙行同时具有社会顺功能和逆功能，而在社会的一角，无赖是作为社会的一个阶层而存在的。因为利害关系，牙行和无赖时而联合，时而竞争，构成了一个大的社会问题，他们的存在和活动为城市社会造成了巨大影响。

主张城市问题研究才刚刚开始也不为过。关于城市问题，需要分析的有：①秩序维持、交通和运输、租税、上下水道、商业和牙行、手工业、会馆和公所、火灾和消防等城市的运营和环境问题；②住宅、粮食和燃料供给、家族和宗族、礼俗和宗教生活、娱乐、文艺、风气的变化等城市居民的生活问题；③卫星城市的成长和城市之间的相互关系，城、乡间的社会经济矛盾关系等许许多多课题。

然而江南地区的情况是，第一，人口问题依旧作为尚未解决的问题留存。明中叶以来，不但有诸多新的市镇出现，而且以苏州、杭州等大城市为首的市镇和新兴市镇的人口亦持续增加。如此增加的江南人口不可能全部都是土著民。可能有众多的流动人口，王府、

---

〔1〕 宫崎市定，1954A；本书第二篇第一章。

绅士、势豪家、大商人家的奴婢，妓女、无数的乞丐等，未被计入地方官府的统计之中。明清时代的地方官府既无法掌握这些人，也没有掌握的必要。康熙五十二年（1713），颁布"盛世滋生人丁"之后更是如此。迄今为止，仅通过文献记录的统计数字，是无法计算出正确的人口的。乾隆年间创作的《盛世滋生图》中亦描绘了众多的流动人口。所以还要解决"如此多的市镇增长的人口来自哪里？""各城市的人口实际有多少？"等问题。

第二，江南城市的形态和功能亦很独特。其他省的城市大多被诸多定期市包围而孤立、分散地分布着，仿佛屹立于山东平原的"泰山"。与此相比，江南在不大宽阔的地域，市镇就如"葡萄串"一般，密集地分布着。这些市镇之间的平均距离不过 10 余里（5 千米左右）。在其他省仅仅可能存在定期市的距离里，江南却有超出其人口许多的市镇毗邻而立。在这些市镇之间，除了其他省都有的陆路之外，还有蛛网般的运河相连，从而市镇之间的距离被拉近为半天或一天的生活圈。因而江南地区的市镇吸收了定期市的功能，而变化为常设市场，于是周边的定期市便被消灭。而有些市镇还开夜市，市镇的形态亦非常多样。因为城市的这些特征，其城市的功能和生存状况自然也只能各自不同。

第三，亦有必要重新考察自明中叶开始便从粮食作物逐渐向棉纺织、丝织等纺织业倾斜的江南的农家经营，它以 19 世纪末 20 世纪初为分期，再次向粮食作物方向倾斜[1]的背景和过程以及因此而引发的诸多社会经济性问题。

---

〔1〕樊树志，1990，pp.183-187、pp.216-231；章楷，1995。

第二章　黑社会的主人——无赖

绪言

迄今为止，绅士阶层的生存状况及其性质，是整体掌握明清时代的统治形态及社会结构，进而了解近现代史背景的重要标杆之一，它一直为全球的中国史学研究界所瞩目[1]。如果宏观地考察明中期至清末的中国地方社会，那么可以发现，为了维持社会秩序，绅士秉持"士大夫"的公意识，发挥了辅佐国家权力的作用，这是国家权力和平民共同期待的。论私，绅士追求个人私利的行为也很多。然而论公：①对地方社会，它扮演了辅佐国家统治的角色；②对于国家权力，它是地方舆论的代言人；③有时它还发挥了调停国家权力和地方社会之间的利害关系等诸多作用。换言之，在地方社会，绅士具有顺功能和逆功能，具有公意识和追求私利的公私双重性。

---

〔1〕 吴金成，1986；本书第二篇第一、二章。

然而仅靠绅士的生存状况试图整体了解明清时代的社会结构，认为它有局限性的看法日渐增多。尽管绅士是明清时代中国社会的支配阶层，但是为了整体了解地方社会乃至地方行政的实际情况，就必须研究与绅士具有不可分割之关系的胥吏和无赖，这样的认识同样日渐增多。绅士的生存和活动显露于社会表面，而胥吏则因为在国家权力中所处的地位，其存在和活动处于半露半掩的状态[1]。生活于明末清初的顾炎武称，"天下之病民自有三，曰乡宦，曰生员，曰吏胥"[2]，强调了绅士和胥吏的职责及其对社会产生的绝对性影响。

而无赖的存在和活动大体上隐藏于"社会的背面"，但是在社会经济上，它却发挥了极其重要的作用。可以说无赖是支配"地下社会"的、前近代"黑社会"的主人。明中期官至兵部尚书的胡世宁（1469—1530）称，"今民间所苦，第一光棍，第二贼盗，而兵扰次之。……彼豪民光棍，搬居城市，方得艺业，欲图延挨岁月，累死贫民，荡空乡土，而罪名可掩"[3]，强调了无赖的存在及其横行乡里的做法。自明中期，除了绅士和胥吏之外，无赖俨然作为重要的"社会阶层"而存在[4]。

就上文说明的三个阶层中，本文将着重考察明清时代城市社会中无赖的生存状况。首先将介绍迄今为止有关无赖的研究内容，以唤起学界对无赖的关注。考察迄今为止有关无赖的研究，其中大部分是揭示明清时代无赖之生存的一般性研究，直至最近，有关明末清初的无赖，尤其是关于部分城市无赖的具体形态和社会活动的论

〔1〕 缪全吉，1969；任道斌，1985；赵毅，1987；赵世瑜，1988A、1988B、1989；倪道善，1988；宫崎市定，1958（同氏，1976）；川胜守，1983；佐伯有一，1986；李俊甲，1996。

〔2〕 顾炎武，《顾亭林文集》卷1，生员论（中）。

〔3〕 胡世宁，《地方利害疏》（盗贼），《皇明经世文编》卷136，p.22。

〔4〕 吴艳红，2012。

著发表了不少[1]。在明清时代的史料中，被视为"无赖"的群体常用无赖、棍徒（＝喇虎＝喇唬＝蠹棍＝棍蠹＝恶棍＝猾棍＝黠棍＝奸棍＝刁棍＝把棍）、土棍（＝市棍＝市霸＝市魁＝地棍＝痞棍＝地痞）、光棍（＝积棍＝赤棍）、流棍（＝游棍）、奸人（＝巨恶奸民＝奸民＝豪猾）、无籍不逞之徒、桀黠者、恶少、破落户等术语指称，本文使用的"无赖"这一措辞，是用作这些史料术语的代表。

无赖可以说是"平素不遵守人的本分，且不从事正常生计，只是依靠组织大小团伙，以不法（大多为欺诈、威胁、暴力）手段，牟取利益而生活的人"[2]。他们大多"五什成群"或"十百为伍"，以桀黠者为盟主，在其指挥下出没于所有存在利权的地方，进行欺诈、威胁和控制市场、放高利贷、诱拐妇女和人身买卖、强征杂税、渡场和掌握埠头、私掘矿山、海上走私等。还有一部分或以地方官府的胥吏、衙役的身份，或投身于王府、税监、备监等，作为权力的走狗活跃于社会[3]；一部分被绅士、大地主、大商人等势豪家、江南的租栈所雇佣，作为其爪牙或"纪纲之仆"来活动[4]。明清时代最为著名的，"无所不为，无恶不作"的无赖团伙，是明末清初江南的打

〔1〕 甘满堂，1999；高寿仙，2002；郭英德、过常宝，1996；巫仁恕，1991、1996；樊树志，2005；卞利，1996；沙郑军，1988；申浩，2001；吴吉远，1993；完颜绍元，1993；王毅，2000、2002；王春瑜，1991；陆德阳，1995；林干，2005；任道斌，1985；肿疡，1999；陈宝良，1992、1993；蔡惠琴，1993；郝秉键，2001；韩大成，1991，pp.341-359；许文继，2004；高中利惠，1960；夫马进，1993；山本英史，2004；森正夫，1977、1978；上田信，1981A、1989B；安野省三，1985；岸和行，1983；中村治兵卫，1977；川胜守，1978、1979、1981A、1981B、1982、1983、1999，第六章；和田正广，1980B；姜元默，2003；吴金成，1994，pp.94-111；李俊甲，1996；陈宝良，1993等。其中蔡惠琴（1993）、郝秉键（2001）、上田信（1981）、川胜守（1982）等人的论文就江南无赖的实际状况，吴金成（1994）就湖广社会无赖的生存状况做了极其明确的分析。
〔2〕 顾起元，《客座赘语》卷4，莠民，p.106。
〔3〕 吴金成，1994，pp.94-111。
〔4〕 佐伯有一，1957；西村かずよ，1979等。

行、访行[1]，曾在江南的城市中引发了严重的治安问题。

今天，中国亦称"非法的秘密地下组织"为黑社会性质组织。窃以为在清末民初，发生了变化的无赖势力，可能同与之具有不可分割关系的宗教性结社组织相结合而转变为所谓"黑社会"的一部分。本章拟确认明清时代——可以说是近现代"黑社会"的前阶段——无赖的存在，进而唤起学界对无赖生存状况的关注。

一 社会变化和城市的发展

明中期，中国全境发生了广泛的社会变化。考察其内容，既有积极的方面，也有消极的方面。

在积极的方面，明中期是社会经济获得极大发展的时期。第一，人口增长[2]。学界认为1400年前后的人口为6500万—8000万，而到1600年前后的人口则在1.5亿左右，也有推算为1.2亿—2亿的观点。在明代250余年间人口整整增加了一倍。这些增长的人口流入经济落后地区或山区后开垦了土地，有些又流入城市。第二，随着新耕地的开发，农业生产力获得了提高[3]。从宋代至明初，江南地区是代表性的中国的粮仓地区。"苏湖熟，天下足"的俗谚便是由此而来的。进入明代之后，江南通过分圩，再次开发了宋代开发的圩田、湖田内部的低洼地带，从而大大地增加了江南的耕地。而且还开发了长江中游流域的湖广（今湖南省和湖北省）地区，至15世纪中叶，这里成为新的粮仓地区，形成了"湖广熟，天下足"的新俗谚。

---

[1] 崇祯，《外冈志》卷1，俗蠹；郝秉键，2001；申浩，2013；上田信，1981。

[2] 本书第一篇第二章，"表1-2-3 中国的人口和田土统计（1400—1957）"。人口增加既能对经济的发展起积极作用，亦能起消极作用。在传统时代，大体而言起积极作用的时候更多，但如果其数量过多，则亦不能忽视其消极的方面。

[3] 本书第一篇第二章。

第三，工商业广泛发展[1]。在商业方面，徽商、晋商等各地商帮开始崭露头角。这些商帮依托宗族组织和合资经营积累的坚实的资金基础，构筑了全国性的流通网，从而主导了长途贸易。之所以能够出现如此大规模的商帮，是因为商品作物的种植和手工业的发展，以及人口的增加带动了购买力的提高。各地不但生产粮食，还生产丝织品、棉织品、瓷器、纸张、砂糖、茶、蓝靛（植物性染料）等产品，于是便形成了流通这些商品的体系。在这些流通商品中，货物量最多、需求最大的是粮食，其次是木棉和棉布。

第四，由于上述各种影响，全国形成了许多城市[2]。随着人口的增加和商人活动的活跃，流通中心地区逐渐发展成了城市。城市发展的模式可分为两种。一种是原有的大城市在人口和规模两方面进一步扩大，另一种是在水陆交通的要冲地区出现新城市的形态。尤其是长江下游三角洲地区，湖沼众多，河流和运河纵横交错，工商业发达，所以在交通要地形成了大量市、镇等中小城市。此外，在江南以外交通发达的地区也形成了大量的定期市或中小城市，而在水路和陆路相交的地点则形成了更大规模的城市。于是，在江南地区，数量众多的市镇好像"蛛网"那样发达的水路彼此连接，相互依存，形成了市镇网，于是便具有了"葡萄串"似的形态。在江南之外的地域，县城以上的大中型城市，或者在条件非常好的交通要地形成的"镇、市"，尽管同周边的定期市或以陆路或以水路相连，但同江南相比则明显处于孤立分散的状态，具有"泰山"似的形态。

第五，白银经济发达而发展到白银的货币化[3]。此前尽管使用了纸币或铜钱，然而却存在价值下降、假币充斥的弊端。加上人口的

---

〔1〕 本书第一篇第一章；本篇第一章。
〔2〕 本篇第一章。
〔3〕 本书第一篇第一章；万明，2003、2005；吴金成，2011。

日渐增长、工商业的发展、城市数量和规模的增长以及交易规模的日渐扩大，最终在规模较大的交易时会以白银替代铜钱。而且随着这种白银经济的发展，国家亦下令以白银缴纳税役[1]。于是白银经济深入渗透至农村地区。

下面来考察社会变化的消极方面。首要的，里甲制秩序开始解体[2]。原来一里由可自给自足的110户构成。但是由于经常发生的自然灾害和歉收、婚丧嫁娶等人间大事、各种疾病、诸子均等继承的惯例、绅士或势豪家的税役滥免以及地主的诡计等[3]，不用说自给自足的甲首户，就连属于地主阶层的里长户也常常出现没落的情形。"吴中大家居室，席祖父遗业，……盖未一再传而败其家者多矣"[4]的记载不过是其案例之一而已。明朝的税役制度是以县和里为单位实施的"定额制"课税。因此一甲中如果有一两户没落，那么该甲将会出现整体没落的情况，该里亦会陷入没落的危机之中。严重时，有一个县在明初50年间下辖里的数量与洪武十四年（1381）的原额相比减少了92%，而且下降至一半的情况则更多[5]。

综上所述，明中期（15世纪中叶至16世纪中叶），在中国的乡村社会出现了极大的社会变化，不仅仅是构成里甲制之基础的自耕农脱离了农村，就连属于地主阶层的里长户亦因没落而脱离了农村。其原因如下：第一，由于宦官干政等引起的中央政治的混乱，出现了全国性的官僚和胥吏的腐败以及苛捐杂税的蔓延。第二，由于绅

---

〔1〕 本书第一篇第一章。
〔2〕 本书第一篇第一章。
〔3〕 本书第二篇第三章。
〔4〕 汪琬，《尧峰文钞》卷16（转引郝秉键，2001，p.16）。
〔5〕 周忱，《与行在户部诸公书》(《明经世文编》卷22，周文襄公集，疏）称，江南地区人口流散的原因是大户苞荫、豪匠冒合、船居浮荡、军囚索引、屯营隐占、邻境蔽匿、僧道招诱等七种。

士和势豪家的土地兼并和逃避税役，加重了中小农民的负担，导致了赋役过重和不均等。第三，绅士和势豪家、大商人的高利贷盘剥。第四，中国传统的诸子均等继承法、频繁的灾害、婚丧嫁娶、奢侈等。尤其是引起了因贫富差距逐渐加剧，无法继续承受而没落的农民不得不背井离乡。这种现象便是自 15 世纪开始逐渐拉开序幕的里甲制秩序的解体，即农村社会的分解现象[1]。这种乡村秩序的解体现象不但本身就是社会不稳定因素，而且还会导致赋税滞纳的慢性化，于是它同北方防御费用的增加一起成为明朝财政产生严重恶化的原因[2]。

由于受这种里甲制弛缓现象的影响，全国范围内产生了大量的流民。农民在面临经济性的没落时，首先卖掉的是子女和妻子，如果这亦无法阻止进一步的没落，便有很多人在故乡沦为绅士或势豪家的佃户或奴仆[3]，向他乡逃散的情况亦很多。他们的移动方向可分为如下三种类型：①农村地区→禁山区[4]；②经济先进地区（人口过密的狭乡）→落后地区（宽乡）[5]；③农村地区→城市和手工业地区等[6]。这种趋势是在全国范围内发生的普遍现象。

明朝对这种变化也不是无动于衷。第一，放松了伴随里甲制而一直强调的"原籍发还主义"，根据需要允许在移住地"附籍"。第二，试着改革税役制度，并最终推行了一条鞭法。第三，劝勉乡约和保甲制，通过社仓、义仓、义田等广泛的救济机构，试图在乡村社会谋求教化、相互扶助和维持治安等。但是当时的中国社会，已

---

〔1〕 本书第一篇第一章。

〔2〕 吴金成，1995；李敏镐，1995。

〔3〕 尽管在明代各地的地方志中有所记载，但《金瓶梅》等小说亦做了赤裸裸的描写。

〔4〕 尽管禁山区因此而获得了开发，但是由于先流入者和后入者之间的矛盾和欺收等原因，引起了秩序混乱和农民起义的蔓延。

〔5〕 他们之中有流入该地成为佃户或奴仆者，也有转变成商人者。

〔6〕 吴金成，1986，第二篇第一、二、三章。这是在中国国内的流动，还有不少人流向了国外（主要是越南或东南亚），他们便是今天华侨的源流。

经无法单靠这几种措施便能恢复稳定。

恰在此时，即从明中叶起，绅士的数量激增，而且其社会活动亦日渐活跃，于是便开始被视为社会的支配阶层。这些绅士响应国家和社会的需要，能够实质性地发挥作为支配阶层的作用，其背景原因也在于上述的社会变化[1]。

如上所述，自明中期里甲制出现了全国性的松弛，农村人口大量流入城市。其中江南的城市人口随着以纺织业为中心的手工业的发展而增加[2]。随之江南各乡村亦积极种植了商品作物，而且由于城市的手工业技术传入周边的农村地区，还推动了农村的手工业发展，从而在城乡之间形成了活跃的交易活动。于是除了南京、苏州、湖州、杭州等原来的大城市之外，还形成了大量的中小城市，即市镇[3]。由于这诸多原因，原来有"苏湖熟，天下足"之称的粮仓江南地区，自明中期反倒沦为了缺粮地区，从而不得不从江西和湖广输入粮食[4]。尽管如此，明末曾在中国旅行过的西方传教士利玛窦（Matteo Ricci，1552—1610）依然将江南的风光和经济繁荣状况赞赏为"上有天堂，下有苏杭"[5]。

如前一章所考，江南最繁荣的城市苏州府，从明代正德、万历至清代的乾隆、道光年间，市镇数量分别增至45、73、100、140个。换言之，从正德至明末的百余年间，增加了62%，明末至乾隆的一百五六十年间，增加了37%，此后的60年左右又增加了

---

[1] 本书第二篇第一章。
[2] 通过地方志考证明清时期江南地区的人口增加是不可能的事情。只是就其大体趋势和意义参照了本篇第一章第二节。
[3] 本篇第一章第二节。
[4] 本书第一篇附论1。
[5] 利玛窦、金尼阁，《利玛窦中国札记》（何高济等校，北京，中华书局，1983），p.338，称"这是中国成语说的'上有天堂，下有苏杭'"。

40%，从而在整个 300 余年间增加了两倍（211%）以上。另外，松江府下辖仅两个县，但从正德至崇祯、乾隆年间分别增至 44、65、107 个，从而每个县在市镇的密度上反而超过了苏州府。也就是说，从正德至崇祯的一百二三十年间，增加了 48%，崇祯至乾隆年间的一百二三十年间增加了 65%，而整个二百五六十年间则增加了 143%。上述市镇数量的增加并非仅限于苏、松地区，在江南的其他地区亦大同小异[1]。而且该地区的城市发展不仅仅是城市数量的增加，市镇的户数亦急剧增长。尤其是苏州府吴江县的盛泽镇在明初还不过五六十户，但是自 15 世纪后半叶随着工商业的发展，至 16 世纪中叶已增至数百户，17 世纪初增至 1100 余户，康熙年间则增至万余户。苏州府的震泽镇在 15 世纪后半叶为三四百户，但是至 16 世纪则增至千余户，清初增至两三千户，雍正年间吴江县被拆分，于是震泽镇独立为震泽县。城市的发展在江南地区之外的其他地区，尽管存在一定的差异，但是也以相似的趋势在发展。

自明中期，社会风气也出现了很大变化[2]。即，原本勤俭节约且严格区分绅士和平民的社会风气逐渐出现了奢侈之风。至明末，尽管各地之间存在一定的差异，但是奢侈之风已经蔓延全国，而且在中国经济、文化的腹地江南尤为突出。征之于史：

---

〔1〕 参照刘石吉，1987；樊树志，1990、2005；韩大成，1991；陈学文，1993 等。

〔2〕 参照邱仲麟，1994；来新夏，1984；孟彭兴，1994；巫仁恕，1999、2002A、2002B、2005；闻立鼎、王卫平，1992；常建华，1994；徐泓，1986（《第二届国际汉学会议论文集》，明清与近代史组，台北，"中研院"，1989）、1989；吴琦，1990；吴美琪，2000；吴仁安，1987；王家范，1988；王新，1990；王围平，1993、1994；汪维真、牛健强，1990；王兴亚，1989；牛健强，1997；牛健强、汪维真，1992、1991；刘志琴，1984、1992；刘和惠，1990；林丽月，1991、1994、1999、2002、2004；张晓虹、郑召利，1999；陈茂山，1989；陈学文，1990；何淑宜，2000；森正夫，1978、1995；蔡惠琴，1993，pp.78-86；Brook, Timothy，2005 等。

（1）今天下之财富在吴越，吴俗之奢，莫盛于苏杭之民。[1]

（2）自明末迄今，市井之妇，居常无不服罗绮，娼优贱婢以为常服。[2]

与此同时，在"重农抑商"的传统下，"弃儒（科举学习）从商"风潮和重商风潮逐渐蔓延[3]。

城市社会日渐变化而产生的这种氛围成了无赖的温床。自明中期开始，流入城市的农村人口，有相当一部分没有找到固定的职业而不得不成为无赖[4]。在变化得比其他任何地区都更快的江南尤其如此。加上自明末出现军备松弛，城市治安亦日渐混乱。在这种社会变化中，部分无赖逐渐形成了集团，其代表性的集团便是打行、脚夫、白拉、自赖、窝访、访行、讼师、帮闲和乞丐等。

二　无赖的生存状况

1. 打行[5]

明清时代，中国各地都横行着被称为游手无赖、棍徒、光棍、市棍、地痞的无赖。他们不参与劳动，是只靠勇武之力生存的人，他们大多"五什成群"或"什百为伍"，以桀黠者为盟主，并在其指

---

〔1〕陆楫，《蒹葭堂杂著摘抄》，《纪录汇编》（台北，商务印书馆，1969）卷24，p.213。

〔2〕叶梦珠，《阅世编》（上海，上海古籍出版社，1981）卷8，内装。

〔3〕参照余英时，1987，下篇"中国商人的精神"；陈学文，1990；黄瑞卿，1990等。黄省曾，《吴风录》（《百部丛书》第8辑，百陵学山第20种），p.5称"吴中缙绅士夫家，多以货殖为急"；于慎行，《谷山笔麈》（台北，新兴书局，《笔记小说大观》40编第9册）卷4，相鉴称"士大夫家，多以纺绩求利，其俗勤啬好殖，以故富庶"，这种风潮在江南地区亦尤为突出。

〔4〕川胜守，1979。

〔5〕参照陈宝良，1993，pp.167-171；蔡惠琴，1993，pp.205-266；郝秉键，2001；上田信，1981；川胜守，1982；岸本美绪，1987等。

挥下肆意施行各种不法（大多为欺诈、威胁、暴力）行为。在江南，这些集团被称为"打行"[1]。

江南的打行早在 14 世纪上半叶的宣德年间便已出现，大体在万历年间的 1580 年前后开始以江南的城市为中心横行，且逐渐将其活动范围扩大至乡村，之后从 18 世纪初开始逐渐萎缩[2]。他们多则组织百余人的团伙[3]，并命名天罡百龙、十三太保、三十六天罡、七十二地煞、团斗会、百子会或团圆会、地皇会[4]、小刀党、青龙党[5]等，携带刀棍、巨斧、铁梭等各种武器，彼此分割势力范围。万历初年，杭州存在这种团伙 300 余个，一个团伙内"有善计划者，有足力者，有珥笔者，有趫捷善侦探者，有辩给者"等，根据各自的特长分担职责[6]。

他们通过焚香、割牲酹酒、饮血结盟、歃血盟誓、文身、祭祀天地等宗教性仪式结党，穿戴相同的制服和佩饰，并聘武师一起学习武术，等等，以此来增强"同类意识"。打行的规模可分为上、中、下三等，上等似乎是由生员或绅士子弟主导[7]，中等由具备相当财产的行业子弟组成，下等则是由居无定所的无赖构成[8]。

打行的活动范围极为广泛多样而无法一一枚举。下面仅列举几个有代表性的：ⓐ从绅士或势豪家收取钱财，为其充当羽翼或爪牙，

---

〔1〕崇祯《外冈志》卷 1，俗蠹。
〔2〕在不同地区，打行还被称为打郎、打会、打手、青手等。一种说法是，清初打行的名称变成了打降，随之其作用亦发生了变化，但对此尚不确定。只是在吴方言（长江三角洲地区的方言）的系统中，"行"和"降"是同音的说法似乎更为可信。
〔3〕在明清时代的史料中，"三五成群""五什成群""什百成群""什百为徒""千百为群""累百盈千"的记载不胜枚举。参照蔡惠琴，1993，pp.217–224 及附录 pp.68–71 等。
〔4〕康熙《崇明县志》卷 6，风物，习俗。
〔5〕民国《吴县志》卷 52 下，风物 2。
〔6〕支大纶，《支华平先生集》卷 5，送巡按督赭孙浒西书。
〔7〕余杭"天罡党"的首领孙某系生员出身，"善于刀笔"，率其党徒无所不为。
〔8〕褚人获，《坚瓠集》第 9 集，卷 2，打行（转引郝秉键，2001，p.21）。

并承担其护卫和警备之事[1]。ⓑ干预诉讼事件，牟取私利。成为讼师的爪牙，榨取原告和被告的财产；同胥吏合谋通过捏造事件等各种方法榨取钱财[2]。以替人解恨的名义介入是非曲直的纠纷等，充当案件的掮客。ⓒ同胥吏和衙蠹结缘，并成其心腹爪牙。ⓓ在举士不发达地区，因为绅士人数不多，无赖成为地方上的有力者，包揽税役征收（包揽钱粮）。ⓔ包揽各省营缮修筑之事[3]。ⓕ霸占湖荡，私征渔税[4]。ⓖ受牙行雇佣，成其爪牙[5]。但有时亦开设"私牙"，在城市周边的路口以通过税的名义掠夺钱财，或强买瓜果蔬菜等商品[6]，还围绕商权同牙行展开了竞争。ⓗ甚至还参与势力圈内的民变，使事件进一步恶化[7]。明清时代，在城市发生的民变中，无赖是第二大主导者[8]。非但如此，每当粮价暴涨时，无赖结伙煽动饥民袭击粮店或势豪家，还有煽动端匠要求提高工钱的案例亦很多（参见本章第三节）[9]。ⓘ经营当铺、放高利贷。ⓙ利用命案，进行牟取利益的"图赖"行为[10]。ⓚ成为盐枭，走私私盐。ⓛ以寺庙或道观等保护者自

---

[1] 故宫博物院明清档案部，《清代档案史料丛编》，北京，中华书局，1978，第5辑，《徐干学等被控鱼肉乡里荼毒人民状》，康熙三十年（1691）八月初三日，《沈恋呈控徐干学一门贪残昆邑状》，附，条陈，p.39，称"而且有缙绅，则有缙绅之宗族姻戚，有缙绅，则有缙绅之狼仆打降，有缙绅，则缙绅之门生清客，以及附势趋炎之土官猾吏，凭恃威灵，蝇营狗苟，相与生事害民，罔不吸精敲髓"。康熙二十九年四月，两江总督傅拉塔（满族）在弹劾大学士徐元文和江苏巡抚洪之杰的上疏中亦指出"复唆使争讼，重利累民，收恶徒为羽翼"（蒋良骐，《东华录》卷15）。

[2]《清朝文献通考》卷24，职役考4，p.5059；《锡金识小录》卷1，备参上，衙棍。

[3]《清朝文献通考》卷24，职役考4，p.5060。

[4] 苏州历史博物馆等，1981，pp.189-190，pp.281-286。

[5] 参照本篇第一章。牙行需要一定的集团及其保护，所以打行可以直接或间接地与其联系。

[6]《清朝文献通考》卷32，市籴考1，康熙四十三年（p.5145）、雍正十一年（p.5147）。

[7] 参照酒井忠夫，1960，第二章"明末の社會と善书"；金诚赞，1992；吴金成，1994。

[8] 巫仁恕，2011。

[9] 韩大成，1991，pp.421-423；巫仁恕，2011，pp.186-191。

[10] 万历《杭州府志》卷19，风俗称"省城内外不逞之徒，结党联群，内推一人为首，其党与每旦会于首恶之家，分投探听地方事情。一遇人命即为奇货，或作死者亲属，或具地方首状，或为硬证，横索酒食财物，稍不厌足，公行殴辱，善良被其破家者，俱可指数"。

居，控制庙会、香会、迎新赛会等，榨取金钱。ⓜ开酒肆，召集娼妓、兜售酒水、强制卖淫。ⓝ开设赌场，劝导绅士和佣工赌博，并从中牟利，而且还直接参与赌博，通过威胁和欺诈榨取金钱（称他们为"赌棍"）。ⓞ他们还同乞丐建有深厚的关系，根据需要还动员乞丐参与自己的活动（参见本章第三节）。ⓟ还假称皇亲的奴仆，在城市或关津开设大型店铺[1]。ⓠ在运河沿线，打着势要家的名义登上漕运船掠夺财物，受商人雇用威胁掌管运河的官吏，使其优先放行受雇商人的货船[2]。ⓡ还替别人挨棍杖（通常一棍合银二钱）。ⓢ通过盗窃、诈骗、威胁、奸占、抢夺物品、绑架妇女而奸淫、贩卖人口、私造武器以及介入婚丧嫁娶等，牟取利益。

嘉靖三十八年（1559），苏州打行的团伙引发了空前绝后的骚乱。为此，刚刚赴任的应天巡抚翁大立下达了"诓诈剽劫，武断坊厢间"的"打行扫荡令"，并且为了坐镇指挥而携家眷抵达苏州。此时，打行的团伙携长刀巨斧在夜间攻击了吴县和长洲县厅，并摧毁苏州监狱释放囚犯，之后一起来到都察院破门而入。巡抚及其家眷跳墙而逃，打行的团伙便肆意纵火[3]。

对于万历年间的南翔镇，如史载"往多徽商侨寓，百货填集，甲于诸镇。比为无赖蚕食，稍稍徒避，而镇遂衰落"[4]那样，无赖弊害极大。又据崇祯年间（1628—1644）的记载：

> 案打行之始不知时，……今则掾吏胥隶、监门亭父，以至缁流黄冠、俳优娼妓、屠狗贩夫、游方术技之徒，咸入其群，

---

〔1〕《明史》卷181，李东阳传。
〔2〕王在晋，《通漕类编》卷4，官军犯罪。
〔3〕明《世宗实录》卷478，嘉靖三十八年十一月丁丑条，pp.7992-7993。
〔4〕万历《嘉定县志》卷1，疆域考，市镇，南翔镇。

割牲酹酒，歃血盟誓，结为死党。即富室豪门之子、青衿逢掖之士，亦有借其援以自植者。其党有团斗会、百子会之名，其人有天罡、地煞、五鬼、十龙、貔貅、狮子之号，……此辈向盛城市，今已偏及于乡矣。[1]

可以知道，从县胥吏、衙役、门番驿长、僧侣、道师到俳优娼妓、屠狗贩夫、游方术技等人一起歃血结成死党活动，而富室豪族或绅士亦利用其组织试图扩大势力。

打行是以城市或水陆交通要地为中心，主要以威胁和暴力获取钱财的团伙，类似今天的"地下暴力组织"。由于这种非法性，明清时代的国法决不允许打行的存在。因此打行为了一边躲避官府的控制，一边维持自身的势力，有时投身于绅士、势豪家等有权势者的门下接受其保护，甚至还有"乡绅的奴仆与打行有关或是打行之首领"的情况。换言之，打行成为绅士、势豪家的爪牙[2]，承担他们的护卫，或成为绅士实施各种不法行为的执行成员[3]。打行还勾结胥吏、衙役等。因此即便打行做出了某种不法行为，地方官因惧怕其背景而视若无睹，这种案例亦很多。而且即便他们被捕，其背后的势力随即便会插手搭救。[4]

---

[1] 崇祯《外冈志》卷1，俗蠹。

[2] 参见明末江南巨富董其昌家雇用打行100余人对付乡民事（佚名，《民抄董宦事实》）。

[3] 清初，苏州府昆山大乡绅徐乾学家族麾下的讼师、打降、奴仆、衙役、胥吏等群体，形成团伙在其乡里肆意妄为。参照川胜守，1981；郝秉键，1997，p.30。

[4] 嘉靖九年（1530），时任内阁大学士的桂萼曾主张，"一，革奸徒。臣按，京城、天下养济院，近所收养者多有光棍，在院把持，合收养者被其阻绝无路，已死亡者被其冒名顶支。……父老云，……收养者率有奸徒，收瞀目妇女能弹唱占卜者，出入势家，投作恩主。其权势大臣，亦利用通情、纳贿，非有司所能禁治。夫收养者月有米，岁有布，及应领之期，已死者常不下百数，奸徒率不除其名而冒领之，有司清查，则势家为作张主，故惠不均而收养不遍耳"（桂萼，《应制条陈十事疏（兴革利弊）》，《皇明经世文编》卷179，桂文襄公奏议，疏，pp.12b-12a）。这些就是他们日常的行为之一。

这种打行除江南外，在浙江、安徽、江西、广东、福建等地亦有发现。但是并不是在中国所有地区都称这种无赖为"打行"。在江南称其为"打行"的原因是，其群体数量大，且势力尤为强大，并构成明确的组织，介入各种利权，因而看似一种"行业"集团。在福建的泉州或漳州地区，无赖结成被称为"彪党"的暴力团伙四处横行[1]。大部分地区称无赖为光棍、市棍、地痞等，大体上"三五成群"或"五什成群"，以较小的组织恣意施行不法行为。尽管其势力不及江南，但每个团伙均设头领则是各地相同的。而且实施的不法行为亦具有地域性特征，并根据时期不同稍有差异。

但是如上文所述，在明末清初的动荡时期"无所不为，无恶不作"的打行，随着清朝统治秩序的日渐稳定，逐渐向小康状态转变。征之于史：

（1）崇邑向有打行。……团圆会。……地皇会，……国朝屯宿重兵，若辈衰息。[2]

（2）鼎革以来，官府不知其说。[3]

（3）打行最为民害，而我镇拳勇素有盛名，……见奉当事严禁，如前志所称诸不法事，今日不能行矣，而纵酒肆博，睚眦必报，有莫我敢当之状焉。[4]

（4）康熙年间，……善拳勇者为首，少年无赖属其部下，闻呼即至……今则功令森严，此风不兴。[5]

---

[1] 高中利惠，1960。
[2] 康熙《崇明县志》卷6，风物志，风俗，p.389。
[3] 褚人获，《坚瓠集》9集卷2，打行。
[4] 乾隆《续外冈志》卷2，俗蠹。
[5] 顾公燮，《消夏闲记摘抄》，打降。

如以上史料记载的那样，以武器和暴力四处寻找利权的打行，从康熙年间（1662—1723）起逐渐萎缩。那么清代，是不是像打行的无赖就完全消失了呢？首先说结论，如后文所述，自康熙年间起，尽管无赖们很难再像明末那样进行集团性的暴力活动[1]，但是依旧存在。其中相当一部分恰似"变色龙"一般，潜入了脚夫、乞丐或踹匠等佣工，维持其命脉（参见本章第三节）。

如上文所述，凡有生钱之道的地方，无论何处、何事，均有打行介入。所以打行被称为"第三百六十一行"。中国传统上有"三百六十行，种田为上行"的俗谚，"打行"就是人间绝不可为的"恶德行业"的意思。

2.脚夫[2]

脚夫原来是徭役的一种，是指高官往来于地方时，被动员去搬运货物者。后来是指那些ⓐ在全国重要交通路线的关口或码头搬运客商的货物的，ⓑ或在城市搬运各种货物的搬运工[3]。乾隆年间（1736—1795）的画家徐扬所绘《盛世滋生图》(《姑苏繁华图》，1762）是描绘当时苏州发展至鼎盛期的作品，从画面中可以看到当时苏州约有260个商店，近400艘船舶，同时描绘了众多脚夫[4]。明末记录了商人必须掌握事项的《士商类要》[5]记载了全国各地无处不在的脚夫的情况。介绍如下：

---

〔1〕 巫仁恕，2011，pp.36–41。
〔2〕 谢淑君，1988；樊树志，2005，pp.352–356；上田信，1981；川胜守，1999；横山英，1972；山本进，2000。
〔3〕 脚夫根据地域或搬运方式，称呼亦有所不同，它包括挑夫、笋夫、轿夫（扛夫）、坝夫、排夫等，但不包括船夫或纤夫。四川巴县称本文中ⓐ为码头脚夫，ⓑ为行户脚夫。参照山本进，2000。
〔4〕 黄锡之，2003；范金民，2005。
〔5〕 程春宇，《士商类要》（天启六年刊）卷2。

（1）至于脚夫，无所不至，……若论船户、脚夫之奸恶，律罪充徒，理的当也。……船、脚之奸，甚于窃盗，间有二三良善者。（《船脚总论》）

（2）卸船不可无埠头，车马不可无脚头。船无埠头，小人乘奸为盗，车无脚头，脚子弃货中途，此皆因小而失其大。（《买卖机关》，第39条）

换言之，在城市或港口的商业和货物流通中，脚夫是不可或缺的社会恶的存在，他们自行推立头领——脚头，并形成组织。

关于脚夫的作用，在清代以前的资料中，尚不见脚夫这一群体为害之记载。脚夫为害之问题，始见于康熙中期。征之于史：

（1）（康熙二十二年）松郡第一横害……[1]

（2）（康熙二十二年）邑之肩挑脚夫，推强有力者为脚头，余夫受其统辖，俱请指使。凡商贾搬运货物，每担不数里，苛索钱六七十文，大半饱脚头之橐。[2]

（3）（康熙二十五年）士民石崧等目击脚夫肆横，激于公愤，环吁当道。……立碑永禁。[3]

（4）（康熙二十五年）吴下脚夫一项，什百成群，投托势要，私划地界，设立盘头、脚头等名目，盘踞一方。……倘不遂其所欲，则货抛河下，不能移动。……告官究治，则分□□□把持，有司碍于情面，不可惩创，养成骄悍，日甚一日。[4]

---

〔1〕 上海博物馆图书资料室，1980，p.206，《松江府规定脚价工钱告示碑》。
〔2〕 康熙《上海县志》卷1，风俗。
〔3〕 嘉庆《南翔镇志》卷12，杂志，纪事。
〔4〕 上海博物馆图书资料室，1980，p.207，p.434，《嘉定县严禁脚夫结党横行告示碑》。

（5）（康熙二十六年）所以拳勇之患，脚夫为甚，其人既不足比数，而闾里恒耻与为伍。……遂酿成彼等骄横之习，日盛一日。而米客受其笼络，米店受其凌虐，米牙受其挟制。彼等且收其无穷之利。贿赂公行，结纳败类。[1]

（6）（康熙二十年至三十年间）罗店四角，皆有脚夫。……十百成群，逞凶肆横。[2]

（7）（18世纪末19世纪初）镇有脚行三。……其间强而黠者为脚头。凡运商货，……把持勒揸。稍弗遂欲，即恃强生事，屡禁不止。……此等恶习，江苏通省谅皆如此。[3]

（8）（清末）嘉邑大害，莫甚于脚夫，而脚夫之横，莫甚于南翔江湾两镇。若辈什百为群，投托势宦，接纳豪奴，私自分疆划界。凡商民货物横索，脚价稍不如意，则货抛河下，无人承挑。[4]

（9）（清末）（脚夫）……且以私自所分地段，父子相承，称为世业。[5]

如对上述江南脚夫的生存情况加以梳理则如下文所示。第一，脚夫群体推戴"强有力者"或"强而黠者"为脚头（＝盘头），其余脚夫受其统领［（2）（4）（7）］。第二，脚头根据其人数和团伙背

---

〔1〕 石崧，《公建抚宪赵公长生书院碑记》，嘉庆《南翔镇志》卷2，营建，书院。嘉庆《南翔镇志》卷12，杂志，纪事，亦称"脚夫、乐人聚伙结党，私划地界，搬运索重直，婚丧勒厚槁，莫甚于南翔。种种恶习，夫人知之，而积弊已久，莫可如何。康熙二十五年，士民石崧等目击脚夫肆横，激于公愤，环吁当道。此辈投托势要，把持有司，几致反噬。赖邑侯山阴闻公廉明，力请抚军赵公严饬，立碑永禁……害除而崧等身家亦破产矣"。
〔2〕 光绪《罗店镇志》卷1，疆里志（上），风俗。
〔3〕 民国《法华乡志》（1922年铅印本）卷2，风俗。
〔4〕 民国《江湾里志》卷3，徭役。
〔5〕 民国《月浦里志》卷4，风俗。

景，同其他脚夫团伙分割地段，垄断势力圈内的所有货物（包括移徙和婚丧嫁娶的货物）的搬运权，以此居奇，非法抬高（威胁和暴力等）脚价，肆意勒索，从而大为民害［（1）—（8）］。无论是外来商人，还是当地居民，就连当地的牙行搬运货物时，亦必须雇用管辖该地域的脚夫才行。否则不但无法搬运货物，还会发生暴力事件。甚至外地的脚夫在运输货物时，一旦脱离了自己的区域便要将货物交给相关地域的脚夫运输。遇到婚丧嫁娶时，脚夫不但控制搬运，还控制鼓乐、花轿、抬棺等。第三，一般百姓对这种脚夫的想法是"恒耻与为伍"，这恐系于脚夫尽管原本是"血汗营生"的良民，但是随着其变质为无赖团伙而产生的抵触心理。然而对于货主而言，则是相反的心态，"惟恐弗得其欢心，以致货物壅塞河干市口"［（5）］。第四，脚头对脚夫集团实施专制性的支配，独吞了大部分的工钱［（2）］。因此脚头就如今天的码头装卸工工会主席一样，他作为统辖脚夫的代表，一边指挥和监督他们，一边显示出了其无所不能的力量。第五，脚夫集团的这种蛮横屡禁不止［（2）（6）（7）］。第六，脚夫集团为了从竞争或官府的控制中生存下来，便投托于势宦、胥吏、衙役、绅士、势豪，受其庇护，甚至还收纳势豪家的奴仆［（4）（5）（8）］[1]。因此地方官亦因为顾虑其庇护势力的体面和影响，而对脚夫的恶行无可奈何[2]。第七，"此等恶习，江苏通省谅皆如此"［（7）］[3]。第八，同前文所考的打行的转变不同，直至清末，脚夫的蛮横非但没有萎缩，反而日盛一日［（4）］。第九，将无赖、

---

［1］ 上海博物馆图书资料室，1980，p.208、p.435，《华亭县为禁脚夫霸占婚丧扛抬告示碑》（乾隆二十年）称"脚夫土工，各有豪宦庇护，借势霸持，到处皆然"。

［2］ 韩大成，1991，pp.266-267，亦提及。

［3］ 在上海博物馆图书资料室，1980，p.209、p.437，《上海县为禁脚夫人等分段把持告示碑》（嘉庆六年）；同书，p.210、pp.438-439，《嘉定县为禁止桑葬扛抬人夫勒索告示碑》（道光二十一年），亦提及。

棍徒、脚夫都称为恶棍，脚夫亦被视为无赖〔（4）〕[1]。第十，脚夫行业是父子相承，成为世业〔（9）〕。综上所述，同典型的无赖——"打行"一样，脚夫群体是一个以脚头为中心，凭借"同类意识"形成的有力组织，并在自身控制的地段内，以恐吓和暴力，肆意勒索脚价的无赖团伙。脚夫的这种横霸的案例不胜枚举[2]。

然而从下面的资料（10）来看，"脚夫原系血汗营生"的良民，早在明朝时脚夫亦被认为是正当的职业。那么为何其蛮横程度日盛，最终变为仅次于"打行"的"无赖"集团呢？

这可能缘于如下两个原因。第一，自明中期开始，一方面随着工商业的日渐发展，流通量日增，随之大城市进一步发展，还形成了大量的中小城市；另一方面随着里甲制出现全国性的松弛，无数农民从农村流散，这些流散农民中的一大部分流入了各地的城市，而没有特定技术的农民依靠身体成为脚夫的情况较多。于是脚夫的数量激增，随之争夺活计的竞争加剧，于是将集团加以组织化的需求增加。第二，就是前文所述的"强有力者"或"强而黠者"的成分问题。为此有必要关注下面的三个史料。

（10）（康熙四十六年）豪强光棍，不畏国法，垄断市利……分截□界，设立脚夫。……祈神□血，浩成大党。……横行滋事，……又大为民害。……此脚夫原系血汗营生，冀觅□度日，……不许分立疆界，擅立脚□，私收脚租。[3]

---

〔1〕 江苏省博物馆，1959，p.154；上海博物馆图书资料室，1980，pp.208-209，亦视脚夫为无赖。

〔2〕 除上记7个和下记3个资料外，还有江苏省博物馆，1959，pp.153-154；上海博物馆图书资料室，1980，p.206、p.208；苏州历史博物馆，1981，pp.151-153。

〔3〕 江苏省博物馆编，1959，p.353，《常熟县呈准禁止豪强私占土地脚夫倚势诈民文》（康熙四十六年）。

（11）（雍正年间）各镇游手强悍之徒，聚党结盟，自占为脚夫名色，分立段界。……[1]

（12）（将康熙二十年的《勒碑永远禁革在案》，在道光十一年重新确认的内容）棍徒纠党蔑法，重复设立轿夫、脚夫、盘头、丐头、柴担各项名色。更有乐人、鼓手，从而效尤。滋弊蜂起，日甚一日。不论婚聚丧葬及铺户挑运，一切货物，借以值差为名，百计勒索。稍不遂意，什百成群，逞凶肆横。……最为民害。[2]

综合上述三个史料：①脚夫原来是依靠"血汗营生"的良民[（10）]。②但是后来豪强、光棍、棍徒、游手强悍之徒等无赖，或自行变身为脚夫，或召流入者为脚夫、轿夫，他们一边通过歃血为盟和向神祈祷等宗教仪式，加强"同类意识"，一边组织强有力的组织，分割地段，无视国法，蛮横地利用非法和武力手段垄断了所有搬运利权[（10）（11）（12）]。③无赖们不但控制了脚夫，甚至还控制了轿夫、丐头、乐人、鼓手等[（12）]。④就连殷实之户亦因担心受讼事连累而破产，不得不选择忍耐，不敢告发脚夫的蛮横行径[（12）]。⑤脚夫的蛮横日盛一日[（12）]。综上所述，光棍、棍徒等无赖潜入脚夫这个原来凭借"血汗营生"的良民群体之中，将脚夫腐蚀成了有组织的无赖团伙。为寻找"食物"而四处游荡的"狼群"是不会放过眼前的肥肉的。

由于脚夫的这种蛮横，外来客商所受损失为最，而位于该城市中的牙行的损失亦很大。非但如此，居住于该地的绅士等有势力者

---

[1] 雍正《南汇县志》卷15，风俗。
[2] 光绪《罗店镇志》卷1，疆里志（上），风俗，知县毛正坦示谕论。

亦遭受其影响。为此，受损的当事者们向巡抚等地方官呼吁禁止这些脚夫的蛮横行径，于是官府多次刻禁令于石碑，立于显眼处[1]。

那么，脚夫为害之问题，在清朝何以长期得不到解决？脚夫集团为了在竞争及官府的管控中生存下来，便投托于势宦、绅士、势豪、地保、胥吏、衙役等寻求庇护，甚至还收纳势豪家的奴仆。同时，绅士、势豪也会视需要雇佣脚夫，而在绅士或势豪之中，还有人定期接受来自脚夫的钱财，作为提供庇护的报酬。因而脚夫的蛮横终未能根绝，而且也不是能够被根绝的对象，所以脚夫的蛮横反而日渐严重[2]。

以上是明清时代江南脚夫的生存状况。脚夫最多的地区自然是经济最发达、货物运输量最多的江南地区，其中尤其以棉布和粮食流通量大的地区最多[3]。但是在其他地区，脚夫的生存状况同江南大同小异。属于大运河北方河段枢纽地区的山东临清，早在明万历年间便有脚夫三四千人，他们各自形成"行"，以船舶所到之地或粮行、纸店等所在的街道为中心划分地界，互不侵犯，在各自势力圈内垄断利权[4]。地处广东和江西边界的大庾岭（=梅岭），南北往来的商品很多。自明代成化年间，在江西南安府民和广东南雄府民之间，或在脚夫和商人之间，由于脚价问题矛盾不断。乾隆二十三年（1758），江西、广东两巡抚会晤规定脚价之后，下令刊刻

---

〔1〕嘉庆《南翔镇志》卷2，营建，书院；同书卷12，杂志，纪事；光绪《罗店镇志》卷1，疆里志（上），风俗；江苏省博物馆编，1959；上海博物馆图书资料室，1980；苏州博物馆，1981。

〔2〕樊树志，1990，pp.168-170。

〔3〕樊树志，2005，p.354。

〔4〕（明）佚名，《万历邸钞》，万历二年闰四月条，p.1164；文秉，《定陵注略》卷5，军民激变，p.24b，都称"脚夫、小民三四千名"参与，但脚夫三四千名可能有些夸张。万历二十七年（1599）的临清民变者人数达万余人，因而如果考虑临清这个明季运河城市的社会经济地位，那么可以肯定该地存在相当人数的脚夫。乾隆《临清州志》卷11，市廛志；许檀，1998，p.167。济宁脚夫也有"行"。

了《木榜竖立通衢》[1]。在江西、浙江两省之间，隔着屏风关往返东西运输的商品较多，因此玉山县挑夫（＝脚夫）"每日数百，多或千名"[2]。在该地，客商、船户、牙行、脚夫之间亦经常发生纷争和矛盾。为此，雍正十一年至乾隆七年，江西按察使凌焘明文详细规定了脚价[3]。脚夫的蛮横及其弊害还存在于湖南和江西两省交界的长沙府和袁州府之间[4]。明代湖广至江南的长江沿岸，脚夫勾结无赖登上漕运船乞讨粮食，或在夜里将漕运船推到江心而抢掠的事情不胜枚举[5]。

随着清朝统治秩序的稳定，官府加强了统制，无赖们为了躲避而积极谋求转变。其中一部分自行变身为脚夫，或者召集群体为脚夫，自己为脚头，并将脚夫群体组织为无赖集团。这样有无赖潜入的脚夫集团的蛮横日盛一日。但是地方官府却无法彻底禁止他们的活动，所以只是希望不要挑起太大的祸端而已。直至乾隆时期的18世纪后半叶，江苏、江西、湖南、福建、浙江等地的地方官府通过选任和革充脚头，以间接方式使脚头管制脚夫的蛮横[6]。如后文所述，这与通过丐头间接管制乞丐的方法——即官府为丐头发放执照，认可其地位，以使其管制乞丐的横行和强索的方法——同出一辙[7]。

于是许多地区的脚夫，背离了其名称和原来的作用，逐渐变质为无赖组织。尤其是江南三角洲地区的脚夫，从明末便几乎完全"无赖

---

〔1〕 江西布政司，《西江政要》卷2，过山脚夫议定脚价。

〔2〕 傅衣凌，1956，p.29。

〔3〕 凌焘，《禁玉山行埠苛索牙用》，《西江视臬纪事》（《清史资料》第3辑，北京，中华书局，1982，pp.211-212）。

〔4〕 陈弘谋，《培远堂偶存稿》，文檄卷13，查禁过山夫役积弊（乾隆七年正月）。

〔5〕 姜性，《议定皇华亭水次疏》（万历三十六年），康熙《岳州府志》卷27，艺文（下）。

〔6〕 山本进，2000；上田信，1981；横山英，1972A。

〔7〕 姜元默，2010。

化"，因而称其为"无赖集团"亦不为过。窃以为其他各地脚夫的头领们，基本上都是无赖。江南地区自清初便称脚夫为无赖、棍徒、恶棍等，并将其视为无赖的范畴[1]。

3. 白拉、白赖 [2]

白拉、白赖是指以牙行自居，并从客商和农民身上非法搜刮利益的群体，所以是同打行（打降）并称的无赖集团。史载，"市井恶少无赖，所谓打降、白拉者，是处有之"[3]。江南嘉靖县外冈镇这样记述"白拉"：

> 白拉者，不务本业，结交衙门公役，以为羽翼。又于平日小惠小信，制服市井恶少，以为爪牙。见人家有事，或口角微嫌，或田土细故，一呼群集，百般吓诈。稍不遂意，非挥拳痛打，即诬告株连。安分之家，畏之如虎，不得已反投托庇。[4]

白拉还以私牙活动。原则上，牙行要从地方官府领取"牙帖"进行营业[5]，但是很多地区的情况是，这些白拉、白赖在全然未开设店铺的状态下，以牙行自居并非法获取利益。关于明末江南的太仓州，史载：

> （1）州为小民害者，旧时棍徒，赤手私立牙店，曰行霸。

---

[1] 在江西或四川等地区，也有牙行指挥脚夫的情况。谢淑君（1988,p.108）亦认为将脚夫视为无赖、打行、抢火等无赖的传统记录是错误的。但是，谢淑君的这种认识需要许多修订。

[2] 樊树志,1990,pp.166-167；樊树志,2005,pp.351-352。根据吴语（长江三角洲方言），"白拉"和"白赖"是同一音。

[3] 嘉庆《南翔镇志》卷12，杂志，纪事。

[4] 乾隆（五十七年）《续外冈志》卷2，俗蠹（转引川胜守，1999，pp.385-386）。

[5] 本篇第一章。

贫民持物入市，如花、布、米、麦之类，不许自交易，横主价值，肆意勒索，日用钱。今则离市镇几里外，令群不逞要诸路，日白赖。乡人持物，不论货卖与否，辄攫去，曰"至某店领价"，乡民且奈何，则随往。有候至日暮半价者，有徒乎哭归者，有饥馁嗟怨被殴伤者。[1]

（2）白拉，聚集恶党，潜伏道侧，候村氓入市，邀夺货物。或私开牙行，客商经过，百计诱致，不罄其资不止。[2]

该史料反映了"私牙"行为及其弊害。如果不同绅士或势要家勾结，白拉、白赖的这些不法活动便无法实施，因此他们的活动是最终让地方经济陷入困境的原因。

4. 窝访、访行[3]

类似打行的无赖组织还有窝访和访行。窝访是明朝考课制度和监察制度的副产物。明朝的十三都监察御使考评官员打算弹劾地方官员时，往往依托里老或吏胥、衙役为耳目进行"访察"，这就赋予了他们极大的权力，为其徇私枉法提供了机会。这里的里老或吏胥、衙役被称为"窝访"。然而至明末，这种访察逐渐形式化，并成为让市井无赖或奸恶之徒假托访察，来诬陷地方官和绅士、势豪等的手段。因此，无赖、绅士或势豪家的豪奴以及地方官府的衙役做窝访的情况较多。他们平日出入公门，或收集官府的腐败等各种信息，或探听绅士、势豪以及民间的活动，将其利用为官吏考课、征税、

---

[1] 崇祯《太仓州志》卷5，风俗志，流习。
[2] 嘉庆《南翔镇志》卷12，杂志，纪事。
[3] 申浩，2013；蔡惠琴，1993，pp.267-280、1980A；和田正广，1980B；川胜守，1982。

审判或报私仇的手段。窝访通过如此损害他人而牟取自己的利权[1]。然而，他们为了维持自己的势力，还同地方官、胥吏、衙役或绅士、势豪维持密切关系。

另外，"吴中为奸民有二，一访行，一打行也"[2]。明中叶以后，州县官为惩治地方的奸民而审问犯罪嫌疑人时，必须利用信息提供者，他们被称为访行。访行是"形成于明代中叶以后，多以绅士的奴仆或该地的胥吏、衙役及市井无赖、游民为主体，在城在乡千百成群，彼此分割势力圈，利用与官府交通的各种关系，参与各种与官方吏治及民间诉讼有关的活动，以谋取私利的一类下层群体"[3]。由此，"上之人颇不以访为重，而下之人亦轻视之"[4]。清代前期，常熟访行依地域分布进行了划分。常熟当时有六门（南、西、大东、小东、北、水北门），故因之而划为六门，"每门访行中推一人主之"，称为六门伯。访行由城及于乡，"每乡有小头领，谓之地虎。受约束于六门伯，岁时贡献以属僚礼"[5]。

访行活动最多的是各种诉讼活动。因为访行成员日常接触老百姓，而且较之于老百姓更熟悉官府公文、判案程度，加上官府在处理诉讼过程中从缉捕到审判再到处置都是经由其手，所以他们往往从中非法渔利。甚至有一人而操纵整个诉讼活动的。例如常熟访行中有方哮狼（就是方洪坤），"罗致讼师、打行、清客各数十人于门下"，户之殷实者拘令成讼，"任意株连，一挂访单，……官吏百般

---

〔1〕 弘光《州乘资》卷1，风俗。
〔2〕 咸丰《紫堤村志》卷2，风俗。
〔3〕 申浩，2013。
〔4〕 尚湖渔父，《虞谐志》，访行第一（丁祖荫辑，《虞阳说苑》乙编）（转引自申浩，2013，p.138）。
〔5〕 尚湖渔父，《虞谐志》，访行第一（丁祖荫辑，《虞阳说苑》乙编）（转引自申浩，2013，p.138）。

需索，视贿之厚薄，定访之轻重，致使良善倾家荡产"〔1〕。

访行除了下层史胥及市井无赖、游民之外，还包括一部分破落的士人〔2〕。他们抛弃矜持，与镇上光棍结为弟兄，尊访行为父母，结衙蠹为前辈，"遇人家有斗争，挨身处事，索其谢礼，若有拘讼，攘臂下车，为写状，为干证，分派使用铺堂，打点过付，惟恐其完事"〔3〕。随着访行活动越来越兴盛，不少地方豪绅、恶霸加入访行中，由幕后操控，往往占据了访行的领导地位。乡绅以豪奴为爪牙〔4〕，豪奴以诸蠹为营窟，则杀人诈人之权亦有自乡绅操者。又一面，访行中居领导地位的人中，大多社会身份十分低贱。诸蠹结为兄弟逾于同胞，称谓次第秩如也，在其下者以小大哥称之，因共呼之为小大爷〔5〕。

上述的窝访、访行，时而成为地方官的心腹，时而还威胁地方官而获取利权。据《万历邸钞》，"民间有等衙门积棍及市井无赖之徒，专一结交访察，彼此号称通家，居则窝访，出则访行。一有睚眦小怨，辄装诬过恶。编捏歌谣，以挟制官府，陷害平民，以故，不肖有司结之为心腹。愚蚩小民，畏之如蛇虎，败政蠹民，真甚于此"〔6〕。从而在其活动和成分上难以辨别，因此明代的记录混用着窝访和访行。打行、窝访、访行、讼师（后述）等还根据利害关系，彼此间建有密切的关系〔7〕。

---

〔1〕 弘光《州乘资》卷 1，风俗。

〔2〕 申浩，2013，pp.139-140。

〔3〕 许敦俅，《敬所笔记》（转引傅衣凌主编，《明史新编》，北京，人民出版社，1993，p.347）。

〔4〕 常熟恶绅四大王（＝赵士锦），"访行衙蠹中多其豪奴"（转引申浩，2013，p.141）。

〔5〕 申浩，2013，pp.144-145。

〔6〕《万历邸钞》（台北，古亭书屋，1968），pp.143-144，万历十年十二月附录条。

〔7〕（明）佚名，《虞谐志》，序文称"打志行，触景风生，为访行爪牙也，志讼师，为访行耳目心腹也"。

随着访行活动的猖獗，访行的社会影响力亦改变了。他们"在城在乡若贵若贱千百成群"，"徒党日多一日，声势日加一日"，数量和势力俱增。明末，在其形成之初，访行不过是绅士的奴仆或该地的胥吏、衙役，也要仰绅士之鼻息，伺官长之喜怒。然而至清初，出现了"绅士反仰其鼻息，官府因之为喜怒"的转变[1]。为了维持自己的势力，访行亦同部分绅士和胥吏勾结。不过，在盛清时期，访行由于受到官方的严厉打击而日渐萎缩，销声匿迹。[2]但是，如下面第三节所述，其中相当一部分潜入了脚夫、乞丐、踹匠或吏役之中，维持其命脉。

5. 讼师[3]

讼师是指民间的诉讼代书人[4]、审判诉讼包揽人、纷争调停人、代笔诉状和代办诉讼手续者，早在宋代便已存在[5]。史料还称为状师、刀笔先生乃至讼棍、讼鬼、扛棍、哗鬼等。

据明代规定里甲制秩序的《教民榜文》，自明初，为了维持乡村秩序，要求小纷争由里老人和里长进行调停，并严禁绕过他们直接向县衙提起诉讼（＝越诉）[6]。但是在坚守文书主义原则的明清时代

---

〔1〕申浩，2013，pp.141-143。作为其原因之一，可能是受顺治年间清朝积极控制绅士政策的影响，与绅士的社会地位一度出现萎缩的情况（参考本书第二篇第二章）有关。

〔2〕申浩，2013，p.145。

〔3〕陈宝良，1993，pp.174-175；蔡惠琴，1993，pp.127-148，pp.164-181；甘满堂，1999；卞利，1996；陈江，2006，第七章第3节"危害城乡的流氓讼棍"；许文继，2004；夫马进，1998；夫马进，1994；滨岛敦俊，1982，pp.395-396；川胜守，1980，p.420，pp.569-570；川胜守，1981；金仙憓，2003，pp.183-192。

〔4〕原告告状的文书称为"告词""告状"，被告提出辩护的文书称为"诉词""诉状"，将其总称为呈词、呈状、词状。

〔5〕《名公书判清明集》（北京，中华书局，1987）卷12，把持；同书卷13，哗徒；宫崎市定，1954（《宫崎市定全集》第11卷，岩波书店，1992）；陈智超，1989。

〔6〕小畑龙雄，1952；细野浩二，1969；中岛乐章，2000。

的诉讼制度下，各州县要处理的诉讼案件只能是非常之多[1]。加上自明中期开始，一方面工商业和城市获得了发展，但是另一方面却出现了上述"富益富，贫益贫"，里甲制松弛，农民四散等相反的现象，在该过程中诉讼案件日渐暴增[2]。在利害关系尖锐对立的双方之间，别说名存实亡的里老人，就连当时开始发挥相当作用和影响力的绅士亦既不容易介入，也无法给予解决。

对于向地方官衙提起的诉讼案件，地方官动员胥吏和衙役进行了处理[3]。但是地方官数量极少，而诉讼案件太多，且审判程序又过于复杂。百姓非但不具备识字能力，而且对诉讼程序亦一无所知。因此讼师是必不可少的存在[4]。从现实而言，即便是绅士阶层的诉讼案件，如果不通过讼师也几乎行不通。不论是原告，还是被告，如果不向讼师委托诉状，便无法解决案件。

讼师大多居住于县城以上的城市，时而来往于城乡之间生活，即便是乡村的讼师也是居住于镇、市、集、铺等中小城市或定期市。通常一个州县有讼师百余人，早在明中期的正统年间（1436—1449），北直隶丹涂县便有被称为"讼棍"的讼师结盟的案例[5]，至清末还出现了这些聚集商议诉讼的行会、会馆[6]。

---

〔1〕 有关婚姻、户籍、田宅、斗殴、偷窃、钱粮等的案件，即州县自理的案件每年多达一两万件。明中叶以清廉著称的廉吏海瑞称（海瑞，《海瑞集》，北京，中华书局，1962，上册，被论自陈不职疏），在每月例行两次的判决审判中，每次有三四千件诉状待其审理，而自己只能处理其中的1/20左右。

〔2〕 中国所有地区的地方志千篇一律地记录"诉讼案件极多"便缘于此。

〔3〕 川胜守，1981，pp.117-118；夫马进，1994，pp.27-29。

〔4〕 万历《将乐县志》卷1，士风，巡抚监察御使杨四知谕民息讼告示二道，亦称"小民兴讼，必求讼师代书"。

〔5〕 明《英宗实录》卷34，正统二年九月壬寅条（p.664）。

〔6〕 林乾，2005，p.3。

讼师有胥吏出身者，也有绅士家门的子弟[1]，也有无赖[2]，但是大多数讼师出身于文武生员和监生[3]，甚至也有武举出身者[4]。因为从诉讼案件性质而言，若想成为讼师就必须要有相当水准的识字能力。生员作为讼师而进行不法勾当的案例，早在宋代便已存在[5]。明代严禁生员和监生干预讼事[6]。然而自明中期，随着生员和监生数量的激增，他们地位上升的可能性日渐渺茫，不少士人，自思上进无望，而且生员中亦有贫困者[7]，于是他们便放弃科举准备，追求"保身家"的生活[8]。作为其权宜之计，走上"弃儒经商"之道的士人很多，从事"幕友"或家庭教师的情况亦不少，甚至还有自降身价成为胥吏者，或交结市井无赖、游手好闲者。走讼师之路者亦不少，即是讼师，根据其能力也存在不小的差异。讼师中优秀者被称为"状元"，等级最低者被称为"大麦"，状元通过替人诉讼可"成家业"，大麦亦可维持生活[9]。从清末的案例看，反倒还有生员理直

---

〔1〕徐复祚，《花当阁丛谈》卷3，"吴人之健讼也，……讼师最多．……多是衣冠子弟为之"（转引谢国桢，1981，p.373）

〔2〕沈德符，《万历野获编》卷22，海忠介抚江南称，"书生之无赖者，惰农之辨黠者，皆弃经籍、释耒耜，从事刀笔间，……至今三吴小民，刁顽甲于海内"。清《圣祖实录》卷113，康熙二十二年十一月乙酉条亦称"恶棍包揽词讼，从重治罪"。

〔3〕徐复祚，《花当阁丛谈》卷3（转引谢国桢，1981，p.373）；黄六鸿，《福惠全书》卷11，刑名部，差拘；陈弘谋，《培远堂偶存稿》，文檄卷12，惩治讼棍檄（乾隆六年十一月）；郭英德、过常宝，1995，p.90；蔡惠琴，1993，pp.127-148；郝秉键，2001，p.23；川胜守，1981，p.125；夫马进，1993，p.466）。

〔4〕《雍正硃批谕旨》，李卫（第13函第1册，p.4303）称，"大抵通省（浙江省）最难除之害，莫过于讼师。（中略）此辈非劣衿，即革蠹或土棍稍能识字好事之人，种种不一，惟武举、武生更甚"（夫马进，1993，p.482）。

〔5〕《名公书判清明集》（北京，中华书局，1987）卷12，把持，士人教唆词讼把持县官；同书卷13，哗徒，哗鬼讼师。

〔6〕明朝早自15世纪中叶便以《大明会典》等国法严禁生员"教唆词讼"和"兴灭词讼"等。参阅吴金成，1986，第一篇第三章。

〔7〕陈宝良，1993，pp.224-231；闵斗基，1965（同氏，1973A）。

〔8〕闵斗基，1973；吴金成，1986，第一篇；本书第二篇第一章。

〔9〕徐复祚，《花当阁丛谈》卷3（转引谢国桢，p.373）。

气壮地"以讼师自居"[1]。

讼师或勾结歇家（歇店）[2]，或直接经营歇家[3]，所以有时歇家和讼师还被作为同样的意思使用。歇家ⓐ还利用同官衙的较好关系，或代写诉状，或代其跑腿，干预诉讼；ⓑ有时包揽（承包）钱粮，但有不按时缴纳包揽的税金，或干脆占为己有的情况；ⓒ还通过住宿业干预商业。

在地方的诉讼案件中，越是至明末，不通过里甲制自治解决，而是首先向地方官衙起诉的越诉案越多。这是因为自明中期，随着里甲制的松弛，里长和里老人之中没落者很多。但是在地方官衙接到诉状之后，从官衙了解案件，到逮捕和审问相关人员，再到最终判决需要很多时日。在此期间，被告不得不投宿于歇家处理事情。

歇家的经营者是胥吏、衙役、无赖或豪绅的奴仆的情况较多，甚至还有贡生、监生、生员直接经营的情况。不顾客人在诉讼中的胜败，歇家以各种杂费榨取住宿费。清初，作为地方官的行政指导书而编撰的《福惠全书》，介绍了歇家与绅士勾结榨取的情况：

> 县前酒肆饭馆甚多，（歇家）有势绅衿所开，凡乡人讼事至，无论原被，俱必寓此，其内外关厢惧忤绅衿意，……其酒殽饭食，值贵数倍，自告状候准，以及投到听审发落，动辄决旬累月，……及事完结算店帐，已累至数十金，而他费不与焉。呜呼！

---

〔1〕 巫仁恕，2011，p.37。

〔2〕 省城和州县均存在的歇家，是指因纳税或诉讼等事务进出于官衙者或商人、旅客利用的旅馆或旅馆经营人。参考赵士麟，《抚浙条约》（《武林掌故丛编》第7辑），革积歇，pp.14b—18b；柯耸，《编审蠚弊疏》，《清经世文编》卷30，户政，赋役2，p.754下；川胜守，1980，pp.689-690等。歇家还从事为客商介绍船夫、脚夫、挑夫、纤夫，或为其担保身份的事情。参考横山英，1972，pp.202-203。

〔3〕 《西江政要》（清江西按察司衙门刊本）卷36，嘉庆二年，按察使汪严禁地方弊端示，pp.1-2；光绪《桐乡县志》卷2，疆域（下），风俗。

畎亩穷民，何能堪此，势必倾家荡产，典妻鬻子以偿其用矣。[1]

另外，还有士人控制歇家而获得利权的情况[2]。

讼师是代写诉状，并帮助圆满解决诉讼案件的代理者（包揽词讼）。但是他们大体上唆使他人诉讼（教唆词讼、兴灭词讼），并为了使利益最大化，故意使案件更加复杂，进一步陷入谜团，从而常常让诉讼双方均遭受巨大损失。非但如此，他们还介入民间案件；诬告无罪之人；捏造案件之后，让其统领的无赖出面做案件证人；让分明有罪之人变成无罪等[3]，肆意进行不法勾当。甚至还向地方官施加压力，来左右审判。因此让人认为诉讼的结果不是取决于官衙，而是取决于讼师。

故而在诉讼案件的处理过程中，讼师必须获得胥吏的帮助才行。因此在代写诉讼、代办手续、准备证言、拘留被告人等诉讼过程中，对于那些派生的所有业务，讼师勾结胥吏使其有组织地加以分担处理，从而无节制地榨取诉讼人的钱财。严重时，讼师、无赖、胥吏[4]、土豪、窝访相互紧密勾结，甚至还有同一人兼任讼师和胥吏的情况[5]。讼师还与幕友紧紧勾结在一起。原则上，作为州县官秘书的幕友，是要监督胥吏和讼师，防止其腐败的，但实际上讼师和幕友相互频繁转换，相互勾结，鱼肉百姓[6]。

---

[1] 黄六鸿，《福惠全书》卷11，词讼，刑名部，设便民房。

[2] 赵士麟，《抚浙条约》，pp.14b-15a。

[3] 凌濛初，《初刻拍案惊奇》卷11，"恶船家计赚假尸银，狼仆人误投真命状"。

[4] 如果发生诉讼案件，知州、知县首先让胥吏进行处理（称其为"承行胥吏"）。在听讼（在公庭审问中），朗读文书占七成的比例，审问占三成的比例，所以承行胥吏决定了审判的结果。

[5] 李维桢，《参政游公大政记》，万历《承天府志》卷14，艺文。尽管这不是江南的记录，但是依拙见江南地区亦类似于此。

[6] 夫马进，1998。

讼师就是这样干预讼事，以各种不法行径获取私利，但是讼师的这种不法行为必须有诸多无赖充当其爪牙进行活动才行[1]。《锡金识小录》很有条理地传达了这种现象。介绍如下：

> 生监之出入县庭，把持官府，鱼肉乡民者，在顺治、康熙初，曰十三大保，……康熙中，曰州桥七棍，盖此辈上以邑绅之不肖者为靠山，下以各乡之土棍为爪牙。乡民有讼事，则土棍牵引，令投此辈，为之主。先以甘言慰之，而阴量其家之厚薄，产不垂尽，事不得结也。有殷实畏事者，借端恐吓，不遂其欲不止。……至雍正以后，此风始息。[2]

讼师为了广泛收集信息和进行诉讼，就必须依靠无赖的帮助。这种不法现象便成为官衙惩治的对象。因此，为了躲避官府惩治，尽管讼师自身便是下层绅士——生员和监生，但是他们还攀附更有势力的宦门以成为自己的保护网。因而在雍正年间，生监讼师被描述为"土棍"[3]。

明清时代，诉讼所需费用少则数十两，多则数百两。这些金额即便再少，对于庶民而言，也是相当于一年生活费的巨额数字[4]。尽管如此，诉讼双方还是不得不按照讼师的要求支付金额，并只能任由歇家榨取。因此不论多么富有[5]，即便是绅士或是势豪家，一旦卷入诉讼案件，十有八九便会导致破产。

---

〔1〕 山本英史，2000，pp.95-97。

〔2〕《锡金识小录》卷1，备参（上），衙棍，pp.66-67。亦参照蔡惠琴，1993，p.148。

〔3〕 石锦，1990，p.85。

〔4〕 除了诉讼本身的费用之外，还需要贿赂胥吏和差役，支付歇家、讼师、代书等费用。岸本美绪，1992，p.254；夫马进，1993。

〔5〕 光绪《罗店镇志》卷1，疆里志（上），风俗，知县毛正坦示谕论。

关于讼师的常用句有"教唆词讼""兴灭词讼""包揽词讼""颠倒是非""变乱黑白""惯弄刀笔""架词越告""打点衙门""串通衙蠹""诱陷乡愚""欺压良民""从中取利""恐吓诈财"等。国家对其活动持极为否定的态度，视其为不法的存在。因此，早在《明律》中规定，"凡教唆词讼及为人作词状增减情罪诬告人者，与犯人同罪。若受雇诬告人者，与自诉告同"[1]，《大明会典》亦规定"禁止教唆、兴灭词讼"[2]。清初时，也暂时沿用了这种明律[3]。明末在江南地区，将讼师同打行、访行、窃盗、丐户、扛兑等行当一起，称为危害社会的"害虫似无赖"[4]。至清代，称其为"讼棍、扛棍、哗鬼土棍"，甚至称为"讼鬼"[5]。

"组织大小集团，以不法勾当获取利益的方法"，未必一定要携带武器，通过暴力去实施。通过语言和文字的欺诈和威胁，是更加狡猾和恶劣的"不法之罪恶"。乾隆二十三年（1758），江苏巡抚陈宏谟称：

> 以刀笔作生涯，结衙役为伙党，小事而驾大题，借端而肆罗织，离间人之骨肉，败坏人之身家，挟制吓诈，起灭自由，讼胜则已享其利，审诬则告者承当，是为讼师。[6]

并连同衙蠹、土豪、地棍一起，通叹了讼师的弊害。同时期的汪辉

---

〔1〕 高举，《明律集解附例》（光绪二十四年重刊本，台北，成文出版社）卷22，p.1727。
〔2〕 万历《大明会典》卷77，贡举，岁贡；同书卷78，学校，儒学，学规、风宪官提督；同书卷220，国子监，监规、给假、依亲、禁令。
〔3〕 瞿同祖，1984。
〔4〕 崇祯《外冈志》卷1，俗蠹；乾隆《真如里志》卷1，风俗。
〔5〕 乾隆《续外冈志》卷2，俗蠹。
〔6〕 陈宏谟，《培远堂偶存稿》，文格卷43，严拿衙蠹土豪讼棍地棍檄（乾隆二十三年）。

祖[1]亦称:

> （1）论治者，金曰兴利除弊，方今，……惟积弊相仍，未能尽绝。在官者，如采卖、折收、征漕、浮揩，及官价、民贴等事。在民者，如地棍滋扰、讼师教唆、及盗贼、恶丐等事，皆为民害。[2]
>
> （2）唆讼者最讼师，害民者最地棍，二者不去，善政无以及人。然去此二者，正复大难。盖若辈平日多与吏役关通，若辈借吏役为护符，吏役借若辈为爪牙。[3]

并连同地棍、盗贼、恶丐一起，列举讼师作为应被社会铲除的存在。

在活动的性质上，讼师是驱使众多"无赖"为其爪牙，并以各种不法的方式榨取金钱的存在。如果不驱使无赖为爪牙，讼师便几乎发挥不出其作用。从这种意义而言，不管其名称如何，"讼师反倒是最狡猾、最恶劣的无赖集团的头目"。可以说打行、脚夫、白拉、窝访、访行等，主要是依靠勇武之力的无赖，而讼师则是"舞文弄墨"的，具有文士性质的无赖。

6. 帮闲[4]

明清时代有种独特的无赖——"帮闲"，亦称闲汉、陪堂、厮波

---

[1] 汪辉祖系浙江省绍兴府萧山县人，从乾隆十七年至五十年（1752—1785），一直在江南地区做幕友，乾隆五十年至五十六年（1785—1791），在湖南历任宁远县知县和道州知州。致仕官职之后，还乡居住。

[2] 汪辉祖，《学治臆说》（清汪龙庄先生遗书本）卷上，得民在去弊。

[3] 汪辉祖，《学治臆说》卷下，地棍讼师当治其根本。

[4] 程自信，2001，pp.82-94；陈宝良，1993，pp.180-187；韩大成，1991，p.358。尽管也将妓女纳入帮闲之中，但本章不予考虑。

等。据《云间杂识》载：

> 万历壬辰年（万历二十年，1592），郡中有男女帮闲，男如翟衍泉、朱沂川、朱良宰之类，女如吴卖婆之类，皆能坏人名节，破人家产，真一郡之蠹。[1]

明末四大奇书之一《金瓶梅》第11回介绍道，在西门庆十兄弟团伙中，除去花子虚和云离守的其他七人，尽管有些差异，但是基本可以称作是帮闲[2]。首次相聚，他们在玉皇庙向玉皇大帝祈求，"伏念庆等生虽异日，死冀同时，期盟言之永固，安乐与共，颠沛相扶，思缔结以常新，必富贵常念贫穷，乃始终有所依倚"[3]。他们的排序并不是按照年龄顺序的。年龄虽小，但是手中有些钱财的西门庆被推为了长兄。西门庆生性豪放，所以他们的目的在于诱他为大家花钱和一起吃酒。老二是他们之中最擅长权谋者应伯爵。

《金瓶梅》第15回介绍了《朝天子》词二首。兹引如下：

> （1）这家子打和，那家子撮合。他的本分少，虚头大，一些儿不巧又腾挪，绕院里都趔过。席面上帮闲，把牙儿闲嗑。攘一回才散伙，赚钱又不多。歪厮才怎么？他在虎口里求津唾。

---

〔1〕 李绍文，《云间杂识》卷1（转引谢国桢，1981，p.381）。
〔2〕 应伯爵是开布木店的应员外次子，自挥霍家产没落之后，或跟随富家子弟，或依靠妓女生活，从而被称为应花子。但他擅长于踢键、双六、象棋等各种杂技。谢希大原是清河卫千户谢应袭之孙，早年失去父母成了孤儿。但唯独好玩——他亦是前途暗淡者——擅长蹴鞠、好赌，弹得一手好琵琶。吴典恩原来是清河县的阴阳生，但因为某事被革退之后，在县厅前同官吏放高利贷时，同西门庆结缘往来。云理守是云参将的弟弟。《金瓶梅》尽管是社会小说，但是却赤裸裸地反映了当时的正史、地方志、个人文集以及档案所未能反映的16世纪中国社会的部分面貌。参照吴金成，2007B。
〔3〕《新刻绣像批评金瓶梅》，香港，三联书店（香港）有限公司，1990，第1回。

（2）在家中也闲，到处刮涎。生理全不干，气球儿不离在
身边，每日街头站，穷的又不趋，富贵他偏羡。从早辰只到晚，
不得甚饱餐。转不得大钱，他老婆常被人包占。

这两首词很好地反映了当时帮闲的生存状况[1]。

帮闲常识较多，能言善辩，合群，且擅于奉承，但是以奸巧为
最。他们大多具有一两样才能，接近绅士、势豪家、大商人或大地
主之后，便千方百计地对其进行阿谀奉承而使其愉悦，从而使他们
乐于同自己在一起，以从其身上获取钱财。《初刻拍案惊奇》亦描写
了江陵大商人之子郭七郎，自父亲死后，在妓院花钱如流水，毫不
吝啬。该消息传出之后，帮闲们诱他逛其他妓院，且带来好赌的王
孙、贵戚进行赌博，并欺诈其钱财[2]。

有时，帮闲还包揽官衙的事情，或代理他人的诉讼。在《金瓶
梅》中，被描写为西门庆十兄弟团伙中老二的应伯爵可谓是典型的
帮闲。在《金瓶梅》第 33 回至 35 回描述了"韩道国的弟弟韩二
在同其嫂眉来眼去过程中，被光棍车淡、管世宽、郝贤等人告发而
即将被带往官府时，应伯爵从他们筹集送来的四十两白银中，拿出
十五两便让西门庆解决了案件"。帮闲还依靠妓院谋生，当有客人光
顾时，一边为其引路，一边对其阿谀奉承而使之快乐[3]。

帮闲还在商业交易中，常常起做牙行的作用。在《金瓶梅》第
33 回，"湖州客商何官儿在清河县贩卖丝线时，因为有事而急于回
家，于是欲以五百两出售丝线"。应伯爵听到该消息便传给了西门
庆。西门庆说，"四百五十两便买"，并让应伯爵处理。应伯爵从西

---

〔1〕《金瓶梅词话校注》（白维国、卜键校注，长沙，岳麓书社，1995）。
〔2〕凌濛初，《初刻拍案惊奇》卷 22，"钱多处白丁横带，运退时刺史当艄"。
〔3〕《金瓶梅词话校注》第 12 回。

门庆处收了四百五十两，但是却只给了何官儿四百二十两，自己从中扣下了三十两。

综上所述，打行、白拉、窝访、访行等主要是依靠勇武之力的无赖。脚夫表面上是得到官府许可的存在，但从他们的实际行事和作用看，脚夫也是依靠勇武之力的无赖。被称作"讼棍"的讼师则是"舞文弄墨"的，具有文士性质的无赖。与此相比，帮闲则是依靠奉承绅士或势豪家而生存的无赖。

7. 乞丐[1]

古今中外，任何地区都有乞讨食物或金钱的乞丐（化子、叫化子、花子）。宋代张择端的《清明上河图》、戴进的《大明盛世图》、周臣的《流民图》和前文所述的《盛世滋生图》等便都绘有衣衫褴褛的乞丐。自明中叶，随着里甲制的松弛，许多农民开始流散，清代人口激增，人口的流动比明代更加活跃，而且城市进一步发展，乞丐也相应进一步增多。

尽管国家为了收容乞丐，建了"养济院"[2]或"栖流所"[3]，但是能够收容的定员并不多，原则上只是为了老疾无依者设立的机构。因此只收容了大量出现的乞丐中的极少数，而剩余者只能流离彷徨。他们因为生活艰难，最终受尽疾病或寒冷之苦而客死街头者很多。

---

〔1〕《古今图书集成》，乞丐部；徐珂，《清稗类钞》卷11，乞丐类；曲彦斌，2007；邓小东，2004；邓小东、杨骏，2004；倪根金、陈志国，2006；王光照，1994；陆德阳，1995，pp.148-154；李红英，2000；岑大利、高永建，1996；池子华，2004；韩大成，1991，pp.366-374；胡巨川，1992；姜义默，2010。

〔2〕明天顺元年（1457）首次设置。每县设养济院一处，每日提供两餐。养济院为了管理收容的乞丐，立"会头"分别管理百名左右的乞丐。但是，他们凌驾于乞丐之上，率领乞丐对抗或威胁官衙的情况亦不少。参照《宛署杂记》卷11，养济院。

〔3〕《乾隆大清会典则例》卷127，优恤称，"顺治十年，……又覆准，每城造栖流所屋二十间，交五城察管，俾穷民得所"。

因此绅士和商人试图建立义仓、广济堂、义冢等来救助他们。没有被养济院或栖流所收容的乞丐们同类相聚，以乞讨为名目，做尽了非法勾当。

乞丐的成分非常复杂。在《清稗类钞》中，根据乞讨方法，乞丐分为残疾之丐、劳力、卖物、挟技、诡托、强索之丐等。其中诡托之丐和强索之丐是一种变形的无赖（后述）。乞丐又分为：ⓐ无奈而临时乞讨者（原生乞丐），ⓑ因长期乞讨生活而成为职业者，ⓒ以乞讨为名目进行各种违法和犯罪活动者，等等。ⓐ的"原生乞丐"是具有人格的良民，因为生活困苦、灾害、饥馑、战乱等，暂时沦为乞丐者，通常短时间内便会复归正常的生活〔1〕，但是也有不少沦为ⓑ种乞丐的情况。ⓑⓒ两种乞丐又称为"职业乞丐"。他们形式上是乞丐，但"大半皆属壮夫"，是随时与无赖为伍的无赖生活者。

明清时代 540 余年间，中国的人口以惊人的速度增长了五六倍。其中清代 260 余年间，人口增长了 340%，尤其是 18 世纪盛清时期的百年间，中国人口由 2 亿激增至 3 亿多，增长了近 60%。随着人口的这种增长，乞丐亦自然增加。明清时代，有不少文献记载了中国乞丐的状况，以下将其典型记载介绍如下：

（1）（康熙九至十年）无赖喇棍，似乞非丐，游手好闲，以精壮之徒，……每日窥探婚嫁丧寿大小有事之家，或三五成群，或十余人一伙，……因而索钱索酒。稍不如意，即行辱骂，若与理论，即肆凶扛打。……实窥家室之盈虚，并探门户之出入，以为盗窃计耳。……此辈以乞丐始，宁肯以乞丐终乎。〔2〕

---

〔1〕 众所周知，明太祖朱元璋一度也是乞丐。乞丐中亦有意志坚定者或参加科举，或进入商界、军界实现阶层转变的情况。王光照，1994，p.92。

〔2〕 陈司贞（＝陈秉直），《禁喇棍》，盘峤野人辑，《居官寡过录》（清青照堂丛书本）卷3。

（2）（康熙二十三至二十五年）苏属地方有等强悍棍徒，……甘入下流，管押乞丐，名曰纲头。而纲头之下又有甲头，布散城市乡村，各踞地界。……此等恶棍，苏松属邑俱有，而各乡镇尤甚。[1]

（3）（康熙年间）苏松嘉湖之民……四民之外，更有僧道之流，与夫游民乞丐，……至于乞丐一途，言之似属可悯，而其弊不可胜言。……近来乞丐，大半皆属壮夫，……更有丐头，其孤贫口粮，俱系丐头领出，与蠹役分肥，……且民间凡有吉凶庆吊之事，必先唤丐头，劳以酒食，给以银钱，否则群丐立聚其门，……是以富庶地方之丐头，类皆各拥厚赀，优游坐食。其温饱气象，反胜于士农工贾之家。[2]

（4）（康熙六十一年）恶棍统党多人……流丐鱼得水并非尸属，丐棍范二唆使喊控，……有恶丐鱼得水借尸图赖，纠集多丐，……致阊门一带铺户，各将店门关闭，远近传为罢市。……丐党多人，登门肆扰，毁坏家伙，居民闭店。……立速查明为首丐棍。……有无地方奸棍主使同行。……尚义桥图蠹蔡云生……招窝流棍，名为乞丐，实为盗贼。……流丐成群结党。……地棍犹敢搭盖草房，窝留匪丐。[3]

（5）（雍正初）有等匪类勾通外来流棍，假乞丐为名，盘踞庙寺，日则白撞掏摸，夜则逾墙钻穴，居民受害难防……[4]

（6）（雍正年间）乞丐之中有奸匪混迹，为盗贼引线，皆由

〔1〕 汤斌，《汤斌集》（上），范志亭、范哲辑校，郑州，中州古籍出版社，2003，严禁丐头肆横以除民害事。

〔2〕 靳辅，《生财裕饷第一疏》（康熙年间），《清经世文编》卷26，户政1。

〔3〕 江苏省博物馆，1959，p.253，《苏州府阊门程元芳香店门首有病丐跌毙丐棍借命图诈出示究办碑》。

〔4〕 张我观，《覆瓮集》（雍正四年刻本），刑名，余集，饬禁流匪以靖地方事。

丐头容留。丐头之容留，皆由地方官之不稽查……[1]

（7）城乡村镇，向均设有丐头，地方居民，遇有年节婚丧红白之事，赏给钱米，专为管束乞丐不许行强横索而设。[2]

（8）各处乞丐，多年力强壮之人，日间求乞，夜间行窃，求乞则强索滋扰，更借此窥探民间贫富路径，以便夜间行窃。……近来所获强盗及满贯之案，多系强壮之乞丐所为。图财杀命亦多此辈。此辈心粗胆大，党羽众多，……去住无定，……保甲不能约束，兵役亦难盘诘，竟成法外之人。……现在各州县设有罟头，给以执照专管乞丐。凡民间喜庆婚丧，有罟头给帖门首，则群丐不敢横索。各罟头所管乞丐有定数，其行乞亦各有界址，似与甲长无异。正可将乞丐窃劫不法之事，均归罟头，一体管束……地方官给以执照，凡于城乡强取横索及行凶匪窃，俱令管束，……将罟头责处，另选承充。……新来流丐，罟头向不识认者，一并查明，归于罟头……[3]

（9）江西各属城市乡村，俱有一种恶乞，名为练子行，……实皆年力精壮，强横无赖之徒，三五成群，到处蜂拥，……茶坊酒市，肆行无忌。遇人节庆婚丧等事，则饱索无餍，使人难堪。甚有日则以乞食为名夜则潜行鼠窃，……此恶丐为害，若不查拏究处，地方何以宁谧。[4]

（10）此辈年力既皆精壮，……明系一班匪党，借乞丐为名，可以任意游行，随处住宿。人不之疑，官不过问。……皆此强壮之恶丐所为。……此辈日则沿门求乞窥探可窃之家，……夜

〔1〕署理江南安徽布政使噶尔泰奏，《世宗宪皇帝朱批谕旨》卷170。
〔2〕陈宏谋（乾隆五年至六年，江苏按察使），《培远堂偶存稿》，文格，卷10，弭盗议详。
〔3〕陈宏谋，《培远堂偶存稿》，文檄，卷43，稽查丐匪檄。
〔4〕陈宏谋，《培远堂偶存稿》，文檄，卷15，严禁恶乞檄（乾隆八年四月，江西巡抚任）。

间随处可以肆窃。……陕省匪窃之案，于恶回卦子、军流、军棍之外，又有此种，皆系为非作歹之人。[1]

引文（1）—（8）是从 17 世纪后半叶至 18 世纪中叶江苏省和浙江省的情况，（9）是 18 世纪中叶江西社会的情况，（10）是 18 世纪中叶陕西社会的情况。由此可见，17—18 世纪的乞丐生存状况在中国全境大同小异。对其进一步的具体分析如下。

第一，乞丐以乞讨为名，在节日或民间的婚丧嫁娶日一边讨钱，一边了解该家庭的情况，之后对其进行白天强索、夜间盗窃的勾当。因而庶民事先送给丐头钱米，以避免乞丐的集体强索。这种现象严重到几乎成为一种社会惯例，但是庶民因惧怕其后患而又不敢告发 [（1）（3）（7）（8）（9）（10）][2]。

第二，乞丐大体是"年力强壮之人"，且党羽众多，但是"不耕而食，不织而衣"，"去住无定"，所以亦无法通过保甲或兵役对其统制，社会亦不将其认可为四民 [（1）（3）（8）（9）（10）]。

第三，盛清时期，大批无赖变身潜入乞丐群体，一边进行乞讨，一边拥立相当于头领的丐头（团头、罟头、纲头）[3]，或干脆自己成为丐头，并在其下设甲头，进而将整个乞丐群体形成一个组织。丐头同打行或脚夫一样，彼此分割一定的地段，互不侵犯，垄断各自地界内的利权 [（1）（2）（3）（5）（6）（8）（9）（10）]。在民间的红白喜事或节日中，丐头将乞丐列于头前，以暴力行动强索商人和

---

[1] 陈宏谋，《培远堂偶存稿》，文檄，卷39，《严查恶丐抢窃檄》（乾隆二十二年五月，陕西巡抚任）。

[2] 潘杓灿，《乞丐》，丁日昌，牧令书卷 20，戢暴。

[3] 光绪《罗店镇志》卷 1，疆里志（上），风俗，知县毛正坦示谕论，亦称"棍徒纠党藐法，重复设立轿夫、脚夫、盘头、丐头、柴担各项名色"。

良民的财物，因而同无赖并无差异[1]，而且还以"日头钱"的名义独吞其大部分财物。丐头还向乞丐放高利贷，所以有不少丐头甚至比绅士或富户更加富有。他们同胥吏分享如此积累的财物，从而彼此成为保护者。丐头还同绅士存在联系，甚至还跟地方官府维持一定的关系，因此官府亦默认其不法行为，时而利用乞丐团伙的情况亦不少[2]。

第四，丐头被称为"恶棍"，而流丐、恶丐、匪丐（丐匪）则被称为"丐棍"，其群体被称为"丐党"，与奸棍、流棍、土棍、地棍、恶棍、图蠹等称呼并用 [(2)(4)(5)(6)(8)(9)(10)]。且"此等恶棍，苏松属邑俱有"，乞丐常同棍徒、土棍等无赖或土匪"勾结成群，盘踞强索"，这类事情并非少数[3]。无赖将乞丐驱使为爪牙，乞丐则为无赖集团献出生命以示忠诚[4]。之所以无赖能够如此潜入乞丐群体，是因为无赖和乞丐均是根据需要而选择彼此间离合聚散的存在，还因为"地方官之不稽查"。盛清时期，在江南地区发生的盗窃、强盗、赌博、图赖事件，大多是乞丐所为[5]，江西[6]、陕西[7]、

---

〔1〕 乞丐们结党强索的史料记载不胜枚举。冯梦龙撰《全像古今小说》卷27，"金玉奴棒打薄情郎"（＝《今古奇观》第32回）中亦描写了乞丐掠夺财物的内容。

〔2〕 曲彦斌，2007，p.128。《金瓶梅》第96回描写了乞丐团伙被动员为城市夜警的内容。

〔3〕 上海博物馆图书资料室，1980，p.214，《青浦县永禁流丐勒诈滋扰告示碑》（道光二十三年）；同书，p.215，《松江府为禁流丐土棍勾结盘踞强索肆窃告示碑》（道光二十五年）；同书，p.216，《严禁恶丐结党强索扰累闾里告示碑》（同治十二年）。

〔4〕 陆德阳，1995，pp.148—154。

〔5〕 谢玉珩，《严拏匪徒痞棍为害并使病叟泼妇亟扰示》，丁日昌，《牧令书》卷20，戢暴。

〔6〕 陈宏谋，《培远堂偶存稿》，文檄，卷15，严禁恶乞檄（乾隆八年四月，江西巡抚任）。

〔7〕 陈宏谋，《培远堂偶存稿》，文檄，卷39，严查恶丐抢窃檄（乾隆二十二年五月，陕西巡抚任）。

湖北[1]、广东[2]亦是如此。据说，其原因是这两个群体的联合使得其势力获得了增强。乞丐同时存在于水上和陆地。在苏州府一带，由于乞丐同棍徒合力任意掠夺商店、湖广米船等船舶，因此导致"各铺生意萧条，贸易零落"[3]，乞丐甚至被称为"盗匪、流氓、犯罪亡命者之巢穴"。在清代社会，"乞丐集团"和"无赖集团"都被认为是同样的"无赖"。

乞丐的人数到底有多少已无从计算。明末的谢肇淛称，"燕云只有四种人多，……娼妓多于良家，乞丐多于商贾"[4]，"京师多乞丐，五城坊司所辖，不啻万人"[5]。尽管这是对首都北京的描写，但是这同样能够适用于中国的经济、文化中心——江南，而且笔者以为不但是中国的大城市，就连中小城市的各地也都存在许多乞丐。明代南京通济门内，有乞丐聚集生活的"花子洞"。浙江省的 8 个府对丐籍和丐户进行编户，并同民户严格加以区分[6]。有推测认为，20 世纪30 年代，上海的乞丐数有两万余人（占当时上海居民的 1/200）[7]。

如上所述，对于清政府而言，乞丐成了无法统制的"法外之人"。但是国家亦不能对其加以消灭。原因有三点：第一，其数量过

---

〔1〕 第一历史档案馆藏，《朱批奏折》，乾隆二十二年二月二十六日，卢焯（湖北巡抚）称，"此等盗贼出于各属流丐与江湖渔匪中者十之八九。臣查流丐一项，水陆皆有。昼则结伙恃强，遍赴孤村独户行乞，见老幼妇女之家，公然抢取衣物。甚至有奸淫署卖之案。现如孝感县，豫省流丐徐九等，因讨吃不遂，持刀杀死里民。流丐之横行无忌，看来楚省为甚，无怪盗贼多倚乞丐为巢穴"。

〔2〕 倪根金、陈志国，《略论清代广东乡村的乞丐及其官治：以碑刻资料为中心》，《清史研究》，2006-2。

〔3〕 江西省博物馆，1959，p.155，《长元吴三县永禁棍徒乞丐假充河快勒索船户碑》（嘉庆十五年七月），pp.242-243；苏州博物馆，1981，p.257。元和县严禁滋扰虎丘山塘铺户及进香客船碑（嘉庆十一年），p.388。

〔4〕 谢肇淛，《五杂组》卷 3，地部 1。

〔5〕 谢肇淛，《五杂组》卷 5，人部 1。

〔6〕 叶权，《贤博编》，北京，中华书局，1987；韩大成，1991，pp.371-374。

〔7〕 曲彦斌，2007，pp.262-263。

于庞大，国家无法救济；第二，是全国性的现象；第三，从表面上看，乞讨亦是一种生存手段。如前文所述，在城乡村镇的所有地区均有丐头率领的乞丐，所以国家亦只能"庶于听其营食之中，而即寓禁其滋事之意"[1]。因此清朝于乾隆二十二年（1757），最终确定了保甲规程，其中一条规定，"议准，外来流丐，保正督率丐头稽查。少壮者询明籍贯，禀官递回原籍安插，其余归入栖流所管束，不许散处滋事"[2]。可见，清朝从中央层面认识到全国性的乞丐问题已经到了再也不能坐视不管的地步，但是却又无奈地认可了他们的存在之后，让地方保甲组织的保正通过"丐头"间接管制乞丐[3]。而且按照乾隆二十二年的保甲规定，地方官府颁发执照，给与丐头认可从而专管乞丐，乞丐群体反而借之正式组成了丐帮。[4]值得注意的是，此后，强乞勒索活动反而有增无减。在丐头的指挥下，乞丐的横霸已成为社会的惯行，然而政府却无法直接统制他们，只能是认可了"丐头管束乞丐组织"的现状。这就如前文所述的脚夫，尽管其专干强索之事，且蛮横至极，但是官府却不能直接统制之，而是为脚头颁发执照，认可其地位，让脚头管束脚夫的蛮横，试图以此间接地统制脚夫，其做法同出一辙。这与上述的保甲规程中，"议准客民在地方开张贸易置有产业者，与土著一例顺编，至往来无定商贾，责令客长查察"所述的那样，委任客长管束时常往来于各省的外来客民和客商的情形，同出一辙。[5]进而又与保甲规程中，"议准聚族而居，

---

[1]《高宗纯皇帝实录》（八）卷560，乾隆二十三年四月上，p.102。

[2] 嘉庆《大清会典事例》（《近代中国史料丛刊》三编651）卷134，户部7，户口，保甲。

[3] 姜元默，2010。

[4] 周德钧，2005，pp.142-187；曲彦斌，2007，pp.65-99。丐帮是乞丐的行帮，兼具民间职事集团和秘密社会组织双重属性，已经存在于南宋时期。在清代，各地的乞丐群体大抵有管理乞丐的行帮首领，名叫"丐头"。丐头多由精壮强横无赖之徒，或地痞流氓充任。

[5] 李俊甲，2002，pp.271-319；山本进，1992。

丁口众多者，择族中有品望者一人，立为族正，该族良莠，责令查举"所记录的，对于仅靠保甲组织统治乡村过程中尚有不足的部分，试图以宗族组织进行完善的做法，同出一辙。

乾隆二十三年七月，江苏巡抚陈宏谋根据这种保甲规程，分别委任设于各州县的丐头，使之管束各自分割势力地界内所有乞丐的不法现象和新来的流丐，并责令江南各地的州县官府为丐头颁发执照（为一般保甲长颁发的正式委任状）[（8）]。官府坐视乞丐无法言表的蛮横，只是干预"丐头"的革职和承充[1]。至此，丐头既是乞丐的头领，也获得了保甲长似的地位。然而令人吃惊的是，从州县获颁执照，而且正式被认可了其地位的丐头，实际是在当地出了名的光棍、棍徒、流棍等"无赖"[2]。

如上所述，此后江南地区尽管立了很多要求管束乞丐之告示碑[3]，但是其内容无一例外，均是让保长管束丐头约束其团伙。然而乞丐们断不是因为那几个碑文便会停止其横行的存在[4]。直至近现代，这些乞丐群体中的一部分仍被"黑社会"所吸收[5]。

三　无赖的转变及其阶层性质

古今中外，任何地区都存在无赖，明清时代亦不例外。无赖自明中期开始在中国全境大量出现，且集体行动日渐凸显，至明末清

---

〔1〕岑大利、高永建，1996，p.165；伍跃，2000，pp.48-55；姜元默，2010。

〔2〕参照曲彦斌，2007，pp.70、72、128-129、134-136、168-171。

〔3〕还有上海博物馆图书资料室，1980，p.213，《上海县为严禁流丐结党盘踞扰累告示碑》（道光四年）；同书，p.216，《严禁恶丐结党强索扰累闾里告示碑》（同治十二年）；苏州历史博物馆等，1981，p.257，《元和县禁滋扰虎口山塘铺户及进香客船碑》（嘉庆十一年）等。

〔4〕姜元默，2010。

〔5〕曲彦斌，2007。

初的大动荡时期达到了高峰。从地域而言，诸如北京的大城市、江南的大城市和诸多中小城市（市镇）的无赖尤为众多。成书于 16 世纪中叶的《四友斋丛说》称[1]，农民大举流散进入城市之后，或成为绅士、势豪家的奴仆，或从事工商业，或成为无赖，而且成为官府的胥吏和衙役者比此前增加了五倍。以明中期为界，无赖的数量和活动骤增。

如前文所述，自明中期①随着里甲制的全国性松弛和农村社会的日渐分解，农村人口的游离和人口移动骤增；②这种人口移动使得经济落后地区的耕地获得了开发，从而中国的经济中心地区被分化；③在全国城市、工商业以及商品经济的发展过程中，江南地区的增长尤为突出；④自该时期起，无赖在中国全境日渐成为严重的社会问题；⑤而且自该时期起，绅士阶层开始登上历史舞台而支配社会[2]。这正是自明中期开始出现的社会变化的各种现象。在全国同时出现上述诸多现象并非是偶然的。

自明中期，城市成为无赖活动的舞台，便是这种社会变化的结果。城市是交通的要地，是工商业发达的地区，由于其促使人口的快速增长而成了流动性极强的地区。在城市地区，无一例外地聚集了流民、乞丐和游手无赖。徐阶（1503—1583）是明中期的内阁首辅，亦是大富豪，人们对其怨声也极高。在他致仕居家时，其宅邸周围常有衣衫褴褛的饥民、乞丐、游手无赖聚集、呐喊[3]。这些无赖的主要活动空间是市场。随着绅士和大地主移居城市[4]，他们为了自身自卫，对勇武者的需求亦增加。因此城市就为无赖提供了便

---

〔1〕 何良俊（嘉靖年间的岁贡生；松江府华亭人），《四友斋丛说》（北京，中华书局，1959）卷 13，史 9，p.112。
〔2〕 本书第一篇第一章；本书第二篇第一章。
〔3〕 范濂，《云间据目抄》卷 2，记风俗。
〔4〕 本书第二篇第一章。

于隐身生存的空间[1]。可以说，城市无赖是在ⓐ商品生产的增加和工商业的发展，以及ⓑ城市的增加和繁荣过程中自然而然出现的副产物。

无赖的成分非常复杂。自明中期，随着农村社会的分解，在被析出的农民中，部分流入城市者变成了无赖。无赖中还包括绅士、势豪家的子弟[2]或奴仆[3]，没落的手工业者，中小商人及其子弟[4]，失业的城市贫民，运河的河工、河夫。士兵、胥吏、衙役成为无赖的情况亦不少，甚至还有不少生员、监生等未入仕士者同无赖交

---

〔1〕谭希思，《明大政纂要》卷15称，永乐十五年（1417），浙江省嘉兴府的倪弘三，"纠无赖千余劫乡村，苏、松、常、镇皆被害"。

〔2〕讼师大部分是这些人。顾公燮，《丹午笔记》，体仁恶报，记载崇祯年间的大学士温体仁的儿子绰号"八蛮"。平素奸淫妇女，为所欲为，因此愤怒已久的百姓用绳索将其捆绑游街，据说"皮肉无一存者"。

谢肇淛，《五杂组》卷15，事部3称，"盖我朝内臣，目不识字者多，尽凭左右拔置一二驵棍，挟之于股掌上以鱼肉小民。如徽之程守训，扬之王朝寅，闽之林世ພ，皆以衣冠子弟投为鹰犬，逢迎其欲，而播其恶于众。所欲不遂，立破其家，中户以上，无一得免。故天下不怨内使之掊克，而恨此辈深入骨髓也。卒之内臣未去，而此辈已先败矣"。清初黄六鸿，《福惠全书》卷11，刑名部，禁打架，亦描述"近日吴越州邑，有等无赖少年，并纠合绅衿不肖子弟，焚香歃血，公请教师，学习拳棒，两臂刺绣花纹，身服齐腰短甲，孤群狗党，出入茶坊酒肆，蜂游蝶舞，颠狂红粉青楼。……名曰打降"。《金瓶梅》中，西门庆的女婿陈敬济、王招宣家的王三官（武生员出身，第51回）亦始终过着无赖生活。《金瓶梅》第91回，清河县知县之子李衙内作为国子监监生，至三十余岁仍好风流，惰于学习诗书，喜好鹰犬走马、打球蹴鞠，带领二三十名好汉经常出入酒家，故称李浪子。冯梦龙撰《醒世恒言》中"灌园叟晚逢仙女"亦描写了，本身便是无赖的宦家子弟张委率领"如狼似虎"的奴仆和恶劣的无赖到处游荡，蛮横至极的内容。

〔3〕《儒林外史》第3回描写了范进及第广东乡试之后，生活于同村的张乡绅（举人出身，曾任过知县）送了三进三间房和50两银子，还有提出送田产者，以及送店房者，另外还有两名破落户（无赖）恳请成为其奴仆。郝秉键，2000-1，p.22。

〔4〕《金瓶梅》的主人公西门庆，被描述为"帮闲"的应伯爵、谢希大等便是其典型。

往，或自己成为无赖的情况[1]。清代，在八旗子弟中亦有沦落为无赖者[2]。尤其严重时，打行、脚夫、白拉、乞丐、盗贼、强盗、匪徒彼此浑然一体，从而常常无法明确区分。这从前文所述的有关乞丐部分的诸多记载和湖广的如下案例中亦可加以确认。

> 丐食花子聚集百十余人，又有市棍，通同脚夫，装成花子，上船丐米，因而强抢行李。或将一人佯死由赖，又或小船五七只，夜半挨粮船抽帮，江中搬抢一空，无凭告诉。[3]

然而无赖在从明中期开始的日渐复杂的社会变化中，尤其是清朝统一中国后，随着清朝的统治体制在其强大的军事背景下日渐稳定，原来"无所不为、无恶不作"的无赖，再也不能维持原来的形态。他们恰似变色"龙"一般变身、变色，以适应变化的社会环境，从而坚韧地维持了其命脉。如上文"打行"部分末尾所述，大约盛清开始的康熙年间，无赖收缩了其原来的团伙组织肆意横行的活动，在社会中变身、潜伏下来以维持其命脉。这与直至明末，还以"绅士公议"为背景，同国家权力争主导权（hegemony），并对中央权力产生离心力的绅士阶层，在强大的清军面前，同样驯服得如轮胎

---

[1]《宫中档雍正朝奏折》（台北，故宫博物院，1967—1968），《雍正七年十二月彭维新奏称江苏土风云》称，"乡宦与无赖生监、地棍，稔知官府作弊，暗攻其短，而借以挟制，公然抗欠"，尽管这是清中期的事情，但是这种现象在明代亦有可能存在。如前所述，打行的上等是由生员或绅士的子弟所主导的。《金瓶梅》中登场的西门庆十兄弟团伙中的谢希大、吴典恩，清河县知县之子李衙内（第90回），《儒林外史》中的严贡生、权勿用、匡超人、牛浦郎等；徐珂，《清稗类钞》（狱讼类，顺治丁酉顺天科场案）中介绍的杭州贡生张绣虎；同书（棍骗类，朱福保率乞儿吃光面）中的举人朱福保等，亦属此类。在顾起元所撰《客座赘语》中，被实名描写的嘉靖间南京监生邓玉堂又叫作"畜虎棍数十人"。其他参照郭英德，1995，pp.41－42、66；完颜绍元，1993，p.200；郝秉键，2000－1，p.21等。

[2] 郭英德，1995，pp.17－18、36－37。

[3] 姜性，《议定皇华亭水次疏》（万历三十六年），康熙《岳州府志》卷27，艺文（下）。

（tire）一样有高度弹性以适应清朝权力而维持其命脉的形态相同〔1〕。

改头换面的无赖几乎无孔不入。根据记载，盛清时期，无赖还混入了如下诸多的社会阶层。首先，部分无赖为了逃避官府惩治，化身为绅士、势豪家的家人、奴仆、爪牙〔2〕。他们为了逃避官府惩治，往往投于势宦门下，寻求政治庇护。〔3〕甚至绅士也成为无赖的幕后操纵者〔4〕。其次，大批无赖就如上文"脚夫"部分所述那样，变身潜入了脚夫。至康熙年间，脚夫的"结党肆横"〔5〕替代早先打行的横霸而日渐成为严重的问题。这就是因为无赖变身潜入脚夫群体而导致的。脚夫的形态在组织性、暴力性、同势豪家的勾结等方面，与已前时代的打行大同小异。而且如上文"乞丐"部分所述，大批无赖转变潜入了乞丐。康熙年间，在打行的蛮横日渐沉寂的时期，乞丐的暴力性活动日渐成为严重的社会问题，直至乾隆年间，中央政府才匆匆以保甲规程的条目之一讨论了乞丐问题。乞丐之所以变质为这种暴力性集团，同样是因为无赖变身潜入乞丐群体而导致的。

1. 无赖变身踹匠

如上文所述，盛清时期脚夫、乞丐的暴力性增加，大城市劳动者、踹匠、佣工的罢工、暴力行为同样有所增长。具体而言，踹匠、佣工的罢工及粮食暴动，在 1720—1750 年（康熙末期至乾隆初期）

〔1〕 本书第二篇第二章。

〔2〕 完颜绍元，2007，pp.181-184；陈宝良，2013，pp.412-413；山本英史，2014，尾注66、71。

〔3〕 对于绅士来说，为了保护既得利益，更为了加强对地方的控制，也需借助打行之勇力来施展其势。这样，绅士之家畜养打行而控制打行，更重要的是由此绅士还控制了其他无赖群体。郝秉键，2000-1，p.21-22。

〔4〕 田文镜，《抚豫宣化录》卷3，再行严禁窝贼窝娼窝赌以靖地方以肃功令事；同书，卷4，严禁势恶土豪藐法殃民等事。参见陈宝良，2013，pp.412-413。

〔5〕 嘉庆《南翔镇志》卷2，营建，书院，大中丞赵公书院，石崧公建抚宪赵公长生书院碑记；同书卷12，杂志，纪事。

集中出现[1]。

经过明末清初的动荡，到了盛清时期，罢工暴动为何反而更为频繁地发生？在所有行业，雇主机户和其所雇之机匠佣工间本是"工价有例，食用有条，原自相安"[2]，或者"机户出资经营，机匠计工受值，原属相需，各无异意"[3]。机户与佣工间是一种"相互依存""相依为命"的关系，这种关系是长期传承的"社会惯行"。但是，经17世纪末18世纪初，雇主和佣工之间开始出现上述的难题，且日渐严重。究其原因，到目前为止的学界认识是，"康熙以后物价的波动与工人的薪资结构是最重要的因素"[4]。

但据当时的碑文所称，更根本的原因，是因为有大批无赖冒名潜入踹匠借端滋扰。征之于史：

（1）（康熙三十二年）罗贵等一班流棍，冒名踹匠，肆行科敛，纠众打诈，……罗贵、张尔惠等，冒名踹匠，聚众齐行，威胁罢市，科敛炙诈。……踹匠皆系脊力凶悍之辈，俱非有家土著之民。散漫无稽，盗逃叵测。且异方杂处，奸宄易生。……结党横行，敛财惑众，毁□禁示，假工冒告，讵非恶棍而何？……科敛炙诈，煽惑齐行，增价若干。[5]

（2）（康熙四十年）流棍煽惑踹匠，聚众肆横，仍为地方大害，……工价有例，食用有条，原自相安。其间为祸，并非真

〔1〕 巫仁恕，2011，pp.53，175。
〔2〕 苏州历史博物馆，1981，p.43，《苏州府约束踹匠碑》（康熙四十年）。
〔3〕 江苏省博物馆编，《江苏省明清以来碑刻资料选集》，北京，三联书店，1959，p.3，《奉各宪永禁机匠叫歇碑记》（雍正十二年）；苏州历史博物馆，《明清苏州工商业碑刻集》，p.12，《长州县永禁机匠叫歇碑》（雍正十二年）。
〔4〕 巫仁恕，2011，p.232。
〔5〕 苏州历史博物馆，1981，p.41，《苏州府为永禁踹匠齐行增价碑》（康熙三十二年）。

正端匠。□□□办□□，流棍从中渔利，酿害非轻。……流棍之令一出，千百踹匠景从。成群结队，抄打竟无虚日。……踹匠穷民也，非流棍引诱，无以肆其奸。流棍亡命也，非穷民□□，无以行其术。自昔为然，于今为烈。盖匠之数万人，奸良不一，好恶易投。棍等从以笼络之、诱导之，东挑西拨，借景生端。[1]

（3）（康熙五十四年）王德、张先进、杜云升、陈晋侯等，皆一班流棍，前来蛊惑众匠，以增添工价为由，包揽告状，肆行科敛，以为□□之本。……复要各商增价，以助普济院、育婴堂之用。此岂目不识丁之踹匠所为？总皆流棍王德等数人从中簸弄，希图射利，病商病民，□□□克。……其王德等皆唆讼不法之徒，……张先进等亦皆冒匠煽惑之徒……前项流棍，仍前冒名染踹等匠借端兴讼，希图煽惑科敛。[2]

（4）（康熙五十九年）苏城内外踹匠，不下万馀，均非土著，悉系外来，奸良莫辨。……兼有一班流棍，寄迹寺院，隐现踹坊。或称同乡，或认亲戚，煽惑众匠，齐行增价，代告扣克，科敛讼费，再索酬金。流棍贪婪，作俑倡乱不绝。……条约：……一、如有流棍窝顿各图，煽惑踹匠，构讼生端，及开赌招匠，立拿解究，驱回原籍。……一、流棍冒名踹匠，潜顿踹坊，皆因有等未入册籍之包头，任情容隐，流毒贻害。……一、如有奸匠拐布盗逃、赌博行奸斗殴、聚众歃盟、停工科敛……一、不法踹匠，不务本业，游荡为匪，酗酒赌博，谋为不法。[3]

（5）（道光二年）每有匪匠，勒加工价。稍不遂欲，即以停工为挟制，以侵蚀为利薮。……稍向理论，即倡众歇诈，另投

〔1〕 苏州历史博物馆，1981，p.43，《苏州府约束踹匠碑》（康熙四十年）。
〔2〕 苏州历史博物馆、1981，p.44，《长吴二县禁立踹匠会馆碑》（康熙五十四年）。
〔3〕 苏州历史博物馆，1981，p.45，《长洲吴县踹匠条约碑》（康熙五十九年）。

别户。此种恶习，甚为可恶。[1]

除上述史料外，同样被称为棍徒、地匪、流棍、地棍、匪徒、白拉等的无赖冒匠潜入相关领域，而煽动佣工、踹匠，如"借端滋扰，把持阻挠"等不法行为的记载，在嘉庆以前以棉业的踹布业为最[2]。但从已知的清代碑文来看[3]，丝织业[4]、绸缎业、染色业、纸业（造纸、染纸）、刻书（印书）业、香烛业[5]、水木匠业、木器制造业、油漆业、钢铁锯锉业、金银珠宝业、金融典当高利贷业、钟表业、瓜帽业、估衣业、缠绳业、南北货业、酱油业、柴炭煤烛业、裘皮业、私染业、交通运输业、生活服务业、烟草业、渔业、戏曲弹词等，几乎所有领域均有受到这些无赖不法妨碍的记载，还有不少是无赖设立行帮、会馆、公所的记载。

综合上述史料可知，苏州城内外许多行业的上万佣工、踹匠，大多是赤身而来的外来人[6]，"俱系愚民穷民，食力糊口""目不识丁""非流棍引诱，无以肆其奸"。但大批无赖或乡村奸猾、桀黠者，

---

[1] 苏州历史博物馆，1981，p.20，《元和县严禁机匠借端生事倡众停工碑》（道光二年）。还有，叫"匪匠"的无赖潜入丝织机匠，为了工价增价，煽动踹匠倡众罢工，机户稍有异论，则另投别户。18世纪后半叶，在江西省河口镇，福建出身的无赖以纸工冒名潜入后，比较其他工场的工资，为了增价罢工，机户稍有异论，则调到别的工场去。参见吴金成，《矛与盾的共存：明清时期江西社会研究》，南京，江苏人民出版社，2018，p.325。

[2] 巫仁恕，2011，p.213。

[3] 江苏省博物馆，1959；上海博物馆图书资料室，1980；苏州历史博物馆，1981；彭泽益，1997；王国平、唐力行，1998。

[4] 按王翔的估计，乾隆年间苏州城内丝织业的就有十万余人，连带他们的家属，至少在二三十万人，而当时苏州城市人口为六七十万上下，居然占城市人口三分之一以上。参见王翔，《中国丝绸史研究》，北京，团结出版社，1990，p.226。

[5] 江苏省博物馆，《江苏省明清以来碑刻资料选集》，1959，p.137，《长元吴三县永禁烛业行头名目碑》（同治六年）；完颜绍元，2007，p.102。

[6] 当时人估计苏州有踹匠至少万余人乃至二万人，他们工作于六七百个踹坊，每个作坊平均有14至17人。他们大多为安徽省太平府、宁国府，江苏省江宁府或江北地区之人。巫仁恕，2011，p.206。

冒名潜入了这些愚昧纯朴的踹匠群体之中，煽惑众匠，并通过歃血结盟将其组织起来之后，向机户要求增加工银等，经常唆使他们"成群结队"地进行群体性罢工威胁作坊主。

可见，盛清时期，大批无赖或乡村奸猾、桀黠者冒名潜入许多行业的佣工、踹匠群体之中，借之谋生。"其间为祸，并非真正踹匠。流棍从中渔利，酿害非轻"[1]，或者"惟有不法之徒，不谙工作，为主家所弃，遂怀妒忌之心，倡为行帮名色，挟众叫歇，勒加工银，使机户停职，机匠废业"[2]。清代，无赖们的集体行动相较明末清初只是有所节制而已，并未完全消失。他们恰似"变色龙"一般，通过改头换面，变身为踹匠、佣工来谋生。

2. 无赖进入官府

有许多无赖进入官府的案例。平素无赖便与胥吏和衙役建有密切的关系。胥吏的重要收入来源之一便是无赖们提供的贿赂[3]。清代的于成龙指出，两江地区的无赖同衙蠹建立关系，并做尽了种种恶行[4]。亦有事例中，不少无赖直接成了胥吏、快手、皂隶[5]。明中叶的田艺蘅（嘉靖至万历初，杭州人）称"棍徒充吏"为胥吏十弊之

---

[1] 苏州历史博物馆，1981，p.43，《苏州府约束踹匠碑》（康熙四十年）。

[2] 苏州历史博物馆，1981，p.12，《长州县永禁机匠叫歇碑》（雍正十二年）。

[3] 石崧，《公建抚宪赵公长生书院碑记》，嘉庆《南翔镇志》卷2，营建，书院，称"所以拳勇之患，脚夫为甚。……贿赂公行，结纳败类"。

[4] 于成龙，《于清端政书》（文渊阁四库全书，台北，商务印书馆）卷7，兴利除弊条约，p.739上。

[5] 弘治《江阴县志》卷7，风俗志。《清朝文献通考》卷24，职役考4，乾隆元年条（p.5059）称，"快手、皂隶……大半皆土棍、游民"。

一[1]。还有随着民壮转变为衙役，无赖成为衙役的例子亦不少[2]。明末清初，侯方域称胥吏是"奸猾者、无赖、犯罪人、缙绅豪强之奴、逃叛之奴"等[3]。明末清初的黄宗羲亦指出，"天下之吏，既为无赖子所据"[4]。《金瓶梅》中也出现了无赖张胜得到西门庆的推荐而成为衙役的例子。换言之，胥吏或衙役大多是无赖出身。而且被指为"官取其十，吏取其百"[5]的胥吏大多肆意横行，由于其对百姓的骚扰同无赖无异，因而被称为"衙蠹"[6]。

迄今为止的研究通常认为，清代胥吏、衙役（合称'吏役''书役'）之弊害空前严重[7]，甚于虎狼。清初的顾炎武（1613—1682）即称："今夺百官之权而一切归之吏胥，是所谓百官者虚名，而柄国者吏胥而已。"[8]清末的郭嵩焘（1818—1891）亦曾叹息："本朝则与胥吏共天下耳。"[9]清初的侯方域（1618—1655）将吏胥比之为"狐与鼠"，或"虎与狼"[10]，因此，"民有愿死见阎罗而不愿生逢皂衣者"[11]。

---

〔1〕 田艺蘅，《留青日札》（上海，上海古籍出版社，1992）卷 37，非民风，p.706。

〔2〕 赵炳然，《海防兵粮疏》，《明经世文编》（北京，中华书局，1962）卷 252，p.2654b 称，"各该官司，或以之跟用役使，或以迎送勾摄，至遇编徭，听凭棍徒包当，曾无选炼实用，徒为衙门市棍之薮矣"。亦参照和田正广，1980，pp.72-78；佐伯富，1969，pp.645-660。

〔3〕 侯方域，《壮悔堂文集》（遗稿），策，额吏胥；侯方域，《额吏胥》，贺长龄、魏源等编，《清经世文编》卷 24 等，称"奸猾者为之，无赖者为之，犯罪之人为之，缙绅豪强之仆，逃叛之奴为之"。

〔4〕 黄宗羲，《明夷待访录》，胥吏。

〔5〕 徐珂，《清稗类钞》，胥役类，周宗之暴横一时。

〔6〕 山本英史，2000，pp.90-95。

〔7〕 瞿同祖，《清代地方政府》，范忠信等译，第 3、4 章；赵世瑜，《吏与中国传统社会》。

〔8〕 顾炎武，《日知录》卷 8，吏胥。

〔9〕 赵世瑜，1994，p.275。

〔10〕 侯方域，《额吏胥》，贺长龄、魏源等编，《清朝经世文编》卷 24，吏政 10，吏胥。

〔11〕《明清史料》丙编，第 3 本，上海，商务印书馆，1936，《都察院右副都御史刘汉儒启本》（顺治元年）。此外，牟愿相说他们"行己若狗彘，噬人若虎狼"（牟愿相，《说吏胥》，《清朝经世文编》卷 24，吏政 10，吏胥）；田文镜（1662—1733）说"如狼似虎"（田文镜，《覆陈书役不必定额疏》[雍正七年]，《清朝经世文编》卷 24，吏政 10，吏胥）；清末民初的徐珂（1869—1928）说，"哆口嚼民如寇雠，官取其十吏取其百"（徐珂，《清稗类钞》，胥役类，周宗之暴横一时）。

那么，清代胥吏、衙役弊害空前的原因是什么？既有研究普遍认为有以下两个原因：第一，行政事务、规章及先例过于复杂，所以州县官不得不依赖胥吏、衙役的丰富知识。况且，州县官是外来人，并不熟悉该地方情况及所有的问题，甚至连方言都听不懂。谚云："清官难逃猾吏手。"[1]所以，"不肖之官非惟借（衙蠹）为爪牙，寄为耳目，久之且倚为心腹，资为呼吸"[2]"书差为官之爪牙，一日不可无，一事不能少""甚有上司访拿革役，本官从而呵护"[3]。

第二，清代人口不断增加，胥吏、衙役的人数也随之增长[4]，吏、役大多原无薪资，因而愈发贪赃、横暴。胥吏和衙役都有"常年（规定）""额外""挂名"等情况。"额外"吏、役是姓名未列入政府档案的胥吏、衙役（亦称白役、帮役）。"挂名"吏、役虽列在官府名单中，但实际并不服役。况且，清朝胥吏任期为五年、衙役三年更替的服务规程不过是具文而已。因此，清代曾多次试图裁减吏役人数，然而均无成效[5]。清代的胥吏，从清初已经有"三十万"的推论，清末的游百川（1862年进士）说："大邑每至二三千人，次者六七百人，至少亦不下三四百人。"[6]可见，随着时代的推移，胥吏的人数不断增加。至于清代衙役人数，因为挂名衙役之职向州县官纳二至四两银子能买到[7]，很可能比胥吏还多。州县衙门中吏役的实际人数，远远超过政府规定的额数。数量如此庞大的吏役们，其

〔1〕 汪辉祖，《佐治药言》（台北，商务印书馆，1966），检点书吏。

〔2〕 李之芳，《李文襄公别禄》卷3，军旅纪略，饬禁司道府厅州县差扰（康熙十八年）（转引山本英史，2007，pp.218、233）。

〔3〕 刘兆麒，《总制浙闽文檄》（康熙刊本）卷3，访拿衙蠹（转引山本英史，2007，p.226）。

〔4〕 瞿同祖，《清代地方政府》，范忠信等译，第3、4章；赵世瑜，《吏与中国传统社会》。

〔5〕 侯方域，《额吏胥》，贺长龄、魏源等编，《清朝经世文编》卷24，吏政10，吏胥；鲁一同（清末），《胥吏论》，《清朝经世文编》卷24，吏政10，吏胥。

〔6〕 游百川，《请惩治贪残吏胥疏》，饶玉成编，《清朝经世文续编》（光绪八年，双峰书局）卷24，吏政，胥吏。

〔7〕 瞿同祖，2003，p.99。

实社会地位低[1]，俸禄又薄[2]。但是，一旦成为吏役，便可能在其生涯中，朝秦暮楚，肆意贪腐。

但是，当时在清朝官府看来，除上述第一、第二点外，另有一更重要的原因。随着清朝统治秩序的稳定，官府加强了管制，在中国全境，大批无赖或乡村奸猾、桀黠者转变为胥吏、衙役，潜入该群体之中，或成为胥吏、衙役的爪牙。[3]关于胥吏，清初的侯方域曾论称："今天下吏胥之横，何其甚也！……奸猾者为之，无赖者为之，犯罪之人为之，搢绅豪强之仆、逃叛之奴为之，吏胥之子孙相沿袭，亲若友相援引者更迭为之。"[4]清初的黄宗羲（1610—1695）说："天下之吏，既为无赖子所据。"[5]储方庆（1633—1683）说："凡人出身为吏胥者，类皆乡里桀黠者流，不肯自安于耕凿，然后受役于官而为吏。"[6]牟愿相说："为吏胥者，则市井奸猾、巨家奴仆及犯罪之人，以是吏胥贱，吏胥既贱，为之者皆甘心自弃于恶，行己若狗彘，噬人若虎狼。"[7]清末的汪辉祖说："里有地棍，……若辈（地棍）倚胥吏为爪牙，胥吏倚若辈为腹心。"[8]

至于衙役，是类多无赖出身，常常与无赖、盗贼来往。[9]李铎（康熙二十九年）说："绍郡向有打降积习。或交结衙门蠹役为声

---

〔1〕牟愿相，《说吏胥》，贺长龄、魏源等编，《清朝经世文编》卷24，吏政10，吏胥。

〔2〕汪辉祖，《佐治药言》（台北，商务印书馆，1966），检点书吏。

〔3〕光绪《桐乡县志》卷2，疆域下，风俗；王灿，《明清时期徽州社会陋俗述论》，《佳木斯大学社会科学学报》32-6，2014。

〔4〕侯方域，《额吏胥》，贺长龄、魏源等编，《清朝经世文编》卷24，吏政10，吏胥。

〔5〕黄宗羲，《明夷待访录》，胥吏。在此，黄梨洲的所谓"吏胥"，包括胥吏和'库子、解户、坊里长、弓兵、捕盗、皂隶、快手、承差'之类，就是意味着胥吏和衙役所有的人。

〔6〕储方庆，《驭吏论》，贺长龄、魏源等编，《清朝经世文编》卷24，吏政10，吏胥。

〔7〕牟愿相，《说吏胥》，贺长龄、魏源等编，《清朝经世文编》卷24，吏政10，吏胥。

〔8〕汪辉祖，《佐治药言》（台北，商务印书馆，1966），严治地棍；"无赖投充衙役，或衙役的爪牙"（山本英史，p.215）；打行、访行变身为胥吏，或者无赖转为胥吏、讼师的爪牙。

〔9〕瞿同祖，2003，p.104。

势,……或系武进士,或系不肖衿监。"〔1〕田文镜(雍正七年)说:"有一等游手好闲无业贫人,每于额设吏役之下,空挂一名,……曰帮役,曰白役,……市井无赖,一无恒产之穷民,……窝盗之人,半属挂名之役。"〔2〕清末人也说:"书办大率贫猾无赖,窜身于官。"〔3〕汪辉祖说:"唆讼者最讼师,害民者最地棍,……盖若辈平日多与吏、役关通,若辈借吏、役为护符,吏、役借若辈为爪牙。"〔4〕《清朝文献通考》亦称,"快手、皂隶……大半皆土棍、游民"〔5〕。可见,盛清时期,大批无赖或乡村奸猾、桀黠者不仅改头换面成为胥吏、衙役,或者成为胥吏、衙役的爪牙,甚至有地区的衙役本身就是当地的犯罪团伙头目。

脚夫、乞丐、踹匠等群体相对而言更容易混入,但无赖们为什么选择相对难以混入的胥吏、衙役呢?正如储方庆所说:"今豪家皆破败,群慑于功令,而武夫之气亦少衰,独有吏胥一涂,可以凭官府之威灵,肆行其纵恣。故举一邑之奸人,群起而趋之。"〔6〕这样,更恶劣、狡猾的无赖混入了吏役当中,使这一腐败的温床逐渐变为"甚于虎狼"的弊害空前的团伙。尽管如此,也不能将吏役或踹匠全部视为无赖。依同样的逻辑,在生员、监生之中亦有相当数量的无赖,被称为"衿棍",他们中也有日后入仕为官之情况,但却不能将生员、监生阶层均视为无赖。

---

〔1〕 李铎,《越州临民录》卷4,告示,严禁打降(康熙二十九年)(转引山本英史,2007,p.232)。

〔2〕 田文镜,《覆陈书役不必定额疏》(雍正七年),贺长龄、魏源等编,《清朝经世文编》卷24,吏政10,吏胥。

〔3〕《吏治悬镜》卷1,驭书役(转引赵世瑜,1994,p.297)。

〔4〕 汪辉祖,《学治臆说》(台北,商务印书馆,1966),地棍讼师当治其根本。

〔5〕《清朝文献通考》卷24,职役考4,乾隆元年(p.5059)。

〔6〕 储方庆,《吏胥议》,贺长龄、魏源等编,《清朝经世文编》卷24,吏政10,吏胥。

3. 无赖窜入军队

明清时代，无赖还显示出了如下的社会性阶层变化，大批无赖窜入军队[1]。自明中期，由于农民的大量流散，基于人民皆兵的卫所制名存实亡，明朝的军事便转而依赖于募兵制。但是通常绅士和富户避讳募兵，因而明朝只能无奈地从游手无赖中募集士兵充数[2]。结果，从中央的京营到各地的民兵和弓兵，士兵的相当部分由无赖充当。嘉靖年间（1522—1566），随着东南沿海地区倭寇猖獗，募兵制变得更为普遍。尤其在苏州，随着倭寇的猖獗，以义兵的名义募集了武勇。市井无赖大举应募之后，反而公然地相聚歃血，并携带武器横行城乡，做尽了剽劫之事。[3]无赖窜入军队成成军队流氓化的首要原因。有时军营流氓与市井流氓串为一气，前者赖后者导引作恶，后者靠前者提供庇护，因此才有了如下的指责文字。

（1）盖如今的兵，不似古时兵，就在农夫中间，都是招来的游手游食之徒。[4]

（2）时，承平日久，民不习兵，招一切无赖，使纨袴将之以对敌，蔓延至是。[5]

---

〔1〕 完颜绍元，2007，pp.175-177；陈宝良，2013，pp.224-225、393-400；山本英史，2014，尾注90、91。八旗子弟经济地位的日渐下降，与地方无赖臭味相投，旗人日趋无赖化。

〔2〕 郝秉键，2001，p.18。

〔3〕 明《世宗实录》卷478，嘉靖三十八年十一月丁丑条（p.7992）称，"苏州自海寇兴，招集武勇。诸市井恶少，或奋腕称雄杰，群聚数十人，号为打行，扎火囤，诓诈剽劫，武断坊厢间"；夏燮，《明通鉴》卷62，亦称，"苏州自倭寇兴，招集武勇以为义兵，市中恶少起应之，后遂群聚剽劫，有打行扎火诸囤名，武断城、乡间"；凌云翼（嘉靖四十五年进士），《请设水利台臣疏》，《吴中水利全书》卷14，又称，"今所募兵夫率多市井无赖，如以解散不便，即用以充开河夫役，亦无不可"。

〔4〕 袁于令，《隋史遗文》第39回（转引陈宝良，1993，p.235）。

〔5〕 叶权，《贤博编》（北京，中华书局，1987），p.9。

由于无赖一旦入伍，便能全力发挥其腕力和勇力，所以就如明末的徽州无赖田雄那样，反倒容易晋升为将校。[1] 又如明末曹州无赖刘泽清入伍之后多次立功，一路晋升为总兵官、左都督、太子太师，最终被封为东平伯，日后降清[2]。但这些出身无赖的士兵以官军之名，公然地肆意劫掠。

4. 无赖捐纳而阶层移动

自明中期，还有无赖通过捐纳等买官衔，实际成为官吏的例子。下文所指，不过是其中的一部分而已。

（1）内官家人、义男、外亲，尽是无籍之徒，飞马轻裘，纵横豪悍，任意为非，甚至纳赎补官，贵贱不分。[3]

（2）近年补官之价甚廉，不分良贱，纳银四十两即得冠带，称"义官"。且任差遣，因缘为奸利。故皂隶、奴仆、乞丐、无赖之徒，皆轻资假贷以纳。凡僭拟豪横之事，皆其所为。长洲一县，自成化十七年至弘治改元，纳者三百人，可谓滥矣。[4]

（1）是南京锦衣卫的镇抚司军匠余丁华敏 1452 年的奏文，(2)是在 15 世纪后半叶王锜（1433—1499）指出的。还有史料记载，"市井无赖，朝得十金，夕可舞文官府"[5]。在无赖中，擅于察言观色者

---

〔1〕 顾公燮，《丹午笔记》，田雄挟宏光出降。
〔2〕 抱阳生，《甲申朝事小纪二编》卷 9，刘泽清佚事（转引陈宝良，1993，p.236）；王士祯，《香祖笔记》（台北，新兴书局，1958），卷 8。
〔3〕 明《英宗实录》卷 220，景泰三年九月辛卯条，pp.4746-4747，南京锦衣卫镇抚司军匠余丁华敏的上奏。
〔4〕 王锜，《寓圃杂记》卷 5，义官之滥。
〔5〕 骆问礼，《定经制以裕财用疏》，《皇明疏钞》卷 40。

甚至还成为了宦官，尤其像明末以矿税使恶名远扬的湖广的陈奉、辽东的高淮，在万历年间还被派遣为矿税使。在反矿税使运动期间，以山东矿税使陈增的走狗而恶名远扬的程守训、陕西矿税使的走狗乐纲和吕四，均是以捐纳买官的无赖[1]。明末恶名远扬的魏忠贤亦是无赖出身。实际上，明太祖朱元璋原本也是无赖出身。朝鲜的壬辰、丁酉倭乱时期，作为代表参加同日本的停战谈判的游击将军沈惟敬及其爪牙沈嘉旺，同样是连出身都无法知晓的市井无赖。[2]

还有，无赖通过捐纳成为监生的例子亦不少。自景泰元年（1450），实施例监生（捐钱或谷物获得监生资格的监生）制度之后，每年成为例监生者多达 800 余人。[3] 明末的吴甡称：

> 既如国学，去天尺五，而假生市猾充斥其间，见于词臣姜逢元所参摘者。把棍得滥衣巾，而干禁私揭，肆行无忌，见台臣方大任所纠题者。[4]

自明中期，国子监中存在"学棍"（无赖化的监生）便是缘于此。万历年间的监生茅迪吉、沈德谦，天启年间（1621—1627）北京国子监的监生章尚安和赵维清均是当时有名的无赖，他们将市井无赖使唤为爪牙，并做尽了各种恶行。[5] 监生是仅靠其资格便可以被推荐为官吏的身份。但是随着例监生人数的日渐增多，他们大部分居住于故乡而过起了"保身家"的生活，于是便沦到同过着"保身家"

---

〔1〕 本篇第三章。
〔2〕《明史》卷320，《列传》208，《外国》1，《朝鲜》;沈德符，《万历野获编》卷17，沈惟敬。
〔3〕 吴金成，1986，pp.46-49。
〔4〕 吴甡，《柴庵疏集》卷3，《视学大典速赐举行疏》（转引陈宝良，1993，p.225）。
〔5〕 黄儒炳，《续南雍志》卷9，《事纪新续》。

生活的生员并无差异的地位。[1]早在弘治年间，对国子监监生做出了如下禁令：

> 监生、生员，……挟制师长，不守监规、学规者，问发充吏。挟妓赌博，出入官府，起灭词讼，说事过钱，包揽物料等项者，问发为民。[2]

这种禁令同对生员的禁令相同。到清代，却鼓励捐纳了。雍正年间的《鹿洲公案》里记载了广东省潮阳县大盗马仕镇捐纳成为太学生的始末和其后的肆行。[3]

无赖成为生员更容易。万历末年，存在提学官[4]收贿并帮助生员及第的案例。[5]明末清初，顾炎武曾评价，"举业至于抄佛书，讲学至于会男女，考试至于鬻生员，此皆一代之大变"[6]。自明中期，贫穷的生员大体上处于"保身家"的生活状态，此时一旦无赖获得生员资格，那么生员在乡村社会的肆意横行将更加普遍。明代史料称横霸生员为"学霸"。《二刻拍案惊奇》介绍了"学霸廪生"张寅[7]。明末，士人模仿乡绅在乡村横行的事情并非少数[8]。而且生员

---

〔1〕 吴金成，1986，pp.62-63。

〔2〕《明会典》卷220，国子监，禁令。

〔3〕 蓝鼎元（雍正年间，以广东省普宁县知县，兼理潮阳县），《鹿洲公案》，偶纪下，仙村楼。

〔4〕 吴金成，1973。

〔5〕 顾炎武，《日知录》卷18，"锺惺"。尽管这是福建的事例，但即便将其视为全国性的案例可能亦无大碍。

〔6〕 顾炎武，《日知录》卷18，"锺惺"。

〔7〕《二刻拍案惊奇》卷4，"青楼市探人踪，红花场假鬼闹"。

〔8〕 顾公燮，《消夏闲记摘抄》（上），明季绅衿之横。

滥用税役优免权的案例亦很多[1]。在明末的《日用类书》或审判诉讼文书中，常常能够看到"学霸"这个术语。在《万书渊海》中出现的学霸、学害、歪儒、学蠹、淫儒、虎儒、势儒，《折狱明珠》中出现的学霸、学害、歪儒、学蠹等术语便属其例[2]。

因此，顾炎武甚至称：

> 废天下之生员，而官府之政清。废天下之生员，而百姓之困苏。废天下之生员，门户之习除。废天下之生员，用世之材出。今天下之出入公门，以挠官府之政者，生员也。倚势以武断于乡里者，生员也。与胥史为缘，甚有身自为胥史者，生员也。官府一拂其意，则群起而哄者，生员也。把持官府之阴事，而与之为市者，生员也。前者噪，后者和，前者奔，后者随，上之人欲治之而不可治也，欲锄之而不可锄也。小有所加则曰是杀士也，坑儒也。百年以来以此为大患。……故曰废天下之生员，而官府之政清。[3]

除此之外，无赖有时还成为乡村的里长、粮长或保正、保长。江南早自15世纪上半叶便有无赖成为里长或粮长，在征收税粮时，或欺瞒度量衡器具，或以各种名目征收超过规定的税粮来剥削农民。[4]在16世纪后半叶，何良俊亦称，"无赖们以二三十两便成为

---

〔1〕 本书第二篇第三章。顾公燮，《消夏闲记摘抄》（中），明季生员，亦称"诸生…又揽富户钱粮，立于自名下隐吞。故生员有坐一百走三百之语"。

〔2〕《万书渊海》（万历38年刊）卷17，状式门，诉状朱语，生员类；《折狱明珠》卷2，六条粹语，生员类（转引酒井忠夫，1960，p.192）。《法家秘授智囊书》卷下，附，六科朱语，"生儒"亦有学霸、学蠹（酒井忠夫，1960，p.192；参照山本英史，2000，pp.97-101）。

〔3〕 顾炎武，《顾亭林文集》卷1，生员论（中）。

〔4〕 明《宣宗实录》卷2，洪熙元年闰七月丁巳条（pp.165-166）；弘治《江阴县志》卷7，风俗志。

粮长，肆意横霸"[1]。清雍正年间，江西有棍徒成为里长或里书包揽征税的事件。[2]清代，亦有不少市井无赖成为保甲的保正、保长牟取私利的情况。[3]苏州有粮长三人，其一是光棍的记载。[4]还有无赖或成为开发矿山的矿夫；或成为盐枭（贩私盐者），或为偷贩私盐贼首，出没来去无常，官府不能掌握；或成为私牙（没有牙帖而从事中介业的牙行）与奸商串结，把持衙门，诈害客商，破坏流通体制，其事例亦不在少数。[5]无赖还潜入寺院、祠庙、道观，成为神棍、善棍。[6]在绅士稀少的地区，无赖以地方的强势者自居，包揽税粮或词讼的案例亦很多。[7]另外，部分无赖还开设了妓院或赌场。

但是，每个城市具体有多少无赖却不得而知。[8]明末的谢肇淛称，"绿林之亡命巨魁，多于平民"[9]。明末大学者刘宗周推测，北京城内的无赖至少有数万人[10]。据称，明末浙江嘉兴府石门镇，有从事榨油业的油坊20处，榨油工人800余人，即平均每坊有40人左右。他们和其他流动人口均系来自周边诸县或远方的"赤身无赖"，其人数"千百为群"。他们结成"帮会"之后，便推渠魁，随时进行团伙

〔1〕 何良俊，《四友斋丛说》卷13，史9，p.111。

〔2〕 石锦，1990，p.31。

〔3〕 《清朝文献通考》卷24，职役考4，乾隆二十二年条（pp.5061-5062）；陆德阳，1995，p.166；郝秉键，1997，p.30。

〔4〕 伍袁萃，《林居漫录》卷2。

〔5〕 中国人民大学清史研究所，1979，pp.550-551，康熙六年，浙江，严州；卞利，1996；陈宝良，1993，pp.231-233；巫仁恕，2011，p.245。

〔6〕 高秀清、张立鹏，《流氓的历史》，北京，中国文史出版社，2005，pp.198；陈宝良，2013，pp.270-274

〔7〕 巫仁恕，1996，p.124。

〔8〕 寓居于城市的无赖的流动性极强，因此掌握起来非常困难，加上地方官府亦没有认真掌握的意图。

〔9〕 谢肇淛，《五杂组》卷8，人部4。

〔10〕 刘宗周，《刘子全书》卷15，再申人心国势之论以赞庙谟疏。

行动，骚扰镇民。[1]清代的徐珂则将上海的无赖推算为八千余人。[2]综合各方面推测，无赖至少达到绅士总数[3]的四五倍。

小结

无赖结成团伙的目的是为了以不法（大多是拳勇、骗诈、刀笔）手段牟取利益。因此，顾起元（1565—1628）在《客座赘语》中做了如下描写：

> 十步之内，必有恶草，百家之中，必有莠民。其人或心志凶虣，或膂力刚强，既不肯勤生力穑以养身家，……于是恣其跳踉之性，逞其狙诈之谋，纠党凌人，犯科扞罔，横行市井，狎视官司。……遇婚葬则工为营办以钓奇，有词讼则代为打点以罔利。甚则官府之健胥猾吏，为之奥援，闾巷之刺客奸人，助之羽翼。土豪市侩，甘作使令，花鸨梨姏，愿供娱乐。报仇借客而终不露身，设局骗财而若非动手，有求必遂，无事不干。徒党之数十百人，姓名闻数千百里……[4]

无赖们"十百成群"，凡有生钱之道的地方，无论何处、何事，均有其介入。

---

〔1〕 李伯重，2000，p.424。
〔2〕 陈宝良，1993，p.357。但是如果考虑前文所述的脚夫和乞丐，那么无赖的数量将会十分巨大。
〔3〕 窃以为，绅士（包括官僚）的总数在明初为6万余，15世纪上半叶为11万余，16世纪上半叶为38万余，17世纪上半期为57万余，19世纪上半期为115万余，19世纪后半期为150余万左右。关于明清时代绅士数量，参照王跃生，1989；Chang,Chung-li,1955，第2章；吴金成，1986，第一篇第二章；吴金成，1981等。
〔4〕 顾起元，《客座赘语》卷4，莠民。

但是，无赖虽有多种名目，其形态非常复杂，并无严格的界限。也就是说，各无赖群体的活动往往互有交叉。显然易见，打行、白拉、白赖、喇棍等无赖群体的所作所为，都大同小异。[1]在江南的苏州、嘉善等地，打行是访行的爪牙，讼师尽管也使唤打行为其羽翼，但有时也为访行做耳目和心腹，豪棍每以打行为其"鹰犬"，打行也常借助讼徒的"辩口"进行活动。[2]常熟县无赖组织访行，罗致讼师、打行、清客于门下，为害地方。[3]太仓州的无赖组织"罢会"，入会者有讼师、打行、衙役。[4]在上海一带，打行把持白拉、盗牛等无赖团伙。[5]万历年间，湖广的岳州乞丐、市棍、脚夫彼此联合实施乞讨、掠夺物品、盗窃粮船的税粮等行径。[6]

亦万历年间，承天府的横民有六，包括了市猾、讼师、访窝（＝访行与窝访）等等，且常相通为用。[7]给事中牛惟炳云："民间有等衙门积棍及市井无赖之徒专一结交访察，彼此号称通家，居则窝访，出则行访。"[8]这样，各无赖群体平素或互为勾连，或同时受雇一主，或互为牵制，时而还根据利害关系彼此交通和协作，关系至为密切。可以说，以上所考的打行、白拉、窝访、访行、讼师、脚夫、帮闲等诸多无赖群体的活动，彼此重叠，难以严格区分。

无赖集团的形态，根据国家权力的强弱、社会动荡与否而发生变化。在明末清初的动荡期，国家权力或者处于弱化状态，或者处

---

〔1〕 郝秉键，2000-1，p.22-23。
〔2〕 嘉庆《南翔镇志》卷12，杂志。
〔3〕 佚名，《虞阳说苑》乙集，虞谐志（转引郝秉键，2000-1，p.22）。
〔4〕 崇祯《太仓州志》卷5，风俗志，流习。
〔5〕 嘉庆《南翔镇志》卷12，杂志。
〔6〕 姜性，《议定皇华亭水次疏》（万历三十六年），康熙《岳州府志》卷27，艺文（下）。
〔7〕 李维祯，《参政游公大政记》，万历《承天志》卷，14，艺文。
〔8〕 《万历邸钞》（台北，古亭书屋，1968），pp.143-144，万历十年十二月附录条。

于无政府状态，[1]所以无赖可以肆意活动。无赖的活动自明中期开始日渐凸显，至明末清初达到高潮，便缘于此。万历至崇祯年间，江南嘉定县南翔镇，甚至由于以打行为首的无赖的横行，镇的经济一度萎缩。[2]但是至清朝入关平定三藩势力和台湾的郑氏势力，重新统一中国之后，政治秩序日渐稳定，国家权力得以强化。自此，绅士阶层的作用亦转变为同国家权力相互协作的关系[3]，随之无赖的暴力性活动亦日渐萎缩，不得不潜入"地下"。但是，其活动也不是从此销声匿迹。其中相当一部分变身潜入了脚夫、乞丐或踹匠等佣工或吏、役之中，维持其命脉，一旦机会来临便会即刻浮出社会。他们时而参与罢市、罢工等城市民变，时而转入党会组织，参与教案[4]。

　　无赖之间共享着"同类意识"。无赖主要是以非法手段获取利益的方法赖以生存。因此他们自然就成了国家权力的统制对象，亦是老百姓乃至因为私人的利害关系而同其建有某种不当关系的绅士和势豪家蔑视的对象。在这种意义上，无赖具有共通性。他们不但通过焚香歃血、文身、祭拜天地神明、共同发誓等宗教仪式结盟，还设置头领，结成等级秩序森严的组织，上下级之间秩序严明。平日里他们聘请武师共同练习武术，外出时则以群体活动。他们通过这种行为，鼓吹他们独有的"同类意识"。因而亦应将这些无赖视为在明清时代社会底层俨然存在的"社会阶层"之一。

---

〔1〕 参照李文治，1948；谢国桢，1988；顾诚，1984；南炳文，1992；Parsons, James B., 1970；Struve, Lynn A., 1984；吴金成，1991；吴金成，1996；吴金成，1998，本书第二篇第二章；吴金成，2007A，第二篇第三章；李成珪，1977；李俊甲，2002，pp.19-61；郑炳喆，2008 等。
〔2〕 姜元黙，2003。
〔3〕 本书第二篇第二章。
〔4〕 巫仁恕，2011；曹新宇等，2002；周育民、邵雍，1993；秦宝琦，1993；陈宝良，1993，第 8 章"清代的无赖棍徒"；蔡惠琴，1993；浅井纪，1990。

在明代，朝廷将绅士作为羽翼而委以一定的社会支配权。但盛清时期之社会状况较之前更加复杂，除绅士外，还存在多样的组织领袖。清初，清官于成龙（1617—1684）称，"势宦挟制、噩衿把持、光棍肆恶"[1]。换言之，明清时代的中国社会，中间隔着农村"小农"和"市民"（即城市居民），社会的一极是支配者绅士阶层，另一极则是所谓的"无赖"阶层。当然，正式的社会支配者是国家权力。但是，中国领土过于辽阔，人口过众，所以在国家权力对地方的统治中存在太多的空白。于是绅士被委任支配这些空白地区成为惯例。但是，绅士的支配只在"昼间"（"地上"＝"阳地"）行得通，而在"夜间"（"地下"＝"阴地"），则可以说是由无赖支配亦不为过。无论是官僚还是绅士，私自均将无赖使唤为爪牙。尽管国法统制无赖，但社会惯行却是如此地同"国法"乖离。

---

〔1〕 于成龙，《条陈粤西二事上金抚军》，贺长龄、魏源等编，《清经世文编》卷20，吏政6。

第三章　矿税使和无赖

绪言

中国称宦官为内监、寺人、奄人、阉人、净身、中官、貂珰、太监、内竖、椓人、火者等。他们原来是以奴隶的身份，在天子身边担负侍奉天子的任务的，但是早自战国时代，便出现了宦官专权的案例。东汉和唐代是数一数二的"宦官专横"时代，说国家亡于此亦不为过。明代是位列第三的宦官专横时代，其中万历年间（1573—1619）宦官的弊害尤为严重，以至于出现了"明之亡，不亡于崇祯，而亡于万历"[1]的俗谚。

万历年间宦官专横之所以如此严重，是因为万历帝"为了筹措宫中不足的费用，以开发金银矿山和征收商税"的名义，从万历二十四年开始向全国派遣宦官，这些被派遣的宦官被称作"矿税

---

[1] 赵翼，《廿二史劄记》卷35，万历中矿税之害。

使"。矿税使假皇帝之令，擅自专权，肆意压榨剥削。其毒害不但波及普通百姓，甚至还波及地方官和绅士。因此，全国反"矿税使"民变此起彼伏，始终未绝。

关于"反矿税使民变"，迄今有诸多的案例研究[1]和若干篇介绍这些研究的论文[2]。本章拟整体考察万历年间的反矿税使民变，并试着分析其中几个事件内容较为清晰的案例，以重新阐释其历史的意义。

一 万历帝的"矿税使"派遣

16世纪的中国社会，由于官僚的腐败、绅士和势豪家的土地兼并、税役的过度沉重和不均衡导致社会非常不稳定。加上抵御北虏南倭支出巨大，国家财政亦日趋恶化。内阁首辅张居正为了扭转这种局面，通过整肃官纪、整理财政、巩固边防等实质性的改革，取得了相当的成果。这是他实施10年独裁的结果[3]。

但是张居正突然死亡之后，万历帝生活放纵，非但长期不问政治，还重用宦官，于是政治秩序日趋混乱。尤其严重的是，国家财政重新恶化，每年出现了100万两左右的赤字。明朝为挽回这种局面，反复增税，社会愈加不稳定。

而以下三个事件，为这种严重的预算不足带来了更大的打击[4]。

---

〔1〕 巫仁恕，2004、2011；傅衣凌，1954B；邹时炎，1980；佐久间重男，1964；森正夫，1981；冈野昌子，1983；奈良修一，1990；日野康一郎，2005；和田博德，1989；吴金成，1994、1999。

〔2〕 巫仁恕，1996；傅衣凌，1957；汪槐龄，1959；王天有，1984；刘志琴，1982B；林丽月，1987；田中正俊，1961；朴元熇，1990；Yuan, Tsing, 1979。

〔3〕 韦庆远，1999；吴金成，1995B。

〔4〕《明史》卷305，陈增传。

第一件是被称作"万历三大征"的三次战争。首先，是镇压北方宁夏的哱拜之乱（万历二十年，1592）[1]。其次，是以朝鲜的"宗主国"自居的明朝，以守护朝鲜，进而稳定本国边境之名，援助受日本侵略的朝鲜（1592—1598）。最后，是镇压发生于中国西南贵州省的杨应龙之乱（1597—1600）[2]。上述三次战争消耗的费用共计约1200万两，相当于当时明朝年平均税收额的三倍左右[3]。

第二件是修造宫殿和陵墓。万历二十四年和二十五年先后有两处和三处宫殿焚毁。为了重新修建这些焚毁的宫殿，包括从湖广、四川、贵州等地搬运的木料在内，共耗资建筑费用930万两。这是远远超过明朝两年预算的金额。同时，万历帝又下令修造自己死后要置身其中的陵墓。为修造该陵墓耗时6年（1584—1589），耗费约800万两[4]。第三件是册封王子和他们的婚聘费。万历帝为册封皇长子和诸王以及冠婚耗资934万两，袍服耗资270万两，共1200万两左右[5]。

当时明朝每年的税收额，将正课、盐课、关课、杂课等全部累计起来有400万两左右[6]，宫中预算每年不过为100万两。因而以正常的税收体系，全然无法承受这种支出。故此神宗采取的非常手段，

---

〔1〕哱拜系蒙古人出身，在官居宁夏镇副总兵时，勾结鄂尔多斯的蒙古势力发动叛乱。李如松指挥辽东的精锐部队，用时八月将其镇压。

〔2〕杨应龙系贵州省播州（今遵义县）的酋长，因愤怒于明朝官吏的粗暴而联合苗族起兵。

〔3〕后文亦将有所论述，当时明朝每年的税收总额为400万两左右，但是当时户科都给事中王德完认为平定哱拜之乱耗费180余万两，朝鲜倭乱耗费780余万两，平定杨应龙之乱耗费200余万两，总共耗费1200万两左右。参照《明史》卷235，王德完传。

〔4〕陵寝在地下20米处，分前中后3室，全长88米，高7米，仿佛地下宫殿一般。从其规模之大和陪葬品的精巧、豪华来看，可谓明代建筑、艺术之精髓。据统计，六年间每年役使华北民众100万人，共役使650万人，累计消耗800万两。

〔5〕明《神宗实录》334，万历二十七年闰四月丙申条。

〔6〕冯琦，《为灾旱异常备陈民间疾苦恳乞圣明亟图拯救以收人心荅天戒疏》（谏止矿税），《皇明经世文编》卷440；文秉，《定陵注略》卷4，内库进奉，户部尚书赵世卿疏（万历三十一年）。

便是自万历二十四年（1596）开始，向各地派遣所谓的"矿监税使"征收税金[1]。

随着宫中费用的大幅增加，神宗以开发金银矿山和征收商税的名义，向全国 20 多个地域派遣宦官，使其另行征收不同于户部征税系统的特别税。但是由于神宗向宦官任命矿税使时给予了专权，于是这些宦官到地方动用无所不能的权力肆意搜刮。因此在全国各地，以城市为中心接连爆发了反矿税使民变[2]。

二 "反矿税使"民变的接连爆发

从万历二十四年首次派遣矿税使以来，尽管万历三十年和三十三年曾经下令暂时中断，但是直至万历四十八年（泰昌元年，1620）神宗驾崩为止，矿税使制度始终持续，并无实质性改变[3]。《明史纪事本末》记录了 50 余次反矿税使民变[4]。然而就如后文所述，仅就湖广发生 20 余次，辽东发生 10 余次来看，估计全国发生了 100 余次。下面分析内容较为清晰的几个案例。

1. 山东的反矿税使民变

宦官陈增于万历二十四年被遣往山东地区开发矿山[5]。次年九

---

[1]《明史》卷305，陈增传，称"计臣束手，矿税由此大兴矣。其遣官自二十四年始"。

[2] 当时史料称其为"民变"，故以下依用这一名称。

[3] 李逊之，《三朝野记》卷1称，"丙申，神皇崩，次日丁酉以代行宾天告于奉仙殿，颁遗诏，罢天下矿税，谕云，'先年矿税为三殿三宫未建，权宜采用，今尽行停止。各处管税内官，张烨、马堂、胡宾、潘相、左秉云等俱撤回。其加派钱粮，以本年七月前已征者起解，余悉蠲免'"（转引王春瑜、杜婉言，1986，pp.132）。

[4] 谷应泰，《明史纪事本末》卷 65，矿税之弊。巫仁恕，1996，pp.239–261，《明清城市民变年表》记录的矿税使活动期间，全国发生的反矿税使民变有 47 次。但是其统计中有重叠部分（参阅日野康一郎，2005），亦有遗漏部分。

[5]《明史》卷 305，陈增传；谷应泰，《明史纪事本末》卷 65，矿税之弊。

月，陈增以妨碍矿山开发为由诬奏福山知县韦国贤，使其被削职。山东参政万象春也被剥夺 1 年俸禄。陈增以开发矿山为名，每天强行役使千余人，从而使许多人因劳累而死；并且还诬告富民"盗矿"，三天便逮捕 500 人。

面对来自陈增的这种压力，山东的地方官们大多屈服，然而益都知县吴宗尧（歙县人，万历二十三年进士）却坚守自己的体面。万历二十六年（1598）九月，吴宗尧[1]指出陈增的不法行为，并上奏称，"陛下所得十一，而增私囊十九"[2]，给事中包见捷和郝敬等亦弹劾了陈增的不法勾当。山东巡抚尹应元亦列举了 20 条罪状弹劾陈增。然而万历帝反倒逐一制裁了他们。陈增的心腹参随（又称随行员、长随）程守训，反而遣责吴宗尧"勾结徽州商人敛财"。尽管吴宗尧被释放出狱，然而却被削去了官职。

万历二十七年，陈增在徐州征税时，命令心腹爪牙公开掠夺，并侮辱地方官员。其中出身于徽州无赖的参随程守训[3]最为恶劣。程守训曾以捐纳，获得了"武英殿中书舍人"职位，前往山东时，还获得了"钦差总理山东直隶矿税事务兼查工饷"之职。他公然当

---

〔1〕《神宗实录》卷 326，万历二十六年九月癸巳条；同书，卷 330，万历二十七年正月戊戌条；《明史》卷 237，吴宗尧传；沈德符，《万历野获编》卷 6，陈增之死；藤井宏，1953—1954（3）。

〔2〕 谷应泰，《明史纪事本末》卷 65，矿税之弊。

〔3〕 参照明《神宗实录》卷 347，万历二十八年五月癸卯朔条；沈德符，《万历野获编》卷 6，陈增之死；董其昌，《神庙留中奏疏汇要》刑部，卷 4 等。如果综合上述所有史料，程守训原为歙县人，曾是在淮安、扬州一带以杀猪、卖酒讨生活的市井无赖，后逃至北京被招为陈增的爪牙，万历二十四年陈增被遣往山东时，作为参随随行。陈增非常信任他，乃至称其为"侄婿"。另一方面，根据谢肇淛，《五杂组》卷 15，事部 3"盖我朝内臣，目不识字者多，尽凭左右拨置一二驵棍，挟之于股掌上以鱼肉小民。如徽之程守训，扬之王朝寅，闽之林世卿，皆以衣冠子弟投为鹰犬，逢迎其欲，而播其恶于众"和沈德符，《万历野获编》卷 16，旗竿"余往年游新安，过程守训之门，其人以市棍从两淮税监陈增作参随，纳中书，门左右两大牌坊"的记录，程守训原来可能是绅士之后孙，是徽州商人。

众称，"我天子门生，奉有密旨，部院不得考察，不得纠劾"[1]，行为举止目空一切。

万历帝令陈增兼收山东"店税"。陈增同临清税监马堂产生了纷争。因此万历帝做出仲裁，陈增征收东昌之税，马堂则兼征临清之税。于是陈增变得更加骄横，诬奏无数大商人和富豪"掩藏禁物"，使之破产，甚至不惜杀人。

万历二十七年（1599）闰四月，临清发生民变[2]。尽管宦官马堂被遣往天津任税监，却被下令还要监管临清。税监马堂亦召集数百名逃逸者或无赖为其爪牙，乘坐像水上宫殿似的船只，往返运河进行掠夺。还在临清的各城门安置爪牙，以征税之名肆意掠夺，但凡有抗拒者毫不手软地逮捕下狱。马堂的爪牙们不仅搜刮富商，就连负贩、妇女的细小货物也不放过。因此"中人家亦破产过半"，商人往来几近断绝，商贾亦濒临罢市边缘。由于马堂的这种掠夺性的征税，导致以运河城市而尽享繁荣的临清的各种店铺有 60% 以上关闭，一度走上了衰退之路[3]。看到这种情形，深感义愤的负贩王朝佐（清远人）到马堂的衙门来抗议，此时跟随王朝佐的人达到了万余名（据另一资料，脚夫和小民有三四千人）。此时小商人、运河和市场的工人、从朝鲜刚刚归国的士兵和无赖等合流到了追随者的队伍中。

他们包围了马堂的衙门，呐喊着抗议。马堂为了驱散群众而下

---

〔1〕《神宗实录》卷 347，万历二十八年五月癸卯朔。

〔2〕《神宗实录》卷 334，万历二十七年闰四月庚辰条；钱一本，《万历邸钞》；文秉，《定陵注略》卷 5，军民激变；朱国桢，《涌幢小品》卷 9，王葛仗义；朱国桢，《皇明大事记》（《皇明史概》所收）卷 44，矿税；《明史》卷 305，陈奉传；冈野昌子，1983。

〔3〕赵世卿，《关税亏减疏》，《皇明经世文编》卷 411 称"河西务称税使征敛，以致商少。如先年布店一百六十余家，今只剩三十余家矣。在临清关，则称往年伏商三十八人，皆为沿途税使盘验抽罚，赀本尽折，独存两人矣。又称，临清向来段店三十二座，今闭门二十一家，布店七十三座，今闭四十五家，杂货店六十五座，今闭门四十一家，辽左布绝无一至矣。在淮安关，则河南一带货物多为仪真，徐州差人挽捉，商畏缩不来矣"。同样的内容亦出现在《神宗实录》卷 376，万历三十年九月丙子条。

令爪牙参随放箭，在挥舞棍棒的过程中，杀害了几名群众。激怒的群众烧毁了衙门，并且击杀了 37 名参随。马堂化装逃出该地，勉强保住了性命。七月，官府开始搜寻首谋者，于是王朝佐自首称，"死吾分耳，吾寔为首，奈何株及无辜"[1]，并独揽罪责而被弃于市。王朝佐死后，绅士和商人们为其立祠堂举行祭祀[2]，在了解到他没有后嗣之后，还关照了他的家人。民变发生后，马堂的剥削并未收敛，而且比从前更加恶劣[3]。

临清[4]位于京杭大运河经过的水陆交通要冲，起到了各种商品流通的中转和集散地的作用，是拥有居民 10 万人上下的商业中心地区。临清是运河上往来的朝廷漕运船和商船必定停泊之处，所以商税和钞关（对船舶的课税）的征收额比杭州多出五六倍。因而有大量以徽州商人为中心的外来商人流聚该地[5]。由于是如此发展起来的城市，因此还有很多外地的流民和无赖流入其中。尽管临清是如此复杂的社会，但是对于宦官马堂的搜刮，无论是土著民还是客民，所有居民均合而抗拒之。

2. 湖广的反矿税使民变[6]

在湖广，市井无赖出身的宦官陈奉被派遣负责"征收荆州店

---

〔1〕 文秉，《定陵注略》卷 5，军民激变；朱国桢《涌幢小品》卷 9，王葛仗义。

〔2〕 在今天临清钞关（位于后关街）遗址一角，存留有立于道光三十年（1850，庚戌）的《王烈士之神道碑》残片（笔者曾于 2007 年 1 月 24 日，与四名学者一道访问临清，发现了该碑）。碑文略述了临清民变的内容之后，记述说"其祠堂倒塌 30 余年，而往来士民倍感焦急之时，四方的好义君子合心而立"。1850 年，尚能立起该碑石，足见临清地区对王朝佐的爱戴之情，仿佛让人想起后文所述的苏州地区流传的，对苏州民变英雄葛贤的爱戴之情。

〔3〕 利玛窦、金尼阁，1990，pp.388-399。恰在该时期（从 1600 年 7 月初，约 6 个月）沿运河前往北京的耶稣会传教士利玛窦亦曾深受马堂之苦。

〔4〕 吴缉华，1960、1961；杨正泰，1982；许檀，1986、1998。

〔5〕 藤井宏，1953、1954（2）（3）；叶显恩，1980。

〔6〕 邹时炎，1980；和田博德，1989；巫仁恕，2004；吴金成，1994。

税、开采兴国州矿洞丹砂、管理鼓铸钱厂"等（万历二十七年二月，1599）。到达湖广的陈奉在武昌设置"中使衙门"，巡视各地，并在小市镇亦派遣无赖出身的税官五六人，以皇帝的敕旨为名，肆意压榨。陈奉接受该地区地痞、棍徒等无赖的贿赂，并将其招为参随，委派奏记、谋议、出入等。无赖们依仗陈奉的权力，肆意压榨商人和百姓的财货，甚至逮捕或杀害平素同他们关系不大好的绅士，并对妇女施暴等。而且他们还以开采金银矿为名，威胁挖掘势豪家的坟墓或住宅来勒索财产。惧怕祖先墓地被掘的势豪家不得已倾其财产而向其行贿[1]。无赖们还勒索小商人或农民用于易货用的物品。并且由于荆州助长告密，因此忍无可忍的沙市居民奋起抗争。

陈奉威胁地方官，索要贿赂，只要贿赂稍有不及自己期望的程度，便对其进行诬奏。凡上奏揭发或阻止陈奉及其爪牙们的这种掠夺行为者，均成了他们的诬奏对象。陈奉诬奏巡按御史曹楷、荆州推官华钰、襄阳知府李商耕、黄州知府赵文焕、经历车任重、荆门知州高则巽等数十名地方官，有妨碍执行公务和唆使民变之罪，从而使其被左迁、降级或罢免。

因此至万历二十九年陈奉离开时，以武昌的四次民变为首，在湖北有汉口、荆州、沙市、襄阳、黄州、承天（钟祥）、德安、荆门、光化等府州县和青山镇、仙姚镇等数镇发生了民变，在湖南则有宝庆、湘潭等地发生了民变，在整个湖广地区共发生了20余次反陈奉民变[2]。愤怒的各地"士民"联合包围了陈奉的公署进行抗议。暗地里拥护陈奉的巡抚支可大亦成为攻击的目标。参与这种民变的人员少则千余人，多则超万人。尽管有不少地方官弹劾陈奉及其

---

〔1〕 袁中道，《珂雪斋集》卷17，赵大司马传略。
〔2〕 巫仁恕，1996，pp.239-261，《明清城市民变年表》记载的湖广民变，仅在湖北便发生了9次，但这是有误的。

爪牙的行径，但万历帝唯独根据陈奉的上奏，左迁、降级和罢免地方官。

尤其湖北的承天府，在万历二十八年（1600）五月至六月间接连发生了三起民变。初变和再变是缘于陈奉雇用的无赖报复从前存在私怨的地方官和生员，从而引起生员和百姓的抗议的民变。他们事先聚集的场所是岳王庙、报恩寺等群众经常聚集的寺庙。三变是承天守备麾下武弁们攻击无辜生员聚集的儒学明伦堂，因此生员们抗议而引发的事件。在抗议过程中，有 40 余名生员受伤，1 名被杀。其后，由于承天守备太监杜茂（同陈奉联合作恶）的诬奏，沈希孟等 14 名生员和刘正举等 5 名庶民，共计 19 人被逮捕移送北京刑部，度过了 8 年的监牢生活。湖广发生的一系列民变传入朝廷之后，大学士沈一贯、给事中姚文蔚、江西税监李道等人劾奏了陈奉。因此，四月陈奉被召回，其任务由守备太监杜茂代替。

综上所述，湖广的反矿税使民变是湖广人抗议矿税使陈奉、奉承陈奉的巡抚支可大、承天府守备太监杜茂和他们招募的爪牙们的蛮横和暴行的举动。参与民变者除了湖广各地的地方官之外，几乎包括了生员、城市居民、商人等湖广的所有阶层，尤其是士人参与较多。

明初以来，湖广地区大量流入了以江西人为首的外地人口，他们开发水利、开垦土地，将该地发展为中国的粮仓地区。开发了武昌、汉阳、汉口、沙市等城市，还形成了诸多定期市，发展了商业。在这一过程中，客民脱免于税役，实现了经济性的成长。与此相反，土著民则因为沉重的税役和高利贷，甚至濒临破产的边缘。从而在土著民、客民和军队间的竞争中，还出现了土著民和军队反倒没落而流散的"人口对流现象"。湖广社会是经济发展和社会流动共存的一个不稳定的社会，但是对于宦官陈奉及其爪牙们的搜刮，湖广的土著人和客民不分彼此地团结一致奋起反抗。

3.苏州的反矿税使民变

万历二十九年（1601）五月上旬，矿税使孙隆被遣往江南地区[1]。孙隆被派遣至苏州，无赖黄建节便投身孙隆成为参随。此后又召集当地的无赖汤莘、徐成等20余人充当其走狗。他们向孙隆建议，对民间的织机每台每月征税银三钱（这相当于当时八斗米的重税）。孙隆在苏州的6个城门和3个水关分别安排爪牙，并向其他交通要道派遣爪牙，向过往商人课征过高的商税。因此，突然引发了物资流通中断和物价暴涨[2]。

在苏州等江南的纺织业地区，机户（作坊主）出资，织工出力，彼此相互依赖生存。苏州有人力市场，每天清晨等待机户雇佣的，以日为单位打短工者达万余人。但是随着孙隆及其爪牙的压榨日趋加重，机户和染房悉数关门闭店，于是织工、踹匠、染工等失去了活计，牙行亦遭受了巨大的打击。

因此，同年六月苏州爆发反孙隆民变[3]。刚好当年由于水灾导致物价暴涨，打短工度日的居民非常艰难，而孙隆的剥削无疑是雪上加霜的行为。自六月初，随着机户和商人的"罢织""罢市"，失去活计的群众走上街头，出现了乱糟糟的氛围。六月三日，在一个叫王秩的老人的领导下，在苏州城内的玄妙观，拥戴60人为领导者

[1] 孙隆于万历四年以"苏杭等处提督织造、兼理税务、司礼监太监"赴任杭州，但是由于此前他曾经长期驻苏州，因此他对苏州的情况非常了解。万历二十七年，他兼任苏州、松江、常州、镇江四府的税务监督。

[2] 朱国桢，《皇明大事记》（《皇明史概》所收）卷44，矿税，p.31b；宋懋澄，《葛道人传》，《明文海》卷403，pp.4203-4205。

[3] 傅衣凌，1957；田中正俊，1961；森正夫，1981。该民变是由纺织业工人主导的起义，从而又称为"织佣之变"。

（称此为"团行"），并对神发誓，"但凡掠夺一钱者，必杀之"。六月六日，万余名群众分为6队，手持芭蕉扇的指挥者列于各队队首，队员们手持棍棒参加了行动[1]。民变持续了数日。他们涌到孙隆的办公衙门，要求废除商税，孙隆逃往杭州。群众首先用石头打死了参随黄建节。担心事态发展的长洲知县邓云霄逮捕徐成等无赖二人，投入监牢，并要求群众解散，但是群众的骚动却并未停止。七日，群众毁坏和烧毁了12名无赖的房屋，损毁了器物，杀伤了他们的家人。当邓云霄将逮捕的无赖戴上枷锁押往玄妙观时，群众又将他们打死。八日，群众烧毁了同孙隆勾结而谋私利的乡绅丁元复的房屋。之后，知府朱燮元出面说服，群众才解散。

事件结束后，官府搜寻主谋时，昆山县人葛成自首承担了所有的责任。他似乎连织工都不是，民变当时亦不在现场，然而却独自一人承担了所有的责任。随后受笞杖，险些丧命，被投入监狱后因被同情而免去极刑，且于12年后被释放。之后，他为因苏州"开读之变"[2]（天启六年，1626）而被处死的五人守墓而终其一生，被后世推崇为葛贤、葛将军。

据当时将其前后始末奏报于皇帝的应天巡抚曹时聘的《苏州民变疏》记载：

> 吴民生齿最烦，恒产绝少，家杼轴而户纂组，机户出资，织工出力，相依为命久矣……于是机户皆杜门罢织，而织工皆自分饿死，一呼响应，毙黄建节于乱石之下，付汤莘等家于烈

---

〔1〕 关于苏州民变存在六月三日说（崇祯《吴县志》卷11；宋懋澄，《葛道人传》，《明文海》卷403）和六月六日说（文秉，《定陵注略》卷5，苏州民变；陈继儒，《吴葛将军墓碑》，《江苏省明清以来碑刻资料选集》，p.415；《神宗实录》卷360，万历二十九年六月壬申条）两种。

〔2〕 田中正俊，1961；Hucker, Charles O., 1954；Yuan, Tsing, 1979。

熘之中，而乡官丁元复家亦与焉，不挟寸刃，不掠一物，豫告邻同里，防其延烧，殴死窃取之人，抛弃买免之财。有司往谕，则伏地请罪曰，“若辈害民已甚，愿得而甘心焉，不敢有他也”，及汤莘等被责枷示，一挥而散。……臣睹记，染房罢而染工散者数千人，机房罢而织工散者又数千人，此皆自食其力之良民也，一旦驱之死亡之地，臣窃悼之。四郡额赋岁不下数百万，何有于六万之税，不亟罢之，以安财赋之重地哉[1]。

在该事件中，有必要注意如下几点。第一，尽管是万余名纺织工人的行动，却始终有组织有秩序地行动。他们不携带一把短刀，不掠夺任何东西。第二，明确订立了攻击目标。那就是击杀征税吏及其爪牙，焚毁他们的房屋。而对于即将被攻击烧毁房屋的邻居，事先通知以防止受到无辜损害。由此可见，当时苏州人通过劳动，已经形成了纽带意识。第三，得到了普通苏州居民的鼎力支持。第四，巡抚曹时聘下属的多数官僚和绅士们，亦不惜直接或间接地支持或同情他们的行动，并为自首的葛成进行了辩护。第五，要关注到，玄妙观这种有大量群众聚集的场所被选择作了准备起义的地点。换言之，自明中期江南的商品生产日渐发展，至明末，不论城市还是乡村，知识分子和庶民均已经达成了彼此相近的社会认识。

明中期之后，江南社会处于一个快速变化的非常复杂的社会[2]，是官僚、绅士、商人、各种工人、游手无赖等无数外来人云集之地。他们的利害关系亦非常复杂。但是，对于宦官孙隆及其爪牙们的搜刮，则不分土著民还是客民，全体居民成为一体而有组织地进行了

〔1〕《神宗实录》卷361，万历二十九年七月丁未条。
〔2〕参照本篇第一章。

奋起抗争。

4. 江西景德镇的反矿税使民变[1]

景德镇是位于江西东北部，以陶瓷器生产中心的，无数外来客民杂居的大城市。此处也曾发生了数次民变。对此可以分为两种类型，即，①由镇内居民之间利害关系的对立导致的"械斗"性纷争三次，②反矿税使民变两次。

为了理解反矿税使民变的背景，首先来考察"械斗"性纷争。嘉靖十九年（1540）五月下旬，由于江西东北部发生的大洪水，景德镇一带遭受洪涝灾害影响，无数房屋被冲毁，不少人溺死。加上景德镇的粮食枯竭，米价暴涨，濒临饿死边缘的乐平县出身的佣工集体实施了掠夺行为。对此，浮梁县出身的窑户加以反击。双方各聚集一千余人，展开了相互击杀的混乱"械斗"。该民变非但是土著民（雇主）和客民（工人）之间的对立，还是工人和雇主之间的对立。此时，居家绅士汪柏写信给巡抚都御史王晔，请求仅处罚主谋而善待处理乐平人。

万历三十年（1602），景德镇再次遭遇洪水，市内的无数房屋损毁，死伤者颇多。尤其位于昌江边的不少窑户坍塌，佣工失去了依仗之处。无赖乘机在市内引起骚乱。此时，浮梁知县周起元控制谷物价格，稳定了民心。万历三十二年，有隶属于饶州府的7个县出身的陶工联合起来攻击对景德镇陶瓷业发挥巨大影响力的南康府都昌县人（他们大多为窑户），从而引起纷争。

在当时的景德镇，矿税使开始搜刮，先后发生了两次反矿税使

---

[1] 佐久间重男，1964；吴金成，2007A，第三篇第一章。江西省发生的民变，在南康府湖口两次，建昌一次，广信府上饶两次（参照日野康一郎，2005），饶州府景德镇两次。

民变。明朝以保障宫中所需瓷器为名，向景德镇派遣了宦官潘相。潘相到达景德镇之后，便将奉承自己的无赖招纳为爪牙，残酷处罚违反陶瓷生产纹样或生产期限者，并且经常残酷役使镇民，征收苛捐杂税。万历二十七年（1599）发生了陶工童宾因无法忍受潘相的搜刮而跳入火中自杀的事件。

万历二十九年，发生了大规模的反矿税使民变。无法忍受潘相搜刮的万余名景德镇怨民为了杀死税监潘相而袭击了御器厂，而且事件还向纵火等严重事态发展[1]。在闻讯赶来的饶州府通判陈奇可的晓谕下，镇民随即解散，但是税监潘相反而以煽动镇民之名诬奏了陈奇可。然而由于无法找到主犯，于是就将土豪杨信三作为暴动的主谋逮捕，送入锦衣卫的监牢，致其死于狱中。

综上所述，16世纪末，在无数外来客民杂居的景德镇，镇民之间、土著和客民之间、宗族之间随时发生着对立和纷争。然而对于宦官及其爪牙们的搜刮，镇内居民却不分土著还是客民，有组织地团结起来奋起反抗。而游手好闲的无赖则横行于这种混乱的社会之中。

5. 广东的反矿税使民变

万历二十七年二月，宦官李凤以"珠池市舶税务内臣"的身份被遣往广东。次年四月，新会县发生了反抗李凤搜刮的民变[2]。李凤利用大船招募海盗，在海上游荡劫杀海商；又称富户逃税，指使心腹爪牙税官陈保等人进行搜刮，百姓的怨恨达到了极点[3]。即便如此，新会知县钮应魁为了奉承李凤，强征了40余户的税金。此时，

---

〔1〕潘相不但督办上供瓷器的数量，还要求江西建造输送这些瓷器的船舶，这种不断的压迫最终激怒了镇民，引发了民变。

〔2〕《神宗实录》卷346，万历二十八年四月乙酉条和乙未条；道光《广东通志》卷188，前事略；谷应泰，《明史纪事本末》卷65，矿税之弊。

〔3〕《明史》卷305，梁永传（附）。

退职还乡生活的致仕通判吴应鸿认为，"民心汹汹，稍有不慎将会发生民变"，于是就同举人梁斗辉、劳养魁、钟声朝等人一道劝阻知县。然而，知县还对他们进一步加紧了税金的催征。故此，士民数千人涌向县庭和中使衙门痛哭抗议。这种骚动持续了两天。知县企图指使税棍林权等发动武装兵士强制解散士民，在冲突过程中共有51人死伤。知县感受到事态的严重性，向通判吴应鸿和举人梁斗辉请求协助，但是他们称"群众怒气过大，无可奈何"而未给予协助。为此，知县向宦官李凤诬谮。此前，劳养魁之父为盐务之事诉讼县官的事件尚处于未决状态，对此怀恨在心的知县亦将此一并透露了出来。于是李凤一方面向皇帝诬奏吴应鸿等人妨碍征税，另一方面派遣缇骑把吴应鸿等人逮捕投入大牢。

对该事件，工科给事中王德完上奏过《为吴应鸿、劳养魁等讼冤疏》，但万历帝并未接受。王德完在该奏疏中称：

> 祸本虽有中使，激变实自县官。……差官陈保流殃，棍恶林权致祸。……生员七人主盟，乱民刘七星等鼓噪。

并且还说，民变当时，致仕通判吴应鸿和四名举人不在现场，而且在税监李凤的事后调查记录中，也只有主犯县民李芸易等12名生员之名[1]。总之，根据李凤的诬奏，被神宗下令逮捕的吴应鸿最终无辜地死于狱中。换言之，尽管新会知县钮应魁为了奉承矿税使李凤而诬告了通判吴应鸿、举人劳养魁、钟声朝、梁斗辉为民变领导人，但实际主谋只有7名生员和无赖刘七星以及县民李芸易等。

---

〔1〕 道光《广东通志》卷188，前事略。

6. 福建的反矿税使民变[1]

万历二十七年（1599）二月，宦官高寀带着"矿税使和市舶太监"的任务，被遣往福建，并至万历四十二年五月，共在任15年3个月。高寀赴任之后，从前被逐出的官吏、犯法者、无赖、地痞等乘机千方百计地投身高寀，并肆意搜刮。其中魏天爵和林宗文等无赖尤为恶劣。高寀在福建出入时，指使300余名奴仆进行护卫，并让100名奴仆和舞女侍奉。

高寀到处设立税关，并派遣原奏官（从北京随同的参随）和在当地招纳的无赖，对海陆所有货物进行征税[2]。高寀下令，在完税之前禁止入港船的任何人登陆，但凡有违反擅自登陆者，将其逮捕，并没收货物。尤其是对漳州府海澄县月港（今龙海县月泉港）[3]的海商（大多为走私贸易者）课征了重税[4]。大多数地方官对这种搜刮视若无睹，但是也有不少地方官直接或间接地与他对立。高寀还试图建造船舶，来直接进行海外贸易。尽管高寀在福建盘剥了数十万两，但是缴纳给皇帝的却不足1/100。

由于高寀的这种搜刮，万历三十年首先由海澄县月港的海商发动了民变。海澄商人们称要"杀死高寀"而包围了高寀的衙门，并将其参随们捆绑投入了大海。高寀连夜逃走之后便再也没有在海澄露面。同年，同属漳州府的南靖县、漳浦县等地的海商和一般商人亦展开了驱逐高寀爪牙等反高寀民变。

万历三十二年（1604），高寀受几名海商的唆使，准备同荷兰商

---

〔1〕 张燮，《东西洋考》卷8，税珰考；林仁川，1982；奈良修一，1990；和田正广，1995。

〔2〕 张燮，《东西洋考》卷8，税珰考。

〔3〕 当时的月港有"天子之南库"的别称（周起元，《序》，张燮，《东西洋考》）。据万历二十二年的统计，月港的商税为29000余两，相当于整个福建的1/2。

〔4〕 戴裔煊，1982；伊藤公夫，1980；佐久间重男，1992，第二篇；片山诚二郎，1953、1955、1962。

人直接展开贸易，但因福建巡抚徐学聚、左布政使范涞、南路参将施德政、都司沈有容等人的反对而流产[1]。该事件从表面上来看，似乎是当地的官僚同矿税使高寀的对立，然而实际是福建海商对高寀企图直接展开外国贸易的巧妙反抗。因为福建海商（大多为走私贸易者）同官僚、绅士结合得非常好[2]，该事件其实是高寀和海商势力围绕海外贸易展开的主导权竞争。

万历三十五年，福州在生员王宇的主导下，生员和盐商合力展开了反高寀斗争。经过高寀数年的残酷征税，福建出现了盐商破产或自杀的事例。然而高寀却将盐税转为了私财，福建巡抚徐学聚上奏弹劾该情形，但是神宗却不加询问，反而对徐学聚做了解职处理。从表面上看，该事件是生员和高寀的对立，但实际是绅士和盐商对高寀及奉承他的奸商的横征暴敛所进行的反抗[3]。

万历四十二年，广东矿税使李凤病死后，神宗令福建矿税使高寀兼任广东矿税使。广东人闻听此消息之后，群众歃血盟誓，"寻高寀船只而击沉之"。高寀试图以自己建造的两艘船前往广东，但是受闽都督施德政、福建巡抚袁一骥的制止而未成行[4]。

在福州，高寀私人建造大型商船同倭人展开贸易，购买了贸易品或粮食，但是却未支付商人分文，其金额高达数十万两[5]。为此，万历四十二年四月十一日，福州商人全体罢市，上至绅士，下至盐商、驿夫、铺行、匠户、小商人[6]，几乎所有市民要求高寀返还滞纳

---

[1] 高寀还向海商放高利贷致富（《神宗实录》卷440，万历三十五年十一月戊午条）。

[2] 谢肇淛，《五杂组》卷15，事部3；片山诚二郎，1953；Ng, Chin-keong, 1973。

[3] 福建的绅士大多不想同高寀交恶。但是高寀为了提高征税的业绩，向盐商课征了重税，因而招致了大部分为盐商出身的绅士们的反感，这可能发展为由生员主导的反高寀民变。

[4] 周顺昌，《烬余集》卷1；张燮，《东西洋考》卷8，税珰考。

[5] 《神宗实录》卷520，万历四十二年五月壬戌条；文秉，《定陵注略》卷5，军民激变。

[6] 张燮，《东西洋考》卷8，税珰考。

的货款，涌入高寀的衙门。在高寀指使心腹爪牙强制解散云集的群众过程中，爪牙们打死了 20 名群众，烧毁了 30 余处住房。而此时，不惜纵火而将事态扩大的，不是一般市民或铺行，而是游手好闲之徒和市棍[1]。因此被激怒的数千名群众，于次日清晨涌向了高寀的衙门。看到此景的高寀率领武装的 200 名部下，骑马突然闯入了巡抚袁一骥的衙门，并将袁一骥及其子作为人质，还胁迫先后到达的其他地方官解散民众。于是商人的民变扩大为地方官同高寀的对立。此时，大学士叶向高、方从哲，给事中姚永济、郭尚宾，湖广都御史周起元等接连上疏弹劾高寀，但万历帝却默不批复。

从表面来看，万历三十年（1602），海澄、南靖、漳浦县的民变是由海商主导，万历三十五年的福州民变是由生员主导，万历四十二年的福州民变是由盐商、铺行等商人主导。然而在其背面上，一方是高寀和出身无赖的爪牙，另一方是大部分商人（尤其是海商）的保护者，即出身商人的绅士、部分地方官以及同他们建有深厚关系的海商、盐商等商人。另外，使民变进一步恶化的是无赖。

7. 辽东的反矿税使民变[2]

明末的辽东居民不多，且商人亦不如内地多，是经济非常落后的地区[3]。就是向这片辽东地区，万历二十七年三月也派遣了宦官高淮来执行"大明国钦差镇守辽东等处协同山海关事督征福北京店税兼管矿务马市太府"之职。高淮横征暴敛了十余年。高淮原为市井无赖，年轻时一度包揽了北京崇文门一带的税金征收，后自宫入宫。

---

〔1〕周顺昌，《周忠介公烬余集》卷 1，申详税监变异缘由，附后。

〔2〕《明史》卷 305，《高淮传》；孙文良，1982；王春瑜、杜婉言，1989，pp.196-204。

〔3〕何尔健，《按辽御珰疏稿》（万历三十年三月十一日）称，"（辽东）迩年频遭虎患，土广人稀，烟火不属，生理鲜少……间有一二商贾经由此地，虏人潜伏，不时劫掠，……金商贾断绝，城邑罢市，闾里萧条，人迹稀少，中使所尽知也"。

受高淮的搜刮，间歇性访问辽东的外来商人几近断绝，辽东各地的城市亦发生了罢市事件。

高淮赴任辽东之后，就招收了投降的满人200余人，无赖和逃亡者二三百人，巡视时带领书记、门府、星相、医士、戏子、歌妓、杂色人等四五百人，逼迫和凌辱地方官，对待绅士似奴隶，并不择手段地掠取客商和土著商人的财物，侵吞白银数十万两。开马市时，还常常抢掠良马以高价出售。于是各地发生了商人罢市、盐厂罢工、军民逃亡的事件，农、工、商业遭到破坏，社会秩序陷入了极度的混乱。过去每年可征收租税2500两的地区，由于经济萎缩，有的地区勉强只能够征收350两。高淮甚至向刚刚摆脱日本两次侵略的朝鲜派遣爪牙，强行索要冠珠、貂马等名贵物品。

因此，万历二十七年（1599），便有弹劾高淮的上疏出现。万历二十七年六月，辽西的商、民奋起反抗；同年九月，锦州、复州的百姓也起来反抗；万历二十八年六月，群众奋起抗议委官廖国泰虐待百姓。这是因为高淮诬奏生员和民众抢夺矿税银，打死了皂隶，逮捕数十名生员。万历二十九年，高淮还以不听从自己的指挥为由，弹劾罢免了辽东总兵马林。因此给事中侯先春上疏为其辩护，而万历帝却反将马林充军，将侯先春降为杂职。高淮还杀害了指挥张汝立，诬劾山海关同知罗大器，并侵吞了军队的月粮。万历三十年四月和万历三十一年七月，先后在辽左和辽东发生了民变。万历三十六年（1608）四月，前屯卫发生了军变；六月，锦州（参与者达千余人）、松山、山海关等地发生了民变。在短短的两三个月内，共发生了军变1次、民变5次。在高淮被派遣辽东的10年时间里，共发生了10余次民变。

8. 陕西和云南的反矿税使民变

万历二十七年（1599）二月，宦官梁永因"收名马货物"的任务被遣往陕西[1]。梁永赴任陕西之后，就将四处亡命的李鄂、李朝江等千余人收为手下爪牙，并在巡行各地时做尽恶行。因惧怕梁永的讨索，地方官悉数逃之夭夭。他盗掘历代陵寝，私自铸造兵器，私养军士千余人和战马五百余匹，杀害了县丞郑思颜、指挥刘应聘、生员李洪远等人，鞭笞害死了平民王治邦等诸多无辜百姓，诱拐阉割了张准等良民子弟数十人。他还肆意掠夺他人的财物，凌辱良家妇女，还将娼妓占为己有。

梁永本是目不识丁的游手好闲之徒，这种恶劣行径大多被乐纲（金吾千户，心腹）、吕四（梁永之侄，神棍）等两无赖在幕后操纵。据传，他们说"绑缚"，梁永便命令"绑起来"，他们说"吊打"，梁永就命令"吊起来打"，他们说"买命钱不几百几千不休"，梁永就命令"不休"。县官因惧怕而不敢问责。因此言官弹劾梁永的上疏多达数十疏。

百姓怨声载道。万历三十四年二月，数万名秦人聚在一起称，要杀死梁永和乐纲、吕四等人，"思食其肉，……然后赴京面奏，至导自请诛戮"[2]，并涌向梁永处进行抗议。万历三十五年，咸阳居民万余人包围梁永的衙门进行了抗议。同年七月，梁永被迫撤回。

被派遣至云南的另一矿税使杨荣[3]，诬奏云南、寻甸、赵州等地的四名知府，并将他们下狱。他还杀害了数千良民，逮捕了六卫官，肆意掠夺。为此百姓烧毁了杨荣的衙门，杀死了委官张安民。万历

---

〔1〕《神宗实录》卷418，万历三十四年二月辛酉条；同书卷436，万历三十五年七月壬辰条；徐懋衡，《恶珰荼毒乞正国法疏》，《明经世文编》卷471；《明史》卷305，梁永传；谷应泰，《明史纪事本末》卷65，矿税之弊。

〔2〕《神宗实录》卷419，万历三十四年三月己巳朔条。

〔3〕《明史》卷305，杨荣传；谷应泰，《明史纪事本末》卷65，矿税之弊。

三十四年（1606），指挥贺世勋、韩光大等人率领怨民万余人烧毁了杨荣之宅，并将其杀死投入了火中，同时还杀死其爪牙200余人。

三 派遣矿税使的影响

当矿税使被神宗赋予了无所不能的专权而前往赴任地上任时，他们会从中央带领奴仆和参随十余人共同前往。而且到了赴任地之后，这些参随们再招募10至100名当地人，做心腹爪牙。因此矿税使麾下至少有100到1000名爪牙。矿税使到了赴任地之后，便立刻设置"中使衙门"。中使衙门大致下设司房、直堂官吏、书手门厨、皂隶、更夫、快手、巡拦等职[1]。

无论是矿税使从中央带去的参随，还是当地招收的爪牙，大部分都是市井无赖（游手好闲之徒、棍徒）。从矿税使到达赴任地的瞬间，当地的无赖们便迫不及待地投身矿税使，成为其鹰犬和爪牙。非但如此，矿税使所到之处，还收受该地地痞、无赖的贿赂或投靠，而委以奏记、谋议、出入等差事[2]。所以"中使衙门"是无赖的巢穴。这些无赖，大多平素无法适应乡村的日常生活，到处游荡骚扰百姓，或者是犯罪逃亡者，或者是受地方官的问责者，或者是从军

---

〔1〕沈一贯，《敬事草》卷4称，"大约中使一员，其管家司房岂下十人，在外直堂官吏、书手须二三十人，门厨、皂隶、更夫等役复当二三十人，快手、巡拦之类二三十人，略计其数已百人矣。至于分遣官员岂下十人，此十人者各须百人之役则千人矣"（转引刘志琴，1982，p.488）。又谷应泰，《明史纪事本末》卷65，矿税之弊称，"辅臣沈一贯言，中使衙门皆创设，并无旧署可因。大抵中使一员，其从可百人，分遣官不下十人，此十人各须百人，则千人矣。此千人每家十口为率，则万人矣。万人日给千金，岁须四十余万。及得才数万，徒敛怨耳。今分遣二十处，岁糜八百万，圣思偶未之及也，乞尽撤之。不报"。但是，在朱之楝，《所见偶记》（转引王春瑜、杜婉言，pp.128—129），上记底线部分为"万人日给，千人岁须四十余万"。
〔2〕《明史》卷81，食货五，商税称，"（万历时）中官遍天下，……或征市舶，或征店税，或专领税务，或兼领开采。奸民纳贿于中官，辄给指挥千户札，用为爪牙"。

中逃跑者^[1]。他们大多傲慢地骑马出入，尽情地解了往日的积怨^[2]。

然而从下文可以看出，内官们招募市场无赖为心腹爪牙的情况，早自明中期便很普遍。

（1）内官家人、义男、外亲，尽是无籍之徒，飞马轻裘，纵横豪悍，任意为非，甚至纳赎补官，贵贱不分。^[3]

（2）弘治中，内官吉庆出守金齿路，选京师恶少从行，括民财不遗锱铢，势若虏掠。^[4]

---

〔1〕董其昌，《神庙留中奏疏汇要》，刑部，卷4，刑科给事中陈维春题为京畿之内群奸滋蔓等疏称，"旬日以来，异言异服之人未尝乏也，其所谓（为）诈骗、逞刁、越讼诸不法事，未可枚举。……此辈小人率皆市井无赖，草莽不良之夫，或有作奸犯科，漏网逃脱者，或有问拟军徒，离伍潜窜者，或有行不齿于乡里，身不安于侪伍，而萍梗浪踪者。……迩来珰使剥削，所在骚然，互争渎扰，伪本假官，无所不为，未收锁铢之利于上，已从丘山之怨于下矣。此辈羁旅而入，乘传而出，朝行乞贷，暮拥丰资。故各省直棍徒，闻风鳞集，以数百辈"；袁中道，《珂雪斋集》，卷17，赵大司马传略称，"其使楚者为陈奉，市井博徒，最无行者也。……久之爪牙渐多，亦无敢御者。遂建牙开府于武昌，而历巡郡县。……吴越大猾，及市井恶少年，皆行金钱奔役籍中，或主奏记，或主谋议，或主出入。私置名字甚多"（转引巫仁恕，2004，p.5）；《神宗实录》卷440，万历三十五年十一月乙未条称，"初陈奉之入楚，诸亡命依之，所在为虐。而参随薛长儿、李二生皆郧人，故雠报郧人独憯"；同治《苏州府志》，卷80，人物，王禹声称，"税监陈奉贪横肆虐，奸民薛长儿、李二生皆承天人，为奉爪牙"；朱国桢，《皇明大事记》卷44，楚事（p.2b）称，"然听人穿鼻投贿附录者云集，江湖大盗率皆收用，惟所欲为，不复顾（忌）"（傅维鳞，《明书》159，列传18，宦官传，陈奉，有"忌"字）。参照谢肇淛，《五杂组》卷15，事部3；张燮，《东西洋考》卷8，税珰考等。

〔2〕王禹声，《郢事纪略》，初变揭院道称，"又拿生员邓卿、周汝梅、周汝楫去讫，皆本县巨恶奸民李二生、薛长儿唆之。二生向被县官重刑问罪，以此报复"；同书，直陈激变始末揭又称，"盖李二生、薛长儿皆石碑镇人，素与毛廷栢、侯天民等有旧怨，李二生以奸盗事发为邹（光弼）知县严法重治，改名李元，投入税监，至是，执牌守提，以明得意，窘欲百端，传闻切齿"；《明史》卷220，温纯传称，"矿税使四出，……四方无赖奸人蜂起言利。……（温）纯又抗言'税使窃'陛下威福以十计，参随凭借税使声势以百计，地方奸民窜身为参随爪牙以万计"；凤阳巡抚李三才，在万历二十八年上奏称，"千里之区，中使四布，加以无赖亡命，附翼虎狼"（谷应泰，《明史纪事本末》卷65，矿税之弊）。

〔3〕《英宗实录》卷220，景泰三年九月辛卯条，南京锦衣卫镇抚司军匠馀丁华敏的上奏。

〔4〕沈德符，《万历野获编补遗》卷1，镇滇二内臣。

矿税使派出鹰犬和爪牙随意搜刮和施暴。第一，以开采金银矿为名，威胁挖掘坟墓、家屋、良田等，勒索富豪的财产。第二，以征收商业税为名，抢夺工、商人的财物和财产。往来于长江的商船最多时每天要缴税五六次[1]。仪真和京口只有隔长江而望的距离，却要往返缴纳两次税金[2]。来往于苏州和四川的长途客商，有时则要经过30多道关，为同一船货物缴纳30余次税金[3]。无赖们甚至还勒索小商人或农民们准备用来易货的物品。第三，他们还强暴各地妇女，甚至斩断良民的手脚或夺人性命。第四，矿税使驱使这些无赖出身的爪牙，肆意出入地方官官府，威胁地方官并收取贿赂，如果稍有不顺，便以阻止执行矿税为罪名进行弹劾。因此地区政治陷入了极度的混乱状态。第五，在东南海岸甚至毫无忌惮地开展中央严禁的对外通商[4]。

尽管他们如此无休止地肆意进行搜刮和施暴[5]，但是实际输入宫中的金额却并不多[6]。因为矿税使们将他们搜刮物中很少的一部分送往了宫中，而剩余的大部分则由矿税使、参随、无赖们中饱私囊。就如下述记录，也只是传达了其中一部分的情况而已。

---

〔1〕《神宗实录》卷359，万历二十九年五月甲寅条。

〔2〕《神宗实录》卷330，万历二十七年正月戊戌条。

〔3〕王都谏，《四川异常困苦乞赐特恩以救倒悬疏》，《皇明经世文编》卷444。

〔4〕《神宗实录》卷370，万历三十年三月癸亥条亦称，"诸珰不务宣布德意，惟务广置腹心，众树爪牙，委官、参随多亡命无赖，掘人家、坏人庐、淫人室、汤人产、劫人财，……甚至，船海通夷，威逼杀令"。

〔5〕乐永盛，《玉城奏疏》（pp.7-9〔转引王春瑜、杜婉言，1986，pp.422-423〕）称，"中使狼戾，棍党横行，西北、江浙之间，不胜其扰。……细及米盐鸡豕，粗及柴炭蔬果之类，一买一卖一卖，无物不税，无处不税，无人不税。……中官借此辈（按指：无赖、武弁之流）为爪牙，此辈又借土棍为羽翼。凡十室之村，三家之屋，有土著即有土棍，有土棍即有借土商名色以吞噬乡曲者。……上取一，下取二，官取一，群棍又取二，利则归下，怨则归上。……人穷则乱，恐斩竿揭木之变，不旋踵起也"。

〔6〕文秉《定陵注略》卷4，内库进奉条详细记录了"矿税使缴纳的金额"。

（1）纳之公家者十一，吞之群小者十九。[1]

（2）皇上所遣中使一，而羶附之者不啻百也。中使所取于民者十，而群小之侵渔者不啻千也。其献于皇上者百，而诸人所攘夺者又不啻万也。[2]

（3）大略以十分为率，入于内帑者一，克于中使者二，瓜分于参随者三，指骗于土棍者四。[3]

实际上，从万历二十五年至三十三年（1597—1605）的八九年间，派遣至全国的矿税使缴纳的矿税银为300万两左右，所以根据（3），冯琦在上奏中具体指出的比例来计算，除了输入宫中的300万两之外，还有矿税使侵吞的600万两，参随的900万两，无赖的1200万两。即9年间大约征收了3000万两，年平均征收了333万两。当时明朝的年税收额为400万两左右，因此农民等于每年被多盘剥了83%以上的税金。因而非但没有达到派遣矿税使征收矿税的既定目标，反而让户部征收的国家税收锐减[4]。

针对矿税使的这种弊端，早在派遣矿税使的第一年，即万历二十四年九月出现《请停开矿疏》以来，上至大学士赵志皋、沈一贯、左都御史温纯为首的尚书、侍郎、给事中、御史，下至各地区的巡抚、布政使、府州县官乃至各地绅士，而且不论东林派与否[5]，

---

〔1〕 文秉，《定陵注略》卷4，内库进奉，漕运总督李三才天变人离疏（万历三十一年）。《明史》卷305，陈增传亦称，"大珰小监纵横绎骚，吸髓饮血，以供进奉。大率入公帑者不及什一"；谷应泰，《明史纪事本末》卷65，矿税之弊（万历二十六年九月，益都知县吴宗尧奏）亦称"陛下所得十一，而增私橐十九"。

〔2〕 文秉，《定陵注略》卷4，内库进奉，户部商书赵世卿疏（万历三十一年）。

〔3〕 冯琦，《为灾旱异常备陈民间疾苦恳乞圣明亟图拯救以收人心苔天戒疏》（谏止矿税），《皇明经世文编》卷440。《神宗实录》卷360，万历二十九年五月丁未条的记录，内容是同冯琦疏，但是，记载为吏部商书李载等的上奏。

〔4〕 实际各地钞关的税收自万历二十七年之后，便已减半。参照巫仁恕，1996，p.142。

〔5〕 林丽月，1987。

上疏弹劾，建议撤销矿税使者达 100 余疏，但神宗始终默不作答。而对于矿税使上疏来的奏文，则即便大多为诬奏也能直通神宗，并"朝上夕下，辄加重谴"[1]。

派遣矿税使的问题在于：第一，征税本应该正式通过户部系统进行，但却是派遣了不是财政官的宦官执行；第二，派遣宦官征收的税金是在该地原本课征的税金之外附加征收的，然而却全然不考虑当地情况进行征收，从而与掠夺无异。

由于矿税使的派遣，全国性地出现了连富户都破产[2]，相关城市的工商业后退等现象，地方经济因此遭受了巨大打击。换言之，由于万历帝派遣矿税使，致使地方的政治、社会、经济陷入大混乱，百姓怨恨加深。对于矿税使这样的横征暴敛，起初主要是由地方官们加以反抗，但是不久，非但引起了商人、工匠、城市居民等庶民的反抗，还招来几乎所有官僚和绅士的反抗，最终引起了反矿税使民变。

明朝在派遣矿税使之前，便有意无意地持续增加摊派和征税，就连识字阶层绅士都无法完全清楚税目，而官僚和胥吏则乘机肆意课税。绅士和势豪家又同官僚和胥吏相勾结，可以获得超出规定的税役脱免（＝滥免），而该部分负担又只能是被原封未动地转嫁至庶民身上[3]。对于艰难的庶民而言，自万历二十四（1596）年开始的矿税使的搜刮，简直就是雪上加霜。因此有论者称，"明之亡，不亡于崇祯而亡于万历"。

---

〔1〕《明史》卷 305，高淮传。矿税使起到了皇帝的经济特使乃至政治侦探的作用。

〔2〕冯琦，《为灾异叠见时事可虞恳乞圣明谨天戒悯人穷以保万世治安疏》（谏止矿税），《皇明经世文编》卷 440，"近来天下赋税之额，比二十年以前增其四，天下殷实之户，比二十年以前，十减其五"。

〔3〕本书第二篇第三章。

小结

之所以矿税使及其爪牙们能够肆无忌惮地横行霸道，是因为他们从皇帝处获得了特权。他们的搜刮和暴行，从根本而言是源自万历皇帝。然而百姓却无法将其参透，而是只看到了发生于眼前的现象，认为这一切都是矿税使及其爪牙们引起的。民变的对象集中于矿税使及其爪牙以及奉承矿税使的部分地方官和乡绅的原因，便在于此。

那么，明末在全国各地爆发如此广泛的反矿税使民变的背景是什么呢？自明中期，大城市逐渐发展，新的镇、市等中小城市以几何级数生成。这些城市有不少是从本地行政中心而发展起来的，但是以水陆交通和工商业的发展为背景，发展为地区经济中心的城市更多。越是繁荣的城市，就越是位于交通要地，航道大小和便利与否决定了其城市的规模和繁荣程度。还有，在城市的这种发展背景中，存在着自明中期出现的截然相反的两种社会经济现象。即，经济方面，出现了经济作物生产的增加和地域性的扩散、商业和手工业的发展等积极一面；社会方面，在里甲制的松弛和农民没落流散的状况下，出现了因人口移动而增加社会不稳定等消极的一面，这两面同时发生。

这种社会变化是全国性现象。因此，反矿税使民变不分是先进还是落后地区，不论是否是工商业发展地区、水陆交通要地、对外贸易港等地区，都有发生。在这些城市杂居着官僚、绅士、胥吏、衙役、各种手工业者、客商、牙行、坐商、脚夫、匠人、各种从事于服务业者、游手无赖、乞丐等。因此，在城市社会居民之间、土著民和客民之间、宗族之间经常发生对立和纷争。

即便如此，反抗矿税使横征暴敛的民变，则不分阶层、不分土著民和客民，整个城市居民团结一致，有组织地奋起反抗。因此，反矿税使民变的参与者非常复杂和多样，而其大部分为"百工技艺佣工人等，多系贫苦之家，缺一日之工，即少一日之食"[1]那样的良民。他们亦能团结一致，是因为：①阳明学的抬头；②庶民文学和戏剧的发展；③西学的传入；④利用城隍庙、玄妙观等寺庙的活动增加；⑤定期市的划时代性增加推动了市场共同体的壮大；等等。这些原因，使得庶民意识逐渐提高，城市居民的社会意识彼此逐渐接近。

由于社会意识的这种提高，在民变进行过程中，事前设定了明确的目标，参与者将自己的主张付诸行动，并且次序井然。因而，明末接连发生于全国各城市的反矿税使民变，并非是因城市居民的简单兴奋而偶发的。反矿税使民变是针对矿税使及其爪牙们恶劣的不法搜刮和暴行，城市的各种居民合力奋起反抗。正在发生变化的明末城市社会，已经包含了这种因素和力量。

在反矿税使民变过程中，尤为让人关注的是，城市社会复杂人口构成中的"绅士和无赖的存在和作用"。一方面，绅士是矿税使及其爪牙们首先攻击的对象[2]。因此，绅士们或主导反矿税使民变，或实际参与，或上疏抗议，或直接或间接地帮助民变，或同情民变参与者，这类案例非常多[3]。绅士的这种立场可以说是为了代言地方的舆论，坚守自身的地位和存在而展开的奋起反抗。另一方面，为

---

〔1〕《清朝文献通考》卷23，职役考3。

〔2〕董其昌，《神庙留中奏疏汇要》卷4，史部，史部等衙门尚书李戴等题为中使酿衅多端等事疏称，"广东举人劳养魁等逮矣，辽东武举生员邓学举等逮矣，云南生员张聚奎等逮矣，湖广生员沈希孟等十余人又逮矣。以中使差役之横，至于掳人之财，奸人之妇，拶人之乳，暴人之骨。……以一二内臣而至逮士子二三十人，以此二三十人之逮，而尽失海内士子之心，臣等窃为陛下惜此名也"。其内容只是其中一例。

〔3〕巫仁恕，1996，p.193；刘志琴，1982，pp.478-482；林丽月，1987。巫仁恕称，在发生于明清时代的民变中，以士人为主导者最多。

反矿税使民变煽风点火者是无赖。在非常艰难的环境下，对勉强度日的城市居民发动"民变"给予冲击的，便是矿税使及其爪牙。然而矿税使大多为无赖出身[1]，且其爪牙亦全部是无赖。非但如此，使"民变"之火愈烧愈旺者亦是无赖。起初非常有秩序的民变，在进行过程中，随着暴力的介入，原本的宗旨变质而走向复杂和恶化，而且让损害波及无辜庶民，亦是加入民变的无赖煽动所致[2]。

自明中期，随着社会的急剧变化，绅士定型为社会的支配阶层，无赖亦成为在中国社会留下清晰足迹的另一个社会阶层[3]。因此可以说，明末中国各地发生的反矿税使民变是当时各地区发生的社会变化现象的重要断面之一。

〔1〕 明代的宦官大多是目不识丁的无赖自宫而通过关系进宫者。本章所言的湖广的陈奉、辽东的高淮便是该类。另外参考杨涟，《劾魏忠贤二十四大罪疏》（天启四年），《明臣奏议》卷37；朱长祚，《玉镜新谭》卷1，原始。明末恶名远扬的大宦官魏忠贤，亦是无赖出身。
〔2〕 除了反矿税使民变之外，无赖还合流于其他民变而使得局面变得非常复杂。巫仁恕，1996；金诚赞，1992。
〔3〕 本篇第二章。

结　语

　　明清时代 540 余年间，中国经受了数次重要的社会变化。本书尽力想要理解：ⓐ历史主体的人主动或被动地在多样的社会变化过程中的生存形态；ⓑ政治、社会的支配层绅士在城市和农村的存在状况；ⓒ各地以绅士为中心，其周边与绅士关系很密切的胥吏、商人、牙行、无赖等的存在状态。

　　一直以来，中国和日本的史学界认为，明末清初是宋代至清代这 900 多年的时间中，最为重要的社会变革期。但是，就如在本书内容中可随处认识到的一样，如果 17 世纪中叶的明、清王朝更替没有出现过的话，那么所谓"在明末清初时期出现过的""有意义的社会变化"，大概从 15 世纪中叶就已经开始了。换言之，考察"唐宋变革期"之后的，相当于中国近世的宋代至清代长达 900 多年的社会发展，可以说，明中叶（15 世纪中叶至 16 世纪中叶）的 100 多年，反而是更有意义的社会变革时期。正是在该时期，中国全境，同时发生着广泛的社会变化，其变化内容有积极一面和消极一面，共同进行着。

首先来考察积极的一面，①因为人口增加和人口移动，全国人口被重构；②因为农业生产力的发展和长江中游地区的开垦，出现了"湖广熟，天下足"的俗谚，经济中心地呈现了多元化局面；③中国全境开始生产符合各地特性的商品作物，在全国各地开始出现地域性的分工；④由于全国性工商业的发展，大城市自不必言，出现大量中小城市和定期市；⑤银两经济发达，甚至深入渗透至农村，田赋和徭役开始以银两缴纳，最终发展到白银货币化；⑥从南京迁都北京的结果，通过京杭运河的南北物资交流活力日见；⑦以徽商和晋商为首的各地"商帮"开始出现，长途贸易的活性化，并确立牙行制度；⑧东南沿海逐渐成为对外贸易中心地；⑨书籍的商业出版盛行；⑩未入仕学位所持者（士人）骤增，"绅和士"开始被认为是社会阶层之一（"绅士"）；⑪心学抬头，心学提倡四民平等观，从而庶民的社会意识和社会地位开始得以逐渐提高；⑫对商人的认识发生改变，商人的社会形象亦开始得以逐渐提高。

另外，考察消极的一面：ⓐ由于绅士和有权势者通过优免等兼并土地的结果，"富益富，贫益贫"的现象蔓延，里甲制度崩溃，人口流散，流入禁山区、落后地域与城市和手工业地区等；ⓑ结果到处发生农民起义，出现了所谓动荡的社会；ⓒ国家的地方统治力日渐衰弱，为了维持乡村秩序开始摸索乡约、保甲法等新的方法；ⓓ无赖成为另一个新的社会阶层或者"黑社会"，开始支配"地下（＝阴地）"社会；ⓔ受城市和工、商业发展的影响，各部门开始蔓延奢侈之风；ⓕ随着对官僚、绅士、庶民服饰规定的松弛，士、庶的区分开始消失。这种积极和消极因素相伴的社会变化惯行，在随后的二三百年间，一直持续发展。

如上文所述，考察明清时代史，明代中期，在政治、社会、经济、文化、对外关系等所有领域，同时出现了诸多社会变化，与此同时，国法和社会惯行大抵都平行发展变化。以《大明会典》、《大清会典》为首的诸多法典和政典类的记录，以及分布全国各地的碑石上的文字，充满了反复强调遵守国法的规定便源于此。最严重的是政治领域，而在似乎同社会惯行无甚关系的社会经济史领域中，国家理念和现实，大体上也是平行发展的。类似的实例不胜枚举。

首先，考察以支配阶层绅士为中心的方面。明清时代，国家权力一直致力于控制绅士在乡村和城市的发号施令，但是，都以失败而告终。实际上，明清两个王朝均因为有了他们，国运才得以延续，而19世纪下半叶开始朝廷的命运则完全依赖于绅士和绅商。

自明初始，科举制度和学校制度相互结合，这在中国历史上是首次实施。原则上，学校和科举是对万民开放的。但实际是地主或有权势者的子弟的机会远多于平民，而且其趋势日益严重。从此之后，通过学校和科举等制度获得功名的地主子弟，依靠原有的经济影响力拥有合法的特权身份，进而更加巩固了其在乡村社会的支配力。国家为学校的学生，即生员和监生赋予了终生优免的特权。这些士人和原有的乡绅，不顾明朝持续的令行禁止，而滥用优免权。非特权地主经常向绅士诡寄，而地方官和胥吏则因为对此视而不见，所以对优免的限制就如一纸空文。自明朝中叶开始，士人数量骤增，而其增加人数的优免部分则被转嫁到农民身上，成为社会不稳定的因素。清朝入关之初，顺治帝的《即位诏》和各省的《恩诏》下令禁止"课税三饷"，此后亦屡次令行禁止，但是其不过是中央王朝的一厢情愿而已。康熙即位之初的"江南奏销案"，雍正帝的强行命令，以及乾隆帝的持续努力，均终未能阻止绅士的滥免和"绅衿抗粮"。国法和社会惯行之间存在着诸多乖离。

明末的50余万生员和清末的90余万生员都具有终生资格。但是，如果对生员严格适用学规，那么终生维持资格几乎成为不可能。不论古今，如果参与诉讼不当，就会身败名裂。所以明清时代严格禁止生员和监生参与有关诉讼的讼师身份的活动，但大部分的讼师却由他们担当。国法严禁官僚和绅士的商业活动，但实际上他们或为商人提供资金，或为商人和牙行广开后门，或开设并控制市场，经营高利贷的事情屡见不鲜，更有甚者公开经营商业。明清王朝尽管从理念上仍然主张抑商和贱商，但同时也施行诸多保护商人的政策，至清朝末年，作为抵抗西方势力的手段，甚至开始主张以"商战"替代原来的"耕战"和"兵战"。观念上的商业和现实中商业的乖戾便在于此。

明朝初年（洪武十四年）实施的里甲制，是中国历史上最早实施的、全国统一的一元的地方行政制度。通过实施这种里甲制度，中国社会终于从元末明初持续了数十年的大动荡中摆脱出来，在一定程度上获得了稳定。尽管这种里甲制度是将能够自给自足的110户强制组成一里，但实际不过是利用传统的"齿的秩序"，将几个村落捆绑为一体而已。而且还利用"原籍发还制"，试图限制农民流动的自由，以求得维持农业社会的效果。但自明中叶里甲制度松弛，开始出现全国性的人口大移动。此外，朝廷试图还以"路引"制度来限制旅行。但从明中叶开始，各地出现了"商帮"，商人的活动非常活跃。城市还出现了新的社会阶层无赖，国法控制的无赖组织"黑社会"来开始支配"地下（阴地＝夜间）"社会。

州县衙门的法规和实际行政亦是如此。知县在县内被称作"小皇帝"，掌管着县内所有事务。知县应该视辖县内的百姓为"生民"和"赤子"，并承担道德责任。但是，就如俗谚所说的那样，"三年清知县，雪花三万银"，"三年清知府，十万雪花银"，地方官员无不压榨百姓。州县的胥吏和衙役的供职年限分别为五年和三年，而且有固定编制规定，但实际上全然没有遵守。大多数县的胥吏达千人，衙役亦超千人以上。尽管这些职位并无俸禄，但他们却反而以重金谋得其职，有权势者甚至世袭其位。本应遵从州县长官的命令，控制无赖的胥吏和衙役反而同其勾结并保护他们。

从社会和文化来看，明朝初叶编撰了《四书大全》《五经大全》《性理大全》等鼓励儒学，然而非但庶民如此，就连绅士亦沉迷于迷信和"三教合一"思想。国法规定庶民禁止穿着丝绸，使唤奴婢，但现实却向反方向发展，国法形同虚设。对外关系领域亦是如此。发生宁波争贡（1523 年，为了朝贡贸易而进入明朝的日本两大势力在宁波争斗的结果，失败的大内派掠夺附近乡村的事件）事件之后，明朝再次实行海禁。但是，在中国东南沿海却因此再度出现了由绅士阶层主导的走私贸易，使得"后期倭寇"横行东南沿海加重了社会混乱程度。

明清时代，国法和社会惯行之间存在着如此诸多的矛盾。而且这种现象，不仅是在民国时代，就连现代社会，依然存在。国法和社会惯行无论在何时、何地，都将永远这样平行发展下去。

参考文献

资 料

1. 政典类、文集、其他

《北支农村概况调查报告》(北支经济调查所,大连,1940)

《朝鲜王朝实录中的中国史料》(北京,中华书局,1980)

《大明会典》(《正德会典》,正德六年刊本,《万历会典》,万历十五年刊,影印本,台北,东南
　　书报社,1964)

《大清会典》(光绪刊本,台北,商务印书馆,1968)

《大清律例》(天津,天津古籍出版社,1995)

《法家秘授智囊书》(崇祯刊本)

《宫中档雍正朝奏折》(台北,故宫博物院,1967—1968)

《国朝耆献类征初编》(李桓辑,光绪十至十六年刊本)

《海盐县图经》(天启四年刊本)

《河北省农村实态调查资料》(满铁天津事务所调查课,天津,1937)

《湖南文征》(日本东洋文库藏)

《华北典型村调查》(中央人民政府农业部,1950)

《华北经济统计集成》(华北综合调查研究所,1944)

《皇明经济文录》(万表编,国学文库,北京,1934)

《皇明世法录》(《中国史学丛书》初编本)

《皇明条法事类纂》(影印本,东京大学藏,东京,汲古书院,1966)

《皇明制书》（古典研究会，东京，1966）

《皇清奏议》（影印本，台北，文海出版社，1967）

《纪录汇编》（万历刊本，影印本，台北，商务印书馆，1938/1969）

《金瓶梅词话校注》（白维国、卜键校注，长沙，岳麓书社，1995）

《军机处档》（台北故宫博物院藏）

《康熙朝汉文朱批奏折汇编》（北京，档案出版社，1984）

《烈皇小识》（台北，广文书局，1964）

《名公书判清明集》（北京，中华书局，1987）

《明会要》（台北，世界书局，1963）

《明季稗史汇编》（光绪刊本，上海图书集成活字本）

《明律集解》（光绪三十四年重刊本）

《明清档案》（"中研院"历史语言研究所现存清代内阁大库原藏明清档案，台北，联经出版事
业公司，1986）

《明清进士题名碑录索引》（上海，上海古籍出版社，1980）

《明清史料》（"中研院"历史语言研究所编刊本）

《明清史料汇编》（台北，文海出版社，1969）

《明实录》（"中研院"历史语言研究所校引本）

《明史》（校勘标点本，北京，中华书局，1974）

《明文海》（北京，中华书局，1987）

《南明史纲·史料》（上海，上海人民出版社，1994）

《濮川所闻记》（嘉庆二十五年刊本）

《濮镇纪闻》（乾隆刊本，抄本）

《钦定大清会典事例》（光绪刊本，北京，中华书局，1991）

《钦定古今图书集成》（雍正四年序，武英殿聚珍字本）

《钦定学政全书》（《近代中国史料丛刊》刊本，台北，文海出版社）

《清朝文献通考》（台北，新兴书局，1965）

《清代碑传全集》（影印本，上海，上海古籍出版社，1987）

《清代档案史料丛编》（北京，中华书局，1978—1984）

《清代农民战争史资料选编》（北京，中国人民大学出版社，1984）

《清代日记汇抄》（上海，上海人民出版社，1982）

《清国行政法》（台湾总督府，1910）

《清会典》（光绪刊本，北京，中华书局，1991）

《清经世文续编》（光绪二十三年思补楼版）

《清实录》（影印本，台北，华文书局，1969）

《清史稿》（北京，中华书局，1976/1986）

《清史列传》（影印本，台北，中华书局，1983）

《清史资料》（北京，中华书局，1981）

《史料丛刊初编》（罗振玉辑，东方学会，1924 年刊本）

《世宗宪皇帝朱批谕旨》(《文渊阁四库全书》，台北，商务印书馆)

《思文大纪》(《虎口余生记》所收，中国历史研究资料丛书，上海，1982)

《宋会要辑稿》(北京，中华书局，1957)

《宋史》(校勘标点本，北京，中华书局，1977)

《痛史》(台北，广文书局，1968)

《万书渊海》(万历三十八年刊本)

《文献丛编》(第五辑，北京，故宫博物院，1930)

《西江政要》(清江西按察司衙门刊本)

《雍正朝汉文朱批奏折汇编》(南京，江苏古籍出版社，1989—1991)

《雍正朝起居注册》(影印本，北京，中华书局，1993)

《祯朝奏疏》(崇祯十六年序刊本)

《郑成功满文档案史料选译》(福州，福建人民出版社，1987)

《中国农村惯行调查》(中国农村惯行调查刊行会，岩波书店，1952—1958)

陈敷，《农书》(丛书集成初编本)

陈宏谟，《培远堂偶存稿》(光绪二十二年刊本)

陈龙正，《几亭全书》(康熙刊本)

陈子龙，《明经世文编》(台北，台联国风出版社，1967)

程春宇，《士商类要》(天启六年刊本)

戴兆佳，《天台治略》(光绪刊本，影印本，台北，成文出版社，1967)

丁耀亢，《出劫纪略》(《明史资料丛刊》第2辑，南京，江苏人民出版社，1982)

董其昌，《神庙留中奏疏汇要》(万历年间刊本)

杜德风，《太平军在江西史料》(南昌，江西人民出版社，1988)

杜登春，《社事始末》(《艺海珠尘》所收)

范成大，《吴郡志》(宋元地方志丛书本)

范濂，《云间据目抄》(《笔记小说大观》第22编第5册，台北，新兴书局，1978)

范仲淹，《范文正公集》(康熙四十四年刊本)

冯梦龙，《全像古今小说》(北京，人民文学出版社，1958)

冯梦龙，《醒世恒言》(北京，人民文学出版社，1956)

傅维鳞，《明书》(国学基本丛书本)

高举，《明律集解附例》(光绪二十四年重刊本，台北，成文出版社，1969)

谷应泰，《明史纪事本末》(台北，三民书局，1956)

顾公变，《消夏闲记摘钞》(《历代小说笔记选》第2册，台北，商务印书馆，1980)

顾起元，《客座赘语》(北京，中华书局，1987)

顾炎武，《顾亭林文集》(北京，中华书局，1983)

顾炎武，《日知录集释》(台北，世界书局，1990)

顾炎武，《天下郡国利病书》(《四部丛刊三编手稿本》，台北，商务印书馆，1976)

郭正域，《合并黄离草》(万历年间刊本)

海瑞，《海瑞集》(北京，中华书局，1962)

韩世琦，《抚吴疏草》（北京，北京出版社，2000）

何尔健，《按辽御珰疏稿》（郑州，中州书画社，1982）

何良俊，《四友斋丛说》（北京，中华书局，1983）

贺长龄、魏源，《清经世文编》（影印本，北京，中华书局，1992）

洪承畴，《洪承畴章奏文册汇编》（上海，商务印书馆，1937）

洪承畴，《洪经略奏对笔记》（光绪刊本）

洪焕春，《明清苏州农村经济资料》（南京，江苏古籍出版社，1988）

黄鸿寿，《清史纪事本末》（台北，三民书局，1959/1973）

黄六鸿，《福惠全书》（和刻影印本，东京，汲古书院，1973）

黄儒炳，《续南雍志》（北京，学苑出版社，1996）

黄省曾，《吴风录》（《笔记小说大观》第6编第5册，台北，新兴书局，1989）

黄宗羲，《明夷待访录》（《黄宗羲全集》，杭州，浙江古籍出版社，1985）

计六奇，《明季北略》（北京，中华书局，1984）

计六奇，《明季南略》（北京，中华书局，1984）

江苏省博物馆编，《江苏省明清以来碑刻资料选集》（北京，生活·读书·新知三联书店，1957）

蒋良骥，《东华录》（乾隆三十年，木版本，北京，中华书局，1980）

蒋以化，《西台漫记》（明万历刊本，北京图书馆藏本）

焦竑，《国朝献征录》（影印本，台北，学生书局，1965）

况锺，《明况太守龙冈公冶苏政绩全集》（道光六年刊本）

李华，《明清以来北京工商会馆碑刻选编》（北京，文物出版社，1980）

李清，《南渡录》（杭州，浙江古籍出版社，1988）

李世熊，《寇变纪》（《清史资料》第1辑，北京，中华书局，1980）

李腾芳，《李文庄公全集》（光绪二年重刊本）

李天根，《爝火录》（杭州，浙江古籍出版社，1986）

李贤，《大明一统志》（影印本，东京，汲古书院）

李逊之，《三朝野记》（上海，上海书店出版社，1982）

李永茂，《邢襄题稿·枢垣初刻》（上海，中华书局，1958）

李玉，《清忠谱》（北京，人民文学出版社，1990）

利玛窦、金尼阁，《利玛窦中国札记》（何高济、王遵仲、李申译，何兆武校，北京，中华书局，1983）

林希元，《林次崖文集》（嘉靖十六年，序刊本）

凌蒙初，《初刻拍案惊奇》（杭州，浙江古籍出版社，1997）

刘献廷，《广阳杂记》（北京，中华书局，1985）

刘宗周，《刘子全书》（道光四年刊本）

卢象升，《卢象升疏牍》（杭州，浙江古籍出版社，1984）

鲁子健，《清代四川财政史料》（上）（成都，四川省社会科学院出版社，1984）

陆世仪，《复社纪略》（台北，明文出版社，1991）

陆游，《渭南文集》（北京，中华书局，1976）

罗振玉，《史料丛编》（旅顺，1934 年刊本）

吕坤，《实政录》（万历二十六年刊本）

梦觉道人，《三刻拍案惊奇》（北京，北京燕山出版社，1987）

彭泽益，《中国近代手工业史数据》（北京，中华书局，1962）

朴趾源，《热河日记》（1932 年刊本，景仁文化社影印本）

钱泳，《履园丛话》（北京，中华书局，1997）

丘濬，《大学衍义补》（《文渊阁四库全书》影印本，台北，商务印书馆，1983）

全祖望，《鲒埼亭集》（印行本，台北，新兴书局，1960）

上海博物馆图书数据室，《上海碑刻资料选辑》（上海，上海人民出版社，1980）

尚湖渔父，《虞谐志》（丁祖荫辑，《虞阳说苑》乙编）

邵廷寀，《东南纪事》（上海，上海书店出版社，1982）

沈榜，《宛署杂记》（北京，北京古籍出版社，1982）

沈德符，《万历野获编》（北京，中华书局，1980）

沈德符，《万历野获编补遗》（北京，中华书局，1980）

沈国元，《两朝从臣录》（崇祯刊本）

沈一贯，《敬事草》（明刻本，北京大学图书馆藏本）

宋应星，《野议》（上海，上海人民出版社，1976）

苏州历史博物馆、江苏师范学院历史系、南京大学明清史研究室合编，《明清苏州工商业碑刻集》（南京，江苏人民出版社，1981）

孙承泽，《山书》（杭州，浙江古籍出版社，1989）

孙懋，《孙毅庵奏议》（《文渊阁四库全书》，台北，商务印书馆）

孙旬，《皇明疏钞》（万历序刊本）

谈迁，《国榷》（北京，北京古籍出版社，1958）

唐顺之，《荆川先生文集》（明刊本，奎章阁所藏）

田艺蘅，《留青日札》（上海，上海古籍出版社，1992）

汪辉祖，《学治臆说》（丛书集成简编本，台北，商务印书馆）

汪少泉，《皇明奏疏类钞》（万历年间刊本）

汪应蛟，《抚畿奏疏》（明刊本）

王鏊，《震泽集》（四库全书本）

王材，《皇明太学志》（首尔大学校奎章阁所藏本）

王国平、唐力行，《明清以来苏州社会史碑刻集》（苏州，苏州大学出版社，1998）

王圻，《续文献通考》（万历三十一年刊本）

王锜，《寓圃杂记》（北京，中华书局，1984）

王庆运，《石渠余纪》（北京，古籍出版社，1985）

王士性，《广志绎》（北京，中华书局，1981）

王士禛，《香祖笔记》（台北，新兴书局，1958）

王士禛，《池北偶谈》（北京，中华书局，1982）

王世懋，《饶南九三府图说》（万历年间刊本）

王维德，《林屋民风》（上海，上海古籍出版社，2018）

王文禄，《百陵学山》（明隆庆年间刊本，涵芬楼影印本）

王先谦，《东华录，附东华续录》（光绪十七年至二十四年活版影印本）

王禹声，《郢事纪略》（《震泽别集》所收，日本东洋文库藏）

王在晋，《通漕类编》（印行本，台北，学生书局，1970）

魏礼，《魏季子文集》（《魏氏全集》，清刻本）

魏源，《圣武记》（北京，中华书局，1984）

文秉，《定陵注略》（静嘉堂文库藏钞本）

吴敬梓，《儒林外史》（台北，世界书局印行）

吴山嘉，《复社姓氏传略》（北京，中国书店，1990）

吴甡，《柴庵疏集》（杭州，浙江古籍出版社，1989）

吴世济，《太和县御寇始末》（杭州，浙江古籍出版社，1983）

夏孟《余冬序录》（嘉靖七年，序刊本）

夏燮，《明通鉴》（同治十二年刊本）

谢国桢，《明代社会经济史料选编》（福州，福建人民出版社，1980—1981）

谢国桢，《清初农民起义资料辑录》（上海，新知识出版社，1956）

谢肇淛，《五杂组》（《和刻本汉籍随笔集》第1集，东京，汲古书院，1974）

徐光启，《农政全书》（北京，中华书局，1956）

徐珂，《清稗类钞》（北京，中华书局，1984）

徐栻，《督抚江西奏议》（万历年间刊本）

徐鼒，《小腆纪年附考》（铅印本，台北，台湾银行，1966）

严懋功，《清代征献类编》（台北，世界书局，1966）

杨士聪，《甲申核真略》（杭州，浙江古籍出版社，1985）

姚廷遴，《历年记》（《清代日记汇钞》所收，上海，上海人民出版社，1982）

叶梦珠，《阅世编》（上海，上海古籍出版社，1981）

叶永盛，《玉城奏疏》（丛书集成新编本）

佚名，《民抄董宦事实》（《笔记小说大观》第10编第4册，台北，新兴书局，1975）

佚名，《梼杌闲评》（北京，人民文学出版社，1983）

佚名，《万历邸钞》（大明抄本书，1968年台湾古亭书屋影印本）

于成龙，《于清端政书》（《文渊阁四库全书》，台北，商务印书馆）

于慎行，《谷山笔麈》（北京，中华书局，1984）

袁于令，《隋史遗文》（北京，人民文学出版社，1989）

袁中道，《珂雪斋集》（上海，上海古籍出版社，1989）

曾羽王，《乙酉笔记》（《清代日记汇钞》，上海，上海人民出版社，1982）

张海鹏、王廷元，《明清徽商资料选编》（合肥，黄山书社，1985）

张瀚，《松窗梦语》（武林先哲遗书本）

张潢，《图书编》（万历五年刊本）

张居正，《张太岳集》（万历四十年，序刊本）

张履祥，《杨园先生全集》（四库全书本）

张燮，《东西洋考》（台北，商务印书馆，1968）

张萱，《西园闻见录》（北京哈佛燕京学社活字本，1940）

张英，《恒产琐言》（昭代丛书，道光刊本）

赵士麟，《抚浙条约》（《武林掌故丛编》第 7 集）

赵翼，《陔余丛考》（影印本，台北，世界书局，1960）

赵翼，《廿二史劄记》（台北，世界书局印行）

郑天挺，《明末农民起义史料》（北京，中华书局，1952）

支大纶，《支华平先生集》（万历刊本，日本内阁文库藏本）

中国第一历史档案馆，《乾隆初粤闽湘赣抢米遏籴史料》（《历史档案》1996-4）

中国第一历史档案馆，《清代档案史料丛编》（北京，中华书局，1984）

中国农村经济研究所、北京大学农学院，《山东省惠民县农村调查报告》（北京，1939）

中国人民大学清史研究所，《康雍乾时期城乡人民反抗斗争资料》（北京，中华书局，1979）

周晖，《二续金陵琐事》（《笔记小说大观》第 16 编第 4 册，台北，新兴书局，1977）

周亮工，《闽小纪》（上海，上海古籍出版社，1985）

周顺昌，《周忠介公烬余集》（《丛书集成初编》第 2165 册）

朱长祚，《玉镜新谭》（北京，中华书局，1989）

朱国桢，《皇明史概》（扬州，江苏广陵古籍刻印社，1992）

朱国祯，《皇明大事记》（《皇明史概》所收，扬州，江苏广陵古籍刻印社，1992）

朱国桢，《涌幢小品》（台北，新兴书局，1984）

2. 地方志

《长洲县志》（康熙二十三年刊本）

《常昭合志稿》（光绪二十四年刊本）

《承天府志》（万历三十年刊本）

《池州府志》（万历四十年刊本）

《广东通志》（嘉靖四十年、道光二年刊本）

《杭州府志》（万历七年刊本）

《衡州府志》（万历二十一年刊本）

《湖广通志》（康熙二十三年刊本）

《嘉定县志》（万历三十三年、康熙十二年刊本）

《江阴县志》（嘉靖二十六年刊本）

《绛州志》（正德十六年刊本）

《昆山县志》（康熙二十二年刊本）

《临清直隶州志》（乾隆五十年刊本）

《罗店镇志》（光绪十五年刊本）

《南昌府志》（万历十六年刊本）

《南翔镇志》（嘉庆十一年刊本）

《南浔镇志》（咸丰九年刊本）

《濮院志》（民国十六年刊本）

《上海县志》（康熙二十二年刊本）

《双林记增纂》（同治九年刊本）

《松江府志》（正德七年、崇祯三年刊本）

《苏州府志》（康熙三十年、同治年刊本）

《太仓州志》（崇祯十五年刊本）

《唐栖志》（光绪十六年刊本）

《唐市志》（乾隆五十七年刊本）

《桐乡县志》（正德九年刊本）

《吴江县志》（康熙二十三年、乾隆十二年刊本）

《吴江志》（弘治元年刊本）

《吴县志》（崇祯十五年、民国二十二年铅印本）

《武进县志》（万历三十三年刊本）

《锡金识小录》（乾隆十七年刊本）

《兴国县志》（同治十一年刊本）

《续外冈志》（乾隆年间撰，铅印本，1961）

《扬州府志》（万历三十三年刊本，《北京图书馆古籍珍本丛刊》25，书目文献出版社）

《盂县志》（嘉靖三十年刊本）

《月浦志》（光绪十四年撰稿本）

《岳州府志》（康熙二十四年刊本）

《震泽县志》（乾隆十一年、道光二十四年刊本）

研究书

1. 韩文

金衡鍾，《清末新政期의研究—江蘇省의新政과紳士層》，首爾大學校出版部，2002

閔斗基，《中國近代史研究—紳士層의思想과行動》，一潮閣，1973（=1973A）

首爾大學校東亞文化研究所，《中國歷代都市構造와社會變化》，首爾大學校出版部，2003

宋正洙，《中國近世鄉村社會史研究》，혜안，1997

吳金成，《中國近世社會經濟史研究—明代紳士層의形成과社會經濟的役割》，一潮閣，1986（日本語譯：《明代社會經濟史研究—紳士層の形成とその社會經濟的役割》，東京，汲古書院，1990）

吳金成，《矛·盾의共存—明清時代江西社會研究》，知識產業社，2007（=2007A）（汉译本：《矛与盾的共存——明清时期江西社会研究》，南京，江苏人民出版社，2018）

吳金成，《國法與社會慣行—明清時代社會經濟史研究》，知識產業社，2007（=2007B）

李成珪，《中國古代帝國成立史研究》，一潮閣，1984

李俊甲，《中國四川社會研究，1644—1911—開發과地域秩序》，首爾大學校出版部，2002

田炯權，《中國近現代의湖南社會》，首爾，惠安，2009

鄭炳喆，《'天崩地裂'의時代，明末清初의華北社會》，全南大學校出版部，2008

鄭哲雄，《歷史와環境—中國明清時代의境遇》，책세상，2002

曹永祿，《中國近世政治史研究—明代科道官의言官의機能》，知識產業社，1988

曹永憲，《大運河와中國商人—淮、揚地域徽州商人成長史，1415—1784》，首爾，民音社，2011

2. 中文

曹树基，《中国移民史》（5、6），福州，福建人民出版社，1997（＝1997A）

曹树基，《中国人口史》（第4、5卷），上海，复旦大学出版社，2000、2001

曹新宇，《中国秘密社会》（第3卷），福州，福建人民出版社，2002

岑大利、高永建，《中国古代的乞丐》，北京，商务印书馆，1996

岑大利，《乡绅》，北京，北京图书馆出版社，1998

陈宝良《中国流氓史》，北京，中国社会科学出版社，1993

陈宝良，《明代儒学生员与地方社会》，北京，中国社会科学出版社，2005

陈大康，《明代商贾与世风》，上海，上海文艺出版社，1996

陈建华，《中国江浙地区十四至十七世纪社会意识与文学》，上海，学林出版社，1992

陈江，《明代中后期的江南社会与社会生活》，上海，上海社会科学出版社，2006

陈锦江，《清末现代企业与官商关系》（王笛等译），北京，中国社会科学出版社，1997

陈孔立，《清代台湾移民社会研究》，厦门，厦门大学出版社，1990

陈文石，《明洪武嘉靖间的海禁政策》，台北，台湾大学《文史丛刊》，1966

陈学文，《中国封建晚期的商品经济》，长沙，湖南人民出版社，1989

陈学文，《明清社会经济史研究》，台北，稻禾出版社，1991（＝1991A）

陈学文，《明清时期杭嘉湖市镇史研究》，北京，群言出版社，1993

陈学文，《明清时期太湖流域的商品经济与市场网络》，杭州，浙江人民出版社，2000

陈正祥，《中国文化地理》，香港，三联书店（香港）有限公司，1981

陈支平，《近500年福建的家族社会与文化》，上海，上海三联书店，1991

陈志让，《军绅政权》，上海，上海三联书店，1980

程自信，《金瓶梅人物新论》，合肥，黄山书社，2001

戴均良，《中国城市发展史》，哈尔滨，黑龙江人民出版社，1992

戴裔煊，《明代乾隆间的倭寇海盗与中国资本主义的萌芽》，北京，中国社会科学出版社，1982

邓拓，《论中国历史的几个问题》，北京，生活·读书·新知三联书店，1979

丁易，《明代特务政治》，北京，中外出版社，1951

段本洛，《中国资本主义的产生和早期资产阶级》，苏州，苏州大学出版社，1996

樊树志，《明清江南市镇探微》，上海，复旦大学出版社，1990

樊树志，《江南市镇传统的变革》，上海，复旦大学出版社，2005

范金民，《明清江南商业的发展》，南京，南京大学出版社，1998

范金民、金文，《江南丝绸史研究》，北京，农业出版社，1993

范金民、夏维中，《苏州地区社会经济史》，南京，南京大学出版社，1993

方志远，《明清湘鄂赣地区的人口流动与城乡商品经济》，北京，人民出版社，2001

冯尔康，《清人社会生活》，天津，天津人民出版社，1990

福尔索姆，《朋友、客人、同事——晚清的幕府制度》（刘悦斌译），北京，中国社会科学出版
　　社，2002

傅崇兰，《中国运河城市发展史》，成都，四川人民出版社，1985

傅衣凌，《明清时代商人及商业资本》，北京，人民出版社，1956（=1956A）

傅衣凌，《明清江南市民经济试探》，上海，上海人民出版社，1957

傅衣凌，《明清农村社会经济》，北京，生活·读书·新知三联书店，1961（=1961A）

傅衣凌，《明清社会经济史论文集》，北京，人民出版社，1982（=1982A）

傅筑夫，《中国经济史论丛》（上、下），北京，生活·读书·新知三联书店，1980

傅筑夫，《中国封建社会经济史》第一卷，北京，人民出版社，1981

傅筑夫，《中国封建社会经济史》第二卷，北京，人民出版社，1982

傅筑夫，《中国古代经济史概论》，北京，中国社会科学出版社，1983

龚胜生，《清代两湖农业地理》，武汉，华中师范大学出版社，1996

顾诚，《明末农民战争史》，北京，中国社会科学出版社，1984

顾诚，《南明史》，北京，中国青年出版社，1997

关梦觉，《中国原始资本积累问题初步探索》，上海，上海人民出版社，1958

郭英德、过常宝，《中国古代的恶霸》，北京，商务印书馆，1995

韩大成，《明代城市研究》，北京，中国人民大学出版社，1991

郝康迪（Hauf, Kandice），《江右集团——中国 16 世纪的文化与社会》，耶鲁大学博士论文，
　　1987

何炳棣，《中国会馆史论》，台北，学生书局，1966

何淑宜，《明代士绅与通俗文化——以丧葬礼俗为例的考察》，台北，台湾师范大学历史研究所
　　专刊 30，2000（=2000A）

何智亚，《重庆湖广会馆——历史与修复研究》，重庆，重庆出版社，2006

贺跃夫，《晚清士绅与近代社会的变迁——兼与日本士族比较》，广州，广东人民出版社，1994

侯外庐，《中国早期启蒙思想史——17 世纪至 18 世纪四十年代》，北京，人民出版社，1956

胡如雷，《中国封建社会形态研究》，北京，生活·读书·新知三联书店，1979

胡昭曦，《张献忠屠蜀考辨——兼析湖广填四川》，成都，四川人民出版社，1980

湖南历史学会，《知识分子与中国历史的发展》，长沙，湖南人民出版社，1985

黄仁宇，《十六世纪明代中国之财政与税收》（阿风等译），台北，联经出版事业公司，2001

黄宗智，《长江三角洲小农家庭与乡村发展》，北京，中华书局，1992

江淮论坛编辑部，《徽商研究论文集》，合肥，安徽人民出版社，1985

蒋建平，《清代前期米谷贸易研究》，北京，北京大学出版社，1992

蒋兆成，《明清杭嘉湖社会经济史研究》，杭州，杭州大学出版社，1994

经君健，《清代社会的贱民等级》，杭州，浙江人民出版社，1993

赖家度，《明代郧阳农民起义》，武汉，湖北人民出版社，1956

李伯重，《唐代江南农业的发展》，北京，农业出版社，1990

李伯重，《江南的早期工业化（1550—1850）》，北京，社会科学文献出版社，2000（=2000A）

李伯重，《理论、方法、发展趋势：中国经济史研究新探》，北京，清华大学出版社，2002

李伯重，《多视角看江南经济史，1250—1850》，北京，生活·读书·新知三联书店，2003（=2003A）

李光涛，《明季流寇始末》，台北，"中研院"历史语言研究所，1965

李国祁等编，《中国地方志研究——清代基层地方官人事嬗递现象之量化分析》，台北，"国科会"，1975

李文治，《晚明民变》，上海，中华书局，1948

李文治、江太新，《中国宗法宗族制和族田义庄》，北京，社会科学文献出版社，2000

李文治、魏金玉、经君健，《明清时代的农业资本主义萌芽问题》，北京，中国社会科学出版社，1983

李振华，《张苍水传》，台北，正中书局，1967

梁方仲，《明代粮长制度》，上海，上海人民出版社，1957

梁方仲，《中国历代户口、田地、田赋统计》，上海，上海人民出版社，1980

梁家勉，《中国农业科学技术史稿》，北京，农业出版社，1989

梁森泰，《明清景德镇城市经济研究》，南昌，江西人民出版社，1991

梁其姿，《施善与教化——明清的慈善组织》，石家庄，河北教育出版社，2001

梁启超，《中国近三百年学术史》，上海，中华书局，1936

廖可斌，《明代文学复古运动研究》，上海，上海古籍出版社，1994

林丽月，《明代的国子监生》，台北，东吴大学中国学术著作奖委员会，1978

林仁川，《明末清初私人海上贸易》，上海，华东师范大学出版社，1987

刘石吉，《明清时代江南市镇研究》，北京，中国社会科学出版社，1987

刘永成，《清代前期农业资本主义萌芽初探》，福州，福建人民出版社，1982

刘重日，《濑阳集》，合肥，黄山书社，2003

留云居士，《明季稗史初编》，上海，上海书店出版社，1988

陆德阳，《流氓史》，上海，上海文艺出版社，1995

路遇，《清代和民国山东移民东北史略》，上海，上海社会科学院出版社，1987

栾成显，《明代黄册研究》（增订本），北京，中国社会科学出版社，2007

罗茨曼主编，《中国的现代化》，南京，江苏人民出版社，1998

罗仑、景苏，《清代山东经营地主经济研究》，济南，齐鲁书社，1984

罗香林，《客家研究导论》，广州，出版地不详，1933

吕实强，《中国官绅反教的原因》，台北，"中研院"近代史研究所，1966

吕振羽，《中国政治思想史》，上海，黎明书局，1937

吕振羽，《简明中国通史》，北京，人民出版社，1959

马敏，《过渡形态：中国早期资产阶级构成之谜》，北京，中国社会科学出版社，1994

马敏，《官商之间——社会剧变中的近代绅商》，天津，天津人民出版社，1995

马敏，《商人精神的嬗变—近代中国商人观念研究》，武汉，华中师范大学，2001（=2001A）

马敏、朱英，《传统与近代的二重变奏——晚清苏州商会个案研究》，成都，巴蜀书社，1993

马小泉，《国家与社会：清末地方自治与宪政改革》，开封，河南大学，2001

梅莉、张国雄，《两湖平原开发探源》，南昌，江西教育出版社，1995

蒙思明，《元代社会阶级制度》，北京，哈佛燕京学社，1938

缪全吉，《明代胥吏》，台北，嘉新水泥文化基金会，1969

南炳文，《南明史》，天津，南开大学出版社，1992

南京大学历史系明清史研究室，《中国资本主义萌芽问题讨论集》（续编），北京，生活·读书·新知三联书店，1960

南京大学历史系明清史研究室，《明清资本主义萌芽研究论文集》，上海人民出版社，1981

南矩容，《〈金瓶梅〉与晚明社会经济》，银川，宁夏人民出版社，1996

尼·斯·米列斯库，《中国漫记》（蒋本良·柳凤运译），北京，中华书局，1990

牛健强，《明代后期社会变迁研究》，台北，文津出版社，1997

潘光旦，《明清两代嘉兴的望族》，上海，上海书店，1991

秦宝琦，《中国地下社会》，北京，学苑出版社，1993

秦佩珩，《明代经济史述论丛初稿》，郑州，河南人民出版社，1959

瞿同祖，《清代地方政府》（范忠信·晏锋译），北京，法律出版社，2003

曲彦斌，《中国乞丐史》，北京，九州出版社，2007

全宏，《鸦片战争以前中国若干手工业部门中的资本主义萌芽》，上海，上海人民出版社，1955（原载《中国科学院历史研究所三所集刊》2集，1955）

桑兵，《晚清学堂学生与社会变迁》，上海，学林出版社，1995

尚小明，《学人游幕与清代学术》，北京，社会科学文献出版社，1999

尚钺，《中国历史纲要》，北京，人民出版社，1954

尚钺，《中国资本主义关系发生及演变的初步研究》，北京，生活·读书·新知三联书店，1956

尚钺，《尚钺史学论文选集》，北京，人民出版社，1984

社会科学研究丛刊编辑部，《张献忠在四川》，成都，四川省新华书店，1981

沈善洪，《中国江南社会与中韩文化交流》，杭州，杭州出版社，1977

盛朗西，《中国书院制度》，上海，中华书局，1934

施坚雅，《中华帝国晚期的城市》（叶光庭等译，Skinner, William G., *The City in Imperial China*, Stanford U.P., 1977），北京，中华书局，2000

孙晓芬，《清代前期的移民填四川》，成都，四川大学出版社，1997

谭其骧，《中国历史地图集》第7册，明代，上海，地图出版社，1982

谭其骧，《中国历史地图集》第8册，清时期，上海，地图出版社，1982

唐力行，《商人与中国近世社会》，杭州，浙江人民出版社，1993

唐立宗，《在"盗区"与"政区"之间——明代闽粤赣湘交界的秩序变动与地方行政演化》，台北，台湾大学出版委员会，2002

唐文基，《明代赋役制度史》，北京，中国社会科学出版社，1991

田居俭、宋元强，《中国资本主义萌芽》（下），成都，巴蜀书社，1987

完颜绍元，《流民的变迁——中国古代流民史话》，上海，上海古籍出版社，1993

王春瑜、杜婉言，《明代宦官与经济史料初探》，北京，中国社会科学出版社，1986

王春瑜、杜婉言，《明朝宦官》，北京，紫禁城出版社，1989

王笛，《跨出封闭的世界——长江上游区域社会研究，1644—1911》，北京，中华书局，1993

王纲，《张献忠大西军史》，长沙，湖南人民出版社，1987

王光照，《中国古代乞丐风俗》，西安，陕西人民出版社，1994

王明伦，《反洋教书文揭帖选》，《江西合成士民公檄》，济南，齐鲁书社，1984

王日根，《乡土之链——明清会馆与社会变迁》，天津，天津人民出版社，1996（=1996A）

王世华，《富甲一方的徽商》，杭州，浙江人民出版社，1997

王卫平，《明清时期江南城市史研究以苏州为中心》，北京，人民出版社，1999

王先明，《近代绅士——一个封建阶层的历史命运》，天津，天津人民出版社，1997

王翔，《中国丝绸史研究》，北京，团结出版社，1990

王育民，《中国历史地理概论》上，北京，人民教育出版社，1987

王毓瑚，《中国农学书录》，北京，中华书局，1957

韦庆远，《明代黄册制度》，北京，中华书局，1961

韦庆远，《张居正和明代中后期政局》，广东高等教育出版社，1999

魏特（Väth），《汤若望传》（二）（杨丙辰译），台北，商务印书馆，1960

温锐等，《百年巨变与振兴之梦——20世纪江西经济研究》，南昌，江西人民出版社，2000

闻钧天，《中国保甲制度》，上海，商务印书馆，1935

巫仁恕，《奢侈的女人——明清时期江南妇女的消费文化》，台北，三民书局，2005

巫仁恕，《激变良民——传统中国城市群众集体行动之分析》，北京，北京大学出版社，2011

吴承明，《中国资本主义与国内市场》，北京，中国社会科学出版社，1985

吴晗，《朱元璋传》，北京，生活·读书·新知三联书店，1949

吴晗、费孝通，《皇权与绅权》，天津，天津人民出版社，1988

吴慧，《中国历代粮食亩产研究》，北京，农业出版社，1985

吴建华，《明清江南人口社会史研究》，北京，群言出版社，2005

吴仁安，《明清时期上海地区的着姓望族》，上海，上海人民出版社，1997

吴松弟，《中国移民史》（3、4），福州，福建人民出版社，1997

伍丹戈，《明代土地制度和赋役制度的发展》，福州，福建人民出版社，1982

夏咸淳，《晚明士风与文学》，北京，中国社会科学院出版社，1994

萧国健，《清初迁海前后香港之社会变迁》，台北，商务印书馆，1986

萧一山，《清代通史》，台北，商务印书馆，1963

谢国桢，《明清之际党社运动考》，台北，商务印书馆，1967

谢国桢，《南明史略》，上海，上海人民出版社，1988

熊志勇，《从边缘走向中心——晚清社会变迁中的军人集团》，天津，天津人民出版社，1998

徐茂明，《江南士绅与江南社会（1368—1911）》，北京，商务印书馆，2004

徐新吾，《鸦片战争前中国棉纺织手工业的商品生产与资本主义萌芽问题》，南京，江苏人民出

版社，1981

徐新吾，《江南土布史》，上海，上海社会科学院出版社，1992

许大龄，《清代捐纳制度》，北京，《燕京学报》专刊，1947

许涤新、吴承明，《中国资本主义的萌芽》，北京，人民出版社，1985

许怀林，《江西史稿》，南昌，江西高校出版社，1993

许檀，《明清时期山东商品经济的发展》，北京，中国社会科学出版社，1998

严中平，《中国棉纺织史稿》，北京，科学出版社，1955

杨子慧，《中国历代人口统计资料研究》，北京，改革出版社，1996

叶显恩，《明清徽州农村社会与佃仆制》，合肥，安徽人民出版社，1983（=1983A）

叶显恩，《清代区域社会经济研究》（上），北京，中华书局，1992

游子安，《劝化金箴——清代善书研究》，天津，天津人民出版社，1999

余英时，《中国近世宗教伦理与商人精神》，台北，联经出版事业公司，1987

袁良义，《明末农民战争》，北京，中华书局，1987

张传玺主编，《中国历代契约会编考释》，北京，北京大学出版社，1995

张国雄，《明清时期的两湖移民》，西安，陕西人民教育出版社，1995

张海鹏、张海瀛，《中国十大商帮》，合肥，黄山书社，1993

张海英，《明清江南商品流通与市场体系》，上海，华东师范大学，2002

张家驹，《两宋经济重心的南移》，武汉，湖北人民出版社，1957

张力、刘鉴唐，《中国教案史》，成都，四川社会科学院出版社，1987

张朋园，《立宪派与辛亥革命》，台北，"中研院"近代史研究所，1969

张玉法编，《中国现代化的区域研究——山东》，台北，"中研院"近代史研究所，1982

章开沅、马敏等，《中国近代史上的官绅商学》，武汉，湖北人民出版社，2000

章中如，《清代考试制度资料》，上海，黎明书局，1934

赵冈，《中国棉业史》，台北，联经出版事业公司，1977

赵泉澄，《清代地理沿革表》，北京，中华书局，1955

赵文林、谢淑君，《中国人口史》，北京，人民出版社，1988

赵晓华，《中国资本主义萌芽的学术研究与论争》，上海，百花洲文艺出版社，2004

赵园，《明清之际士大夫研究》，北京，北京大学出版社，1999

赵子富，《明代学校与科举制度研究》，北京，北京燕山出版社，1995

中国农业遗产研究室，《中国农学史（初稿）》（下），北京，科学出版社，1984

中国人民大学中国历史教研室编，《明清社会经济形态的研究》，上海，人民出版社，1957

中国人民大学中国历史教研室编，《中国资本主义萌芽问题讨论集》（上、下），北京，生活·读书·新知三联书店，1957

周德钧，《乞丐的历史》，北京，中国文史出版社，2005

周銮书，《千古一村——流坑历史文化的考察》，南昌，江西人民出版社，1997

周明初，《晚明士人心态及文学个案》，北京，东方出版社，1997

周天游，《地域社会与传统中国》，西安，西北大学出版社，1995

周育民、邵雍，《中国帮会史》，上海，上海人民出版社，1993

周远廉，《清朝兴起史》，长春，吉林文史出版社，1986

朱东润，《张居正大传》，武汉，湖北人民出版社，1981

朱英，《辛亥革命时期新式商人社团研究》，北京，中国人民大学出版社，1991

左东岭，《王学与中晚明士人心态》，北京，人民文学出版社，2000

3. 日文

加藤繁，《支那經濟史考證》，東京，1952（=1952A）

岡崎文夫、池田静夫，《江南文化開發史》，東京，1940

谷口規矩雄，《朱元璋》，東京，1966

宮崎市定，《科舉》，大阪，1946

根岸佶，《中國社會における指導層—耆老紳士の研究》，東京，1947

大谷敏夫，《清代政治思想史研究》，汲古書院，1991

大久保英子，《明清時代書院の研究》，東京，1976

大澤正昭，《唐宋變革期農業社會史研究》，東京，汲古書院，1996

渡部忠世等，《中國江南の稻作文化—その學際的研究》，東京，1984（=1984A）

島田虔次，《中國における近代思惟の挫折》，東京，1970

藤井宏，《中國における‘耕作權の確立’期をめぐる諸問題》，東京，1972

鈴木中正，《清朝中期史研究》，東京，1952

鈴本中正，《中國史における革命と宗教》，東京，1974

米田賢次郎，《中國古代農業技術史研究》，京都，1989

北村敬直，《清代社會經濟史研究》，京都，1978

濱島敦俊，《明代江南農村社會の研究》，東京大學出版會，1982（=1982A）

寺田隆信，《山西商人の研究》，京都，1972

斯波義信，《宋代江南經濟史の研究》，東京，1988

山根幸夫，《明代徭役制度の展開》，東京，1966

山根幸夫，《中國史研究入門》（上、下），東京，1983（=1983A）

山根幸夫，《明代社會の研究—紳士層の問題を中心として》，東京女大東洋史研究室，1986

山井涌，《明清思想史の研究》，東京，1981

森田明，《清代水利史研究》，東京，1974

三田村泰助，《清朝前史の研究》，京都，1965

森正夫，《江南デルタ市鎮研究》，名古屋大學，1992

森正夫，《明代江南土地制度の研究》，京都，1988

西嶋定生，《中國古代帝國の形成と構造—二十等爵制の研究》，東京大學出版社，1961

西嶋定生，《中國經濟史研究》，東京，1966（=1966A）

西嶋定生，《中國古代の社會と經濟》，東京，1981

石田文次郎，《支那農村慣行調查報告書–土地公租公課の研究》，東亞研究所，1944

小野和子，《明季黨社考–東林黨と復社》，京都，1996（=1996A）

鬆本善海,《中國村落制度の史的研究》,東京,1977

神田信夫,《平西王吳三桂の研究》,東京,1952

岸本美緒,《清代中國の物價と經濟變動》,研文出版,1997（=1997A）

岸本美緒,《明清交替と江南社會—17世紀中國の秩序問題》,東京大學出版會,1999（=1999A）

安部健夫,《清代史の研究》,東京,1971

岩見宏,《明代徭役制度の研究》,京都,1986

岩井茂樹,《中國近世社會の秩序形成》,京都大學人文科學研究所,2004（=2004A）

奧崎裕司,《中國鄉紳地主の研究》,東京,1978

伍躍,《明清時代の徭役制度と地方行政》,大阪經濟法科大學出版部,2000,pp.48-55）

五十嵐正一,《中國近世教育史の研究》,東京,1979

楢木野宣,《清代重要職官の研究—滿漢併用の全貌》,東京,1975

栗林宣夫,《裏甲制の研究》,東京,1971

仁井田陞,《中國法制史研究》,1962

鄭梁生,《明、日關系史の研究》,東京,雄山閣,1984

井上進,《顧炎武》,東京,白帝社,1994

佐久間重男,《日明關系史の研究》,東京,吉川弘文館,1992

佐藤文俊,《明末農民反亂の研究》,東京,1985

佐伯富,《清代鹽政の研究》,東京,1956

佐野學,《清朝社會史》,東京,1947

周藤吉之,《宋代官僚制と大土地所有》,東京,1950

周藤吉之,《宋代經濟史研究》,東京,1962

酒井忠夫,《中國善書の研究》,東京,1960（=1960A）

重田德,《清代社會經濟史研究》,東京,1975

曾田三郎,《中國近代化過程の指導者たち》,東方書店,東京,1997

川勝守,《中國封建國家の支配構造—明清賦役制度史の研究》,東京大學出版會,1980（=1980A）

川勝守,《明清江南農業經濟史研究》,東京,1992

川勝守,《明清江南市鎮社會史研究》,東京,汲古書院,1999（=1999A）

天野元之助,《中國古農書考》,東京,1975

天野元之助,《中國農業史研究》,東京,御茶の水書房,1962

淺井紀,《明清時代民間宗教結社の研究》,東京,研文出版,1990

青山定雄,《唐宋時代の交通と地志、地圖の研究》,東京,1963

清水盛光,《中國鄉村社會論》,東京,1951

清水泰次,《中國近世社會經濟史》,東京,1950

河上光一,《宋代の經濟生活》,東京,1966

橫山英,《中國近代化の經濟構造》,東京,1972（=1972A）

橫田輝俊,《明代文人結社の研究》,廣島大學文學部紀要特輯號3,1975

4. 西文

Adam Y.C. Lui（吕元骢），*Chinese Censors and the Aliens Emperor, 1644-1660*（清初科道之权力及地位），H.K. 1978

Beattie, Hilary J., *Land and Lineage in China:A Study of T'ung-Cheng County, Anhwei, in the Ming and Ch'ing Dynasties,* Cambridge University Press, 1979.

Brook, Timothy, *The Confusions of Pleasure:Commerce and Culture in Ming China,* University of California Press, 1998

Ch'u, T'ung-tsu（瞿同祖），*Local Government in China under the Ch'ing,* Harvard University Press, 1962（范忠信、晏锋译，《清代地方政府》，法律出版社，2003）

Ch'u T'ung-tsu（瞿同祖），*Law and Society in Traditional China*（《传统中国之法律与社会》），Taipei, 1973

Chaffee, John W., *The Thorny Gates of Learning in Sung China,* Cambridge, The University of Cambridge Press, 1985

Chang, Chung-li（张仲礼），*The Chinese Gentry; Studies on their Role in Nineteenth Century Chinese Society*, Seattle, 1955（李荣昌译，《中国绅士》，上海社会科学院出版社，1991）

Chang, Chung-li（张仲礼），*The Income of the Chinese Gentry,* University of Washington Press, Seattle, 1962（费成康、王寅通译，《中国绅士的收入》，上海社会科学院，2001）

Chow, Yung-teh, *Social Mobility in China*, New York, 1966

Chuan, Han-sheng and Kraus, Richard A., *Mid-Ch'ing Rice Markets and Trade:An Essay in Price History,* Harvard University Press, 1975

Cohen, Paul A., *China and Christianity:the Missionary Movement and the Growth of Chinese Antiforeignism, 1860—1870*, Harvard University Press, 1963

Dennerline, J., *The Chia-ting Loyalists:Confucian Leadership and Social Change in Seventeenth-Century China*, Yale University Press, 1981

Elman, Benjamin A., *A Cultural History of Civil Examinations in Late Imperial China*, Univerity of California Press, 2000

Elvin, Mark, *The Pattern of Chinese Past*, Stanford University Press, 1973

Esherick, Joseph W., and Rankin, Mary B., *Chinese Local Elites and Pattern of Dominance,* University. of California Press, 1990

Fairbank, John K., *Late Ch'ing, 1800—1911, Part1, The Cambridge History of China* V.10, Cambridge University Press, 1978（=1978A）

Fei, Hisao-t'ung（费孝通），*China's Gentry*, Chicago, 1953

Feuerwerker, Albert, *Rebellion in Nineteenth-Century China*, The University of Michigan Press, 1975

Freedman, Maurice, *Lineage Organization in Southeastern China,* University of London, 1958

Handle, Joanna F., *Action in Late Ming Thought, The Reorientation of Lu' K'un and Other Scholar-Officials,* University of California Press, 1983

Ho, Ping-ti（何炳棣）, *Studies on the Population of China, 1368—1953*, Harvard University Press, 1959

Ho, Ping-ti（何柄棣）, *The Ladder of Success in Imperial China; Aspects of Social Mobility, 1368-1911*, New York, 1964

Hsiao, Kung-chuan（萧公权）, Rural China:*Imperial Control in the Nineteenth Century*, Seattle, 1960

Huang, Ray（黄仁宇）, *Taxation and Government Finance in Seventeeth-Century Ming China,* Cambridge University Press, 1974

Hucker, Charles O., *The Censorial System of Ming China*, Stanford University Press, 1966

James B. Parsons, *The Peasant Rebellions of the Late Ming Dynasty*, Atrizona, 1970

Kenneth Pomerantz, *The Great Divergence:Europe, China and the Making of Modern World Economy*, Princeton University Press, 2000

Kessler, Lawrence D., *K'ang-hsi and the Consolidation of Ch'ing Rule 1661—1684*, The University of Chicago Press, 1976

Kracke, Jr. Edward, *Civil Service in Sung China:960—1067*, Harvard University Press, 1953

Kuhn, Philip A., *Rebellion and Its Enemies in Late Imperial China, Militarization and Social Structure, 1796—1864*, Harvard University Press, 1970/1980

Lee, Robert H. G., *The Manchurian Frontier in Ch'ing History,* Harvard University Press, 1970

Li, Bozhong（李伯重）, *Agricultural Development in Jiangnan, 1620—1850*, St. Martin's Pr., Inc., N.Y., 1998

Lo, Winston, *An Introduction to the Civil Service of Sung China,* University of Hawai Press, 1987

Mammitzsch, Ulrich, *Wei Chung-hsien（1568—1628）:Reapraisal of the Eunuch and Factional Strife at the Late Ming Court,* Ann Arbor, U. Microfilm, 1968

Marsh, Robert, *The Mandarins; The Circulation of E'lite in China, 1600—1900*, New York, 1961

Meskil, John, *Academies in Ming China:A Historical Essay,* The University of Arizona Press, 1982

Mote, Frederick W. and Twitchett, Denis, *The Ming Dynasty 1368—1644, Part 1, The Cambridge History of China* v.7, Cambridge University Press, 1988（=1988A）

Myers, Ramon H., *The Chinese Peasant Economy,* Cambridge, Mass, 1970

Naquin, Susan and Rawski, Evelyn S., *Chinese Society in the Eighteenth Century*, Yale University. Press, 1987

Naquin, Susan, *Millenarian Rebellion in China, The Eight Trigram Uprising of 1813*, Yale University Press, 1976

Oxnam, Robert, B., *Ruling from the Horseback:Manchu Politics in the Oboi Regency 1661—1669*, The University. of Chicago Press, 1970

Parsons, James B., *The Peasant Rebellions of the Late Ming Dynasty*, The University of Arizona Press, 1970

Perdue, Peter C., *Exhausting the Earth State and Peasant in Hunan, 1500—1850*, Harvard

University Press, 1987

Perkins, Dwight H., *Agricultural Development in China, 1368—1968*, Chicago, 1969

Wong, R.. Bin, *China Transformed:Historical Change and the Limits of European Experience,* Cornell University Press, 2000

Rankin, Mary B., *Elite Activism and Political Transition in China:Zhejiang Province, 1865—1911,* Stanford University Press, 1986

Rawski, E. Sakakida, *Agricultural Change and the Peasant Economy of South China,* Harvard University Press, 1972

Rawski, Evelyn S., *Education and Popular Literacy in Ch'ing China,* The University of Michigan Press, Ann Arbor, 1979.

Rowe, William T., *Hankow, Commerce and Society in a Chinese City, 1796—1889,* Stanford University Press, 1984

Schoppa, R. Keith, *Chinese Elites and Political Change:Zhejiang province in the Early Twentieth Century,* Cambridge, Mass, Harvard University Press, 1982

So, Kwan-wai, *Japanese Piracy in Ming China during the 16th Century,* Michigan State University Press, 1975

Struve, Lynn A., *The Southern Ming 1644—1662,* Yale University Press, 1984

Wakeman, Frederic and Carolyn, Grant ed., *Conflict and Control in Late Imperial China,* University of California Press, 1975

Wakeman Jr., Frederic, *The Great Enterprise, The Manchu Reconstruction of Imperial Order in Seventeenth-Century China,* University of California Press, 1985

Wang, Yeh-chien（王业键）, *Land Taxation in Imperial China, 1750 —1911,* Harvard University Press, 1973

Watt, J.R., *The District Magistrate in Kate Imperial China,* New York, 1972

研究论文

1. 韩文

姜元黙，《'金羅店銀南翔'論에 대한 再考察》，《首爾大東洋史學科論集》27，2003

姜元黙，《康乾時期江南乞丐問題와 '盛世'의 虛像》，《東洋史學研究》111，2010

權仁容，《清初徽州의 里編制와 增圖》，《中國史研究》18，2002

權重達，《明代의 教育制度—특히 明王朝의 君主獨裁的 性格과 관련하여》，《大同文化研究》17，1983

權重達，《朱元璋政權參與儒學者의 思想的 背景》，《人文學研究》14，1987

金斗鉉，《遼東支配期奴兒哈赤의 對漢人政策》，《東洋史學研究》25，1987

全明姬，《順治初期의 反清運動研究—薙髮令과 漢族의 抵抗運動을 중심으로》，《淑大史論》10，1979

金培喆,《教案과義和團》, 首爾大學校東洋史研究室編,《講座中國史 IV—帝國秩序의完成》, 知識産業社, 1989

金仙憓,《明代徽州의訴訟과鄉村組織에관한研究》, 高麗大學校大學院博士論文, 2003

金誠贊,《明末松江府鄉紳董其昌事件의再檢討》,《首爾大東洋史學科論集》16, 1992

金鍾博,《明代田賦의銀納化過程에관한一考察》,《史叢》19, 1975

金鍾博,《明代一條鞭法의成立過程》,《史學志》15, 1981

金鍾博,《明代嘉靖期의土地丈量와一條鞭法의出現》,《金俊燁教授華甲紀念中國學論叢》, 首爾, 1983

金鐘博,《明末清初期里甲制의廢止와保甲制의施行》,《中國史研究》19, 2002

閔耕俊,《清代江南의綿紡織生産構造—紡織分業과관련하여》,《中國史研究》23, 2003

閔斗基,《清代 '生監層' 의性格—特히그階層의個別性을中心으로》,《亞細亞研究》20, 1965（→同氏,《中國近代史研究—紳士層의思想과行動》, 首爾, 一潮閣, 1973）

閔斗基,《清代幕友制와行政秩序의特性—乾隆朝를前後한時期》,《中國近代史研究》, 首爾, 1973（=1973B）

閔斗基,《清末諮議局의開設과그性格》,《中國近代史研究》, 首爾, 1973（=1973B）

朴基水,《手工業》, 吳金成外,《明清時代社會經濟史》, 이산, 首爾, 2007

朴敏洙,《清代江南市鎮의牙行과會館、公所의建立 - 碑刻資料의分析을中心으로》,《東洋史學研究》117, 2011

朴元熇,《明代徽州宗族組織擴大의한契—歙縣의柳山方氏를中心으로》,《東洋史學研究》55, 1996

朴赫淳,《陳名夏彈劾事件에대한一考察—順治親政體制의性格과關聯하여》,《首爾大東洋史學科論集》12, 1988

徐仁範,《明中期捐納制에대하여—捐納額의지역차및그비중등을중심으로》,《東洋史學研究》72, 2000

徐仁範,《明中期의捐納制와軍餉調達》,《歷史學報》164, 1999

宋正洙,《明末、清初의鄉村統治制度의變遷》,《學林》5, 1983（=1983A）

宋正洙,《清初鄉村統治의理想—黃六鴻의保甲制를中心으로》,《慶尚大論文集》22, 1983（=1983B）

宋正洙,《明清時代鄉約의成立과그推移》,《慶尚史學》1, 1985

宋正洙,《明清時代鄉村支配》,《明清時代社會經濟史入門》, 2007

吳金成,《張居正의教育政策》,《歷史教育》14, 1971

吳金成,《明代提學官制의一研究》,《東洋史學研究》6, 1973

吳金成,《对于在日本中国明、清时代绅士层研究》,《东亚文化》15, 1978（→《日本における中国明、清时代绅士层研究について》,《明代史研究》7, 1979）

吳金成,《睿親王攝政期의清朝의紳士政策》,《韓㳓劤博士停年紀念史學論叢》, 首爾, 1981（=1981A）

吳金成,《中國의科舉制와그政治、社會的機能—宋、明、清時代의社會의階層移動을中心으로》, 歷史學會,《科舉》, 首爾, 一潮閣, 1981（=1981B）

吳金成,《順治親政期의清朝權力과江南紳士》,《歷史學報》122, 1989

吳金成,《明末、清初商品经济的发展和'资本主义萌芽'论》,《明末、清初社会的照明》, 한 울아카데미, 1990

吳金成,《明中期의人口移動과그影響—湖廣地方의人口流入을中心으로》,《歷史學報》137, 1993

吳金成,《明末湖廣의社會變化와承天府民變》,《東洋史學研究》47, 1994

吳金成,《張居正의改革政治와그性格》,《黃元九教授停年記念論叢, 東아시아의人間像》, 首 爾, 1995

吳金成,《入關初清朝權力의浸透와地域社會:廣東東、北部地方을中心으로》,《東洋史學研 究》54, 1996(日譯:《入關初清朝權力の浸透と地域社會—廣東東、北部地方を中心に》(上、 下),《明代史研究》26, 27, 1998, 1999)

吳金成,《元末動亂期의鄉村支配層과武裝蜂起集團》, 翰林科學院,《歷史의再照明》(2), 首 爾, 小花, 1997

吳金成,《王朝交替期의地域社會支配層의存在形態:明末清初의福建社會를中心으로》,《近世 東아시아의國家와社會》, 知識産業社, 首爾, 1998

吳金成,《《金瓶梅》를통해본16세기의中國社會》,《明清史研究》27, 2007(=2007B)

吳金成,《紳士》,《明清時代社會經濟史入門》, 이산, 首爾, 2007(=2007C)

王天有,《萬曆、天啓時期의市民鬪爭과東林黨議》, 朴元熇,《中國의歷史와文化》, 高大, 1992

元廷植,《清代福建社會研究》, 서울大學校文學博士論文, 1996

元廷植,《前近代中國宗族社會의變化와戰亂:16—17世紀福建地域을中心으로》,《中國史研 究》27, 2003

李敏鎬,《張居正(1525—1582)財政政策性格—財政의中央執權化와江南地主層牽制》,《東 洋史學研究》50, 1995

李敏鎬,《明代市廛商人에대한商税徵收方法의推移—税課司、税課局閉止、合併問題와關聯 하여》,《中國史研究》15, 2001

李伯重,《工業發展과都市變化—明中葉에서清中葉의蘇州》, 서울大學校東亞文化研究所, 《中國歷代都市構造와社會變化》, 首爾大學校出版部, 2003(=2003E)

李成珪,《清初地方統治의確立過程과鄉紳—順治年間의山東地方을中心으로》,《首爾大東洋 史學科論集》1, 1977

李允碩,《明清時代江南에서의商品流通과牙行》,《首爾大東洋史學科論集》19, 1995

李允碩,《明末의江南'士人'과文社活動—그社會文化的背景을中心으로》,《東洋史學研究》 57, 1997

李俊甲,《順治初洪承疇의江南招撫活動과그意義》, 首爾大學校大學院碩士論文, 1991

李俊甲,《順治年間清朝의湖廣剿撫와兵餉補給》,《東洋史學研究》48, 1994

李俊甲,《清代中後期四川의紳士層과胥吏、無賴—地方秩序와관련하여》,《首爾大東洋史 學科論集》20, 1996)

李俊甲,《明末清初四川의動亂과그影響—'屠蜀'像의再檢討와關聯하여》,《近世東아시아

이國家와社會》, 서울大學校東洋史學研究室編, 지식산업사, 1998

이지영, 《淸前期東北地域의 流入人口와 城鎭發達》, 《서울대東洋史學科論集》29, 2005

鄭炳喆, 《明末·淸初華北에서의 自衛活動과 紳士—山東·北直隷을중심으로》, 《東洋史學研究》43, 1993

鄭炳喆, 《明末淸初의 華北社會研究》, 首爾大學校大學院 文學博士學位論文, 1996

崔德卿, 《中國古代鐵製農具와 農業生產力의 發達》, 建國大學博士論文, 1991

崔晶姸, 《明末~淸中期의 蘇·浙地域의 抗租運動》, 《首爾大東洋史學科論集》10, 1986

崔晶姸·李範鶴, 《明末淸初稅役制度改革과 紳士의 存在形態》, 《歷史學報》114, 1987

崔熙在, 《周漢教案과 張之洞의 對應》, 《歷史教育》43, 1988

河世鳳, 《淸代白蓮教亂期의 鄕勇의 構成》, 《慶大史論》2, 1986

2. 中文

岸本美绪, 《清初上海的审判与调解——以〈历年记〉为例》, 《近世家族与政治比较历史论文集》(上), 台北, "中研院", 1992 (=1992A)

巴根, 《明清绅士研究综述》, 《清史研究》1996-3

卞恩才、林述, 《一部富有特色的地方经济史专著〈明清徽州农村社会与佃仆制〉一书介绍》, 《江淮论坛》1983-3

卞利, 《明代徽州的地痞无赖与徽州社会》, 《徽州大学学报(哲学社会科学版)》1996-5

蔡惠琴, 《明清无赖的社会活动及其人际关系网之探讨——兼论无赖集团、打行及窝访》, 清华大学硕士论文, 1993

蔡晓荣, 《江西士绅与晚清社会剧变——以江西士绅在太平天国运动和辛亥革命时期的历史作用为考察中心》, 江西师范大学硕士学位论文, 2002

曹尔琴, 《唐代经济重心的转移》, 《历史地理》2, 1982

曹树基, 《明清时期的流民和赣南山区的开发》, 《中国农史》1985-4

曹树基, 《明清时期的流民和赣北山区的开发》, 《中国农史》1986-2

曹树基, 《湖南人由来新考》, 《历史地理》9, 1990 (=1990A)

曹树基, 《清代玉米、番薯分布的地理特征》, 《历史地理研究》2, 1990 (=1990B)

曹树基, 《明代初年长江流域的人口迁移》, 《中华文史论丛》47, 1991

曹树基, 《洪武时期凤阳府的人口迁移》, 《安徽史学》1997-3 (=1997B)

曹树基, 《清代台湾拓垦过程中的股份制经营——兼论中国农村资本主义萌芽理论的不成立》, 《中国社会科学》1998-2

柴德赓, 《记永禁机匠叫歇碑发现经过》, 《文物参考资料》1956-7

常建华, 《论明代社会生活性消费风俗的变迁》, 《南开学报》1994-4

晁中辰, 《清前期人口激增对资本主义萌芽的阻碍》, 《山东师大学报》1982-1

晁中辰, 《清前期人口激增资本主义萌芽的阻碍》, 《山东师大学报》1982-2

陈宝良, 《论晚明的士大夫》, 《齐鲁学刊》1991-2

陈宝良, 《明代无赖阶层的社会活动及其影响》, 《齐鲁学刊》1992-2(《复印报刊明清史》1993-3)

陈宝良，《晚明生员的弃巾之风及其山人化》，《史学集刊》2000-2（=2000A）

陈宝良，《明代生员层的经济特权及其贫困化》，《中国社会经济史研究》2000-2（=2000B）

陈宝良，《明代生员层社会生活之真面相》，《浙江学刊》2001-3（=2001A）

陈宝良，《明人文集之学政史料及其价值》，中国明代研究学会，《明人文集与明代研究》，台北，中国明代研究学会，2001（=2001B）

陈宝良，《明代生员层的社会职业流动及其影响》，《明清论丛》3，2002

陈春声，《论清末广东义仓的兴起》，《中国社会经济史》1994-1

陈锋，《中国的原始积累问题》，《江汉学报》1962-3

陈高华，《元末浙东地区与朱元璋》，《新建设》1963-5

陈高华，《元末农民起义中南方汉族地主的政治动向》，《新建设》1964-12

陈桂炳，《略论晚清泉州绅商》，《中国社会经济史研究》2000-2

陈国栋，《哭庙与焚儒服——明末清初生员层的社会性动作》，《新史学》1992-1

陈寒鸣，《金华朱学：洪武儒学的主流》，《朱子学刊》1995-1

陈怀荃，《批判尚钺同志〈有关中国资本主义萌芽问题的二三事〉一些错误观点》，《安徽史学》1960-4

陈家富，《清代的闭关政策及其危害》，《中学历史教学》1986-2

陈剑安，《江西举督刍议》，《江西社会科学》1980-4

陈剑安，《江西的近代化学堂》，《江西社会科学》1993-4

陈柯云，《论清初的"海禁"》，《北京师范学院学报》1980-1

陈铿，《〈醒世姻缘传〉看明清之际的地方士绅》，《厦门大学学报》1985-4

陈丽娟、王光成，《明清时期山东农村集市中的牙行》，《安徽史学》2002-4

陈茂山，《试论明代中后期的社会风纪》，《史学集刊》1989-4

陈乃圣，《论资本原始积累与暴力的关系——和伍纯武先生商榷》，《学术月刊》1961-6

陈平，《社会传统和经济结构的关系》，《学习与探索》1981-3

陈生玺，《清兵入关与吴三桂降清问题》，《明清史国际学术讨论会论文集》，天津，1982

陈诗启，《明代的工匠制度》，《历史研究》1956-6（收入《中国资本主义萌芽问题讨论集》，北京，生活·读书·新知三联书店，1957）

陈诗启，《明代的灶户和盐的生产》，《厦门大学学报》1957-6

陈诗启，《明代的官手工业及其演变》，《历史教学》1962-10

陈守实，《读〈永禁机匠叫歇碑记〉》，《复旦》1959-7（=1959A）

陈守实，《跋〈苏州织造局志〉》，《复旦》1959-10（=1959B）

陈守实，《一条鞭法施行后的丁徭问题》，《学术月刊》1962-7

陈树平，《玉米和番薯在中国传播情况研究》，《中国社会科学》1980-3

陈文石，《清代满人政治参与》，《历史语言研究所集刊》48-4，1977

陈梧栋，《论元末农民战争中的朱元璋》，《中国农民战争史论丛》5，1987

陈学文，《明清时代佛山经济的初步研究》，《理论与实践》1959

陈学文，《试论明清时期闽粤地区蔗糖业的生产性质》，《羊城晚报》1962年1月25日

陈学文，《中国古代蔗糖工业的发展》，《史学月刊》1965-3

陈学文，《明代中叶浙江杭嘉湖地区农业中商品生产和雇佣劳动的探索》，《浙江学刊》1980-1

陈学文，《论明代江浙地区市镇经济的发展》，《温州师专学报》1981-2

陈学文，《明代杭州城市经济的发展及其特色》，《浙江学刊》1982-2

陈学文，《论嘉靖时的倭寇问题》，《文史哲》1983-5

陈学文，《明清时期江南的一个专业市镇：濮院镇的经济结构之探索》，《中国社会经济史研究》1985-1

陈学文，《明代中叶民情风尚习俗及一些社会意识的变化》，《山根幸夫教授退休记念明代史论丛》，东京，汲古书院，1990（=1990A）

陈学文，《明代中叶以来弃农弃儒从商风气和重商思潮的出现》，《九州岛学刊》3-4，1990（=1990B）

陈学文，《万历杭州兵民变考索》，《明清社会经济史研究》，台北，稻禾出版社，1991（=1991B）

陈野，《论徽州商业资本的形成及其特色——试以徽州一地为例来论证明清时期商业资本的作用问题》，《安徽史学通讯》1958-5

陈在正，《1654 至 1661 年清郑之间的和战关系及其得失——兼与台湾历史学者商榷》，《郑成功研究论文选续集》，福州，福建人民出版社，1984

陈湛若，《试论〈红楼梦〉社会背景——评吴大琨先生的几个论点》，《文史哲》1956-4

陈振汉，《明末清初（1620-1720）年中国的农业劳动生产率，地租和土地集中》，《经济研究》1955-3

陈智超，《宋代的书铺与讼师》，《刘子健博士颂寿记念宋史研究论集》，东京，1989

陈忠平，《明清时期江南市镇的牙人与牙行》，《中国经济史研究》1987-2

陈忠平，《明清江南市镇人口考查》，《南京师大学报》1988-4

陈忠平，《明清时期江南地区市场考察》，《中国经济史研究》1990-2

程洪、罗翠芳，《试论中西 16 世纪商业资本的不同命运》，《武汉教育学院学报》2000-5

程厚恩，《清代江浙地区米粮不足原因探析》，《中国农史》1990-3

池子华，《沉重的历史省思——近代中国的乞丐及其职业化》，《中国党政干部论坛》2004-4

从翰香，《关于中国民族资本的原始积累问题》，《历史研究》1962-2

从翰香，《中国封建社会内资本主义萌芽诸问题》，《历史研究》1963-6

从翰香，《试述明代植棉和棉纺织业的发展》，《中国史研究》1981-1

从翰香，《论明代江南地区的人口密集及其对经济发展的影响》，《中国史研究》，1984-3

答振益，《从尚钺对中国近代社会性质的歪曲看其修正主义观点》，《史学月刊》1960-7

戴斌武，《丁宝桢反教心态及范式透视》，《贵州社会科学》2004-1

戴静华，《两宋的行》，《学术研究》1963-9

丹戈，《历史材料的调查和研究——读傅衣凌〈明清农村社会经济〉》，《文汇报》1962 年 4 月 1 日

单强，《江南资本主义家庭劳动的结构与功能》，《苏州大学学报》1995-2

单强，《略论近代江南市场经纪人》，《苏州大学学报》1997-3

邓福秋，《两汉前期的市场经济和我国历史上的资本主义萌芽问题〈史记货殖列传〉札记之二》，《中国经济研究》1994-4

邓拓，《从万历到乾隆—关于中国资本主义萌芽时期的一个论证》，《历史研究》1956-10

邓拓，《近代中国资本主义发展曲折过程》，《论中国历史的几个问题》，北京，生活·读书·新知三联书店，1959（=1959A）

邓拓，《论〈红楼梦〉的社会背景和历史意义》，《论中国历史的几个问题》，北京，生活·读书·新知三联书店，1959（=1959B）

邓小东，《略论民国时期的乞丐问题》，《宁夏社会科学》2004-1

邓小东、杨骏，《民国时期的乞丐及乞丐救济》，《晋阳学刊》2004-1

丁长清，《试论中国近代农业中资本主义的发展水平》，《南开大学学报》1984-6

丁易，《明代苏松常三府人民反官僚地主的斗争》，《新建设》1952-2

定光平、彭南生，《清以降乡村绅商的形成及其社会经济功能——以湖北羊楼洞雷氏等家族为例》，《中国农史》2005-1

董立章，《略论中国资本主义萌芽于宋》，《华南师范大学学报》（社会科学版）2001-3

董一清，《从清初至鸦片战争中国资本主义因素的萎缩和成长》，《历史教学》1955-3

杜宝才，《清代北京市场述略》，《北京商学院学报》1984-1

杜德风，《太平天国在江西的失败》，《近代史研究》1992-4

杜黎，《关于鸦片战争前苏松地区棉布染踹业的生产关系》，《学术月刊》1962-12

杜婉言，《明代宦官与明代经济》，《中国史研究》1980-2

杜香芹、王先明，《乡绅与乡村权力结构的演变——20世纪三、四十年代闽中乡村权力的重构》，《中国农史》2004-3

杜真，《关于中国资本主义萌芽问题的讨论》，《历史研究》1956-7

段本洛，《商品经济的发展孕育着资本主义萌芽——明末清初苏松地区商品经济发展的一斑》，《光明日报》1975年11月13日

段本洛，《论清代苏州丝织业中商业资本的性质》，《中学历史》1980-4

段本洛，《论明末清初苏松地区的棉纺织手工业》，《中学历史》1985（=1985A）

段本洛，《明末清初苏州商品经济的发展》，《中学历史》1985（=1985B）

段本洛，《苏州丝织手工业中资本主义萌芽的孕育》，《历史教学》1986-1

段从光，《赣西棚民的抗清斗争》，《历史教学》1955-1

段建宏，《封建社会后期中西手工工场之比较——再论资本主义萌芽问题》，《晋东南师范专科学校学报》2003-3

樊树志，《明代荆襄流民与棚民》，《中国史研究》1980-3

樊树志，《明代江南市镇研究》，《明史研究论丛》第2辑，1983

樊树志，《明清江南市镇的实态分析—以苏州府嘉定县为中心》，《学术研究》1988-1

范传贤，《明清时代农业中的资本主义萌芽》，《中国人民大学学报》1990-1

范金民，《明清时期苏州的外地商人述略》，洪焕椿、罗仑，《长江三角洲地区社会经济史研究》，南京大学，1989

范金民，《明代禁酒禁曲的初步研究》，《九州岛学刊》4-3，1991

范金民，《明代江南丝绸的国内贸易》，《史学月刊》1992-1

范金民，《清代苏州宗族义庄的发展》，《中国史研究》1995-1

范金民，《明清地域商人与江南市镇经济》，《中国社会经济史研究》2003-4（2003A）

范金民，《清代苏州城市文化繁荣的写照——〈姑苏繁华图〉》，《江海学刊》2003-5（2003B）

范毅军，《明中叶以来江南市镇的成长趋势扩张性质》，《历史语言研究所集刊》73-3，2002

范植清，《明末农民大起义与汉口镇的发展》，《中国农民战争史研究集刊》4，1985

方楫，《明代手工业发展的趋势》，《历史教学问题》1958-4

方健，《关于宋代江南农业生产力发展水平的若干问题研究》，范金民主编，《江南社会经济研究》（六朝隋唐卷），北京，中国农业出版社，2006

方诗铭、汤志钧，《不能容许对中国近代史的起点加以曲解——评尚钺同志对中国近代史分期的论点》，《学术月刊》1960-5

方行，《清代陕西地区资本主义萌芽兴衰条件的探索》，《经济研究》1979-12

方行，《中国封建社会的经济结构与资本主义萌芽》，《历史研究》1981-4

方行，《论清代前期地主经济的发展》，《中国史研究》1983-2

方行，《清代前期小农经济的再生产》，《历史研究》1984-5

方行，《清代前期江南的劳动力市场》，《中国经济史研究》2004-2

方卓芬、方梧，《许涤新与中国资本主义发展史研究》，《文史哲》2002-3

封越健，《论清代商人资本的来源》，《中国经济史研究》1997-2

冯尔康，《试论清中叶皖南富裕棚民的经营方式》，《南开大学学报》1978-2

冯尔康，《论清朝苏南义庄的性质与族权的关系》，《中华文史论丛》1980-3

冯汉镛，《读〈中国封建社会内资本主义因素的萌芽〉后的一点意见》，《光明日报》1956年12月6日

冯贤亮，《明末清初江南的地方防护》，《云南社会科学》2001-3

夫马进，《明清时代的讼师与诉讼制度》，《明清时期的民事审判与民间契约》，北京，法律出版社，1998

夫马进，《试论明末徽州府的丝绢分担纷争》，《中国史研究》2000-2

付庆芬，《清初"江南奏销案"补证》，《江苏社会科学》（南京）2004-1（《复印报刊资料》，《明清史》2004-2

傅崇兰，《论明清时期杭州城市的发展》，《中国史研究》1983-4

傅同钦，《明代安徽文约拾零》，《南开史学》1981-2

傅同钦，《明清时期的广东沙田》，《学术研究》1981-3

傅衣凌，《明末清初闽赣毗岭地区的社会经济与佃农抗租风潮》，《社会科学》3-3、4，1947（收入同氏，《明清社会经济史论文集》，北京，人民出版社，1982）

傅衣凌，《明代苏州织工、江西陶工反封建斗争史料类辑》，《厦门大学学报》1954-1（收入《中国资本主义萌芽问题讨论集》上，北京，生活·读书·新知三联书店，1957）

傅衣凌，《明代江南地主经济新发展的初步研究》，《厦门大学学报》1954-5

傅衣凌，《从〈红楼梦〉一书谈到清代的社会性质问题》，《厦门大学学报》1955-1

傅衣凌，《明代江南富户的分析》，《厦门大学学报》1956-1（=1956B）

傅衣凌，《明代徽州商人》，《明清时代商人及商业资本》，北京，人民出版社，1956（=1956C）

傅衣凌，《明末清初江南及东南沿海地区"富农经营"的初步考察》，《厦门大学学报》1957-1

傅衣凌，《论明清时代的棉布字号》，《明代江南市民经济试探》，上海，上海人民出版社，1957（=1957B）

傅衣凌，《明代后期江南城镇下层士民的反封建运动》，《明代江南市民经济试探》，上海，上海人民出版社，1957（=1957C）

傅衣凌，《明代浙江龙游商人拾零》，《光明日报》1958 年 3 月 3 日（=1958A）

傅衣凌，《明清时代河南武安商人考略》，《学术论坛》1958-1（=1958B）

傅衣凌，《关于明末清初织工农村社会关系的新估计》，《厦门大学学报》1959-2

傅衣凌，《明清之际的"奴变"和佃农解放运动》，《明清农村社会经济》，北京，生活·读书·新知三联书店，1961（=1961B）

傅衣凌，《我对于明代中叶以后雇佣劳动的再认识》，《历史研究》1961-3（=1961C）

傅衣凌，《关于织工资本主义萌芽的若干问题的商榷——附论中国封建社会长期迟滞原因》，《文汇报》1961 年 12 月 21 日（=1961D）

傅衣凌，《从一篇史料看十七世纪中国海上贸易商性质》，《文汇报》1962 年 11 月 2 日

傅衣凌，《关于中国资本主义萌芽的几个问题》，《江海学刊》1964-1（=1964A）

傅衣凌，《明清时代江南市镇经济的分析》，《历史教学》1964-5（=1964B）

傅衣凌，《论明清社会的发展和迟滞》，《社会科学战线》1978-4

傅衣凌，《明代江西的工商人及其移动》，《抖擞》41，1980（收入同氏，《明清社会经济史论文集》，北京，人民出版社，1982）

傅衣凌，《略论我国农业资本主义萌芽的发展规律》，《明清社会经济史论文集》，北京，人民出版社，1982（=1982B）

傅衣凌，《清代中叶川陕湖三省变区手工业形态及其历史意义》，《明清社会经济史论文集》，北京，人民出版社，1982（=1982C）

傅衣凌，《明万历二十二年福州的抢米风潮——明末社会变革与动乱杂考之二》，《南开学报》1982-5（=1982D）

傅衣凌，《明代经济史上的河南与山东》，《社会科学战线》1984（=1984A）

傅衣凌，《我是怎样研究明清资本主义萌芽的》，《文史知识》1984（=1984B）

傅筑夫，《中国原始资本积累发展迟缓的原因》，《天津日报》1956 年 1 月 27 日（=1956B）

傅筑夫，《唐宋时代商品经济的发展与资本》，《陕西师范大学学报》1979-1

傅筑夫，《再论资本主义萌芽——关于资本主义萌芽的几点补充意见》，《社会科学战线》1983-1

傅筑夫，《说中国有一个商业资本主义历史阶段是错误的》，《社会科学战线》1984-4

傅筑夫、谷书堂，《中国原始资本积累问题》，《南开大学学报》1956-1（=1956A）

傅筑夫、李竞能，《中国封建社会内资本主义因素的萌芽》，《新建设》1995-10、11

甘满堂，《清代福建地痞无赖与福建社会》，《福州大学学报》1999-7

高寿仙，《关于中国人的"流氓性"以及明代流氓阶层膨胀的社会原因的几点看法——与王毅先生商榷》，《社会学研究》2002-1

高翔，《论清前期中国社会的近代化趋势》，《中国社会科学》2000-4

高言弘，《封建国家的经济政策与资本主义萌芽》，《广西大学学报》1982-2

葛金芳、顾蓉，《从原始工业化进程看宋代资本主义萌芽的产生》，《社会学研究》1994-6

葛荣晋，《明清实学与中国资本主义》，《人文杂志》2003-1

龚关，《官府、牙行与市集——明清至民国时期华北集市的市场制度分析》，《天津商学院学报》2001-1

龚胜生，《论"湖广熟天下足"》，《农业考古》1995-1

谷书堂，《我国的资本原始积累问题》，《学术月刊》1961-6

顾准，《资本的原始积累和资本主义发展》，《顾准文集》，贵阳，贵州人民出版社，1994

贵芳，《宝山泥船和商船会——记明清两代上海海运业盛况》，《解放日报》1956 年 8 月 4 日

桂栖鹏，《元代进士在元末农民战争时期的动向》，《浙江师大学报》（社会科学版）2000-6

郭劲、王礼鑫、刘亚平，《试论封建官僚制度的流弊对宋代资本主义萌芽的影响》，《黄冈师范学院学报》1999-6

郭世佑，《排外意识与贺金声募勇反教》，《湘潭大学学报》1995-6

郭松义，《江南地主阶级与清初中央政权的矛盾及其发展和变化》，《清史论丛》1，1979

郭松义，《清代国内海运贸易》，《清史论丛》4，1983

郭松义，《清代的人口增长和人口流迁》，《清史论丛》5，1984

郭松义，《玉米、番薯在中国传播中的一些问题》，《清史论丛》7，1986

郭松义，《清初四川的外来移民与经济发展》，《中国经济史研究》1988-4

郭松义，《清代粮食市场和商品粮数量的估测》，《中国史研究》1994-4

郭正忠，《宋代纺织业中的"包买商"》，《光明日报》1984 年 7 月 18 日

郭正忠，《宋代四川盐业生产中的资本主义萌芽》，《社会科学研究》1981-6

韩大成，《明代牙行浅论》，《社会科学战线》1986-2

郝秉键，《晚明清初江南"打行"研究》，《清史研究》2001-1

郝康迪，《十六世纪江西吉安府的乡约》（余斯忠译），《赣文化研究》6，1999

郝康迪，《十六世纪江西吉安府的乡约参考文献》（余斯忠译），《赣文化研究》7，2000

何炳棣，《南宋至今土地数字的考释和评价》（上、下），《中国社会科学》1985-2（=1985A）

何炳棣，《美洲作物的引进传播及其对中国粮食产生的影响》，《历史论丛》5，1985（=1985B）（《大公报在港复刊三十周年纪念文集》，香港，香港大公报，1978）

何炳棣，《明代进士与东南文人》，柏桦，《庆祝王钟翰教授八十五暨韦庆远教授七十华诞学术论文合集》，合肥，黄山书社，1999

何清谷，《略论战国时期的雇佣劳动》，《陕西师范大学学报》1981-4

何泉达，《明代松江地区棉产研究》，《中国史研究》1993-4

何淑宜，《以礼化俗——晚明士绅丧俗改革思想及其实践》，《新史学》11-3，2000（=2000B）

贺跃夫，《晚清士绅与中国近代化》，《中山大学学报》1993-3

贺跃夫，《清末广东士绅与辛亥革命》，《辛亥革命史丛刊》9，1997

洪焕椿，《关于明代资本主义生产的萌芽问题》，《历史教学问题》1958-4

洪焕椿，《论 15-16 世纪江南地区资本主义生产关系的萌芽》，《历史教学问题》1958-4

洪焕椿，《批判尚钺同志在明清社会经济中的修正主义观点》，《江海学刊》1960-4

洪焕椿，《论明清苏州地区会馆的性质与作用——苏州工商业碑刻资料剖析之一》，《中国史研究》1980-2（=1980A）

洪焕椿，《清代苏州手工业工匠的工资状况和叫歇斗争》，《群众论丛》1980-4（=1980B）

洪焕椿，《明清封建专制政权对资本主义萌芽的阻碍》，《历史研究》1981-5（=1981A）

洪焕椿，《明清苏州地区资本主义萌芽初步考察》，《中国资本主义萌芽研究论文集》，上海，1981（=1981B）

洪焕椿，《评刘石吉先生的明清江南市镇研究》，《学术月刊》1984-12

洪冕堂，《论清代前期的苏州、松江、嘉兴、湖州四府的农业经济发展与资本主义萌芽》，《明清资本主义萌芽研究论文集》，1981

侯且岸，《资本主义萌芽—过密化—商品化》，《史学理论研究》1994-2

侯外庐，《论明清之际的社会、阶级关系和启蒙思潮的特点》，《新建设》1955-5

侯外庐，《十七世纪的中国社会和启蒙思潮的特点》，《中国早期启蒙思想史》第一章，北京，人民出版社，1956

胡阿祥，《红巾军反元复宋与朱元璋国号大明述论》，《烟台师范学院学报》（哲学社会科学版）2001-01

胡成，《"资本主义萌芽"与本土化研究的思考》，《史学理论研究》1999-2

胡寄窗，《论中国封建经济成熟甚久瓦解特慢的原因》，《经济研究》1981-6

胡嘉，《评傅衣凌著明清时代社会经济史研究论文集两种》，《历史研究》1953-3

胡嘉，《论明清时期资本主义萌芽形态》，《安徽大学学报》1963-11

胡巨川，《从碑碣看台湾之流民与乞丐》，《史联杂志》20，1992

胡铁文，《试论清前期景德镇制瓷业中官窑行会同资本主义萌芽的关系》，《中国社会科学院经济研究所集刊》第5集，北京，中国社会科学出版社，1983

胡铁文，《试论行帮》，《文史哲》1984-1

胡小平，《中国封建社会商人资本的积累及转移》，《财经科学》1988-4

华山，《从茶叶经济看宋代社会》，《文史哲》1957-2、3

黄广廓，《鸦片战争前的清海关是资本主义萌芽的桎梏》，《郑州大学学报》1985-1

黄国强，《明中叶荆襄地区流民的垦荒斗争》，《中国农民战争史研究集刊》4，1985

黄国信，《绅商之间——从周学思叩阍案透视清初乡村的权力关系》（《近代中国乡村社会权势》国际学术研讨会，中山大学历史系，2004年7月12日—13，发表文）

黄汉民，《关于中国民族市场形成问题的讨论》，《历史研究》1962-3

黄凌飞，《略论封建主义对福建资本主义萌芽的束缚》，《福建论坛》1981-2

黄冕堂，《论清代前期的苏州、松江、嘉兴、湖州四府的农业经济发展与资本主义萌芽》，《明清资本主义萌芽研究论文集》，上海，上海人民出版社，1981

黄启臣，《明代民营冶铁业的经营方式是资本主义工场手工业吗？》，《理论与实践》1959-6

黄启臣，《中国封建社会经济结构问题讨论简述》，《羊城晚报》1982年11月17日

黄启臣，《明代广东铁矿业的反封建斗争》，《中学历史教学》1983-1（=1983A）

黄启臣，《试论明清时期商业资本流向土地问题》，《中山大学学报》1983-1（=1983B）

黄启臣，《明清珠江三角洲商业与商人资本的发展》，《中国社会经济史研究》1984-3

黄仁宇，《从〈三言〉看晚明商人》，《香港中文大学中国文化研究所学报》7-1，1974（收入同氏，《放宽历史的视界》，北京，生活·读书·新知三联书店，2001）

黄瑞卿，《明代中后期士人弃学经商之风初探》，《中国社会经济史研究》1990-2

黄盛璋，《唐代户口的分布与变迁》，《历史研究》1980-6

黄锡之，《从〈盛世滋生图〉看乾隆时期苏州对江南社会经济的影响》，《中国农史》2003-4

黄一农，《明末清初天主教传华史研究的回顾与展望》，《新史学》7-1

黄逸峰，《中国资本原始积累的形式及其特点》，《江海学刊》1962-3

黄志繁，《清代赣南市场研究》，南昌大学硕士学位论文，1998

黄志繁，《十七至十八世纪的赣流民、土著与社会动乱》，《赣文化研究》7，2000

黄志繁，《12-18世纪赣南的地方动乱与社会变迁》，中山大学博士学位论文，2001

黄志繁，《乡约与保以明代赣南为中心的分析》，《中国社会经济史研究》2002-2

黄志繁，《清代赣南的生态与生计——兼析山区商品生产发展之限制》，《中国农史》2003-3

黄志中，《福建地区商品经济的发展和资本主义萌芽》，《福建师范大学学报》1981-2

惠东，《〈明清社会经济形态和研究〉一书的史料问题》，《江海学刊》1962-2

吉敦谕，《〈论北宋时资本主义生产关系的产生〉一文的若干意见》，《光明日报》1963年2月27日

贾大泉，《井盐与宋代四川的政治和经济》，《西南师范学院学报》1983-3

贾海彦，《明代资本主义萌芽的新制度经济学解释》，《文史哲》2004-3

贾敬颜，《明代景德镇的瓷器业和松江的棉布业》，《历史教学》1954-8

翦伯赞，《论18世纪上半期中国社会经济的性质——兼论红楼梦所反映的社会经济情况》，《北京大学学报》（人文科学版）1955-2

翦伯赞，《"新冒出来"的史学体系还是"旧的传统史学体系"的翻版》，《历史研究》1960-3

江太新，《中国农业资本主义萌芽问题讨论述评》，《中国社会经济史研究》1984-1

姜守鹏，《清代前期的会馆和手工业行会》，《松辽学刊》1989-1

蒋丙炎，《我国封建行会组织的演变》，《纵横经济》1987-9

蒋建平，《明清时期湖南沿仓地位的形成》，《经济科学》1982-2

蒋群，《辛亥江西光复记》，《辛亥革命史数据选辑》（下），长沙，湖南人民出版社，1981

蒋英杰，《鸦片战争前我国有资本主义萌芽吗？》，《贵州师范大学学报》1985-4

金成前，《郑成功南京战败与征台之役》，《台湾文献》25-1，1974

金济思，《十七世纪末到二十世纪初中国封建社会的几种手工业和手工场的史料》，《经济研究》1955-5

金志霖，《资本主义萌芽的最初形态与雇佣工人（再论雇佣工人与生产数据的关系）》，《历史研究》1992-3

经君健，《校对一条史料》，《历史研究》1962-2（=1962A）

经君健，《评〈明清农村社会经济〉》，《经济研究》1962-5（=1962B）

经君健，《论清代社会的等级结构》，《中国社会科学院经济研究所集刊》3，1981

敬颜，《明代瓷器的海外贸易》，《历史教学》1954-8

瞿大风、崔树华，《元末统治集团对山西地区的争夺及其作用》，《蒙古学信息》2002-2

瞿同祖，《清律的继承和变化》，《中国法学文集》，北京，法律出版社，1984

峻影，《明清的闭关政策》，《中国青年报》1985年12月15日

柯昌基，《宋代雇佣关系的初步探索》，《历史研究》1957-2

柯昌基，《再论宋代的雇佣劳动》，《南充师范学院学报》1983-3

柯昌基，《试论中国之行会》，《南充师范学院学报》1986-1

柯建中，《试论明代商业资本与资本主义萌芽的关系》，《四川大学学报》1957-3

柯建中，《明清农业经济关系的变化与资本主义因素的萌芽》，《社会科学研究》1981-6

柯建中，《略论明清时期小农自然经济向商品经济的变化》，《四川大学学报》1983-4

柯建中，《略论明清时期封建地主阶级的变化》，《社会科学研究》1984-3

孔经纬，《中国封建社会手工业中的资本主义萌芽》，《新史学通讯》1955-12

孔经纬，《关于唐宋时期已有资本主义萌芽的历史事实》，《新史学通讯》1956-3

孔经纬，《关于〈中国原始资本积累问题〉的理论错误》，《读书》1958-13

孔经纬，《鸦片战争前中国社会是否形成了统一市——与伍丹戈同志商榷》，《学术月刊》
    1961-5

孔经纬，《关于中国资本主义萌芽和初步发展》，《理论学习》1978-2

孔经纬，《论中国资本主义》，《吉林大学学报》1979-5

孔经纬，《关于中国经济史的一些理论问题》，《吉林大学学报》1982-1

孔经纬、李普国，《关于宋朝富裕普通工商业者成长的某些事实》，《历史教学问题》1957-3

孔令奇，《试论清前期苏州的手工业行会》，《社会科学战线》1994-6

孔令仁，《试论中国原始资本积累》，《山东大学学报》1959-3

孔令仁，《关于中国资本原始积累的几个问题——兼与孙江，纪新两位同志商榷》，《文史哲》
    1964-1

孔永松，《评傅衣凌先生在明清经济史研究中的几个错误观点》，《论坛》1960-2

况浩林，《鸦片战争前中国少数民族地区的资本主义萌芽》，《广西民族研究》1991-4

来新夏，《清代前期的商人和社会风尚》，《中国文化研究集刊》1，复旦大学，1984

赖惠敏，《明清浙西士绅家族的研究》，台湾大学历史研究所博士论文，1988

赖家度，《明代农民的垦荒运动》，《历史教学》1952-3

雷惠萍、谢祖鹏，《明末清初的资本主义商品经济和社会环境》，《江汉大学学报》1989-3

黎邦正，《从明清两代看封建专制制度对经济发展的影响》，《重庆日报》1981年2月4日

黎民，《乾隆刑科题本中有关农业资本主义萌芽的材料》，《文物》1979-5

黎仁凯，《论太平天国时期的知识分子》，《河北学刊》1993-2

黎澍，《关于中国资本主义萌芽问题的考察》，《历史研究》1956-4

黎澍，《中国的近代始于何时》，《历史研究》1959-3

黎澍，《评"四人帮"的封建专制主义》，《历史研究》1977-6

李伯重，《明清时期江南水稻生产集约程度的提高——明清江南农业经济发展特点探讨之一》，
    《中国农史》1984-1

李伯重，《明清江南农业资源的合理利用——明清江南农业经济发展特点探讨之三》，《农业考
    古》1985-2（=1985A）

李伯重，《桑争稻田与明清江南农业生产集约程度的提高——明清江南农业经济发展特点探讨
    之二》，《中国农史》1985-1（=1985B）

李伯重，《明清江南与外地经济联系的加强及其对江南经济发展的影响》，《中国经济史研究》1986-2（=1986A）

李伯重，《明清江南种稻农户生产能力初探——明清江南农业经济发展特点探讨之四》，《中国农史》1986-3（=1986B）

李伯重，《"人耕十亩"与明清江南农民的经营规模——明清江南农业经济发展特点探讨之五》，《中国农史》15-1，1996（=1996A）

李伯重，《资本主义萌芽情结》，《读书》1996-8（=1996B）

李伯重，《资本主义萌芽研究与现代中国史学》，《历史研究》2000-2（=2000B）

李伯重，《英国模式、江南道路与资本主义萌芽》，《历史研究》2001-1

李伯重，《有无"13、14世纪的转折"？》，《多视角看江南经济史（1250—1850）》，北京，生活·读书·新知三联书店，2003（=2003B）

李伯重，《控制增长，以保富裕：清代前中期江南的人口行为》，《工业发展与城市变化——明中叶至清中叶的苏州》，《多视角看江南经济史，1250—1850》，北京，生活·读书·新知三联书店，2003（=2003C）

李伯重，《工业发展与城市变化——明中叶至清中叶的苏州》，《多视角看江南经济史，1250-1850》，北京，生活·读书·新知三联书店，2003（=2003D）

李伯重，《16、17世纪江南的生态农业》（下），《中国农史》2004-4

李刚、徐文华，《十六世纪以来中外贸易通商与中国资本主义萌芽》，《中国社会经济史研究》1987-4

李格，《多尔衮与清朝统治的建立》，《清史论丛》3，北京，中华书局，1982

李光璧，《明代手工业的发展》，《历史教学》1954-7

李光璧，《试论明中期农民起义的历史作用》，《历史教学》1961-8、9

李光涛，《洪承畴背明始末》，《"中研院"历史语言研究所集刊》17，1948

李桂海，《论中国封建社会商品经济兴衰的原因》，《晋阳学刊》1984-6

李国祁，《清代杭嘉湖宁绍五府的市镇结构及其演变初稿》，《中山学术文化论文集刊》27，1981

李红英，《略论近代中国社会的职业乞丐问题》，《安徽师范大学学报》（社科版）2000-2

李鸿彬，《郑成功与"南京之役"》，《清史研究通讯》1988-1

李华，《试论清代前期的市民斗争》，《文史哲》1957-10

李华，《从徐扬〈盛世滋生图〉看清代前期苏州工商业的繁荣》，《文物》1960-1

李华，《明清以来北京的工商业行会》，《历史研究》1978-4

李华，《康熙对汉族士大夫的政策》，《社会科学辑刊》1980-3

李济贤，《李自成起义军在山东》，《中国农民战争史论丛》4，1982

李家寿，《试论中国民族市场的形成》，《光明日报》1963年5月13日

李景林，《从〈三省边防备览〉一书看十八世纪至十九世纪二十年代陕川鄂三省交界地区社会关系的一些特点》，《史学集刊》1956-1

李景林、刘耀，《鸦片战争前苏松地区棉纺织业中商业资本和资本主义萌芽问题的探讨》，《史学集刊》1956-2

李立，《朱元璋时期的社会教育》，《历史教学》1994-10

李龙潜，《试论明代矿业运动的反抗斗争》，《史学月刊》1959-3（=1959A）

李龙潜，《试论明代矿业中资本主义因素的萌芽及特点》，《理论和实践》1959-6（=1959B）

李龙潜，《清代前期广东采矿，冶铸业中的资本主义萌芽》，《学术研究》1979-5

李淖然，《论东林党争与晚明政治》，《明清史集刊》（香港大学中文系）1，1985

李强，《评傅衣凌先生〈明代江南市民经济初探〉一书中关于阶级斗争问题上的错误观点》，《论坛》1960-2

李文海、朱浒，《义和团运动时期江南绅商对战争难民的社会救助》，《清史研究》2004-2

李文治，《晚明统治阶级的投降清朝及农民起义军反清斗争》，李光璧编，《明清史论丛》，武汉，湖北人民出版社，1957

李文治，《论清代前期的土地占有关系》，《历史研究》1963-5

李文治，《论中国地主经济制与农业资本主义萌芽》，《中国社会科学》1980-1

李文治，《明清时代中国农业资本主义萌芽》，《明清广东社会经济形态研究》，广州，广东人民出版社，1985

李希凡、蓝翎，《关于〈红楼梦简论〉及其他》，《文史哲》1954-9（=1954A）

李希凡、蓝翎，《论红楼梦的人民性》，《新建设》1954年11月号（=1954B）

李希凡、蓝翎，《评〈红楼梦研究〉》，《光明日报》1954年10月10日（=1954C）

李孝悌，《从中国传统士庶文化的关系看二十世纪的新动向》，《近代史研究所集刊》19，1990

李洵，《试论明代的流民问题》，《社会科学辑刊》1980-3

李洵，《论明代江南地区士大夫势力的兴衰》，《史学集刊》1987-4

李昱姣、刘万云，《论中国历史进程中小农经济的必然性和相对合理性》，《西南师范大学学报》（人文社会科学版）2000-4

李运元，《延续性是资本主义萌芽的重要属性》，《经济研究》1984-3

李运元，《浅谈"农业资本主义萌芽"——兼谈中国农业中资本主义问题》，《经济学家》1991-5

李之勤，《关于中国清初资本主义生产萌芽的发展水平问题——和吴大琨先生商榷》，《教学与研究》1956-2

李之勤，《论明末清初商业资本对资本主义萌芽的发生和发展的积极作用》，《西北大学学报》1957-1（=1957A）

李之勤，《论鸦片战争以前清代商业性农业的发展》，《明清社会经济形态研究》，上海，上海人民出版社，1957（=1957B）

李中清，《明清时期中国西南的经济发展和人口增长》，《清史论丛》5，1984

梁方仲，《明代户口田地及田土统计》，《中国社会经济史集刊》3-1，1935

梁方仲，《一条鞭法》，《中国近代社会经济史集刊》4-1，1936

梁方仲，《明代银矿考》，《中国社会经济史集刊》6-1，1939

梁洪生，《家族组织的整合与乡绅——乐安流坑村"彰义堂"祭祀的历史考察》，周天游主编，《地域社会与传统中国》，西安，西北大学出版社，1995（=1995A）

梁洪生，《吴城商镇及其早期商会》，《中国经济史研究》1995-1（=1995B）

梁洪生，《吴城商镇发展与聂公崇拜》，《南昌大学学报》第26卷—增刊，《赣文化研究专辑》，

1995（＝1995C）

梁洪生，《吴城神庙系统与行业控制——兼论宗族势力控制商镇的条件问题》，许怀林，《江西历史研究论集》，南昌，江西人民出版社，1999

梁淼泰，《明代后期景德镇御器厂匠役制度的变化》，《中国社会经济史研究》1982-1

梁淼泰，《清代景德镇一处寸窑号的收支赢利》，《中国社会经济史研究》1984-4（＝1984A）

梁淼泰，《明清时期景德镇城市经济的特点》，《东北师范大学学报》1984-5（＝1984B）

辽宁大学历史系中国古代史世纪史教研室，《批判尚钺同志关于明清之际农村阶级关系和农民战争的错误观点》，《光明日报》1960年7月21日

廖华生，《清初士人道德追求与社会责任——以宁都魏氏一门为例》，江西师范大学硕士学位论文，2002

廖声丰，《清代赣关研究》，南昌大学硕士论文，1998

廖志豪，《苏州发现清"织造局"图》，《文物》1964-9

廖志豪，《概述明朝末年苏州手工业工人和市民斗争》，《江苏师范学院学报》1977-3、4

林顿，《清代前期四川商业贸易与社会经济的发展》，《四川历史研究文集》，成都，四川省社会科学院，1987

林干，《一个模式和三种结构：论明清政权的经济平衡政策》，《松辽学刊》（增刊），1985

林干，《讼师对法秩序的冲击与清朝严治讼师立法》，《清史研究》2005-3

林甘泉，《加强中国封建社会经济史的研究》，《光明日报》1982年11月3日

林甘泉，《吕振羽与中国社会经济形态研究》，《史学史研究》2000-4

林甘泉，《世纪之交中国古代史研究的几个热点问题》，《云南大学学报》（社会科学版）2002-2

林立平，《唐后半期人口南迁及其影响》，《江汉论坛》1983-9

林丽月，《闽南士绅与嘉靖年间的海上走私贸易》，《明史研究论丛》2，1979

林丽月，《明末东林运动新探》，台湾师大历史研究所博士论文，1984

林丽月，《"击内"抑或"调和"？——试论东林领袖的制宦策略》，《历史学报》（台湾师大）14，1986

林丽月，《东林运动与晚明经济》，淡江大学中文系，《晚明思潮与社会变动》，台北，弘化文化，1987

林丽月，《商税与晚明的商业发展》，《台湾师范大学历史学报》16，1988

林丽月，《晚明"崇奢"思想隅论》，《历史学报》（台湾师范大学）19，1991

林丽月，《科场竞争与天下之"公"明代科举区域配额问题的一些考察》，《台湾师范大学历史学报》20，1992

林丽月，《明代禁奢令初探》，《历史学报》（台湾师范大学）22，1994

林丽月，《衣裳与风教：晚明的服饰风尚与"服妖"议论》，《新史学》10-3，1999

林丽月，《明代中后期的服饰文化及其消费心态》，《"中研院"第三届国际汉学会议论文集》（经济史、都市文化与物质文化），台北，"中研院"，2002

林丽月，《晚明的消费与文化》，《明清史研究》20，2004

林仁川，《明代私人海上贸易的性质和影响》，《中国古代史论丛》第2辑，福州，福建人民出版社，1981

林仁川，《明代漳州海上贸易的发展与海商反对税监高寀的斗争》，《厦门大学学报》1982-3

林仁川，《读伍丹戈著〈明代土地制度和赋役制度的发展〉》，《中国社会经济史研究》1983-2

林仁川，《明后期海禁的开放与商品经济的发展》，《安徽史学》1992-3

林仁川、陈杰中，《清代台湾与祖国大陆的贸易结构》，《中国社会经济史研究》1983-2

林祥瑞，《论清朝的"海禁"与资本主义萌芽——与陈柯云同志商榷》，《北京师范学院学报》
1981-4

林祥瑞，《清代前期福建地主经济的若干特点》，《历史研究》1985-1（=1985A）

林祥瑞，《永佃权与福建农业资本主义萌芽》，《中国史研究》1985-2（=1985B）

林永匡，《"清史国际学术讨论会"在大连举行》，《中国史研究动态》1986-10

林增平，《近代中国资产阶级论略》，《中华学术论文集》，北京，中华书局，1981

刘昌润、潘际湘，《从竹枝词看汉口资本主义的萌芽》，《武汉春秋》1984-2

刘昶，《为什么资本主义不曾在中国发展起来》，《上海师范学院学报》1982-2

刘翠溶，《清初顺治康熙年间减免赋税的过程》，《"中研院"历史语言研究所集刊》37 下，1967

刘翠溶，《明清时代南方地区的专业生产》，《大陆杂志》56-3、4，1978

刘大年，《关于尚钺同志为〈明清社会经济形态的研究〉一书所写的序言》，《历史研究》1958-1

刘和惠，《论晚明社会风尚》，《安徽史学》1990-3

刘洪元，《明清时期的会馆并非工商业行业补证》，《宜春师专学报》1985-1

刘曼丽、范红丽，《方国珍家族事迹拾遗》，《西安建筑科技大学学报》（社会科学版）2001-01

刘敏，《论清代棚民的户籍问题》，《中国社会经济史研究》1983-1

刘敏，《试论清代商业资本的发展趋势》，《中国社会经济史研究》1984-4

刘石吉，《明清市镇发展与资本主义萌芽（综合讨论与相关著作之评价）》，《社会科学家》1988-4

刘石吉，《明清时代江西墟市与市镇的发展》，《第二次中国近代经济史会议》（1），1989

刘秀生，《清代牙行与产地市场》，《北京商学院学报》1991-2

刘炎，《明末城市经济发展下的初期市民运动》，《历史研究》1955-6（收入《中国资本主义萌
芽问题讨论集》上，北京，生活·读书·新知三联书店 1957）

刘泱泱，《近代湖南绅士与教案》，《求索》1992-3

刘尧庭，《试论西周到鸦片战争我国手工业发展的几个阶段》，《新史学通讯》1955-2、3

刘尧庭，《有关我国封建社会商业发展的几个问题》，《新史学通讯》1955-11

刘耀，《十九世纪七八十年代南昌杭州两个城市锡箔业中的资本主义关系》，《史学集刊》1957-1

刘永成，《对苏州〈织造经制记〉碑文的看法》，《历史研究》1958-4

刘永成，《乾隆苏州元长吴三县〈议定纸坊条议章程碑〉》，《历史研究》1958-4

刘永成，《解释几个有关行会的碑文》，《历史研究》1958-9

刘永成，《试论清代苏州手工业行会》，《历史研究》1959-11

刘永成，《论清代雇佣劳动——兼与欧阳凡修同志商榷》，《历史研究》1962-4

刘永成，《〈红楼梦〉时代的租佃关系》，《新建设》1963-11

刘永成，《论中国资本主义萌芽的历史前提》，《中国史研究》1979-2

刘永成，《清代前期的农业租佃关系》，《清史论丛》第 2 辑，1980

刘永成，《乾隆刑科题本与清代前期农村社会经济研究》，《历史档案》1981-2

刘云村，《关于中国资本主义萌芽问题的商榷》，《明清资本主义萌芽研究论文集》，1981

刘志琴，《论东林党的兴亡》，《中国史研究》1979-3

刘志琴，《试论万历民变》，《明清史国际学术讨论会论文集》，天津，天津人民出版社，1982（=1982A）

刘志琴，《城市民变与士大夫》，《中国农民战争史论丛》4，1982（=1982B）

刘志琴，《商人资本与晚明社会》，《中国史研究》1983-2

刘志琴，《晚明城市风尚初探》，《中国文化研究集刊》1，上海，复旦大学，1984

刘志琴，《晚明世风漫议》，《社会学研究》1992-3（=1992A）

刘志琴，《晚明时尚与社会变革的曙光》，《古代礼制风俗漫谈》4，北京，中华书局，1992（=1992B）

刘重日，《明代农业资本主义萌芽问题论略》，《求是学刊》1994-3

刘重日、左云鹏，《对"牙人""牙行"的初步探讨》，《文史哲》1957-8（=1957A，《明清资本主义萌芽论文集》，上海，上海人民出版社，1981）

刘重日、左云鹏，《明代东林党争的社会背景及其与市民运动的关系》，《新建设》1957-10（=1957B）

鲁尧贤，《明清闭关锁国的危害和教训》，《安庆师范学院学报》1985-3

鲁子健，《清代四川的仓政与民食问题》，《四川历史研究文集》，成都，四川社会科学院，1987

陆咸，《从"苏湖熟，天下足"到"衣被天下"——明、清时期江南地区资本主义萌芽的发生》，《苏州科技学院学报》（社会科学版2004-4

陆仰渊，《明末清初明万里率南通民众两次暴动稽考》，《学海》2000-2

吕振羽，《关于明迄鸦片战争前中国资本主义的萌芽问题》，《求索》1981-1

吕作燮，《明清时期的会馆并非工商业行会》，《中国史研究》1982-2

罗包庚，《太平天国时期江西军费状况及其影响》，《赣文化研究》7，2000

罗炳绵，《明太祖的文学统制术》，《中国学人》3，1971

罗红星，《明至清前期佛山冶铁业初探》，《中国社会经济史研究》1983-4

罗辉，《清代清江商人研究》，南昌大学硕士论文，1999（=1999A）

罗辉，《清代清江商人的经营活动——清江商人研究之一》，《赣文化研究》6，1999（=1999B）

罗仑，《一九八一年南京"资本主义萌芽问题学术讨论会"动态》，《南京大学学报》1981-3

罗仑，《清代山东地主经营社会性质的几个问题——答威尔金森先生》，《学术月刊》1981-7

罗仑，《关于清代山东农业资本主义萌芽发生的道路问题》，南京大学历史系明清史研究室，《中国资本主义萌芽问题论文集》，南京，江苏人民出版社，1983（=1983A）

罗仑，《"农民佃户"所雇"耕作"之人的等级问题——与欧阳凡修同志商榷》，《学术月刊》1983-6（=1983B）

罗明，《尚钺同志在明清之际农民阶级斗争问题上的错误观点》，《教学与研究》1960-6

罗晓翔，《南京教案新探》，《第十届明史国际学术讨论会论文集》，北京，人民日报出版社，2005

罗耀九，《明代中叶的雇佣劳动是资本主义性质的吗？》，《历史研究》1961-1

罗耀九，《再论明朝万历年间雇佣劳动的性质》，《历史研究》1962-4

罗一星，《关于明清"佛山铁厂"的几点质疑》，《学术研究》1984-1

马楚坚，《有关清初迁海的问题——以广东为例》，《第二届明清史国际学术讨论会论文集》，天津，天津人民出版社，1993

马楚坚，《阳明先生重建小区治安理想与实施》，周天游主编，《地域社会与传统中国》，西安，西北大学出版社，1995

马敏，《辛亥革命时期的苏州绅商》，《辛亥革命史丛刊》8，1991

马敏，《"绅商"词义及其内涵的几点讨论》，《历史研究》2001-2（=2001B）

马小泉，《地方自晚清新式绅商的公民意识与政治参与》，《天津社会科学》1997-4

马学强，《乡绅与明清上海社会》，《学术季刊》1997-1

毛晓阳，《清代江西乡绅助考活动研究》，江西师范大学硕士论文，1999

毛晓阳，《太平天国时期江西乡绅的捐输广额》，《福州师专学报》2000-1

梅莉，《洞庭平原垸田经济的历史地理分析》，《湖北大学学报》（哲社版 1990-2）

梅莉，《洞庭湖区垸田的兴起与湖南粮食的输出》，《中国农史》1991-2

孟彭兴，《明代商品经济的繁荣与市民社会生活的嬗变》，《上海社会科学院学术季刊》1994-2

孟森，《科场案》，《明清史论著集刊》，台北，世界书局，1965（=1965A）

孟森，《书明史钞略》，《明清史论著集刊》，台北，世界书局，1965（=1965B）

孟祥才，《中国资本主义萌芽问题断想》，《山东大学学报》（哲学社会科学版）2002-3

孟彦弘，《中国从农业文明向工业文明的过渡——对中国资本主义萌芽及相关诸问题研究的反思》，《史学理论研究》2002-4

孟昭信，《试论清初的江南政策》，《吉林大学学报》1990-3

闵宗殿，《试论清代农业的成就》，《中国农史》2005-1

木伟、经红，《从清代苏州丝织业生产讨论资本主义萌芽》，《新建设》1963-9

南炳文，《〈三言〉中的明代奴仆——读〈三言〉札记》，《明清史蠡测》，天津，天津教育出版社，1996

南开大学历史系中国近代史教研组，《批判尚钺同志在中国近代史的修正主义观点》，《历史教学》1960-6

倪道善，《清代书吏考略》，《社会科学研究》1988-2

倪根金、陈志国，《略论清代广东乡村的乞丐及其管治——以碑刻资料为中心》，《清史研究》2006-2

宁超，《明代云南的矿冶业及其特点》，《学术研究》1962-1

牛健强、汪维真，《明代中后期江南周围地区风尚趣向的改变及其特征》，《东北师大学报》（哲社版）1992-1

牛健强、汪维真，《再论明代中后期江南地区社会风尚的变化》，《河南大学学报》（社科版）31-1，1991

农也，《清代鸦片战争前的地租，商业资本，高利贷与农民生活》，《经济研究》1956-1

欧璠，《清代南昌绅士与社会变迁》，南昌大学硕士学位论文，2000

欧阳凡修，《明清两代"雇工人"的法律地位问题》，《新建设》1961-4

欧阳凡修，《明清两代农业雇工法律上人身隶属关系的解放》，《经济研究》1961-6

欧阳凡修，《清代前期四川井盐业的生产规模问题》，《光明日报》1964 年 4 月 27 日

潘光旦、费孝通，《科举与社会流动》，《社会科学》4-1，1947

潘一安，《明朝苏州丝织工人的一次罢工抗税斗争》，《浙江丝绸》1963-12

彭大成，《资本主义萌芽在王船山经济思想中的反映》，《求索》（增刊），1982

彭雨新，《从清代前期苏州的踹布业看资本主义萌芽》，《理论战线》1951-12

彭雨新，《从清代前期苏松地区丝棉手工业的生产来看资本主义萌芽》，《武汉大学学报》1959-8

彭雨新，《从丝棉手工业的变化看外国资本主义入侵对我国原有资本主义萌芽的影响》，《光明
　　日报》1961 年 8 月 2 日

彭雨新，《明清时期的铺户作坊和资本主义萌芽》，《江汉学报》1962-5

彭雨新，《清代前期云南铜矿业及其生产性质的探讨》，《武汉大学学报》1984-5

彭泽益，《十七世纪末到十九世纪初中国封建社会的工场手工业》，《经济研究》1955-5（收入
　　《中国资本主义萌芽问题讨论集》上，北京，生活·读书·新知三联书店，1957）

彭泽益，《清代广东洋行制度的起源》，《历史研究》1957-1

彭泽益，《〈织工对〉史料能说明中国手工业资本主义萌芽的问题吗？——兼论中国资本主义萌
　　芽研究在运用史料与论证方法上存在的问题》，《经济研究》1958-4

彭泽益，《中国资本原始积累若干问题的讨论》，《人民日报》1962 年 8 月 9 日

彭泽益，《从明代官营织造的经营方式看江南丝织业生产的性质》，《历史研究》1963-2
　　（=1963A）

彭泽益，《清代前期江南织造的研究》，《历史研究》1963-4（=1963B）

彭泽益，《鸦片战争前清代苏州丝织业生产的形式与性质》，《经济研究》1963-10（=1963C）

彭泽益，《十九世纪后期中国城市手工业商业行会的重建和作用》，《历史研究》1965-1

彭泽益，《清代前期茶叶资本主义萌芽的特点》，《中国社会经济史研究》1983-3

彭泽益，《清代四川井盐工场手工业的兴起和发展》，《中国经济史研究》1986-3

皮德涛，《废科举前后关于旧有举贡生员出路初探》，《上饶师范学院学报》2005-1

齐功民，《明末市民反封建斗争》，《文史哲》1957-2

钱大江，《从近代无锡针织业看资本主义经济中的工场手工业》，《苏州大学学报》1986-1

秦佩珩，《明代城市经济略论》，《理论战线》1958-3

秦佩珩，《论十六、十七世纪中国社会经济的性质》，《郑州大学学报》1962-1

秦佩珩，《论中国资本主义的开端》，《晋阳学刊》1985-5

邱捷，《清末文献中的广东“绅商”》，《历史研究》2001-2

邱捷，《晚清广东的“公局”——士绅控制乡村基层社会的权力机构》，《中山大学学报》（社科
　　版）2005-4

邱仲麟，《明代北京的社会风气变迁——礼制与价值观的改变》，《大陆杂志》88-3，1994

屈文军，《红巾军活动对高丽政局和元丽关系的影响》，《浙江师大学报》（社会科学版）2000-5

全汉昇，《鸦片战争前江苏的棉纺织业》，《清华学报》新 1-3，1958

全汉昇，《清代的人口变动》，《历史语言研究所集刊》32，1961（收入同氏，《中国经济史论丛》
　　第 2 册，香港，新亚研究所，1972）

全汉昇，《美洲发现对于中国农业的影响》，《新亚生活》8-19，1966（收入同氏，《中国经济史

研究》[下]，香港，新亚研究所，1976）

全汉昇，《清朝中叶苏州的米粮贸易》，《"中研院"历史语言研究所集刊》39-下，1969（收入
　　同氏，《中国经济史论丛》第 2 册，香港，新亚研究所，1972）

冉光荣，《明代四川井盐业的初步研究》，《井盐史研究》1968-1

冉光荣、张学君，《四川井盐业资本主义萌芽的探讨——关于清代富荣盐场经营契约的初步分
　　析》，《四川大学学报丛刊》1980-5

任道斌，《清代嘉兴地区胥吏衙蠹在经济方面罪恶活动》，《清史论丛》6，1985

任道斌，《试论明代杭嘉湖平原市镇的发展》，《明史研究论丛》4，1991

任放，《明清长江中游地区的市镇类型》，《中国社会经济史研究》2002-4

戎笙，《试论明代后期农民阶级斗争的性质和特点》，《历史研究》1958-10

容肇祖，《刘基的哲学思想及其社会政治观点》，《哲学研究》1961-3

阮忠仁，《清末民初农工商机构的设立——政府与经济现代化关系之检（1903-1916）》，《台湾师
　　范大学历史研究所专刊》19，1988

沙郑军，《试论明清时期的江南脚夫》，《中国史研究》1988-4

商衍鎏，《科场案件与轶闻》，《清代科举考试述录》，北京，生活·读书·新知三联书店，1958

尚钺，《中国资本主义生产因素的萌芽及其增长》，《历史研究》1955-3

尚钺，《清代前期中国社会之停滞、变化和发展》，《教学与研究》1955-6、7

尚钺，《有关中国资本主义萌芽问题的二三事》，《历史研究》1959-7（收入《中国资本主义萌
　　芽问题讨论集》续编）

尚钺，《关于中国无产阶级发生，发展及形成的问题》，《新建设》1962-8

尚钺，《〈织工对〉新探》，《新建设》1963-9

邵鸿，《竹木贸易与明清赣中山区土著种族社会之变迁——乐安县流坑村的个案研究》，周天游
　　主编，《地域社会与传统中国》，西安，西北大学出版社，1995

邵鸿，《明清时期江西农村小区中的会》，《中国社会经济史研究》1998-1

邵鸿，《清代后期江西宾兴活动中的官绅商》，《赣文化研究》8，2001

邵循正，《尚钺同志对历史规律的歪曲》，《新建设》1960-7

申浩，《江南"访行"的兴起，结构及功能》，《史林》2001-3

申浩，《明清以来江南市镇下层群体探以脚夫、访行及打行为例》，唐力行主编，《明清以来苏
　　州城市社会研究》，上海，上海书店出版社，2013

沈定平，《"强本抑末"与资本主义萌芽》，《光明日报》1981 年 1 月 6 日

沈洁，《废科举后清末乡村学务中的权势转移》，《中国近代史》（复印报刊）2004-12

沈雨梧，《浙江资本主义萌芽问题》，《浙江学刊》1987-1

施坚雅，《十九世纪中国的地区城市化》（Skinner，G.William，叶光庭等译），《中华帝国晚期
　　的城市》，北京，中华书局，2000

施民，《清代江西农村社会经济的发展述略》，《宜春师专学报》1995-4

石锦，《明清间农业结构的转变》，《新史学》创刊号，1990（=1990A）

石锦，《清初税务改革与社会》，《新史学》1-3，1990（=1990B）

石开，《从"银子成精作怪"看资本主义生产方式的萌芽》，《河北财贸学院学报》1983-4

史宏达，《明代丝织业生产力初探》，《文史哲》1957-8

史济今，《关于中国资本主义原始积累问题的讨论综述》，《文汇报》1962年2月16日

蜀石，《试论明代厂卫对资本主义萌芽的抑制》，《四川文物》1995-6

束世澄，《论北宋时资本主义关系的产生》，《华东师范大学学报》1956-3

束世澄，《行会制度发展规律的研究》，《历史教学问题》1958-4

双默，《近年来明代"缙绅地主"研究概述》，《中国史研究动态》1985-9

司徒尚纪，《从珠江三角洲生产分布的地理变化看明代广东资本主义萌芽》，《中山大学研究生学刊》1981-3

宋伯胤，《苏州清代公所调查》，《江海学刊》1958-5

宋伯胤，《苏州清代织署调查报告》，《文物参考数据》1958-9

宋伯胤，《盛泽镇丝织手工业历史调查随笔》，《中国历史博物馆馆刊》1983-5

宋一夫、丁德军、马跃堃，《封建国家政权对封建生产关系的调整和对资本主义萌芽的扼杀是明清社会缓慢发展的主要原因》，《松辽学刊》（增刊），1985

宋元强，《研究明清社会经济史的重要碑刻资料》，《历史研究》1982-4

苏梅芳，《清初迁界事件之研究》，《成功大学历史学报》5，1978

孙达人，《张献忠"屠蜀"的真相——试论大西政权失败的原因》，《张献忠在四川》，成都，四川省新华书店，1981

孙健，《明清时期商业资本的发展及其历史作用》，《人文杂志》1988-2

孙竞昊，《明清江南劳动力市场结构与性能探析》，《江汉论坛》1997-1

孙述圻、吴志根、张承德，《批判尚钺同志在研究明清时期阶级关系上的几个错误观点》，《江海学刊》1960-5

孙文良，《矿税监高淮乱辽述略》，《明史研究论丛》1，1982

孙毓棠、张寄谦，《清代的垦田与丁口的记录》，《清史论丛》1，1979

谈家胜，《洪武朝江浙地主之厄运》，《安庆师范学院学报》2001-1

谭棣华等，《刘永成著〈清代前期农业资本主义萌芽初探〉》，《中国社会经济史研究》1983-1

谭其骧，《中国内地移民史－湖南篇》，《史学年报》4，1932

谭作刚，《清代湖广垸田的滥行围垦及清政府的对策》，《中国农事》1985-4

汤开建，《元明之际广东政局演变与东莞何氏家族》，《中国史研究》2001-1

汤明檖，《批判尚钺同志对明清农村生产关系的错误论断》，《理论与实践》1960-5

汤明檖、李龙潜、张维熊，《对邓拓同志〈从万历到乾隆〉一文的商榷和补充——并试论处理和运用实地调查材料的方法》，《历史研究》1958-1

汤勤福，《关于江浙水利与资本主义萌芽的若干问题》，《浙江学刊》1989-5

唐力行，《论明代徽州海商与中国资本主义萌芽》，《中国经济史研究》1990-3

唐任伍，《从郑和与哥伦布航海活动的比较中看中国资本主义萌芽缓慢的原因》，《中学历史教学》1985-4

唐振常，《辛亥上海光复再认识》，《中华文史论丛》49，1992

滕显间，《略论中国封建社会商人资本的特征》，《北京师范大学学报》1983-3

滕新才，《明玉珍及其大夏国本末（上）》，《重庆三峡学院学报》2000-4

田鸿钧，《中国资本原始积累的特点》，《经济经纬》1994-4

田居俭、宋元强，《中国资本主义萌芽研究略述》，同氏，《中国资本主义萌芽》（上），成都，巴蜀书社，1987

田培栋，《关于明代后期"长工"的身分地位问题》，《北京师范学院学报》1982-3

田培栋，《明朝前期海外贸易研究——兼论郑和下西洋的性质》，《北京师范学院学报》1983-4

田强，《南宋初期的人口南迁及影响》，《南都学坛》1998-2

铁航、姜哲，《商业对封建社会末期资本主义萌芽的促进作用》，《北京财贸学院学报》1990-6

廷藩，《中国资本主义萌芽出现在何时？》，《北京日报》1957 年 3 月 22 日

同豊，《西方殖民者的东来对明代私人海上贸易的发展十分有利吗？》，《河南师范大学学报》1983-4

童光政，《明律"私充牙行埠头"条的创立及其活用》，《法学研究》2004-2

万明，《明代白银货币化的初步考察》，《中国经济史研究》2003-2

万明，《白银货币化与中外变革》，《晚明社会变迁问题与研究》，北京，商务印书馆，2005

汪槐龄，《明万历年间的市民运动》，《历史教学》1959-6

汪敬虞，《关于资本主义萌芽的方法论》，《经济研究》1963-2

汪敬虞，《从棉纺织品的贸易看中国资本主义的产生》，《中国社会经济史研究》1986-1

汪林茂，《江浙士绅与辛亥革命》，《近代史研究》1990-5

汪士信，《我国手工业行会的产生、性质及其作用》，《中国社会科学院经济研究所集刊》第 2 集，1980

汪士信，《试论牙行》，《中国社会科学经济研究所集刊》8，1986

汪叔子，《江西"戊戌维新"考述》，《江西社会科学》1997-10

汪维真、牛健强，《明代中后期江南地区风尚趣向的更移》，《史学月刊》1990-5

汪杼庵，《十三行与屈大均广州竹枝词》，《历史研究》1957-6

王崇武，《论元末农民起义的社会背景》，《历史研究》1954-1

王崇武，《明代户口的消长》，《燕京学报》20，1936

王春瑜，《明代流氓及流氓意识》，《社会学研究》1991-3

王春瑜、杜婉言，《明清宦官与江南经济》，《学术月刊》，1984-6（收入《明代宦官与经济史料初探》，北京，1986）

王德昭，《清代的科举入仕与政府》，《明清史国际学术讨论会论文集》，天津人民出版社，1982

王笛，《清代四川人口、耕地及粮食问题》（上），《四川大学学报》（哲社）1989-3（=1989A）

王笛，《清代四川人口、耕地及粮食问题》（下），《四川大学学报》（哲社）1989-4（=1989B）

王笛，《晚清长江上游地区公共领域的发展》，《历史研究》1996-1

王方中，《宋代民营手工业的社会经济性质》，《历史研究》1959-2

王纲，《论明末清初四川人口大量减少的原因》，《张献忠在四川》，成都，四川省新华书店，1981

王根泉，《明清时期一个典型农业地区的墟镇》，《江西大学学报》1990-2

王宏钧，《中国从先进到落后的三百年》，《中国史研究》1980-1

王宏钧、刘如仲，《广东佛山资本主义萌芽的几点探讨》，《中国历史博物馆馆刊》1980-2

王家范，《明清江南市镇结构及历史价值初探》，《华东师范大学学报》1984-1

王家范，《晚明江南士大夫的历史命运》，《史林》1987-2

王家范，《明清江南消费风气与消费架构——明清江南消费经济探测之一》，《华东师范大学学报》（哲社）1988-2

王建娥、张海英，《对布罗代尔关于资本主义论述的分析与思考兼论布罗代尔资本主义论述对中国社会经济史研究的启示》，《中国经济史研究》1998-1

王敬新，《试论中国封建社会的抑商政策》，《人文杂志》1986-2

王明伦，《鸦片战争前云南铜矿业中的资本主义萌芽》，《历史研究》1956-3

王日根，《明清福建与江南义田的比较》，《学术月刊》1996-1（=1996B）

王日根、成之平，《明清社会经济史地区性研究的新成〈明清广东社会经济形态研究〉评价》，《中国社会经济史研究》1986-3

王戎笙，《清初科场案研究》，《清史论丛》，沈阳，辽宁古籍出版社，1995

王士达，《近代中国人口的估计》，《社会科学杂志》1-4（1930），2-1（1931）

王世锋、张学君，《四川井盐史研究述略》，《中国史研究动态》1984-2

王世襄，《谈清代的匠作则例》，《文物》1963-7

王守稼，《明清时期上海地区资本主义的萌芽及其历史运命》，《学术月刊》1988-12

王思治、金成基，《从清初的吏治看封建官僚政治》，《历史研究》1980-1

王天奖，《十九世纪下半期中国的秘密结社》，《历史研究》1963-2

王天有，《万历天启时期的市民斗争和东林党议》，《北京大学学报》2，1984

王廷元，《论明清时期的徽州牙商》，《中国社会经济史研究》，1993-2

王卫平，《明清苏州社会风尚的变迁——吴地民风嬗变研究之二》，《历史教学问题》1993-4

王卫平，《明清时期太湖地区的奢侈风气及其评价——吴地民风嬗变研究之四》，《学术月刊》1994-2

王卫平、黄鸿山，《清代江南地区的乡村社会救济——以市镇为中心的考察》，《中国农史》2003-4

王先明，《近代中国绅士阶层的分化》，《社会科学战线》1987-3

王先明，《论近代社会中的绅士集团》，《史学月刊》1989-1（=1989A）

王先明，《中国近代绅士述论》，《求索》1989-1（=1989B）

王先明，《近代中国绅士集团转型初探》，《东南文化》1990-4

王先明，《中国近代绅士阶层的社会流动》，《历史研究》1993-2

王先明，《从绅士阶层到绅商阶层（论收回利权运动的主导力量）》，《社会科学战线》1995-1（=1995A）

王先明，《清代社会结构中绅士阶层的地位与角色》，《中国史研究》1995-4（=1995B）

王先明，《晚清士绅阶层社会地位的历史变动》，《历史研究》1996-1

王翔，《论江南丝绸业中的资本主义萌芽》，《苏州大学学报》1992-2（=1992A）

王翔，《明清商业资本的动向与江南丝绸业资本主义萌芽》，《江海学刊》1992-4（=1992B）

王翔，《中国资本主义萌芽研究的新成果》，《中国社会科学》1993-2

王新，《明清时期社会风尚变革举隅》，《吉林大学社会科学学报》1990-3

王兴亚，《明代中后期河南社会风尚的变化》，《中州学刊》1989-4

王秀绒，《土地兼并的历史功罪补论》，《商洛师范专科学校学报》1995-1

王亚南，《〈红楼梦〉现实主义的社会基础问题》，《厦门大学学报》1955-1

王燕梅，《关于中国的资本原始积累问题》，《青海师大学报》1988-1

王业键，《清雍正时期的财政改革》，《"中研院"历史语言研究所集刊》32，1961

王业键，《明清经济发展并论资本主义萌芽问题》，《中国社会经济史研究》1983-3

王业键、黄国枢，《十八世纪中国粮食供需的考察》，《近代中国农村经济史论文集》，台北，
　　"中研院"近代史研究所，1989

王毅，《再论明代流氓文化与专制政体的关系——兼答高寿仙先生》，《社会学研究》2002-2

王毅，《明代流氓文化的恶性膨胀与专制政体的关系及其对国民心理的影响（上、下）——通过
　　明代后期世态小说的内容对社会史的考察》，《社会学研究》2000-2、5

王聿均，《清代中叶士大夫之忧患意识》，《"中研院"近代史所研究所集刊》11，1983

王育济，《走出"中世纪"——理学、实学、朴学的嬗演及其启蒙意义》，《中国哲学史》
　　1994-3

王跃生，《清代科举人口研究》，《人口研究》1989-3

王跃生，《清代生监的人数计量及其社会构成》，《南开学报》1998-1

王仲荦，《明代苏松嘉湖四府的租额和江南纺织业》，《文史哲》1951-2

隈瀛涛、王永年，《中国资本主义萌芽与近代资本主义的产生》，《贵州文史丛刊》1984-3

韦庆远，《清代牙商利弊论》，《明清史辨析》，北京，中国社会科学出版社，1989

韦庆远、鲁素，《论清初商办矿业中资本主义萌芽未能茁壮成长的原因》，《中国史研究》1982-4

魏金玉，《中国资本主义萌芽学术讨论会介绍》，《中国历史学年鉴》，北京，人民出版社，1982

魏金玉，《试说明清时代雇佣劳动者与雇工人等级之间的关系》，《中国经济史研究》1986-4

魏千志，《关于中国资本主义的萌芽问题的讨论》，《史学月刊》1957-2

魏嵩山，《元末刘福通等起义经过与最初起义之地考实》，《中国史研究》1994-1

文君，《唐代的雇佣——评孔经纬先生关于唐代已有资本主义萌芽的意见》，《光明日报》1957
　　年3月28日

巫仁恕，《明清湖南市镇的经济发展与社会变迁》，台湾大学历史学研究所硕士论文，1991

巫仁恕，《明清城市民变研究——传统中国城市群众集体行动之分析》，台湾大学历史学研究所
　　博士论文，1996

巫仁恕，《明末清初城市手工业人的集体抗议行动》，《"中研院"近代史研究所集刊》28，1997

巫仁恕，《明代平民服饰的流行风尚与士大夫的反应》，《新史学》10-3，1999

巫仁恕，《晚明的旅游与消费中心——以江南为讨论中心》，《生活、知识与中国现代性国际学
　　术研讨会论文集》，台北，"中研院"近代史研究所，2002（=2002A）

巫仁恕，《明代士大夫与轿子文化》，《"中研院"近代史研究所集刊》38，2002（=2002B）

巫仁恕，《民间信仰与集体抗争：万历承天府民变与岳飞信仰》（第十届明史学术讨论会，在南
　　京，2004年8月25日，在社会组发表文）

吴承明，《关于中国资本主义萌芽的几个问题》，《文史哲》1981-5（=1981A）

吴承明，《中国资本主义的发展略述》，《中华学术论文集》，北京，中华书局，1981（=1981B）

吴承明，《论清代前期我国国内市场》，《历史研究》1983-1（=1983A）

吴承明，《我国手工棉纺织业为什么长期停留在家庭手工业阶段》，《文史哲》1983（=1983B）

吴承明，《明代国内市场和商人资本》，《中国社会科学院经济研究所集刊》第5集，1983

吴大琨，《关于〈中国历史纲要〉明清史部分几个经济问题的意见》，《文史哲》1955-3（=1955A）

吴大琨，《略论〈红楼梦〉的时代背景》，《文史哲》1955-1（=1955B）

吴大琨，《关于〈略论《红楼梦》的时代背景〉及其他——答陈湛若先生》，《文史哲》1956-4（=1956A）

吴大琨，《关于中国清初资本主义生产萌芽发展水平问题——答李之勤同志兼评尚钺同志的几个论点》，《教学与研究》1956-5（=1956B）

吴大琨，《评"明清之际中国市民运动的特征及发展"》，《中国资本主义萌芽问题讨论集》（续编），北京，生活·读书·新知三联书店，1960

吴枫，《略论公元十六、十七世纪我国封建社会中资本主义关系萌芽的产生及其主要表现》，《东北师范大学函授教学》（历史版）1956-6

吴海若，《中国资本主义生产的萌芽》，《经济研究》1956-4

吴晗，《明代的农民》，《益世报》，史12、13，1935（收入《吴晗史学论著选集》第1卷，北京，人民出版社，1984）

吴晗，《论绅权》，《时与文》3-1，1948

吴晗，《明初的恐怖政治》，《中建》3-5，1948（=1948A）（收入《吴晗史学论著选集》，北京，人民出版社，第2卷，1986）

吴晗，《明初的学校》，《清华学报》15-1，1948（=1948B）（收入《读史劄记》，北京，生活·读书·新知三联书店，1956）

吴晗，《明初社会生产力的发展》，《历史研究》1955-3（=1955A）（收入《中国资本主义萌芽问题讨论集》上，北京，生活·读书·新知三联书店，1957）

吴晗，《关于中国资本主义萌芽的一些问题——在北京大学历史系所作的报告》，《光明日报》1955年12月22日（=1955B）

吴晗，《明代的科举情况和绅士特权》，《光明日报》1959年8月26日（《灯下集》，北京，1960）

吴晗，《明代新仕宦阶级，社会的政治的文化的关系及其生活》，《明史研究论丛》5，1991

吴缉华，《明代临清德州的地位及其漕仓的研究》，《大陆杂志》11-1、2，1960

吴缉华，《明代海运及运河的研究》，《历史语言研究所专刊》43，1961

吴吉远，《试论清代吏、役的作用和地位》，《清史研究》1993-3

吴建雍，《清前期榷关及其管理制度》，《中国史研究》1984-1

吴江，《中国资本主义经济发展史的若干特点》，《经济研究》1955-5

吴金成，《朝鲜学者之明史研究》，《中韩关系史国际研讨会论文集》，台北，韩国研究学会，1981

吴金成，《明、清时代绅士层研究的诸问题》，《中国史研究的成果与展望》，北京，北京社会科学出版社，1991（=1991B）

吴金成，《近十年来韩国的中国近现代史研究》，《近代中国史研究通讯》15，台北，"中研院"，1992

吴金成，〈从社会变迁视角对明中期史的再认识〉，《古代文明》5-4，2011

吴量恺，《清代乾隆时期农业经济关系的演变和发展》，《清史论丛》第1辑，北京，中华书局，1979

吴量恺，《试论鸦片战争前清代农业资本主义萌芽缓慢发展的主要原因》，《清史论丛》第3辑，北京，中华书局，1982

吴量恺，《清代前期农业经济中的短雇与资本主义萌芽》，《华中师范学院学报》1983-5（＝1983A）

吴量恺，《清前期农业雇工的工价》，《中国社会经济史研究》1983-2（＝1983B）

吴量恺，《清代农民的永佃权及其影响》，《江汉论断》1984-6

吴量恺，《明代中后期"农民非农化"的倾向与社会结构的变异》，《中国农史》1994-1

吴美琪，《明代士人的服饰风尚及其反映的社会心态——以江南地区为例》，台北，台湾师范大学历史研究所硕士论文，2000

吴奈夫，《关于葛成领导的苏州织工斗争》，《江苏师范学院学报》1981-4

吴奇衍，《清代前期牙行制试述》，《清史论丛》6，1985

吴琦，《晚明至清的社会风常与民俗心理机制》，《华中师范大学学报》（哲社版）1990-6

吴仁安，《明代江南社会风常初探》，《社会科学家》（桂林）1987-2

吴仁中，《明代广东三十六行初探》，《学术研究》1980-2

吴少珉，《我国历史上的经纪人及行业组织考略》，《史学月刊》，1997-5

吴太昌，《略论中国封建社会经济结构对资本主义发展的影响》，《中国经济史研究》1990-1

吴涛，《清嘉庆年间陕西木工和铁工的起义》，《史学月刊》1964-8

吴滔，《明清江南市镇与农村关系史研究概述》，《中国农史》2005-2

吴天颖，《论宋代四川制盐业中的生产关系》，《文史哲》1964-1

吴泽，《马克思论封建工具所有制与行会制——纪念马克思逝世一百周年》，《历史教学问题》1983-2

吴振汉，《明代后期举贡出身文官之仕途》，中国明代研究学会，《明人文集与明代研究》，台北，2001

吴智和，《明代苏州乡土生活史举隅——以文人集团为例》，《方志学与小区乡土史学术研讨会论文集》，台湾学生书局，1998

吴智和，《明代提学教权与社会之变迁》，柏桦，《庆祝王钟翰教授八十五暨韦庆远教授七十华诞学术论文合集》，黄山书社，1999

伍纯武，《再论资本原始积累的特征》，《学术月刊》1961-8（＝1961A）

伍纯武，《中国资本的原始积累问题》，《学术月刊》1961-3（＝1961B）

伍丹戈，《论清初奏销案的历史意义》，《中国经济问题》1981-1（＝1981A）

伍丹戈，《明代绅衿地主的形成》，《抖擞》47，1981（＝1981B）（历史研究编辑部，《中国封建地主阶级研究》，北京，中国社会科学出版社，1987）

伍丹戈，《明代绅衿地主的发展》，《明史研究论丛》2，1983（＝1983A）

伍丹戈，《明代徭役的优免》，《中国社会经济史研究》1983-3（=1983B）

夏重宣，《关于明代中叶以后雇佣劳动的性质问题的商榷》，《宁派师院学报》1962-2

萧放，《论明清时期江西四工商市镇的发展及其历史局限》，《江西经济史论丛》1，1987

萧国亮，《明清时期上海地区的农村家庭棉纺织生产》，《财经研究》1984-3

萧国亮，《试论清代前期商业利润不能普遍地转化为产业资本的原因》，《中国史研究》1984-4

萧灼基，《论中国资本原始积累》，《北京大学学报》1962-6

晓学，《略论嘉靖倭——与"反海禁"论者商榷》，《贵州民族学院学报》1983-1

肖爱树，《清代中期山东商品经济的发展与资本主义萌芽》，《齐鲁学刊》1998-02

肖云玲，《试论中国行会的家族性、地缘性、官府性及其影响》，《江西师范大学学报》1989-4

肖宗志，《政府行为与废科举后举贡生员的出路问题》，《北方论丛》2005-2

谢放，《"绅商"词义考析》，《历史研究》2001-2

谢放，《从乡绅到城绅——清季民初乡村社会权势的转移》（《近代中国乡村社会权势国际学术研讨会》，中山大学历史系，2004 年 7 月 12-13 日，发表文）

谢国桢，《记清初通海案》，同氏，《明清之际党社运动考》，北京，中华书局，1982（=1982A）

谢国桢，《清初东南沿海迁界考》《清初东南沿海迁界补考》，同氏，《明清之际党社运动考》，台北，商务印书馆，1967/ 北京，中华书局，1982（=1982B）

谢国桢，《清初利用汉族地主集团所施行的统治政策》，《明清史国际学术讨论会论文集》，天津人民，1982（=1982C）（《中国史研究》1980-4）

谢宏维，《论明清时期江西进士的数量变化与地区分布》，《江西师范大学学报》33 卷 4 期，2000

谢宏维，《清代徽州棚民的问题及对应机制》，《清史研究》2003-2

谢庐明，《明清赣南墟市的发展与社会经济的变迁》，《赣南师范学院学报》1998-5

谢庐明，《赣南的农村墟市与近代社会变迁》，《中国社会经济史研究》2001-1

谢天祯，《明清时期珠江三角洲的生态平衡与农业经济》，《农史研究》5，1985（《明清时期珠江三角洲的农业生态与农业经济》，《明清广东社会经济研究》，广州，广州人民出版社，1987）

徐鼎新，《旧中国商会溯源》，《中国社会经济史研究》1983-1

徐泓，《明代后期华北商品经济的发展与社会风气的变迁》，《第二次中国近代经济史研讨会论文集》，台北，"中研院"经济研究所，1989

徐泓，《明代社会风气的变迁——以江、浙地区为例》，《东亚文化》24，1986（收入《第二届国际汉学会议论文集》，明清与近代史组，台北，"中研院"，1989）

徐茂明，《科举之废与江南士绅之蜕变》，《社会科学》2004-11

徐文、江思清，《从明代景德镇磁业看资本主义因素的萌芽》，《光明日报》1956 年 3 月 29 日

徐文、江思清，《对〈关于中国资本主义萌芽问题的考察〉一文的一点意见》，《光明日报》1957 年 4 月 11 日

徐小冬，《中国何时出现资本主义萌芽？》，《广西日报》1981 年 11 月 28 日

徐新吾，《关于资本主义萌芽一则史料的辩识》，《经济研究》1978-7

徐新吾，《关于对〈木棉谱〉中所记布商业资本性质的商讨》，《社会科学》1980-1

徐新吾，《中国和日本棉纺织业资本主义萌芽的比较研究》，《历史研究》1981-6

徐新吾，《关于鸦片战争前中国民营丝织工工场并未存的考证》，《学术月刊》1983-9

徐扬杰，《汉代雇佣劳动的几个问题》，《江汉论断》1982-1

徐元基，《关于中国资本主义萌芽问题的讨论》，《文汇报》1963 年 5 月 16 日

徐振武，《明代倭寇海盗，海禁与中国资本主义萌芽问题——读〈明代乾隆年间的倭寇海盗与中国资本主义萌芽〉》，《贵州社会科学》1983-4

许大龄，《16 世纪—17 世纪初期中国封建社会内资本主义萌芽》，《北京大学学报》1956

许大龄，《论 15—16 世纪江南地区资本主义生产关系的萌芽》，《历史教学问题》1958-4

许大龄，《读〈校对一条史料〉》，《历史研究》1963-3

许大龄，《试论明代后期的东林党人》，《明清史国际学术讨论会论文集》，天津，天津人民出版社，1982

许涤新、吴承明，《中国资本主义的萌芽》（《中国资本主义发展史》第一卷），北京，人民出版社，1985

许海泉，《辛亥革命在江西的胜利与失败》，《江西社会科学》1993-6

许怀林，《江西古代州县建置沿革及其发展原因的探讨》，《中国地方史志论丛》，北京，中华书局，1984

许敏，《关于明代铺户的几个问题》，《明史研究论丛》第 2 辑，1983

许苏民，《"内发原生"模式：中国近代史的开端实为明万历九年》，《河北学刊》2003-2

许檀，《明清时期的监清商业》，《中国经济史研究》1986-2

许檀，《清代前期流通格局的变化》，《清史研究》1999-3

许文继，《歇家与明清社会》，《明史研究论丛》6，2004

宣北琦，《关于中国资本主义萌芽发展趋势的比较研究》，《学习与探索》1988-1

薛国中，《从〈补农书〉探索十五至十七世纪中国农村经济关系的变化》，《武汉大学学报》1981-5

薛国中，《16 至 18 世纪的中国农业革命》，《武汉大学学报》（社会科学版）1990-2

严昌洪，《绅士与地方——以河南士绅王锡彤为个案的透视》（"近代中国乡村社会权势"国际学术研讨会，中山大学历史系，2004 年 7 月 12—13 日，发表文）

阎泽，《"中华帝国晚期近代化"语境下的天津早期城市化属性分析》，《天津成人高等学校联合学报》2004-04

燕石，《几则有关镇压端坊、染纸坊手工工人的碑刻数据》，《文物参考数据》1957-9

杨超，《明清纺织业中资本主义手工工场的两种发生过程》，《光明日报》1955 年 12 月 8 日

杨光华、胡德荣，《明末清初农民军队的郧阳战史》，《郧阳师范高等专科学校学报》1995-5

杨国祯，《试论清代闽北民间的土地买卖——清代闽北土地买卖文书剖析》，《中国史研究》1981-1

杨建广、骆梅芬，《中国古代经纪法制源流初探》，《中山大学学报》1996-增

杨立华，《中国封建社会长期延续之讨论》，《云南社会科学》1999-2

杨讷，《天完大汉红巾军史述论》，《元史论丛》1，1982

杨念群，《论中国近代知识分子参政的三种模式》，《广州研究》1988-2

杨其民，《买卖中间商"牙人"、"牙行"的历史演变——兼释新发现的〈嘉靖牙帖〉》，《史林》1994-4

杨启樵，《明初人才培养与登进制度及其演变》，《新亚学报》6-2，1964

杨生民，《从〈补农书〉看明末清初浙江嘉，湖地区的农业资本主义萌芽问题》，《北京师范学院学报》1979-2

杨师群，《明清城镇不存在资本主义萌芽——与西欧中世纪城市的比较研究》，《浙江社会科学》2005-01

杨余练，《康雍时期矿业政策的演变》，《社会科学辑刊》1983-2

杨正泰，《明清临清的盛衰与地理条件的变化》，《历史地理》3，1982

姚从斌，《试论徽商资本土地化问题》，《安徽大学学报》1988-3

叶茂，《商品化，过密化与农业发展——部分经济史学者讨论黄宗智〈中国经济史中的悖论现象与当前规范认识危机〉》，《史学理论研究》1993-4

叶显恩，《试论徽州商人资本的形成发展》，《中国史研究》1980-3

叶显恩，《封建土地占有关系与乡绅阶层》，《明清徽州农村社会与佃仆制》，合肥，安徽人民出版社，1983（=1983B）

叶显恩，《徽商利润封建化与资本主义萌芽》，《中山大学学报》1983-1（=1983C）

伊原弘介，《明末清初"绅士"的土地经营——以张履祥为例》，《明清史国际学术讨论会论文集》，天津，天津人民出版社，1982

殷民，《批判尚钺同志"中国近代史应始于明清之际"的谬论》，《人文杂志》1960-4

尹金翔，《尚钺同志有关明末市民斗争问题的几个错误论点》，《教学与研究》1960-7

尹进，《关于中国农业中资本主义萌芽问题》，《历史研究》1980-2

尹进，《中国封建社会后期农业中已有资本主义萌芽吗？》，《武汉大学学报》1981-5

尹进，《中国封建社会内资本主义萌芽问题》，孙键编，《中国经济史论文集》，北京，中国人民大学出版社，1987

于瑞桓、何成，《明末清初新城王氏婚姻简论》，《烟台大学学报》2002-4

余涛，《清代南昌慈善事业研究》，南昌大学硕士论文，2001

余新忠，《清前期浙西北基层社会精英的晋身途径与社会流动》，《南开学报》（哲社）2000-4（《明清史》2001-1）

余子明，《从乡村到都市：晚清绅士群体的城市化》，《中国近代史》（复印报刊）2002-12

袁定中，《批判尚钺同志关于中国近代史开端问题的谬论》，《光明日报》1960年6月23日

袁英光、李晓路，《唐代财政重心的南移与两税法的产生》，《北京师院学报》（社科版）1985-3

曾学优，《清代赣江中游农村市场初探》，《中国社会经济史研究》1996-1

张彬村，《十六至十八世纪中国海贸思想的演进》，《中国海洋发展史论文集》（二），台北，"中研院"，1986

张存武，《中国初期近代史要义1511—1839》，《近代中国初期历史研讨会论文集》，台北，"中研院"近代史研究所，1988

张洞明、杨康荪、宣斯文，《试论织工封建社会非身分性地主经济的性质》，《学术月刊》1982-10

张光灿，《论清朝前期的闭关政策》，《宁夏大学学报》1985-2

张桂林，《赣西棚民与福建佃农》，《福建师范大学学报》1986-3

张国臣，《中西方资本主义萌芽比较研究》，《许昌师专学报》1995-2

张国雄，《江汉平原垸田的特征及其在明清时期的发展演变》，《农业考古》1989-1、2

张国雄，《"湖广熟，天下足"的内外条件分析》，《中国农史》1994-3

张国雄、梅莉，《明清时期江汉—洞庭平原的人口变化与农业经济的发展》，《中国历史地理论丛》（西安）1989-4

张海鹏、唐力行，《论明清资本主义萌芽缓慢发展的原因》，《安徽师范大学学报》1981-6

张海英，《明清社会变迁与商人意识形态——以明清商书为中心》，《古代中传统与变革》，上海，复旦大学出版社，2005

张海瀛，《略论明代流民问题的社会性质——与李洵先生商榷》，《北京师院学报》1981-3

张海瀛，《明代的庄田地主及其对土地买卖的影响》，《晋阳学刊》1985-4

张和平，《从韦伯的社会学假说看资本主义萌芽与清代中国社会》，《中国社会经济史研究》1998-1

张华，《明代太湖流域农村专业市镇兴起的原因及其作用》，《明史研究论丛》4，1991

张画石，《建国以来中国资本主义萌芽问题讨论概述》，《南京大学学报》1981-4

张家炎，《明清江汉平原农业经济发展的地区特征》，《中国农史》1992-2

张建民，《清代江汉—洞庭湖区垸堤农田的发展及其综合考察》，《中国农史》1987-2（=1987A）

张建民，《"湖广熟，天下足"述论》，《中国农史》1987（=1987B）

张九皋，《芜湖手工炼钢业的片段史料》，《安徽史学通讯》1958-1

张明富，《"贾以好儒"并非徽商特色——以明清江浙、山西、广东商人为中心的考察》，《中国社会经济史研究》2002-4

张明富，《试论明清商人会馆出现的原因》，《东北师范大学学报》1997-1

张士尊，《元末红巾军辽东活动考》，《松辽学刊》（人文社会科学版）1996-2

张寿彭，《对"两汉资本主义萌芽说"的质疑》，《辽宁师范学院学报》1982-1

张涛，《牙行的演变》，《武汉文史资料》1997-4

张婷、刘会平，《地理环境对商品市场的限制作用》，《湖南师大社会科学学报》1988-2

张维安，《近代中国社会阶级结构——士绅与商人阶级文献之检讨》，《"中研院"近代史研究所特刊》1，1988

张维华，《〈红楼梦〉写作的历史背景》，《文史哲》1955-1

张文，《论中国封建社会长期延续的原因》，《云南行政学院学报》2000-4（=2000A）

张文，《中国封建社会长期延续的地缘文明分析》，《中共中央党校学报》2000-2（=2000B）

张显清，《明代缙绅地主浅论》，《中国史研究》1984-2（张显清，《张显清文集》，上海，上海辞书出版社，2005）

张显清，《明代官绅优免和庶"中户"的徭役负担》，《历史研究》1986-2（=1986A）（张显清，《张显清文集》，上海，上海辞书出版社，2005）

张显清，《明代土地"投献"简论》，《北京师范学院学报》1986-2（=1986B）（张显清，《张显清文集》，上海，上海辞书出版社，2005）

张显清，《论明代官绅优免冒滥之弊》，《中国经济史研究》1992-4（张显清，《张显清文集》，

上海，上海辞书出版社，2005）

张小青，《明清时期中国农业资本主义萌芽的经济条件超初探》，《吉安师专学报》1987-4

张晓虹、召利，《明清时期陕西商品经济的发展与社会风尚的嬗变》，《中国社会经济史研究》
　　1999-3

张效英，《〈中国资本主义萌芽〉评价》，《人民日报》（海外版）1986年2月14日

张学君，《宋代四川盐业中的所有制变化》，《中国社会经济史研究》1984-4

张学君、冉光英，《清代富荣盐场经营契约研究》，《中国历史博物馆馆刊》1981-2

张学君、冉光荣，《清代富荣盐场经营契约辑录》，《中国历史博物馆馆刊》1982-4

张一中，《明清间松江地区棉纺织业中的资本主义萌芽》，《湘潭大学学报》1989-2

张煜荣，《清代前期云南矿业的兴盛与衰落》，《学术研究》1962-5

张煜荣，《关于清代前期云南矿冶业中资本主义萌芽问题——兼与黎澍、尚钺两同志商榷》，
　　《学术研究》1963-3

张载，《〈红楼梦〉的时代背景和曹雪芹的创作思想》，《新建设》1955-3

张泽成、王曾瑜，《试论秦汉至两宋的乡村雇佣劳动》，《中国史研究》1984-3

张志康，《略论中国封建社会经济形态的几个特点——兼与中国封建社会长期延滞的原因》，
　　《学术月刊》1982-5

章楷，《江浙近代养蚕的经济收益和蚕业兴衰》，《中国经济史研究》1995-2

章有义，《中国农业资本主义萌芽史料问题琐议》，《中国经济史研究》1987-4

赵冈，《明清的新型市镇》，《中国城市发展史论集》，台北，联经出版事业公司，1995

赵国亮，《清代踹匠斗争碑刻在苏州发现》，《光明日报》1957年2月27日

赵践，《清初奏疏案发微——从清廷内阁中枢一介文件说起》，《清史研究》1999-1

赵克生，《朱元璋战时幕府略论》，《皖西学院学报》2001-1

赵俪生，《明正德间几次农民起义的经过和特点》，《文史哲》1954-12

赵俪生，《论清中叶扬州画派中的"异端"特质——为〈红楼梦〉讨论助一澜》，《文史哲》1956-2

赵人俊，《明政府镇压矿工起义告示牌的发现》，《历史研究》1957-1

赵世瑜，《明代府县吏典社会危害初探》，《中国社会经济史研究》1988-4（＝1988A）

赵世瑜，《明代吏典制度简说》，《北京师范大学学报》（社科版）1988-2（＝1988B）

赵世瑜，《两种不同的政治心态与明清胥吏的社会地位》，《政治学研究》1989-1

赵世瑜，《社会动荡与地方士绅——以明末清初的山西阳城陈氏为例》，《清史研究》1999-2

赵铁峰，《试论明代货币制度的演变及其历史影响》，《东北师范大学学报》1985-4

赵毅，《铺户、商役与明代城市经济》，《东北师范大学学报》1985-4

赵毅，《明代的吏员与吏治》，《史学月刊》1987-2

赵永良、徐志钧，《明代无锡社会经济初探—读黄印〈锡金识小录〉》，《明史研究论丛》4，
　　1991

浙江丝绸史料编纂室，《杭州机神庙旧址现存石碑与清代纺织工人的罢工斗争》，《丝绸》1964-1

郑克晟，《清初之苏松士绅与土田宝》，《庆祝王钟翰先生80寿辰学术论文集》，沈阳，辽宁大
　　学出版社，1993

郑克晟，《明代的江南士大夫与东林党人》，《江南论坛》1994-6

郑克晟，《明初江南地主的衰落与北方地主的兴起》，《北京师范大学学报》（人文社会版）2001-5（=2001A）

郑克晟，《试论元末明初江南士人之境遇》，《明清史探实》，北京，中国社会科学出版社，2001（=2001B）

郑克晟、冯尔康，《〈金瓶梅〉与〈红楼梦〉研究初议——兼论明末清初山东临清经济衰落的原因》，叶显恩，《清代区域社会经济研究》（上），北京，中华书局，1992

郑利华，《明代中叶吴中文人集团及其文化特征》，《上海大学学报》1997-4

郑庆平，《清代前期农业中的资本主义萌芽》，《中国农史》1988-2

郑晓文，《试论明清牙行的商业资本》，《开封大学学报》2005-1

中国第一历史档案馆，《乾隆前期牙商牙行史料》，《历史档案》1991-2

中国人民大学中国历史教研室，《评尚钺同志关于明清社会经济结构的若干观点》，《历史研究》1958-12

钟史声，《明清广东社会经济史研究的回顾与展望》，《学术研究》1985-6

钟祥财，《略论中国中产阶级经济思想的产生——兼评鸦片战争以前的反抑商思想》，《东北师范大学学报》1984-5

钟子望，《介绍中国资本主义的萌芽问题的讨论》，《学习》1956-11

衷海燕，《清代江西的家族、乡绅与义仓——新城县广仁庄研究》，《中国社会经济史研究》2002-4

衷海燕，《清代江西义仓与社会变迁——以新城县为例》，江西师范大学硕士学位论文，2002

衷海燕，《清代江西的乡绅、望族与地方社会——新城县中田镇的个案研究》，《清史研究》2003-2

衷海燕，《明清吉安府士绅的结构变迁与地方文化》，《江西科技师范学院学报》5，2004

衷海燕，《士绅，乡绅与地方精英群体研究的回顾》，《华南农业大学学报》2005-2

钟扬，《十六世纪一个新型流氓的喜剧——论西门庆》，《济宁师专学报》1999-1

仲伟民，《资本主义萌芽问题的学术史回顾与反思》，《学术界》2003-4

周北彤，《宋代造船业的社会性质》，《光明日报》1962月8月15日

周殿杰，《安史之乱前唐代经济重心在北方说》，《学术月刊》1982-9

周辉湘，《对中国资本主义萌芽发展前景的再思考》，《学习与探索》1987-3

周良宵，《明代苏松地区的官田及重赋问题》，《历史研究》1957-10

周清和，《关于中国资本主义萌芽的起因和大同学说的问题解答》，《文史哲》1952-7

周学军，《明清江南儒士群体的历史变动》，《历史研究》1993-1

周玉英，《从文契看明清福建农村经济的商品化趋势和资本主义萌芽》，《中国社会经济史研究》2000-4

周志斌，《论清初苏州的"哭庙案"》，《学海》2001-6

朱伯康，《论中国资本的原始积累问题——与伍纯武先生商榷》，《学术月刊》1961-4

朱诚如，《清代前期的资本主义萌芽及其发展迟缓原因探索》，《辽宁大学学报》1986-4（=1986A）

朱诚如，《清史诸问题的探讨——清史国际学术讨论会述要》，《要宁师范大学学报》1986-6

（＝1986B）

朱德兰，《清初迁界令时中国船海上贸易之研究》，《中国海洋发展史论文集》（2），台北，"中研院"，1986

朱华，《中国资本主义发生条件再探讨》，《上海行政学院学报》2001-01

朱建，《关于中国农业的资本主义萌芽问题》，《学术月刊》1961-4

朱莉莎，《试谈我国清代资本主义萌芽的发展》，《云南财贸学院学报》1985-3

朱培夫，《武汉牙行初探》，《武汉师范学院学报》1984-2

朱清泽等，《郑成功兵败南京之役》，《南京史志》1987-4

朱淑瑶，《略论唐代行会的形——兼谈唐代行会如欧洲中世纪的区别》，《广西师范学院学报》1983-2

朱谐汉，《太平天国时期的江西团练》，《江西师大学报》1989-4

朱宗宙，《明末太湖地区的农业雇佣劳动》，《南京大学学报》1965-2

庄练，《湖州庄氏史案》，《明清史事丛谈》，台北，台湾学生书局，1972

邹德彭，《元末农民战争与社会经济》，《雁北师范学院学报》1994-1

邹德彭，《朱元璋在元末农民起义军中的治军方策》，《雁北师范学院学报》1995-5

邹时炎，《略论湖广市民反对陈奉的斗争》，《武汉师范学院学报》1980-3

左云鹏、刘重日，《明代东林党争的社会背景及其与市民运动的关系》，《中国资本主义萌芽问题讨论集》续篇，北京，生活·读书·新知三联书店，1960

3. 日文

岡野昌子，《明末臨清民變考》，小野和子，《明清時代の政治と社會》，京都，1983

高橋芳郎，《宋代の士大夫身分について》，《史林》69-3，1986

高橋孝助，《清朝專制支配の成立と"小土地所有者"—清初江南における"重賦"問題を素材にした場合》，《歷史學研究》421，1975

高橋孝助，《清朝封建國家論への一視點—重田德氏の清朝＝"地主政權"論に寄せて》，《歷史評論》324，1977

古島和雄，《明末長江デルタ地帶における地主經營—沈氏農書の一考察》，《歷史學研究》149，1950

古島和雄，《補農書の成立とその地盤》，《東洋文化研究所紀要》3，1952

古垣光一，《宋代の官僚數について—特に真宗時代を中心として》，《アジア史研究》8，1984

古垣光一，《宋代の官僚數について—真宗朝中期以降の人事行政上の新問題》，《宋代の社會と宗教》，汲古書院，1985

古垣光一，《宋代の官僚數について（その四）—真宗朝中期以降の獵官運動の激化》，《中村治兵衛先生古稀記念東洋史論叢》，東京，1986

高中利惠，《明代の泉、漳を中心とする都市共同體》，《歷史學研究》77，1960

谷光隆，《明代監生の研究—仕官の方途について》（一，二），《史學雜志》73-4，73-6，1964

谷口規矩雄，《明代中期荊襄地帶農民反亂の一面》，《研究》35，1965

谷口規矩雄，《明代の農民反亂》，《岩波講座世界史》12，東京，1971

谷口規矩雄，《于成龍の保甲法について》，《東洋史研究》34-3，1975

谷口規矩雄《1975 年歷史學界：回顧と展望―清》，《史學雜志》85-5，1976

谷口規矩雄，《漢口鎮の成立について》，《唐宋時代の行政、經濟地圖の制作研究成果報告書》，1981

谷口規矩雄，《呂坤の鄉甲法について》，《佐久間重男教授退休紀念中國史、陶磁史論集》，東京，1983

谷口規矩雄，《東陽民變―所謂許都の亂について》，《東方學報》58，1986

谷口規矩雄，《明代華北における一條鞭法の展開》，《明末清初期の研究》，京都，1989

谷川道雄，《中國史研究の新しい課題》，《日本史研究》94，1967

谷川道雄，《中國史研究の新しい課題再論》，《東洋史研究》28-2、3，1969

谷川道雄，森正夫，《中國民衆叛亂史》第 3、4 卷，東京，1982、1983

溝口雄三，《明末を生きた李卓吾》，《東洋文化研究所紀要》55，1971

溝口雄三，《いわゆる東林派人士の思想―前近代における中國思想の展開》，《東洋文化研究所紀要》75，1978

宮崎市定，《明清時代の蘇州と輕工業の發達》，《東方學》2，1951

宮崎市定，《明代蘇鬆地方の士大夫と民衆―明代史素描の試み》，《史林》37-3，1954（＝1954A）（《アジア研究》4，京都，1964）

宮崎市定，《宋元時代の法制と裁判機構》，《東方學報》（京都）24，1954（＝1954B）（《宮崎市定全集》第 11 卷，岩波書店，1992）

宮崎市定，《胥吏の陪備を中心として―中國官吏生活の一面》，《アジア史研究》3，京都，1957

宮崎市定，《清代の胥吏と幕友―特に雍正朝を中心として》，《東洋史研究》16-4，1958（同氏，《アジア史論考下》，東京，1976）

宮崎市定，《張溥とその時代―明末における一鄉紳の生涯》，《東洋史研究》33-3，1974（同氏，《アジア史研究》5，京都，1978）

宮崎市定，《明清時代の蘇州の輕工業の發達》，《アジア史研究》4，京都，1975

宮崎一市，《清初における官僚の考成―清初財政史の一齣》（1），《釧路論集》1，1970

橘樸，《支那官僚の特殊性》，《支那社會研究》，日本評論社，1936

近藤秀樹，《清代の捐納と官僚社會の終末》（上下），《史林》46-2、4，1963

幾部祐子，《中國小説、戲曲にあらわれた鄉紳像》，《日本文化研究所研究報告》13，1987

吉尾寬，《明末、楊嗣昌の地域防衛案について》，《東洋史研究》45-4，1987

吉尾寬，《張獻忠集團の組織と士大夫》，《名古屋大學東洋史研究報告》15，1990

奈良修一，《明代福建省の高寀に對する民變について》，《山根幸夫教授退休記念明代史論叢》（上），東京，汲古書院，1990

内田直文，《康熙朝政治史の一考江南の彈劾事件をめぐって―》，《九州大學東洋史論集》29，2001

多賀秋五郎，《近世中國における教育構造の成立と明太祖の文教政策》，《謹細アジア教育史

研究》，東京，1966

多賀秋五郎，《明太宗の學校教育政策》，《近世東アジア教育史研究》，東京，1970

多賀秋五郎，《王陽明と明代の教育制度》，《陽明學入門》，東京，1971

檀上寛，《明王朝成立期の軌迹—洪武朝の疑獄事件と京師問題をめぐって》，《東洋史研究》
　　37-3，1978

檀上寛，《義門鄭氏と元末の社會》，《東洋學報》63-3、4，1982

檀上寛，《〈鄭氏規範〉の世界—明朝權力と富民層》，《明清時代の政治と社會》，京都，1983

檀上寛，《明代科舉改革の政治的背景—南北卷の創設をめぐって》，《東方學報》58，1986

檀上寛，《明代南北卷の思想的背景》，小谷仲男，《東アジア史における文化傳播と地方差の
　　諸相》，福山大學，1988

檀上寛，《明清鄉紳論》，谷川道雄，《戰後日本の中國史論争》，東京，1993

大久保英子，《明末讀書人結社と教育活動》，林友春，《近世中國教育史研究》，東京，1958（大
　　久保英子，《明清時代書院の研究》，東京，1976）

大澤正昭，《唐代江南の水稻作と經營》，中國史研究會，《中國史像の再構成，國家と農民》，
　　京都，文理 1983

大澤正昭、足立啓二，《中國中世における農業の展開》，《中世史講座》2，東京，1987

大澤顯浩，《明末宗教的反亂の一考察》，《東洋史研究》44-1，1985

道邦彦，《清初靖南藩の福建移鎮と遷界令》，《歷史研究》12，1960

渡邊修，《順治年間（1644—1661）漢軍（遼人）とその任用》，石橋秀雄，《清代中國の諸問
　　題》，山川出版社，1995

渡部忠世等，《明、清時代の分圩をめぐって—デルタ開拓の集約化》，《中國江南の稻作文
　　化—その學際的研究》，東京，1984（=1984B）

渡部忠世，《宋、元代の圩田、圍田をめぐって—デルタ開拓の工學的適應》，《中國江南の稻
　　作文化—その學際的研究》，東京，1984（=1984C）

渡部忠世等，《占城稻をめぐって—デルタ開拓の農學的適應》，《中國江南の稻作文化—その
　　學際的研究》，東京，1984（=1984D）

渡部忠世等，《火耕水耨をめぐって—デルタの初期開拓》，《中國江南の稻作文化—その學際
　　的研究》，東京，1984（=1984E）

渡部忠世，《商品作物の展開—デルタ開拓の多角化》，1984（=1984F）

稻田清一，《清末江南の鎮董について—鬆江府、太倉州を中心といて》，森正夫編，《江南デ
　　ルタ市鎮研究》，名古屋大學，1992

渡昌弘，《明代生員の徭役優免特權をめぐって》，《東方學》97，1999

藤岡次郎，《重田德〈清代社會經濟史研究〉書評》，《史學雜志》85-4，1976

藤井宏，《明代田土統計に關する一考察》（1，2，3），《東洋學報》30-3、4，33-1，1944、
　　1947

藤井宏，《中國史における新と舊》，《東方文化》9，1952

藤井宏，《新安商人の研究》（1）《東洋學報》36-1，1953（=1953A）

藤井宏，《新安商人の研究》（2）《東洋學報》36-2，1953（=1953B）

藤井宏，《新安商人の研究》（3）《東洋學報》36-3，1953（＝1953C）

藤井宏，《新安商人の研究》（4）《東洋學報》36-4，1954

藤井宏，《明代鹽場の研究》（上、下），《北海道大學文學部紀要》1、3，1952、195

鈴木健一，《明代裏甲制と鄉約の教育史的意義》，《近世アジア教育史研究》，東京，1966

木村正一，《清代社會における紳士の存在》，《史淵》24，1940

閒立鼎、王衛平，《明清期，太湖地區の社會風潮の變遷》，《廣島大學東洋史研究室報告》14，
　1992

尾上悦三，《尚鉞“中國における資本主義生産素因の萌芽及びその成長”》，《六甲臺論集》4
　（4），1958

夫馬進，《明末の都市改革と杭州民變》，《東方學報》49，1977

夫馬進，《明末反地方官士變》，《東方學報》52，1980（＝1980A）

夫馬進，《“明末反地方官士變”補論》，《富山大學人文學部紀要》4，1980（＝1980B）

夫馬進，《明末清初の都市暴動》，谷川道雄、森正夫，《中國民衆反亂史》4，東京，1983

夫馬進，《訟師秘〈蕭曹遺筆〉の出現》，《史林》77-2，1994

北村敬直，《明末清初における地主について》，《歷史學研究》140，1949（同氏，《清代社會
　經濟史研究》，京都，1978 에再收）

北村敬直，《中國の地主と日本の地主》，《歷史評論》20，1950

北村敬直，《農村工業と佃户制の展開—明清社會經濟史の諸問題》，《社會經濟史學》20-4、5、
　6合，1955

北村敬直，《魏氏三兄弟とその時代》，《清代社會經濟史研究》，東京，1978（同氏，《寧都の
　魏氏—清初地主の一例》，《經濟學年報》7、8，1957、1958）

濱島敦俊，《蘇鬆地方における都市の棉布商人について》，《史林》41-6，1958

濱島敦俊，《蘇州踹布業の經營形態》，《東北大文學部研究年報》18，196

濱島敦俊，《明代江南の水利の一考察》，《東洋文化研究所紀要》47，1969

濱島敦俊，《明末浙江の嘉湖兩府における均田均役法》，《東洋文化研究所紀要》52，1970

濱島敦俊，《明清時代における商品生産の展開》，《岩波講座世界史》12，1971

濱島敦俊，《均田均役の實施をめぐって》，《東洋史研究》33-3，1974（＝1974A）

濱島敦俊，《明末清初江南デルタの水利慣行の再編について》，《社會經濟史學》40-2，1974
　（＝1974B）

濱島敦俊，《明末南直の蘇鬆常三府における均田均役法》，《東洋學報》57-3、4合，1976

濱島敦俊，《明代前半の江南デルタの水利慣行》，《史潮》新3，1978（＝1978A）

濱島敦俊，《明末清初の均田均役と鄉紳—デナライン氏の研究をめぐって》，《史朋》8，1978
　（＝1978B）

濱島敦俊，《東アジアにおける國家と共同體》（2），中世，《現代歷史學の成果と課題》Ⅱ、
　（2），前近代の社會と國家，東京，1982（＝1982B）

濱島敦俊，《明末江南鄉紳の具體像—南潯、莊氏について》，岩見宏，《明末清初期の研究》，
　京都，1989（＝1989A）

濱島敦俊，《中國の鄉紳》，《歷史研究の新しい波》，東京，1989（＝1989B）

濱島敦俊，《明代の水利技術と江南社會の變用》，《シリズ世界史への問 2，生活の技術、生産技術》，岩波書店，1990

濱島敦俊，《農村社會-覺書》，森正夫等編，《明清時代史の基本問題》，汲古書院，東京，1997

濱島敦俊，《"民望"から"郷紳"へ—十六、七世紀の江南士大夫》，《大阪大學大學院文學研究科紀要》41，2001

寺田隆信，《明代蘇州平野の農家經濟について》，《東洋史研究》16-1，1957

寺田隆信，《蘇州地方における都市の棉業商人について》，《史林》41-6，1958

寺田隆信，《商品生産と地主制をめぐる研究—明清社會經濟史の諸問題（一）》，《東洋史研究》19-4，1961

寺田隆信，《蘇州踹布業の經營形態》，《東北大文學部研究年報》18，1968

寺田隆信，《明清時代における商品生産の展開》，《岩波講座世界歷史》12，東京，1971

寺田隆信，《蘇州の哭廟案について》，《星博士退官紀念中國史論叢》，東京，1978

寺田隆信，《湖廣熟天下足》，《文化》43-1、2，1980

寺田隆信，《'郷紳'について》，《文化》45-1、2，1981（寺田隆信，《關于'郷紳'》，《明清史國際學術討論會論文集》，天津人民，1982）

寺田隆信，《蘇州の哭廟案について》，《星博士退官紀念中國史論叢》，東京，1982（=1982A）

寺田隆信，《新安商人と山西商人》，《中世史講座》卷 3，《中世の都市》，東京，1982（=1982B）

斯波義信，《中國中世の商業》，《中世史講座》3，《中世の都市》，東京，1982

斯波義信，《北宋の社會經濟》，鬆丸道雄等，《中國史》（3，五代-元），東京，1997

山口建治，《馮夢龍〈智囊〉と開讀の變》，《東方學》75，1988

山根幸夫，《15、16 世紀中國における賦役勞動制の改革—均徭法を中心として》，《史學雜志》60-11，1951（山根幸夫，《明代徭役制度の展開》，東京，1966）

山根幸夫，《明代裏長の職責に關する一考察》，《東方學》3，1952

山根幸夫，《明帝國の形成と發展》，《世界の歷史》11，東京，築摩書房，1961（=1961A）

山根幸夫，《一條鞭法と地丁銀》，《世界の歷史》11，東京，築摩書房，1961（=1961B）

山根幸夫，《元末の反亂と明朝支配の確立》，《岩波講座世界史》12，1971

山根幸夫（稻田英子譯），《清代生監役の性格》（上、下），《明代史研究》4-5，1976-1977.

山根幸夫，《明、清初の華北の市集と紳士、豪民》，《中山八郎教授頌壽記念明清史論叢》，東京，1977（同氏，《明清華北定期市の研究》第 2 章，汲古書院，1995）

山根幸夫，《明清時代華北市集の牙行》，《星博士退官紀念中國史論集》，東京，1978（→同《明清華北定期市の研究》第 3 章，汲古書院，1995）

山根幸夫，《明末農民反亂と紳士層の對應》，《中嶋敏先生古稀紀念論集》（下），東京，1981（=1981A）

山根幸夫，《河南省南城縣の紳士層の存在形態》，《東洋史研究》40-2，1981（=1981B）

山根幸夫，《大西政權と紳士層の對應》，小野和子編，《明清時代の政治と社會》，京都，1983（=1983B）

山根幸夫，《"中國資本主義萌芽問題論文集"南京大學歷史系明清史研究室編》，《東洋學報》

65（3、4），1984

山根幸夫，《清代山東の市集と紳士層—曲阜縣刭義集を中心として—》，《東洋學報》66 合，1985

山本英史，《清初における包攬の展開》，《東洋學報》59-1、2，1977（=1977A）

山本英史，《1976 年歷史學界：回顧と展望—明、清》，《史學雜志》86-5，1977（=1977B）

山本英史，《“自封投櫃”考》，《中國—社會と文化》4，1989

山本英史，《紳衿による稅糧包攬と清朝國家》，《東洋史研究》48-4，1990

山本英史，《雍正紳衿抗糧處分考》，《中國近代史研究》7，1992

山本英史，《浙江觀風整俗使の設置について》，《明清時代の法と社會》，汲古書院，1993

山本英史，《清代康熙年間の浙江在地勢力》，山本英史編，《傳統中國の地域像》，慶應義塾大學出版會，2000

山本英史，《清朝の江南統治と在地勢力》，岩井茂樹，《中國近世社會の秩序形成》，京都大學人文科學研究所，2004

山本進，《清代四川の地域經濟—移入代替棉業の形成と巴縣牙行》，《史學雜志》100-12，1991

山本進，《清代後期四川における地方財政の形成—會館と厘金》，《史林》75-6，1992

山本進，《清代江南の牙行》，《東洋學報》74-12，1993

山本進，《明末清初江南の牙行と國家》，《名古屋大學東洋史研究報告》21，1997

山本進，《清代巴縣の脚夫》，《東洋學報》82-1，2000

山本進，《清代の雜稅と牙行》，《名古屋大學東洋史研究報告》28，2004

山田秀二，《明清時代の村落自治に就いて》，《歷史學研究》2、3、4、5，1934

山田賢，《清代の移住民社會—嘉慶白蓮教反亂の基礎的考察》，《史林》69-6，1986

山田賢，《移住民社會と地域社會—四川省雲陽縣における嘉慶白蓮教反亂》，《名古屋大學東洋史研究報告》12，1987

山田賢，《中國明清時代史研究における“地域社會論”の現狀と課題》，《歷史評論》580，1998

三木聰，《明代の福建における保甲制》，《東方學》20，1960（同氏，《清代水利史研究》，東京，1974，再收）

三木聰，《抗租と法、裁判》，《北海道大學文學部紀要》37-1，1988

三田村泰助，《朱元璋と紅巾軍》，《田村博士頌壽紀念東洋史論叢》，東京，1968

森正夫，《明末の江南における“救荒論”と地主佃户關系》，《高知大學學術研究報告》（人文科學）14，1968

森正夫，《16-18 世紀における荒政と地主佃户關系》，《東洋史研究》27-4，1969（=1969A）

森正夫，《18 世紀における荒政と地主佃户關系》，《高知大學教育學部研究報告》（第 1 部）21，1969（=1969B）

森正夫，《明清時代の土地制度》，《岩波講座世界歷史》12，東京，1971

森正夫，《いわゆる“鄉紳的土地所有”論をめぐって》，《歷史評論》304，1975

森正夫，《日本の明清史研究における鄉紳論について》（1、2、3），《歷史評論》308、312、

314，1975、1976

森正夫，《17世紀の福建寧化縣における黄通の抗租反亂》（1、2、3），《名古屋大學文學部研究論集》59、62、74，1973、1974、1978

森正夫，《1645年太倉州沙溪鎮における烏龍會の反亂について》，《中山八郎教授頌壽記念明清史論叢》，東京，1977

森正夫，《明末社會關系における秩序の變動について》，《名古屋大學文學部三十周年記念論文集》，名古屋大學，1978

森正夫，《明代の鄉紳—士大夫と地域社會との關連についての覺書》，《名古屋大學文學部研究論集》77，史26，1980

森正夫，《17世紀初頭の"織傭の變"をめぐる二三の資料について》，《名古屋大學文學部研究論集》80，1981

森正夫，《中國前近代史研究における地域社會の視點》，《名古屋大學文學部研究論集》83（史28），1982

森正夫，《明中葉江南における税糧徵收制度の改革—蘇州、鬆江二府を中心として》，小野和子，《明清時代の政治と社會》，京都，1983（=1983A）

森正夫，《抗租》，谷川道雄、森正夫，《中國民衆叛亂史》4，東京，1983（=1983B）

森正夫，《〈寇變紀〉》の世界—李世熊と明末清初福建寧化縣の地域社會》，《名古屋大學文學部研究論集》（史學）37，1991

森正夫，《明末における秩序變動再考》，《中國—社會と文化》10，1995（=1995A）

森正夫，《"錫金識小録"の性格について》，《名古屋大學文學部研究論集》122（史學41），1995（=1995B）

上田信，《明末清初，江南の都市の'無賴'をめぐる社會關系—打行と脚夫》，《史學雜志》90-11，1981

上田信，《中國都市における無賴の世界》，東大東文研，《イスラムの都市性研究報告》，1989

生駒晶（Ikoma），《明初科舉合格者の出身に關する一考察》，《山根幸夫教授退休記念明代史論叢》（上），汲古書院，1990

西嶋定生，《鬆江府における棉業形成の過程について》，《社會經濟史學》13-11、12，1944

西嶋定生，《火耕水耨について》，《和田博士還歷記念東洋史論叢》，東京，1951（同氏，《中國經濟史研究》，東京，1966）

西嶋定生，《中國初期棉業の形成と構造》，《中國經濟史研究》，東京，1966（=1966B）

西嶋定生，《中國における地方都市の手工業》，《中世史講座》3，《中世の都市》，東京，1982

西嶋定生，《明清時代の問屋制前貸生産について—衣料生産を主とする研究史的覺え書》，《東アジアにおける國家と農民》，東京，1984

西山武一，《齊民要術における淮域稻作の實體》，《アジア的農法と農業社會》，東京，1969

西村元照，《明代後期丈量に就いて》，《史林》54-5，1971（=1971A）

西村元照，《張居正の土地丈量—全體像と歷史的意義把握のために》（上、下），《東洋史研究》30-1、2、3，1971（=1971B）

西村元照，《劉六劉七の亂について》，《東洋史研究》32-4，1974（=1974A）

西村元照，《清初の土地丈量について―土地臺帳と隱田をめぐる國家と鄉紳の對抗關系を基軸として》，《東洋史研究》33-3，1974（=1974B）

西村元照，《明、清》，《史學雜志》84-5，1975

西村元照，《清初の包攬―私徵體制の確立，解禁から請負徵税制へ》，《東洋史研究》35-3，1976

西村元照，《明代中期の二大叛亂》，谷川道雄、森正夫，《中國民衆叛亂史》2，東京，1979

西村かずよ，《明清時代の奴僕をめぐって》，《東洋史研究》36-4，1978

西村かずよ，《明代の奴僕》，《東洋史研究》38-1，1979（=1979A）

西村かずよ，《明末清初の奴僕について》，小野和子，《明清時代の政治と社會》，京都，1979（=1979B）

石橋秀雄，《清初の對漢人政策―とくに太祖の遼東進出時代を中心として》，《史草》2，1961

石井米雄，《稻作と歷史》，《タイ國―一つの稻作社會》，東京，1975

城井隆志，《明末，地方生員層の活動と黨争に關する一試論―提學御史熊廷弼の諸生仗殺をめぐって》，《九州大學東洋史論集》10，1982

細野浩二，《明末清初江南における地主奴僕關系―家訓にみられるその新展開をめぐって》，《東洋學報》50-3，1967

細野浩二，《明末清初江南における地主奴僕關系―家訓にみられるその新展開をめぐって》，《東洋學報》50-3，1968

細野浩二，《裹老人と衆老人―〈教民榜文〉の理解に關聯して》，《史學雜志》78-7，1969

細井昌治，《清初の胥吏―社會史的一考察》，《社會經濟史學》14-6，1944

小島淑男，《清末の鄉村統治について蘇州府の區、區董を中心に》，《史潮》88，1964

小林一美，《抗租、抗糧鬥争の彼方―下層生活者の想いと政治的、宗教的自立の途》，《思想》584，1973

小山正明，《明末清初の大土地所有―とくに江南デルタ地帶を中心にして》（1、2），《史學雜志》66～12，67-1，1957、1958

小山正明，《清末中國における外國綿制品の流入》，《近代中國研究》4，1960

小山正明，《明代の十段法について》（1），《前近代アジアの法と社會》，東京，1967（=1967A）

小山正明，《中國社會の變容とその展開》，《東洋史入門》，東京，1967（=1967B）

小山正明，《明代糧長について―とくに前半期の江南デルタ地帶を中心にして》，《東洋史研究》27-4，1969

小山正明，《賦役制度の變革》，《岩波講座世界歷史》12，1971

小山正明，《明代の土地所有と奴僕》，《東洋文化研究所紀要》62，1974（=1974A）

小山正明，《アジアの封建制―中國封建制の問題》，《前近代史研究の課題と方法》，現代歷史學の成果と課題2，1974（=1974B）

小山正明，《宋代以後の國家の農民支配》，《歷史における民族の形成-75年歷史學研究別冊特輯》，1975

小山正明，《明、清時代の雇工人律について》，《星博士退官記念中國史論集》，山形，1978

小沼正，《華北農村市集の牙行について―とくに徵税機構として》，《和田博士還歷記念東洋

　　史論叢》，東京，講談社，1951

小野和子，《東林派とその政治思想》，《東方學報》28，1958

小野和子，《清初の思想統制をめぐって》，《東洋史研究》18-3，1959

小野和子，《明末、清初における知識人の政治活動》，《世界の歴史》11，築摩書房，1962

小野和子，《明末の結社に關する一考察—とくに復社について》（上、下），《史林》45-2、3，
　　1962

小野和子，《東林派と張居正—考成法を中心に》，《明清時代の政治と社會》，京都，1983

小野和子，《復社の人びととレジスタンス》，同氏，《明季黨社考—東林黨と復社》，京都，
　　1996（＝1996B）

小畑龍雄，《明初の地方制度と裏甲制》，《人文科學》1～4，1947

小畑龍雄，《明代極初の老人制》，《山口大學文學會志》1，1950

小畑龍雄，《明代鄉村の教化と裁判—申明亭を中心として》，《東洋史研究》11-5、6，1952

鬆田吉郎，《明末清初廣東珠江デルタの沙田開發と鄉紳支配の形成過程》，《社會經濟史學》
　　46～6，1981

鬆浦章，《明代江南の水運について》，《山根幸夫教授退休記念明代史論叢》（下），東京，
　　1990

水野正明，《〈新安原板士商類要〉について》，《東方學》60，1980

矢澤利彥，《長江流域教案の一考察》，《近代中國研究》1，1958

矢澤利彥，《長江流域教案の研究》，《近代中國研究》4，1960

植鬆正，《元代江南の豪民朱清、張瑄について—その誅殺と財産官沒をめぐって》，《東洋史
　　研究》27-3，1968

植鬆正，《元代江南における徵稅體制について》，《東洋史研究》33-1，1974

新宮學，《明代の牙行について—商稅との關系を中心に》，《山根幸夫教授退休記念明代史論
　　叢》（下），東京，1990

岸本美緒，《〈歷年記〉に見る清初地方社會の生活》，《史學雜志》95-6，1986

岸本美緒，《明末清初の地方社會と世論—鬆江府を中心とする素描》，《歷史學研究》573，
　　1987（＝1987A）

岸本美緒，《'中國資本主義發展史（1）中國資本主義的萌芽' 許滌新，吳承明主編》，《東洋
　　史研究》46-1，1987（＝1987B）

岸本美緒，《明清期の社會組織と社會變容》，社會經濟史學會，《社會經濟史學の課題と展
　　望》，東京，1992（＝1992B）

岸本美緒，《地域社會の視點と明清國家論》，《舊中國における地域社會の特質》，1994

岸本美緒，《明清時代の身分感覺》，《明清時代史の基本問題》（《中國史學の基本問題》4），
　　汲古書院，1997（＝1997B）

岸本美緒，《明清時代の鄉紳》，《明清交替と江南社會—17世紀中國の秩序問題》，東京大學
　　出版會，1999（＝1999B）（《權威と權力》，《〈シリズ世界史〉》への問い》7，岩波書店，
　　1990）

岸本美緒，《崇禎17年の江南社會と北京情報》，《明清交替と江南社會—17世紀中國の秩序問

題》，東京大學出版會，1999（=1999C）

岸本美緒，《清初鬆江府社會と地方官たち》，《明清交替と江南社會—17世紀中國の秩序問
　　題》，東京大學出版會，1999（=1999D）

安部健夫，《米谷需給の研究—"雍正史"の一章としてみた》，《東洋史研究》15-4，195（《清
　　代史の研究》，東京，1971）

安部健夫，《耗羨提害の研究—雍正史の一章としてみた》，《東洋史研究》16-4，1958（同氏，
　　《清代史の研究》東京，1971再收）

安野省三，《明末清初，揚子江中流域の大土地所有に關する一考察—漢川縣蕭堯寀の場合を
　　中心として》，《東洋學報》44-3，1961

安野省三，《清代の農民反亂》，《岩波講座世界歷史》12，1971

安野省三，《地主制の實態と地主制研究の間》，《東洋史研究》33-3，1974

安野省三，《"湖廣熟すれば天下足る"考》，《木村正雄先生退官記念東洋史論集》，東京，
　　1976

安野省三，《中國の异端と無賴》，《中世史講7，中世の民眾運動》，東京，1985

岸和行，《廣東地方社會における無賴像—明末期の珠池盜をめぐって》，《元明清期における
　　國家"支配"と民眾像の再檢討—"支配"の中國的特質》，九州大學東洋研究室，1983

岩間一雄，《中國封建制の特質について—明代裏甲制試論》，《法學會雜志》26-2，1978

岩見宏，《雍正財政史の一面—錢糧の虧空とその整理》，《研究》（神戶大學）16，1958

岩見宏，《湖廣熟天下足》，《東洋史研究》20-4，1965

岩見宏，《清朝の中國支配》，《岩波講座世界歷史》12，1971

岩井茂樹，《張居正財政の課題と方法》，《明末清初の研究》，京都，1989

岩井茂樹，《均徭からみた明代徭役問題》，《中國近世財政史の研究》第6章，京都大學學術
　　出版會，2004（=2004B）

愛宕鬆男，《朱吳國と張吳國—初期明王朝の性格に關する一考察》，《文化》17-6，1953

野口鐵郎，《初期朱元璋集團の性格》，《橫濱國立大學人文紀要》第118輯，1972

野口鐵郎，《白蓮教結社の成立》，《明代白蓮教の研究》，東京，1986

餘英時，《中國知識人の史的考察》，《中國—社會と文化》5，1990

吳金成，《韓國における中國史研究の半世紀》，《中國—社會と文化》15，2000

吳金成，《韓國の明、清時代史研究の現況と課題》，《中國—社會と文化》4，1989（=1989D）

吳金成，《明末、清初江西南部の社會と紳士—清朝權力の地方浸透過程と關聯して》，《山根幸夫教授
　　退休記念明代史論叢》，東京，1990

吳金成，《紳士と兩班の政治、社會的位相》，《東アジア近世社會の比較研究》（《平成8～9
　　年度科學研究費補助金研究成果報告書》），京都，1998（=1998C）

五井直弘，《中國古代史と共同體》，《歷史論評》255，1971

有高巖，《支那における地方自治の由來》，《史潮》1-1，1931

柳田節子，《中國前近代社會における專制支配と農民運動》，《歷史評論》300，1975

栗林宣夫，《萬歷十年の杭州民變について》，《木村正雄先生退官記念東洋史論叢》，東京，
　　1976

伊藤公夫，《嘉靖海寇反亂の再檢討—王直と嘉靖三十年代前半の海寇反亂をめぐって》，《明代史研究》8，1980.

伊原弘介，《中國における封建權力成立のとらえ方について》，《歷史論評》304，1975

伊原弘介，《清朝國家の農民統治と紳士身分》，今掘誠二，《中國へのアプローチ》，東京，1983

裏井彥七郎，《中國の地主と日本の地主》，《歷史評論》20，1950（=1950A）

裏井彥七郎，《清代礦業資本について》（上），《東洋史研究》11-1，1950（=1950B）

裏井彥七郎，《十七世紀中國仇教運動の一側面》（上、中），《東洋史研究》13-1、2，13-4，1954（→《近代中國における民衆運動とその思想》，東京，197再收）

裏井彥七郎，《農村工業と佃戶制の展開—明清社會經濟史の諸問題》，《社會經濟史學》20-4、5、6合，1955

裏井彥七郎，《清代銅鉛礦業の發展》，《桃山學院大學經濟學論集》，東京，1956

裏井彥七郎，《清代銅、鉛礦業の構造》，《東洋史研究》17-1，1958

李泰鎮，《朝鮮時代の兩班—概念と研究動向》，《中國—社會文化》8，1993

仁井田陞，《支那近世の一田兩主慣行と其の成立》（1,2），《法學協會雜志》64-3、4，1946（同氏，《中國法制史研究》〈土地法、取引法〉，東京，1960）

仁井田陞，《中國の農奴、雇傭人の法的身分の形成と變質—主僕の分について》，《野村博士還歷記念論文集，封建制と資本制》，1956

日高一宇，《明代農民支配—裏甲制と明朝國家の構造》，《史學研究》118，1973

日野康一郎，《明末民變と山地開發の問題—江西省上饒縣の場合》，《東洋學報》86-4，2005

齋藤史範，《明清時代の“鄉紳”に關する學說史的檢討》，《史叢》40，1987

田曉利，《中國における近代產業の展開と資本形態の變容—清朝末期官僚制資本主義の萌芽を中心に》，《立命館經濟學》49-4，2000

田尻利，《清代江西における藍作の展開》（上、下），《鹿兒兒經大論集》14-1、2，1973

前田司《清初の保甲》，《研究紀要》（鹿兒島短期大學）14，1974

前田司，《清初期の鄉約—とくに黃州府の中心として》，《史觀》90，1975

前田勝太郎，《明代中期以降の福建における水利機構の變貌について》，《東方學》32，1966

田中克己，《清初の支那沿海—遷界を中心として見たる》（1），《歷史研究》6-1，1936

田中克己，《遷界令と五大商》，《史苑》26-2、3，1966

田中正俊，《補農書をぐる諸研究—明末清初土地制度史研究の動向》，《東洋學報》43-1，1960

田中正俊，《明末清初江南農村手工業に關する一考察》，《和田博士古稀紀念東洋史論叢》，東京，1961（=1961A）

田中正俊，《民變、抗租、奴變》，《世界の歷史》11，東京，1961（=1961B）

田中正俊，《中世中國における國家權力と土地所有關系》，1961年2月8日歷史學研究會發表文（=1961C）

田中正俊，《中國の變革と封建制研究の課題》（一），《歷史評論》271，1972

田中正俊，《十六、十七世紀の江南における農村手工業》，《中國近代經濟研究序說》，東

京，1973（=1973A）（《和田博士古稀記念東洋史論叢》，東京，1961）

田中正俊，《中國歷史學界における"資本主義の萌芽"研究》，《中國近代經濟史研究序説》，
　　東京，1973（=1973B）（鈴木俊，《中國史の時代區分》，東京，1957，原載関門基，《中國
　　史時代區分論》，創作批評社，1984，pp265-294 번역됨）

田中正俊，《中國における地方都市の手工業》，《中世史講座》3，《中世の都市》，東京，1982

田中正俊，《明清時代の問屋制前貸生産について—衣料生産を主とする研究史的覺え書》，
　　《東アジアにおける國家と農民》，東京，1984

井上徹，《廣東珠江右岸デルタにおける秩序再編と鄉紳の役割について》，《地域社會の視點-地
　　域社會とリダ》，名古屋大學，1982

井上徹，《'鄉約'の理念について—鄉官、士人層と鄉裏社會》，《名古屋大學東洋史研究報
　　告》11，1986（=1986A）

井上徹，《黄佐〈泰泉鄉禮〉の世界—鄉約保甲制に關聯して》，《東洋學報》67-3、4，1986
　　（=1986B）

足立啓二，《明末景德鎮の民窯の發展と民變》，《鈴木俊教授還曆記念東洋史論叢》，東京，
　　1964

足立啓二，《明清時代の小經營と地主制に關する覺え書》，《新しい歷史學のために》143，
　　1976

足立啓二，《明清時代の商品生産と地主制研究をめぐつて》，《東洋史學研究》36-1，1977

足立啓二，《明末清初の農業經營—'沈氏農書'の再評價》，《史林》61-1，1978

足立啓二，《中國封建制論の批判的檢討》，《歷史評論》400，1983

足立啓二，《明末の流通構造—〈杜騙新書〉の世界》，《熊本大學文學部論叢—史學篇》41，
　　1992

足立啓二，《牙行經營の構造》，《熊本大學文學部論叢》73，2001

佐久間重男，《明代景德鎮窯業の一考察》，《清水博士追悼記念明代史論叢》，東京，1962

佐久間重男，《明末景德鎮の民窯の發展と民變》，《鈴木俊教授還曆記念東洋史論叢》，東京，
　　1964

佐久間重男，《明代の鐵礦業と國家管理—初期官營企業を中心に》，《集刊東洋學》20，1968

座談會，《中國の近代化》，《世界の歷史》11，築摩書房，1961

佐藤武敏，《明清時代浙江における水利事業—三江閘の中心に》，《集刊東洋學》20，1968

佐藤文俊，《'土賊'李青山の亂について—華北農民叛亂の一形態》，《東洋學報》53-3，1971
　　（→同氏，《明末農民叛亂の研究》，東京，1985）

佐藤文俊，《福王府と明末農民反亂》，《中國—社會と文化》3，1988

佐伯富，《清代における奏銷制度》，《東洋史研究》22-3，1963

佐伯富，《明清時代の民壯について》，同氏，《中國史研究》1，同朋捨，1969

佐伯有一，田中正俊，《16、17世紀の中國農村制絲、絹織業》，《世界史講座》1，《東アジア
　　世界の形成》，東京，1955

佐伯有一，《明代前半期の機户—王朝權力による掌握をめぐって》，《東洋文化研究所紀要》8，
　　1956

佐伯有一,《明代匠役制度の崩壊と都市絹織物流通市場の發展》,《東洋文化研究所紀要》10,1956

佐伯有一,《明末の董氏の變—所謂'奴僕'の性格に關連して》,《東洋史研究》16-1,1957(=1957A)

佐伯有一,《日本の明清時代研究における商品生産評價をめぐって—その學説史的展望》,鈴木俊,《中國史の時代區分》,東京,1957(=1957B)

佐伯有一,《手工業の發達》,《世界の歴史》11,東京,1961(=1961A)

佐伯有一,《中國の歴史學界における"資本主義萌芽"に関する論争のその後—雑志〈歴史研究〉所載論文を通じて》,《社會經濟史學》27(3),1961(=1961B)

佐伯有一,《1601年"織傭の變"をめぐる諸問題—その一》,《東洋文化研究所紀要》45,1968

佐伯有一,《明清交替期の胥吏像一斑》,《中村治兵衛先生古稀記念東洋史論叢》,刀水書房,東京,1986

佐々木正哉,《同治年間教案及び重慶教案資料》(上,下),《東洋學報》46-3、4,1963-1964

佐竹靖彦,《中國近世における小經營と國家權力について》,《新しい歴史學のために》150,1978

周藤吉之,《南宋稻作の地域性》,《宋代經濟史研究》,東京,1962(=1962B)

周藤吉之,《南宋における稲の種類と品種の地域性》,《宋代經濟史研究》,東京,1962(=1962C)

周藤吉之,《宋代の圩田と莊園制—特に江南東路について》,《宋代經濟史研究》,東京,1962(=1962D)

周藤吉之,《宋代浙西地方の圍田の發展—土地所有制との關系》,《宋代史研究》,東京,1969

酒井忠夫,《郷紳について》,《史潮》49,1952(同氏,《中國善書の研究》,東京,1960再收)

酒井忠夫,《明代の日用類書と庶民教育》,林右春編,《近世中國教育史研究》,東京,1958

酒井忠夫,《明末の社會と善書》,同氏,《中國善書の研究》,國書刊行會,1960(=1960B)

酒井忠夫,《明代前、中期の保甲制について》,《清水博士追憶紀念明代史論叢》,東京,1962

中道邦彦,《清初靖南藩の福建移鎮と遷界令》,《歴史の研究》12,1968

中島樂章,《明代の訴訟制度と老人制—越訴問題と懲罰權をめぐって》,《中國—社會と文化》15,2000

中山八郎,《明代の織染局》,《一橋論叢》9-5,1942(同氏,《明清史論集》,汲古書院,1995)

重田德,《清初における湖南米市場の一考察》,《東洋文化研究所紀要》10,1956(同氏,《清代社會經濟史研究》,東京,1975)

重田德,《一條鞭法と地丁銀との間》,《人文研究》18-3,1967

重田德,《清朝農民支配の歴史的特質—地丁銀成立のいみするもの》,《前近代アジアの法と社會》,1967(同氏,《清代社會經濟史研究》,東京,1975)

重田德,《封建制の視點と明清社會》,《東洋史研究》27-4,1969

重田德,《鄉紳支配の成立と構造》,《岩波講座世界歷史》12,1971（＝1971A）（同氏,《清代社會經濟史研究》,東京,1975）

重田德,《鄉紳の歷史的性格をめぐって―鄉紳觀の系譜》,《人文研究》22-4,1971（＝1971B）（同氏,《清代社會經濟史研究》,東京,1975）

中村哲夫,《鄉紳の手になる鄉紳調査について》,《中國近代社會史研究序說》,東京,1984

中村治兵衛,《清代都市のかごかき人夫の鬥爭―喪葬禮と扛夫、吹手をめぐって》,《中央大學アジア史研究》1,1977

曾我部靜雄,《明の關節生員と納粟監生》,《近世東アジア教育史研究》,東京,197（同氏,《中國社會經濟史の研究》,東京,197再收）

倉持德一郎,《明初における富民の京師移徙―所謂富户の設定》,《石田博士頌壽紀念東洋史論叢》,東京,1965

川勝守,《張居正丈量の展開―特に明末江南における地主制の展開について》,《史學雜志》80-3、4,1971

川勝守,《明末清初江南の圩長について》,《東洋學報》55-4,1973（＝1973A）

川勝守,《浙江嘉興府の坎田問題―明末鄉紳支配の成立に關する一考察》,《史學雜志》82-4,1973（＝1973B）

川勝守,《明代の寄莊户について》,《東洋史研究》33-3,1974（＝1974A）

川勝守,《明末江南における丈量策の展開と地主、佃户關系の發展》,《東洋史論集》（九州大）2,1974（＝1974B）

川勝守,《明末揚子江デルタ地帶における水利慣行の變質》,《史淵》111,1974（＝1974C）

川勝守,《明代裏甲編成の變質過程―小山正明氏の"析户の意義"論の批判》,《史淵》112,1975（＝1975A）

川勝守,《初期清朝國家における江南統治政策の展開》,《史淵》113,1975（＝1975B）

川勝守,《明末、江南五府における均田均役法》,《史學雜志》85-6,1976（＝1976A）

川勝守,《明末清初、蘇州嘉興兩府いおける圩長の職務と均田均役法の展開》,《榎博士還歷記念東洋史論叢》,1976（＝1976B）

川勝守,《初期清朝國家における江南統治策の展開》,《史淵》113,1976（＝1976C）

川勝守,《明末清初、長江デルタにおける棉作と水利》(1),《東洋史論集》（九州大,文學部）6,1977（＝1977A）

川勝守,《清朝賦役制度の確立―江南の均田均役法と順莊編裏法とについて》,《法制史研究》26,1977（＝1977B）

川勝守,《明末、南京兵士の叛亂―明末の都市構造についての一素描》,《星博士退官記念中國史論叢》,東京,1978

川勝守,《中國近世都市の社會構造―明末清初,江南都市について》,《思潮》新6號,1979

川勝守,《明代裏甲編成の變質過程》,《史淵》112,1979

川勝守,《初期清朝國家における江南統治策の展開》,《中國封建國家の支配構造》,東京,1980（＝1980B）

川勝守,《明末清初の訟師について―舊中國社會における無賴知識人の一形態》,《九州大學

東洋史論集》9，1981（=1981A）

川勝守，《徐幹學三兄弟とその時代—江南鄉紳の地域支配の一具體像》，《東洋史研究》40-3，
　　1981（=1981B）

川勝守，《明末清初における打行と訪行—舊中國社會における無賴の諸史料》，《史淵》119，
　　1982

川勝守，《明清胥吏政治と民衆》，《元明清期における國家"支配"と民衆像の再檢討—"支
　　配"の中國的特質》，九州大學東洋史研究室，1983

川勝守，《江南市鎮の生産、流通、消費の歴史的位置—手工業生産と無賴、棍徒、脚夫》，同
　　氏，《明清江南市鎮社會史研究》，東京，汲古書院，1999（=1999B）

川勝守，《清初莊氏史禍事件と南潯鎮社會》，同氏，《明清江南市鎮社會史研究》，汲古書院，
　　1999（=1999C）

川勝義雄，《重田氏の六朝封建制論批判について》，《歴史評論》247，1971

天野元之助，《陳敷の〈農書〉と水稻作技術の展開》，《東方學報》19、21，1950、1952（同氏，
　　《中國農業史研究》，東京，御茶の水書房，1962/1979）

天野元之助，《農村市場の交易》，同氏，《中國農業の諸問題（下）》（《中國農業經濟論》下），
　　東京，1952

天野元之助，《天工開物と明代の農業》，藪内清，《天工開物の研究》，東京，1953

天野元之助，《魏晋南北朝時における農業生産力の展開》，《史學雜誌》66-10，1957

天野元之助，《中國古代農業の展開》，《東方學報》（京都）30，1959

天野元之助，《中世農業の展開》，藪内清，《中國中世科學技術史の研究》，東京，1963

天野元之助，《明代の農業と農民》，《明清時代の科學技術史》，京都，1970

淺井紀，《明末における奢安の亂と白蓮教》，《史學》47-3，1976

青山定雄，《隋唐宋三代に于ける戸數の地域的考察（1、2）》，《歴史學研究》（舊）6-4、5，
　　1936

清水泰次，《明代の流民と流寇》（1，2），《史學雜志》46-2，3，1935

清水泰次，《明の太祖の戰後土地經營》，《東亞經濟研究》24-3，1940

清水泰次，《明の太祖の裏甲制》，《支那》34-6，1943

清水泰次，《明の太祖の對權豪策—特に張吳の戰犯及び蘇州の豪農について-》，《史觀》38，
　　1952

清水泰次，《明初の民情》，《東洋史研究》13-3，1954

村鬆祐次，《清代のいわゆる蘇鬆の重賦について》，《一橋論叢》45-6，1961

湯淺幸孫，《湖州莊氏の史案と參訂の史家》，《史林》164，1968

波多野善大，《中國史把握の前進—西嶋定生氏の研究成果について》，《歴史學研究》139，
　　1949

波多野善大，《清代兩淮制鹽における生産組織》，《東洋史研究》11-1，1950

波多野善大，《中國輸出茶の生産構造》，《中國近代工業史の研究》，京都，1961

片岡芝子，《福建の一田兩主制について》，《歴史學研究》294，1964

片山誠二郎，《明代海上密貿易と沿海鄉紳層—朱紈の海禁政策強行と挫折の過程を通しての

一考察》,《歷史學研究》164，1953

片山誠二郎,《嘉靖海寇反亂の一考察—王直一黨の反抗を中心に》,《東洋史學論叢》4，1955

片山誠二郎,《月港"二十四將"の反亂》,《清水博士追悼記念明代史論叢》，東京，1962

浦廉一,《諸制度上に現われたる清朝の漢人統治策に就いて》(1、2),《史學研究》2-1、3，1930、1931

浦廉一,《清初の遷界令の研究》,《廣島大學文學部紀要》5，1954

河内利治,《陳子龍の變貌—師黃道周との出會いをめぐって》,《調布日本文化》(調布學園女短大)1，1991

河池重造,《アヘン戰爭以後のウエスタン、インパクト中國の農村經濟體制》,《アジア研究》14-3，1967

河池重造,《舊中國における農村經濟體制と村落》,《田村博士頌壽東洋史論叢》，1968

鶴見尚弘,《明代の畸零戶について》,《東洋學報》47-3，1964

鶴見尚弘,《明代における鄉紳支配》,《岩波講座世界歷史》12，東京，1971

鶴見尚弘,《舊中國における共同體の諸問題》,《史潮》新4，1979

和田博德,《明末の承天府における民變—〈鄖事紀略〉について》,《創價大學人文論叢》創刊號，1989

和田正廣,《明代舉人層の形成過程に關する一考察—科舉條例の檢討を中心として》,《史學雜志》87-3，1978（=1978A）

和田正廣,《徭役優免條例の展開と明末舉人の法的位置—免役基準額の檢討を通じて》,《東洋學報》60-1、2，1978（=1978B）

和田正廣,《明末官評の出現過程》,《九州大學東洋史論集》8，1980（=1980A）

和田正廣,《明末窩訪の出現過程》,《東洋學報》62-1、2，1980（=1980B）

和田正廣,《明末清初以降の紳士身分に關する一考察》,《明代史研究》9，1981（=1981A）

和田正廣,《明末清初の鄉紳用語に關する一考察》,《九州大學東洋史論集》9，1981（=1981B）

和田正廣,《明代科舉制度と士大夫》,《元明清期における國家"支配"と民衆像の再檢討—"支配"の中國的特質》，九州大學，1984

和田正廣,《明代地方官ポストにおける身分制序列に關する一考察》,《東洋史研究》44-1，1985

和田正廣,《福建稅監高寀の海外私貿易》，川勝守,《東アジアにおける生産流通歷史社會學的研究》，福岡，1995

和田清,《明の太祖と紅巾の賊》,《東洋學報》13-2，1913

和田清,《明の太祖の教育勅語に就いて》,《白鳥博士還歷記念東洋史論叢》，1926

橫山寬,《明王朝成立期の軌迹—洪武朝の疑獄事件と京師問題をめぐって》,《東洋史研究》37-3，1978

橫山英,《中國における商工業勞動者の發展と役割》,《歷史學研究》160，1952

橫山英,《中國における農民運動の一形成—太平天國前の"抗糧"運動について》,《廣島大學文學部紀要》7，1955

橫山英,《清代の都市絹織物業の生産形態》,《東洋史研究》19-3、4，1960、1961

横山英,《清代江西省における運輸業の機構》,《中國近代化の經濟構造》, 東京, 1972
（=1972B）

横山英,《清代における包頭制の展開》,《中國近代化の經濟構造》, 東京, 1972（=1972C）

横山英,《清代における踹布業の經營形態》,《中國近代化の經濟構造》, 東京,1972（=1972D）

横山英,《清代の都市絹織物業の生産形態》,《中國近代化の經濟構造》, 東京, 1972（=
1972E）

横田整三,《明代における戶口の移動現象について》（上、下）,《東洋學報》26-1, 2, 1938

4. 西文

Arif Dirlik, "Chinese Historians and the Marxist Concept of Capitalism; A Critical Examination", *Modern China* 8-1, 1982

Atwell, William S., "From Education to Politics : *The Fus*he", de Bary W. T. ed., *The Unfolding of Neo-Confucianism*, Columbia University Press, 1975

Atwell, William S., "The T'ai-ch'ang, T'ien-ch'i, and Ch'ung-chen Reigns, 1620—1644" in Frederick W. Mote and Denis Twitchett ed., *The Ming Dynasty, 1368—1644*, Part Ⅰ, *The Cambridge History of China* Vol.7, Cambridge University Press, 1988

Busch, Heinrich, "The Tung-lin Academy and Its Political and Philosophical Significance", *Monumenta Serica* ⅩⅣ, 1955

Cartier, Michel, "Nouvelles dennées sur la démographie Chinoise a l'epoque des Ming（1368—1644）", *Annales E'conomies Societés Civilisation 28e Année~N°6*, 1973

Cartier, Michel and Will, Pierre-E'tienne, "Démographie et institutions en Chine : Contribution à l'analyse des recensemenrts de I'epoque Impériale（2 A.D.-1750）", *Annales de Démographie Historique*, 1971

Chang, Pin-tsun, "Chinese Maritime Trade : The Case of Sixteenth Century Fuchien（Fukien）", Ph.D. Dissertation, Princeton University, 1983

Cohen, Pul A., "Christian Missions and Their Impact to 1900" in Fairbank, John F, ed., *Late Ch'ing, 1800-1911*, Part 1, *The Cambridge History of China* V.10, Cambridge University Press, 1978

Crawford, Robert, "Chang Chü-Cheng's Confucian Legalism" de Bary, W. T. ed., *Self and Society in Ming Thought*, New York, 1971

Dennerline, J., "Fiscal Reform and Local Control : The Gentry-Bureaucratic Alliance Servives the Conquest", Wakeman, Jr. ed., *Conflict and Control in Late Imperial China*, University of California Press, 1976

Dreyer, Edward L., "Military Origin of Ming China", in Frederick W. Mote and Denis Twitchett ed., *The Ming Dynasty, 1368—1644*, Part 1, *The Cambridge History of China*, V.7, Cambridge University Press, 1988

Dudink, Adrian, "Opposition to the Introduction of Western Science and the Nanjing Persecution（1616—1617）", Catherine Jami, Peter Engelfriet, and Gregory Blue eds., *Statecraft and*

Intellectual Renewal in Late Imperial China, Brill, 2001

Durand, John D., "The Population Statistics of China, A.D. 2-1953", *Population Studies* 13-3, 1960

Elman, Benjamin A., "Confucian Civil Service Examinations and Imperial Ideology During the Ming and Ch'ing Dynasties" in B. Elman and A. Woodside ed., *Education and Society in Late Imperial China, 1600—1900*, University of California Pr., London, 1994

Elman, Benjamin A., "Political, Social, and Cultural Reproduction via Civil Service Examinations in Late Imperial China", *The Journal of Asian Studies* 50-1, 1991

Elvin, Mark, "The Technology of Farming in Late-Traditional China", R. Barker and R. Sinha with B. Rose ed., *The Chinese Agricultural Economy*, Boulder, Colorado, 1982

Elvin, Markn, "Why China Failed to Create an Endogenous Industrial Capitalism : A Critique of Max Weber's Explanation", *Theory and Society* 13-3, Special Issue on China, 1984

Entenman, Robert, "Sichuan and Qing Migration Policy", *Ch'ing-shih wen-t'i* 4-4, 1980

Fairbank, John K., "Introduction : the Old Order", Fairbank, John K. ed., Late *Ch'ing, 1800—1911*, Part1, *The Cambridge History of China*, V.10, Cambridge University Press, 1978 (=1978B)

Geiss, James, "The Cheng-te reign, 1501—1521", in Frederick W. Mote and Denis Twitchett ed., *The Ming Dynasty*, 1368—1644, Part 1, *The Cambridge History of China* V.7, Cambridge University Press, 1988

Han, Seunghyun, "Re-inventing Local Tradition : Politics, Culture, and Identity in the Early 19th Century Suzhou", Harvard University Doctoral Dissertation, 2005

Hartwell, Robert M., "Demographic, Political, and Social Transformation of China, 750—1550", *Harvard Journal of Asiatic Studies* 42, 1982

Ho, Ping-ti (何炳棣), "The Salt Merchants of Yang-Chou : A Study of Commercial Capitalism in Eighteenth-Century China", *Harvard Journal of Asiatic Studies* 17-1-2, 1954

Ho, Ping-ti (何炳棣), "The Introduction of American Food Plants into China", *American Anthropologist* 57-2, 1955

Ho, Ping-ti (何炳棣), "Early-Ripening Rice in Chinese History", *Economic History Review* 9, 1956

Ho, Ping-ti (何炳棣), "An Estimate of the Total Population of Sung-Chin China", *études Song in Memoriam étienne Balazs*, Ser. 1, Mouton & Co., 1970

Huang, Lay, "The Lung-ch'ing and Wan-li reign, 1567—1620", in Frederick W. Mote and Denis Twitchett ed., *The Ming Dynasty, 1368—1644*, Part 1, *The Cambridge History of China* V.7, Cambridge University Press, 1988

Hucker, Charles O., "Su-chou and Agents of Wei Chung-hsien, A Translatin of K'ai-tu Ch'uan-hsin (开读传信) ", *Silver Jubilee Volume of the Zinbun Kagaku Kenkyusho*, Kyoto U., 1954

Hucker, Charles O., "The Tuglin Movement of the Late Ming Period", J. K. Fairbank ed., *Chinese Thought and Institutions*, The University. of Chicago Press, 1957

Jones, Susan Mann and Kuhn, Philip A., "Dynasty Decline and the Roots of Rebellion", in Fairbank, John K. ed., *Late Ch'ing,1800—1911, Part1, The Cambridge History of China* V.10,

Cambridge : Cambridge University Press, 1978

Kessler, Lawrence D., "Chinese Scholars and the Early Manchu State", *Harvard Journal of Asiatic Studies* 31, 1971

Kracke, "Family versus Merit in Chinese Civil Examinations under the Empire", *Harvard Journal of Asiatic Studies* 10, 1947

Kracke, "Rigion, Family and Individual in Chinese Examination System", in John K. Fairbank ed., *Chinese Thought and Institutions,* Chicago : University of Chicago Press, 1957

Kracke, "The Examination of Educational Opportunity in the Reign of Hui-tsung of the Sung and Its Implications", *Sung Studies Newsletter* 13, 1977

Kuhn, Philip A., "The Taiping Rebelion" in Fairbank, John K. ed., *Late Ch'ing, 1800—1911,* Part1, *The Cambridge History of China* V.10, Cambridge University Press, 1978

Langlois, Jr. John D., "The Hung-wu reign, 1368—1398", in Frederick W. Mote and Denis Twitchett ed., *The Ming Dynasty,1368-1644,* Part 1, *The Cambridge History of China* V.7, Cambridge University Press, 1988

Lawrence D. Kessler, "Ethnic Compositon of Provincial Leadership during the Ch'ing Dynasty", *The Journal of Asian Studies* 28-3, 1965

Lee, En-han, "China's Response to the Full-fledged Christian Challenge, 1860—1900 : An Analysis of Chinese Anti-Christian Thought After the Mid-19th Century", 《아시아문화》 4, 1988

Lee, James and Eng, Robert Y., "Population and Famili History in Eighteenth Century Manchuria : Preliminary Results from Daoyi 1774—1798", *Ch'ing-shih wen-t'i* 5-1, 1984

Linda Grove and Joseph W. Esherick, "From Feudalism to Capitalism : Japanese Scholarship on the Transformation of Chinese Rural Society"*, Modern China* 6-4, 1980

Liu, Kwang-ching, "Statecraft and the Rise of Enterprise : The Late Ch'ing Perspective", 《第二次中国近代经济史会议》(1), 1989

Liu, Pau K. C. and Hwang, Kuo-shu, "Population Change and Economic Development in Mainland china since 1400", Hou, Chi-ming and Yu, Tzong-shian ed., *Modern Chinese Economic History,* The Institute of Economics, Academia Sinica, Taipei, 1979

Liu, Tsui-jung, "Rice Culture in South China, 1500—1900 : Adjustment and Limitation in Historical Perspective", 《台湾大学历史学系学报》16, 1991

Mote, Frederik W., "The Y'u-mu Incident of 1449", Kierman, Frank A. Jr., ed., *Chinese Ways in Warfare*, Harvard University Press, 1974

Mote, Frederik W., "The Rise of The Ming Dynasty, 1330—1367" in Frederick W. Mote and Denis Twitchett ed., *The Ming Dynasty, 1368—1644*, Part 1, *The Cambridge History of China,* V.7, Cambridge University Press, 1988 (=1988B)

Ng, Chin-Keong (吴振强), "Gentry-Merchants and Peasant-Peddlers—the Response of the Fukienese to the Offshore Trading Opportunities, 1522—1566", *Nanyang University Journal* V, Ⅶ, 1973

Oxnam, Robert B., "Policies and Institutions of the Oboi Regency 1661-1669", *The Journal of*

Asian Studies 32-2, 1973

Perdue, Peter C., "Official Goals and Local Interests : Water Control in the Dongting Lake Region during the Ming and Qing Periods", *The Journal of Asian Studies* 41-4, 1982

Perdue, Peter C., "Insiders and Outsiders : The Xiangtan Riot of 1819 and Collective Action in Hinan", *Modern China* 12-2, 1986

Skinner, G. William, "Marketing and Social Structure in Rural China", Part Ⅰ、Ⅱ、Ⅲ, *The Journal of Asian Studies* 24-1, 2, 3, 1964—1965

Skinner, William G., "Regional Urbanization in Nineteenth-Century China", Skinner ed., *The City in Imperial China*, Stanford U.P., 1977

Struve, Lynn A., "The Southern Mig, 1644—1662, " in Frederick W. Mote and Denis Twitchett ed., *The Ming Dynasty, 1368—1644,* Part 1, *The Cambridge History of China* V.7, Cambridge University Press, 1988

Twitchet, Denniss, "The Cheng-t'ung, Ching-t'ai, and T'ien-shun reign, 1436—1464, " in Frederick W. Mote and Denis Twitchett ed., *The Ming Dynasty, 1368—1644*, Part 1, *The Cambridge History of China* V.7, Cambridge University Press, 1988

Van der Sprenkel, O.B., "Population Statistics of Ming China, " *Bulletin of School of Oriental and Asian Studies* 15-2, 1953

Wakeman Jr., F., "Localism and Loyalism during the Ch'ing Conquest of Kiangnan : The Tragedy of Chiang-yin, " Wakeman and Grant ed., *Conflict and Control in Late Imperial China*, University of California Press, 1976

Waltner, Ann, "Building on the Ladder of Success : The Ladder of Success in Imperial China and Recent Work on Social Mobility, " *Ming Studies* 17, 1983

Wang, Chen-main, "The Life and Career of Hong, Cheng-chou : Public Service in Time of Dynastic Change" Ph.D. Dissertation, University of Arizona, 1984

Wang, Yeh-chien（王业键）, "Secular Trends of Rice Prices in Yangzi Delta, 1368—1935, " in T.G. Rawski & L.M. Li ed., *Chinese History of Economic Perspective,* University of California Press, 1992

Wong, R. Bin, "The Political Economy of Food Supplies in Qing China, " Ph. D. Dissertation, Havard University, 1983

Yamamoto Eishi（山本英史）, "Tax Farming by the Gentry : Reorganization of the Tax Collection System in the Early Qing, " *The Memoirs of the Toyo Bunko* 57, 1999

Yuan, Tsing, "Urban Riots and Disturbances, " Spence, Jonathan D. and Wills JR., Johe E ed., *From Ming to Ch'ing,Conquest, Region and Continuity in Seventeenth Century China,* Yale University Press, 1979

图书在版编目（CIP）数据

国法与社会惯行：明清时代社会经济史研究／（韩）
吴金成著；崔荣根译；薛戈校 . —杭州：浙江大学出
版社，2020. 1
ISBN 978-7-308-19349-8

I.①国… II.①吴… ②崔… ③薛… III.①中国经
济史—研究—明清时代 IV.①F129.48

中国版本图书馆CIP数据核字（2019）第152179号

国法与社会惯行：明清时代社会经济史研究

[韩] 吴金成 著 崔荣根 译 薛 戈 校

责任编辑	王志毅
文字编辑	王 军
责任校对	牟杨茜 杨利军
装帧设计	王小阳
出版发行	浙江大学出版社
	（杭州天目山路148号 邮政编码310007）
	（网址：http://www.zjupress.com）
制 作	北京大观世纪文化传媒有限公司
印 刷	北京时捷印刷有限公司
开 本	635mm×965mm 1/16
印 张	29.5
字 数	356千
版 印 次	2020年1月第1版 2020年1月第1次印刷
书 号	ISBN 978-7-308-19349-8
定 价	98.00元

《社会经济史译丛》书目